应用型本科系列规划教材

交通运输专业毕业论文写作

主编 马 龙 卢 娜

西北工业大学出版社

西 安

【内容简介】 全书分为初级、中级、高级和应用 4 篇,共 11 章。初级篇针对毕业论文的选题、开题、撰写和答辩等全过程进行描述和总结;中级篇对于论文中常用模拟软件和算法进行详细的梳理和介绍;高级篇对高维多目标复杂问题的理论和优化方法进行阐述和分析;应用篇对交通运输规划中涉及的高维多目标问题的应用进行系统性阐释。

本书可用作应用型本科高等院校交通运输专业毕业论文写作指导与实践应用的参考用书和相关课程的教材,也可供撰写学术论文者阅读参考。

图书在版编目(CIP)数据

交通运输专业毕业论文写作 / 马龙,卢娜主编. —西安:西北工业大学出版社,2022.1
 ISBN 978-7-5612-8085-0

Ⅰ.①交⋯ Ⅱ.①马⋯ ②卢⋯ Ⅲ.①交通运输-毕业论文-写作-高等学校-教材 Ⅳ.①U

中国版本图书馆 CIP 数据核字(2021)第 260834 号

JIAOTONG YUNSHU ZHUANYE BIYE LUNWEN XIEZUO
交 通 运 输 专 业 毕 业 论 文 写 作
马龙 卢娜 主编

责任编辑:曹 江	**策划编辑:**蒋民昌	
责任校对:朱晓娟	**装帧设计:**李 飞	

出版发行: 西北工业大学出版社
通信地址: 西安市友谊西路 127 号　　　邮编:710072
电　　话: (029)88491757,88493844
网　　址: www.nwpup.com
印 刷 者: 陕西向阳印务有限公司
开　　本: 787 mm×1 092 mm　　　1/16
印　　张: 23.625
字　　数: 620 千字
版　　次: 2022 年 1 月第 1 版　　2022 年 1 月第 1 次印刷
书　　号: ISBN 978-7-5612-8085-0
定　　价: 75.00 元

如有印装问题请与出版社联系调换

前　言

为进一步提高应用型本科高等教育的教学水平,促进应用型人才的培养工作,提升学生的实践能力和创新能力,提高应用型本科教材的建设和管理水平,西安航空学院与国内其他高校、科研院所、企业进行深入探讨和研究,编写了"应用型本科系列规划教材"系列用书,包括《交通运输专业毕业论文写作》共计30种。本系列教材的出版,将对基于生产实际,符合市场人才的培养工作起到积极的促进作用。

毕业论文写作是高等教育的重要教学环节,也是每个大学生都要完成的一门必修课。通过撰写毕业论文既可以全面检验学生在校期间对所学知识的理论理解和实践运用能力,还可以使学生得到从事科学技术研究的基本训练。毕业论文的质量是反映学生学术素养、科研能力、专业水平的重要标志,同时也是对应用型本科高校全程教学工作的一种综合检验。在当今信息社会,人工智能技术和科技水平快速发展,随着信息网络技术的发展,数学建模与仿真方法、网络资源和数据库资源等越来越成为文献检索和信息建模的重要信息源。

本书的编写人员都是多年来从事高等院校教学与管理工作的教师,一直从事着指导大学生毕业论文写作的工作,在编写本书的过程中,笔者对学生在毕业论文写作与答辩过程中遇到的一些问题进行了认真的调查研究。研究发现,部分学生欠缺写作常识和数学建模与仿真方法相关知识,导致其不知如何选题和答辩,不会查找文献资源信息,对材料的收集、分析、加工、利用的能力较弱,再加上交通运输专业的教师指导毕业论文写作的力度不够,图书和网络信息资源不够系统、全面,使有的学生毕业论文的写作陷入困境,毕业论文的质量难以得到保证。因此,笔者深刻地感受到,编写一本交通运输专业毕业论文写作指导与实践应用的教材是很有必要的。

编写本书的目的是使学生获得比较扎实的毕业论文写作能力,提升学生的学术素养,培养学生终身学习的能力及在网络信息环境下的信息检索和数学建模能力。本书虽然主要面向即将毕业的大学生,对他们具有较强的指导性和实用性,但也适合低年级的大学生提前阅读,还可供高年级的硕士生和博士生参考使用,书中内容也适合于撰写学术论文。此外,本书也可为撰写实习、实训、实践和课程设计及社会调查报告的相关人员提供参考。

本书的具体编写分工如下:西安航空学院卢娜编写第1,2,4章,马龙编写第6～11章,寇猛编写第5章,董睿编写第3章,马龙承担全书的统稿工作。在编写本书的过程中得到了学院、系领导和教师的支持和帮助,同时,在编写过程中参阅了大量作者的相关文献、资料,在此,一并表示诚挚的感谢。

由于笔者水平有限,书中难免存在不足之处,恳请广大读者指正。

编　者

2021年6月

目 录

初级篇　应用型本科高校交通运输专业毕业论文写作指南

第1章　毕业论文基础资料收集与准备 ······················· 3
1.1　文献资料分类、筛选、整理与阅读 ······················ 3
1.2　文献信息的检索工具与方法 ························· 14
1.3　本章小结 ··································· 28
1.4　思考与练习题 ································· 28

第2章　毕业论文写作方法与常见问题 ······················· 29
2.1　毕业论文写作的逻辑思维和研究方法 ···················· 29
2.2　毕业论文写作中常见的问题 ························· 38
2.3　本章小结 ··································· 43
2.4　思考与练习题 ································· 44

第3章　毕业论文选题与开题 ···························· 45
3.1　毕业论文的选题 ································ 45
3.2　毕业论文的开题 ································ 51
3.3　本章小结 ··································· 54
3.4　思考与练习题 ································· 55

第4章　毕业论文(设计)的框架结构与写作规范 ·················· 56
4.1　毕业论文(设计)的框架结构 ························· 56
4.2　图表绘制与格式规范 ····························· 64
4.3　表格 ····································· 66
4.4　公式 ····································· 68
4.5　标点符号 ··································· 70

4.6　参考文献 ··· 71
　　4.7　本章小结 ··· 75
　　4.8　思考与练习题 ··· 75

第5章　毕业论文答辩与评价 ··· 76
　　5.1　毕业论文答辩的必要性 ··· 76
　　5.2　毕业论文答辩的过程与内容 ··· 79
　　5.3　毕业论文的评价 ··· 85
　　5.4　本章小结 ··· 86
　　5.5　思考与练习题 ··· 86

中级篇　应用型本科高校交通运输专业毕业论文工具与方法

第6章　毕业论文的模型仿真方法 ·· 89
　　6.1　毕业论文中常用的仿真软件 ··· 89
　　6.2　毕业论文中常用的仿真算法 ·· 113
　　6.3　本章小结 ·· 151
　　6.4　思考与练习题 ·· 151

第7章　毕业论文中的问题抽象与分析 ··· 152
　　7.1　毕业论文中的常见问题分析 ·· 152
　　7.2　毕业论文中的模型抽象方法与过程 ·· 162
　　7.3　毕业论文中数据收集与整理问题 ·· 168
　　7.4　本章小结 ·· 184
　　7.5　思考与练习题 ·· 184

高级篇　应用型本科高校交通运输专业毕业论文中的高维复杂优化问题

第8章　高维多目标优化理论与方法 ··· 187
　　8.1　多目标优化问题 ·· 187
　　8.2　高维多目标进化算法 ·· 192
　　8.3　实验设计与结果分析 ·· 197
　　8.4　高维多目标决策分析方法 ·· 203
　　8.5　本章小结 ·· 209
　　8.6　思考与练习题 ·· 210

应用篇　应用型本科高校交通运输专业毕业论文案例应用详解

第 9 章　交通运输专业毕业论文的基本问题 ……… 213
- 9.1　航空运输系统概述 ……… 213
- 9.2　交通运输专业的问题类型与分析 ……… 214
- 9.3　空中交通规划问题 ……… 223
- 9.4　空中交通流量管理 ……… 235
- 9.5　机队规划 ……… 243
- 9.6　航材备件需求预测与库存控制 ……… 264
- 9.7　航线网络规划 ……… 278
- 9.8　机组排班 ……… 298
- 9.9　航班不正常问题 ……… 311
- 9.10　本章小结 ……… 321
- 9.11　思考与练习题 ……… 322

第 10 章　毕业论文中的高维多目标问题案例应用 ……… 323
- 10.1　高维多目标最优化概述 ……… 323
- 10.2　机队多目标优化配置模型 ……… 326
- 10.3　多目标优化模型的建立与求解 ……… 328
- 10.4　基于隶属度的多目标优化模型实例求解 ……… 332
- 10.5　本章小结 ……… 339
- 10.6　思考与练习题 ……… 339

第 11 章　相关规范要求 ……… 340
- 11.1　高等学校科学技术学术规范指南 ……… 340
- 11.2　学位论文作假行为处理办法 ……… 345
- 11.3　高等学校预防与处理学术不端行为办法 ……… 346
- 11.4　中华人民共和国国家标准学位论文编写规则 ……… 351
- 11.5　毕业论文中不同标点符号的用法 ……… 358
- 11.6　毕业论文中的物理量名称、单位和符号说明 ……… 363

参考文献 ……… 368

初级篇

应用型本科高校交通运输专业毕业论文写作指南

第1章　毕业论文基础资料收集与准备

1.1　文献资料分类、筛选、整理与阅读

1.1.1　文献资料分类与收集整理过程

为了传播知识和拓展人类认知深度,人们使用文字、图形、符号、声音、视频等媒体介质将这些知识记录和存储起来,这种附在各种载体上的记录统称为文献。文献是各种媒体介质和形式的信息集合,包括文字、音像制品、电子信息、数据库等,即文献资料是记录知识的载体。

1. 文献资料分类

文献资料的类型较多,现在列举一些常用的分类形式,即按照文献载体、内容性质的演变过程和加工深度、出版形式等对文献进行分类。

（1）按照载体形式分类

按照载体形式的不同,可以将文献划分为印刷型文献、缩微型文献、机器读取型文献和声像型文献。

1) 印刷型文献。印刷型文献(Printed Form)是以纸张作为存储介质,以印刷或手写为记录手段衍生出的一种传统的文献类型。印刷型文献仍然是当前读者参考的主要文献类型,其物质形式为书本型或非书本型的各种文献,例如,图书、期刊、报纸和会议论文等。

印刷型文献的主要优点是阅读方便,符合大多数读者的阅读习惯,因此流传时间较长。图书、期刊、报纸和会议纪要等可以随身携带、随时随地阅读,不需要其他辅助设备。印刷型文献的缺点是存储密度低,篇幅大,占用存储空间大,易于腐烂和变质,不方便实现自动化输入和检索。

2) 缩微型文献。缩微型文献(Microform)是以感光材料作为存储介质、以缩微胶片为记录手段衍生出来的一种文献类型。其物质形式为缩微胶卷、缩微平片、开窗卡片等。

随着激光和摄影技术的高速发展,又出现了超缩微胶片和光盘,压缩率可达到数万倍。例如,一张直径为12 cm的光盘,存储信息相当于10万页16开纸张文献,一张全息胶片存储的信息量则相当于20万页印刷型文献。

缩微型文献的优点是存储密度大,体积小,传递方便,可节省储藏空间,便于实现自动化输入和检索。缩微技术的出现标志着人类信息资源传递新纪元的开始,它与计算机技术、电子技术的融合发展,成为现代文献检索技术发展的强大动力。

缩微型文献和其他非纸质印刷型文献一样,必须借助相应的设备才能阅读和使用。

3)机器读取型文献。机器读取型文献(Machine-readable Form)也称为计算机可读型文献,是以磁性介质材料作为信息存储的载体,以打字、穿孔和光学字符等识别装置作为记录手段,经过计算机处理产生的一种文献类型。其物质表现形式为磁带、磁盘和磁鼓等。机器读取型文献的优点是存储密度大、存取速度快,原始记录可以增、删、改和查,缺点是需要通过较为先进的计算机设备才可以阅读和增加信息。

4)声像型文献。声像型文献(Audio-readable Form)是以磁性材料和感光材料为存储介质,借助特殊的机电装置,直接记录声音和图像而产生出的一种文献类型。其物质表现形式为唱片、录音带、幻灯片、电影胶片和电视片以及录像带等。声像型文献的优点是直观性强,具有其他文献不可替代的优势。它可以帮助人类认知复杂的自然现象、探索物质结构和运作机理等。声像型文献不仅可以表述难以用文字表达的内容,而且也可以快速传播各种信息。它的缺点是必须借助各种辅助设备和信息技术才可阅读。

(2)按照文献的加工程度分类

按照文献内容的逐渐演化过程和资料的加工深度的不同,可划分为一次文献、二次文献和三次文献。

1)一次文献。一次文献(Primary Literature)也称为一手文献,是指作者在科学研究和生产实践中所取得的直接成果作为基本素材产生的原始文献。这些原始文献无论是否参考或利用了其他文献,或以任何载体形式和出版形式出现,均属于一手资料。例如,大多数论文和专著、科研报告、专利、会议文献和工程技术标准等均属于一手文献。一次文献的特点是内容具有原创性和新颖性。一次文献中涵盖了作者首次发现和创造的新知识、新技术、新观点和新论证,或对自己思想观点与事实材料的重新认识与梳理总结。显然,一次文献增加了人类知识的总量和质量,是信息含量最高的文献,也是读者参考使用的最基本、最原始的文献。

2)二次文献。二次文献(Secondary Literature)是将大量零散的一次文献经过整理和筛选,并按照一定的顺序加工、组织和编排而形成的文献,并作为报道和查找一次文献的线索,成为读者更为方便地利用一次文献的报道和检索工具。例如,各种数目、索引、题录和文摘等都是二次文献。二次文献是用于提高一次文献使用率和传递速度的重要文献。

3)三次文献。三次文献(Tertiary Literature)是在二次文献收集和整理的基础上,根据文献参考使用的需要,对某个专题中一次文献的内容,经过分析、选择、编排和加工形成的文献。例如,统计年鉴、指导手册、百科全书、综述性文献、述评等都是三次文献。三次文献的显著特点是内容上的集中性。它排除了与某个专题不相关的文献内容,使得文献的主体高度集中,便于读者使用较少的时间掌握较多的某个专题内容。

基于上述对一次、二次和三次文献的概念和特点的阐述,三者之间的关系是:一次文献是原始文献,是二次、三次文献产生的基础;二次文献是报道和检索的工具,无论如何完善也不能替代一次文献,没有一次文献的支撑,二次文献也就失去了价值;三次文献是经过收集和处理后的压缩性文献,虽然为使用文献提供了方便,但要全面了解文献的特征,还是要尽可能使用一次文献,保证原始资料和研究结果的可行性。二次和三次文献均是根据研究者的需求层次,从多个角度对一次文献进行加工的产物,都是为了将一次文献的知识内容传递给不同的使用者。如果将一次文献视为列车,二次文献则是时刻表,三次文献就是专列。

(3)按照出版形式分类

按照出版形式的差异性,文献资料可分为图书、期刊论文、会议论文、科技报告、专利文献、学位论文、标准文献、政府出版物、产品资料和科技档案等。

1)图书。图书是成熟和定型的印刷出版物,一般由封面、书名页、内容简介、前言、目录、正文、版权页、封底和书脊等部分组成,并装订成册。图书诞生和使用的历史较为久远,流传广泛、数量庞大、影响深远,至今仍是使用较为普遍的文献类型。图书的特点是:涉及面广、品种繁多、知识信息含量高、出版量大,是人类文明传播的重要载体,也是读者获取知识信息的重要读物。阅读图书是系统性地获取专业知识和解决问题的有效途径。

2)期刊论文。期刊论文是具有固定的刊名和统一的出版形式,并按照年或出版次序分期编号,载有多个作者和作品的定期或不定期出版的连续出版物,期刊论文包括杂志、年刊、丛刊等。其特点是出版周期短、报道速度快、信息量大、内容新颖、发行面广,能够及时反映科学研究问题和方法的最新动态。

期刊论文是文献的主要类型,是科学研究的主要信息来源。期刊论文按照其内容性质和用途的不同,还可分为学术性期刊文献、政论性期刊文献、通报性期刊文献、评述性期刊文献、数据性期刊文献、行业性期刊文献、检索性期刊文献、通俗性期刊文献和文艺性期刊文献。

3)会议论文。会议论文是指在不同类型和级别会议上发表或刊登的讨论交流论文、报告、会议纪要、会议专刊及与会议主题相关的文献。

4)科技报告。科技报告是政府部门、企业或科研机构的合同科研单位,对某项科研项目的调查、实验和研究所提出的正式报告或进展情况的报告。其内容专业、深入和具体,分为基础理论和生产技术两类。

5)专利文献。专利文献是指专利局公布或发表的专利文献,包括专利说明书、专利公报、专利分类表及专利从申请到结束全过程中的文件和资料。专利说明书是专利发明人向国内外专利局递交的有关某项发明创造的书面申请材料。

6)学位论文。学位论文是指本科生、硕士生和博士生为获得学位而撰写的论文,是对自身专业领域内涉及的特定问题的研究总结,具有新论点、新依据和新思想以及新数据的基本特征,也是学校图书馆馆藏书籍的一部分。

7)标准文献。标准文献是指对产品和工程质量、规格及其检验方法等所做的技术规定,是由标准以及其他具有标准性质的规定组成的一种特定形式的文献体系,具有一定的法律效力。

8)政府出版物。政府出版物是各国政府部门及其所属机构出版的文献资料,可分为行政性文件和科技文献。行政性文件包括会议记录、政府法令、规章制度、政策方针、指示决议等,科技文献包括科技报告、技术革新、调查报告、科技资料以及科技政策等具有科技含量的文献资料。

9)产品资料。产品资料是指对产品的性能、原理、结构、规格、用途和操作规程以及使用说明等的具体说明文献,包括产品样本、产品标准、产品说明书、产品目录等。

10)科技档案。科技档案是指生产建设和科技部门在科学技术活动中形成的科学技术文件、图表、照片、原始记录,包括科研规划、科研设计、实施方案、任务书、协议书、病案材料、课题设计、工程设计和实验记录等。

2.文献资料收集过程

毕业论文开题和撰写过程中所需要的材料涵盖了学生在现实生活中观察和总结的事实问

题、现象和从书籍、报刊和网络等媒介中收集的图文数据等。应用型高等院校的本科生论文主题论点必须具备一定的客观事实性和问题导向性，文献资料是观点和论点成形的基本依据。因此，要求本科高校毕业论文的各种材料必须具备客观事实性。

本科毕业论文材料也称为资料，是本科生为了获得学士学位证书，通过实验、观察、调查或访谈等科研实践形式及文献检索等途径，获得用以表现论文主题的一系列事实和数据，以及这些事实和数据的理论、定义、定理、技术和方法，还包括科学的构想与假设，成功的经验和失败的教训、总结等。论文撰写和研究所需的材料应具备以下特点。

1) 材料的充足性。材料是毕业论文写作的各个阶段都不可或缺的，就像盖房子所打的地基，地基打得不牢固，外观设计得再漂亮的房子也会倒塌。我国著名历史学家吴晗曾经明确地说过："扎扎实实读完一批必须读的基础知识的书，这个过程是逃避不了的，是一定要经过的。有了广泛、深厚的基础了，第二步才是在这基础上进行专题研究。"材料的充足与否，在很大程度上决定了学术研究的成就和价值大小，所以，一定要对其给予足够的重视。

2) 材料的真实性。在进行学术研究的过程中，无论是初期的材料收集阶段，还是后期的研究和论证阶段，都要确保材料的真实性，可以借鉴如下方法：一是尽量使用一次文献资料。例如，对我国不同地区的方言方面的研究，可以实地到研究方言的地区进行考察和调研，进而获得相关研究方面的一手资料，这样收集到的资料要比从其他研究成果中获取或引用的资料更为真实可靠。对于文学作品或理论方面的研究，原著材料本身的真实性具有重要意义，也需要注意材料本身的真实可靠性。二是尽量选择可信度高、质量有保障的文献资料。对于选定的材料要严格核实，查证其原始出处、辨别真伪、防止错漏。对于引用资料的书名、页码、版本等标注信息，需要仔细核对。对于二手资料产生的时间、地点、背景、人物等信息也需要仔细核对，对于所引用的原文不可篡改其文意。在引用古文或翻译资料时，要认真读懂原文后再引用，以防止断章取义或望文生义，即使通过此种方式收集的材料，也要在时间充裕的情况下，反复对材料进行检索和审核，保证材料的准确无误。

3) 材料的适用性。收集到充足、真实的材料后，方可开始毕业论文的撰写工作，但这并意味着要将所有收集的材料都写在论文中，还是需要利用文献的阅读技巧和方法，对文献进行筛选。必须选取与论文中心论点最为密切、最有说服力的材料，防止论文出现冗长和繁杂以及整体内容混乱的情况。

对于应用型本科高校毕业生的论文，需要根据问题的研究特点和主题，选取最为有效的材料来分析和说明问题，而对于不具备这些性质的材料，要勇于抛弃。同时，不要让材料喧宾夺主，偏离了论文的真正研究重点。

4) 材料的新颖性。创新是学术研究问题和理论的根本，对于应用型本科论文，依然需要新颖的材料和创新的突破。材料的新颖性，是指从未出现或从未被使用过的材料。该类材料本身具备较强的学术价值，无论从哪个角度进行研究都可以获得有价值的成果。例如，对于新出现的文献研究和新出现的社会问题，其研究对象或材料本身都具有足够的新颖性。但是，关于这方面的材料较为有限或收集较为困难，这是因为人们对于某一现象或某一个问题的认识不可能长期停留在某个层面上，社会在不断发展和进步，科学研究也需要不断发展。

因此，材料的新颖性也指使用新方法、新角度对已有材料进行研究。例如，人工智能算法是18世纪末开始使用的一种新型的研究方法,最早在西方世界开始兴起。后来我国的学者开始从新的理论视角,对我国的工程管理和工程实例甚至社会管理等问题进行了深入的应用和拓展延伸,这也是一种学术创新,同样具有学术价值和科学意义。

1.1.2 文献资料筛选和整理过程

1. 文献资料筛选方法

科学工作者应根据上述文献资料的分类结果,针对自己的研究问题、研究内容以及研究方法,对收集到的文献资料去粗存精和去伪存真,虽然在文献检索时要注意文献的准确性问题,但在理解和消化文献前难免会存在一些貌似有关、实则无用的文献,如果不加以筛选,势必造成时间和精力的浪费。

文献资料检索是利用文献的第一步,更重要的是对文献资料的筛选、消化和吸收,进而达到利用文献的目的。有人认为把所有文献都检索到就是充分地利用资料,但实际上这只能算是形式上的占有,而不是真正的利用。

文献资料筛选的目的在于有效地利用核心文献。为了便于应用文献,要先注意文献资料的分类整理过程,这与图书馆将各种各样的文献实行归类、有序管理、便于读者查阅是类似的。因此,当查询的文献积累到一定数量时,也要实行归类有序化管理,否则从图书馆复印或借得的大量文献将处于混乱状态,使科学工作者难以开展科研工作。当然,归类整理应根据研究工作的需要加以分类,例如,当研究课题可分为几个子课题时,可根据子课题的内容将查得的文献资料分类,而对于历史性资料,可根据课题发展的不同时期、不同作者分类,也可按文献的类别(如图书、论文、专利报告等)分类。

文献资料的筛选过程是一个去粗取精、去伪存真的过程。虽然在文献资料检索时已经注意到"准确性"问题,但在有些文献资料中,可能存在一些故弄玄虚、抄袭剽窃、伪造数据的现象,这就需要科学工作者在文献资料筛选过程中,仔细辨别,加以删除。当同一类的文献较多时,可做成文摘卡片,按文献资料对课题的重要程度进行排序和编号,这样不仅有利于对文献资料的归类和管理,也有利于在文献资料的消化吸收过程中整理研究思路。

在文献资料的筛选和消化吸收过程中,存在一个"由薄到厚"和"由厚到薄"的积累过程。科学工作者开始接触某课题时,所知甚少,对文献的积累也少,随着课题研究工作的不断深化,文献资料的积累越来越多,这就是"由薄到厚"的过程。当对研究课题的本质认识达到一个升华阶段时,科学工作者研究思路越来越清晰,对文献资料的筛选和辨别能力越来越强,这就是"由厚到薄"的过程。对于一般科学工作者来说,这两个过程可能是在自觉的状态下完成的,而对于进行毕业设计或毕业论文写作的学生来说,由于可供查阅的文献和消化吸收的时间有限,因此应当在教师的指导下,自觉地、有意识地完善和加速这两个过程的进程,以提高文献检索与利用的效率。

筛选材料的原则,也就是筛选材料的标准,其主要要求是:确凿、切题、典型、新颖、充分。

1) 确凿。所选文献材料要真实和准确。真实、准确是材料的生命,是科学立论的基础。只有真实、准确的材料,才能真正地表现主题。真实,就是不弄虚作假,不胡乱编造,要合乎实际,经得起实践的检验。准确,就是不能道听途说,要可靠无误,尽量使用亲自调查获取的材料,对第一手材料要反复核实,不要偏听偏信,不要凭想象扩充,不要把可能当现实。对第二手材料要多方考证,弄清来源,不能断章取义,更不能歪曲原意,以讹传讹。

2) 切题。所选材料有明确的目的和定向性,能够切合主题。围绕主题选择材料,要避免泛泛涉猎,要使主题和材料和谐地融合在一起。能够表现主题的材料要留下,不能够表现主题、与主题关系不大或没有关系的材料,即使是很真实、很精彩,也应割舍、剔除,以免喧宾夺主。有人形象地比喻,有目的地紧扣主题选材,就像用一根磁棒,专门吸纳钢铁类金属,而不是用胶水棒,不管什么都黏上。当然,对围绕主题选材不能机械理解,有的材料表现主题很直接,有的则间接些,有的从正面表现主题,有的则从反面表现主题。有时间接的、反面的材料,可能比直接的、正面的材料有更特殊的效果。

3) 典型。选取的文献材料要最具代表性,最能充分说明问题,最能深刻揭示事物的本质。这样的文献材料能够把道理具体化,把过程形象化,有最强的说服力。典型材料能很好地表现主题,切中要害,起到以一当十的作用,材料缺乏典型性,再多也无益于表现主题,应当舍去。要使材料具有典型性,就要深入挖掘,认真比较,精心选择。

4) 新颖。所选材料在内容上具有时代精神,在时间上是发现不久或刚刚发现的,别人没有见过、没有听过、没有用过的新动态、新信息、新事物,能给人一种新鲜感。要使材料具有新颖性,科学工作者就要努力去做开拓性的工作,不断创造新的成果。材料要新颖,并不是说老材料就不能用,有的老材料用得好,也可以产生新意,但如果材料过于陈旧,是难出新意的。材料没有新颖性,所写论文就难有新颖的主题,这是很明显的。

5) 充分。所选材料要有足够的量,充分的材料是科学工作者进行创造性思维并得出可靠结论的保证。有的材料虽然好,但只有片面的观点或论据,是难以支撑主题的。

总之,当选择材料时:在充分的材料中要选确凿的;在确凿的材料中要选切题的;在切题的材料中要选典型的;在典型的材料中要选新颖的。筛选材料的方法如下:

1) 宏观把握,反复筛选。在材料收集过程中,往往是多多益善,但是在课题确定以后,选材时就要宏观把握、全面分析,从总体考虑,反复进行比较,筛选出符合以上要求的材料。

2) 微观审视,逐个精选。对较为重要、关键性的材料,科学工作者要认真地逐个进行严格的审视和研究,弄清楚材料的精和粗、真和伪、优和劣、新和旧、重和轻、主和次、动和静等。要精益求精,避免因判断失误而出现失真、粗糙、虚伪的材料。

3) 综合提炼,认真挑选。正式写作时,科学工作者并不一定将所获得的每一件材料都用上,有的可能选一个或几个论点,有的可能选一个或几个数据,有的可能选一个细节,有的可能注重整个过程而不求细节,这就要对材料进行提炼和剪裁,使其可用、适用。

2. 文献资料的整理过程

文献资料的整理,就是将所获取的文献资料分门别类地加以归纳和总结,使得原来收集到的分散化的、个别化的、局部性的文献材料,转变为能够说明事物的本质过程或整体、显示其变化的轨迹或状态、论证其道理或寻找到其研究规律的系统性资料。材料的整理对于科学研究、撰写毕业论文具有重要的作用。例如,格拉塞的《马克思列宁主义经典作家的工作方法》中记述了马克思整理材料的方式,"经常性翻阅记录的笔记,并将收集到的资料进行系统化加工……他对于每一本著作,都收集了大量的准备材料——摘要、提纲、图标、数据、原始材料和目录等——他将整个材料加以整理,并做了系统性的提要,以便于在以后的工作中参考使用"。这样的文献资料整理方法是值得科学工作者借鉴和学习的。一般来讲,文献资料的整理过程主要包括以下几个方面。

(1) 文献材料的分类

对文献材料进行分类时,应将各种信息材料由粗到细、由大到小地逐级进行分类,或者按照文献分类标准将所研究课题的有关文献资料划分为不同的组别。材料分类的方法有研究观点分类法和研究项目分类法等。研究观点分类法是按照课题研究的基本思路和材料的内容确立若干个研究观点,再按照这些观点对材料进行组织排列,将对同类研究内容的记录归类在一起,组成若干记录的集群系列,使得分散的材料系统化、条理化。研究项目分类法则是按照材料内容的属性进行分类,一般包括事实类、理论类、数据类等。在每个类别下还可继续细分,例如,理论类可分为概念、定义、方法、观点和感受等。

(2) 文献材料的汇总

对收集的文献材料进行分类后,需要将其加以综合。汇总主要包括两项工作:一是文献材料的审核;二是寻找各类文献材料间的内在关联。一般来说,收集到的文献材料多数不可直接使用,必须经过仔细辨认和审核。虚假的材料一旦被当作正确的案例或数据引进严肃的科学研究中,就会产生误导,甚至使研究的结果产生错误。材料的辨析和审核可以从以下几个问题展开:

1) 文献材料是否有可靠的依据?文献出处是否准确?
2) 文献材料是否是原始材料?是否是最新的材料?
3) 文献材料是否具有权威性?是否可以信赖?
4) 文献材料是否全面?是否具备客观性?
5) 文献材料经过对比分析后,是否存在不同的研究观点和结论?

收集到不同种类的文献材料之后,科学工作者除了需要审核其自身的研究价值和研究意义外,还需要探析文献资料之间的内在耦合关系,将收集到的文献材料进行系统化的整理和分析,划分出文献材料之间的主次关系、先后关系和因果关系。

(3) 文献资料的分析

文献资料的分析是指运用科学的分析方法,对所收集到的资料进行详细分析,研究特定课题的现象、过程和内外部的各种联系,查找规律,构成理论框架。这一过程往往是发现问题、解决问题的关键环节,客观、准确地认识和理解资料,才能够提出有价值的论点,进行科学、合理的分析研究,从而获得有价值、有意义的结论。因此,在进行文献资料分析时,要运用相关学科的交叉理论知识进行深入的思考。

1.1.3 文献资料阅读与管理方法

现代信息技术快速发展,文献资料的阅读设备越来越多样化,传统的纸质文献资料向电子文献资料过渡的步伐逐渐加快,导致利用电子文献的科学工作者逐渐增多,因此阅读和整理已经下载的资料成为论文撰写的重要环节。目前，文献阅读工具和管理软件较多，例如，Endnote、Reference Manager 和 Note Express 等。

1.Endnote 文献管理软件简介

Endnote 是一个用于科技文章中参考文献管理的专业数据库软件，而且通过软件插件可以方便地在 Word 中插入需要引用的文献，该软件自动将文献按照出现的先后顺序进行编号，并根据指定的格式将引用的文献附在文章的末尾。如果在文章中插入了引用的新文献，软件将自动更新文献编号，并将引用的文献插入文章末尾参考文献中的适当位置。该软件具有较好的兼容性，并可通过网络在 PubMed 直接检索后保存到数据库中或者读入各种格式的 Medline 检索的结果中。

(1)Endnote 文献管理软件的特点

1)根据期刊的要求，自动产生参考文献，所以在写论文时，不需要考虑期刊、杂志的排版格式要求。建立参考文献库后，在不同的文章或论文中引用参考文献时，既不需要重新录入参考文献，也无须采用人工方法调整参考文献的格式。而且在多数情况下，参考文献可以直接从网上下载后导入数据库中，这为论文撰写带来很大的便利。

2)对文章中的引用格式进行增、删、改和位置调整时，参考文献的顺序都会自动重新排序。文章中引用的形式(如数字标号外加中括号的形式，或者是作者加年代的形式等)以及文章后面参考文献列表的格式都可以自动调整。

3)针对英文文献，兼容性好，查找文献较为方便。研究者可以将已经阅读的文献全部输入 Endnote 软件管理器中。

4)Endnote 与 Word 的协同管理功能。成功安装了 Endnote 软件后，自动在 Word 中产生一个新的工具栏，在写作时点击工具栏，可使用 Endnote 软件的常用功能。

(2)Endnote 文献管理软件的使用步骤

1)Endnote 的工作流程与基本功能。

Endnote 的工作流程包括数据采集、建立数据库、管理数据库和使用数据库。

数据采集主要是指从现有的中外文数据库(例如 PubMed、Sciencedire、Springer、维普、万方和知网等数据库)中获取文献资料信息。

建立数据库可以采用以下 5 种方式：Endnote 的内置在线检测功能；PDF 导入及文件夹批量导入；中英文数据库的导入；谷歌学术搜索数据导入；数据库导入 Filter 后编辑。

数据库管理的功能包括：界面操作，即栏目位置显示与隐藏以及排序；文献书目操作，即文献信息的复制、删除、统计、查找和输出等操作；管理操作，即全文管理、合并数据库、分组管理和文献阅读记录等操作；文献分析，即文献的简单分析。

引文格式编辑的功能包括：在撰写论文时插入引文；编辑论文的参考引文的显示格式；输出格式的编辑与修改；论文模板的使用。

2)Endnote 软件的使用步骤。

首先，运行 Endnote 软件后，出现第一个主界面，新建一个名为"交通"的文献数据库文件，在启动程序时选择"Create a new Endnote Library"，也可以在程序的主界面选择"file"→

"new",选择文件保存地址并输入文件名,如图1.1和图1.2所示。

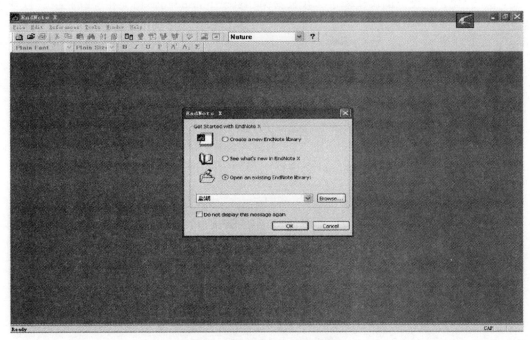

图1.1 运行Endnote软件界面

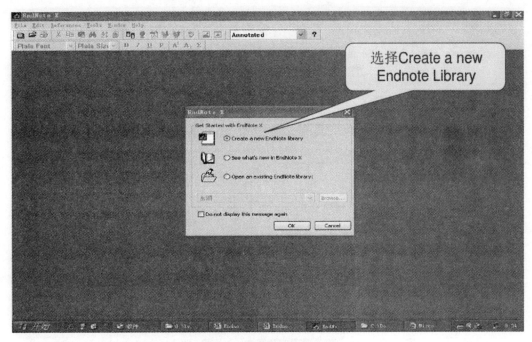

图1.2 构建新数据库界面

其次,构建文件存储夹(见图1.3)和数据保存位置界面,其中包括:"Filters"文件夹,用于存储数据库导入的过滤器文件;"Styles"文件夹,用于存储引文输出格式文件;"Templates"文件夹,用于存储预先设定的写作模板。在数据保存目录下,Endnote 将会在"我的文档"目录下新建一个名为"EndNote"的文件夹。*.enl 文件是用于建立的 Library 数据库文件管理,*.Data 文件夹是用于 Library 数据库文件建立而产生的文件夹,该文件夹用于存放 PDF 全文数据,如图 1.4 所示。

图 1.3　文件存储夹

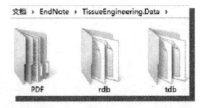

图 1.4　数据保存文档

最后,打开 Endnote 软件,进入 Endnote 软件操作界面,如图 1.5 所示。

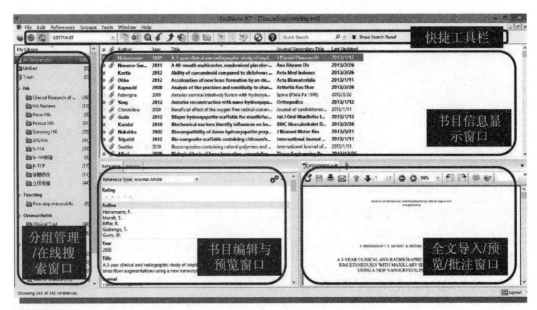

图 1.5　Endnote 软件操作界面

2.Note Express 文献管理软件简介与使用

Note Express 文献管理软件是国内最为专业的文献检索系统,完全支持中文论文。Note Express 可通过各种途径,高效、自动地搜索、下载、管理文献资料和研究论文。该软件可直接嵌入 Word 中使用，在 Word 中输出各种格式化的参考文献信息，不需要脱离 Word 应用环境。

(1) Note Express 文献管理软件的特点

1) 根据期刊和杂志的要求自动生成参考文献，因此在写文章时，无须考虑根据期刊和杂志的排版要求进行排版的问题。

2) 灵活调整参考文献的格式。使用该软件时，可以随时调整参考文献的格式。

3) 查找文献较为方便。可以将自己阅读过的所有参考文献全部输入 Note Express 软件中，这样可方便查找阅读过的全部文献。

通过 Note Express 文献管理软件，使用者除了可以方便地管理参考文献外，还可以管理硬盘上的其他文章或文件，可作为个人知识管理系统。该软件可以支持大多数文献的导入格式，也支持研究者自行编辑的文献格式。

Note Express 是科研人员、学生等进行论文写作的有利工具。从对中文的支持性能和在线数据库的方面考虑，本节主要介绍文献管理软件 Note Express 管理电子书籍或文献的软件及其使用。

(2) Note Express 文献管理软件的使用步骤

1) 书目信息的获取：打开 Note Express 软件，点击工具栏中"检索"→"在线数据库"，选择一个数据库。对于中文书籍，建议使用"北图联合编目中心"；对于外文书籍，建议使用"Columbia University New York, NY"。其他较好的数据库有 Californai State University 和 Library of Congress。这些数据库的藏书量较多，易于查询到需要的书目。

2) 建立自己第一个 Note Express 数据库：新建自己的数据库，安装后默认的示例数据库为"sample.ned"，保存在 Note Express 安装目录下；建立并维护个人题录数据库，参考文献的标题、作者及相关摘要、关键词等信息（即通常所说的文献），在 Note Express 中称为题录，存储在数据库节点下的题录"References"文件夹中。建题录数据库，一方面是为了写作时能实时插入题录作为文中标引，另一方面，"多数文章看摘要，少数文章看全文"是一种良好的科研习惯，可以节约科研工作者的宝贵时间。在后续内容中，书目、手稿、软件以及图片等信息也统称为题录。Note Express 中通过给题录添加附件的方式管理参考文献的原文。

新建题录有以下两种方式：

A. 手工建立及步骤。

a. 在"题录"文件夹下选中某子文件夹，作为新建题录的存放位置；

b. 在右方题录列表中点击鼠标右键，选择"新建题录"选项；

c. 在"新建题录"窗口的"题录类型"字段单击鼠标，选择题录类型；

d. 填写其他字段的相关内容，字段内容可以为空；

e. 保存并关闭"新建题录"窗口。

B. 文献数据库检索结果批量导入与步骤。

在国内的维普、万方、中国知网（China National Knowledge Infrastructure, CNKI），国外的 PubMed、Wiley、ProQuest、Elsevier 等电子数据库网站检索后，可以直接批量导出题录。将题录信息输出到剪贴板或者文件（如 txt、ris 格式）中，这些题录数据就可以被批量导入 Note Express 的数据库，供科学工作者或学生平时阅读、研究或写作论文时引用。

1.2 文献信息的检索工具与方法

1.2.1 常用文献资料检索工具

文献检索工具是系统地汇集了某一学科或各门学科的相关知识,按照一定的实例和排检方法编排,提供查阅、引证和解答各种问题功能的一种文献资料。其作用主要体现在三个方面:一是能够解答人们学习、生活和工作中的疑难问题;二是可以提供读书的捷径,告诉读者怎样读书、读什么书;三是能够提供所需要信息的线索,使得人们很方便地得到所需要的研究资料和研究成果。检索工具种类繁多,通常可按照载体划分为手工检索工具和全文数据库检索工具。

1.手工检索工具

信息检索工具种类繁多,手工检索工具按照用途可分为指示型检索工具和参考型检索工具,如图1.6所示。要想有效地利用手工检索工具,需要对各类工具有一个大概的理解,包括其性能、特点、内容范围、编排结构、使用方法等,以熟练地选择和利用检索工具。

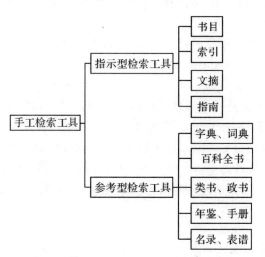

图1.6 手工检索工具分类

(1)指示型检索工具

指示型检索工具是根据一定目的,将相关的资料积累起来,经过加工、整理,并按照一定的方式排列,为人们提供查阅信息线索的工具。在浩如烟海的文献资料中,用户根据检索工具提供的线索和检索途径,能够方便、快捷地获取原始文献资料。指示型检索工具是在一次文献的基础上,根据一定的目的,按照需要编制的二次文献,主要包括书目、索引和文摘等。

1)书目。

书目(Bibiographies)也称为目录,是著录一批相关文献,并按照一定的次序编排而成的一种揭示与报道文献的工具。最初的书目是指对篇章名目和内容的介绍,后来变成记录一批文献的清册。在中国历史上比较有名的书目有《别录》《七略》《四库全书》等,这些古代的书目大多数按照经、史、子、集四分法编排。现在编排的书目大多数按照《中国图书馆分类法》(简称

《中图法》)分类编排,较常用的有《全国中文期刊联合目录》《全国新书目》《中国国家书目》等。

书目的作用:①揭示与报道文献资料信息。专业书目选择不同的学科,将不同水平、不同文字的文献资料,按照一定的方法加以编排,为研究人员提供该学科信息。②指引读者读书治学。针对特定读者,按照知识的连续性和发展的阶段性编纂和推荐文献,指导阅读,成为治学的门径。因此有人将书目比作在海洋中航行不可缺少的导航图。③提供研究历史文献、考证学术源流的参考。书目记录的文献书名、著者、版本、内容等情况,对于研究历代图书文献、考证学术源流具有重要价值。④提供科技发展信息。通过一批相关的书名记录或专题书目,研究人员可以了解某学科的发展历史和研究现状。

书目的类型:①按照编制目的和社会功能划分为登记性目录、学科通报性目录、推荐目录、专题和专科目录、书目指南、出版发行书目;②按照文献收藏范围划分为馆藏目录、联合目录;③按照目录收录文献内容范围划分为综合目录、专题专科目录、个人著述目录、地方文献目录;④按照反映目录收录文献类型划分为图书目录、期刊目录、地图目录、专利目录和标准目录;⑤按照收录文献出版时间和目录编制时间划分为现行目录、回溯目录和预告目录;⑥按照收录文献编排方式划分为分类目录、字顺目录;⑦按照揭示文献程度划分为题录、摘要目录和文摘等。

2)索引。

索引是揭示文献内容出处,提供文献查找线索的工具书。它将图书、期刊等文献的题目、作者以及所涉及的主题、人名、篇名、地名等参考文献,根据一定的需求,经过分析摘录,并按照一定顺序编排,注明其所在文献中的页码和出处。

索引的作用:①提供文献查询线索,帮助研究者从海量的期刊、报纸以及其他形式的出版物中尽快检索出需要的文献资料;②把分散的信息按照学科范围或专题形式交易组织整理,将具有相同性质的文献资料聚集,这种聚集后的文献资料能够系统地反映某学科某一阶段的研究动态,为研究者提供可靠的文献资料动态线索;③将文献内部有检索意义的信息加以揭示,并根据一定的方法加以编排,提供深层次的文献信息;④除了作为单独的检索工具外,还能作为其他检索工具的辅助部分,附加于某种检索工具内,提供多种检索途径,为使用该检索工具提供方便。

索引的类型:①按照文种划分为中文索引和外文索引;②按照收录范围划分为综合性索引和专题性索引;③按照收录文献的实践划分为近期索引和回溯性索引;④按照索引款目的标目划分为题名索引、著者索引、语词索引、主题索引和分类索引。

3)文摘。

文摘是二次文献资料的核心,是索引的延伸。它在系统报道和揭示一批相关文献的同时,运用简明扼要的文字摘录文献资料的精髓内容,客观概括原文的要点、研究和实验方法、所争论的问题、研究成果和结论等,并按照一定的方式编排。文摘一般都要注明原文出处,其内容及出版方式都类似于篇目索引。

文摘的作用:①通报最新的科学成果。由于文摘所摘录的是经过筛选的某一学科或某一专业领域最新最有学术价值的文献资料,并把相关论题集中在一处,因此通过一组文摘,能获得该学科专业领域的学术概况和最新进展。特别是首次文摘,能使最新科研成果及时公布,时效性强。②节约阅读时间,避免重复劳动。由于文摘是对原始文献资料中的重要内容的描述,每一条文摘本质上是一篇高浓度和信息完整的文献资料,因此,读者在不需阅读原文献资料的情况下,即可大致了解该文献的内容,明确其基本要点,并可直接引用,从而节约阅读时间。③与索引相互补充。索引的特点是揭示的文献资料数量多,但索引只提供文献线索,不介绍文献的主要内容,读者就不可能深入了解文献资料内容,而文摘恰恰可以弥补这些缺陷。④帮助阅读者逾越语言障碍,把握国外科研动态信息。相关资料显示,全世界拥有近5 000种语言,其中使用人口超过百万的近140种。目前,在出版的全部科学文献中,有近半的文献是用50%以上的科学家没有掌握的语言出版的,这便阻碍了国际间的学术信息的传递、交流和利用。用本国语言翻译的文摘,可以帮助科研人员克服语言障碍,了解国外有关领域的发展水平和趋势,获得外文文献信息。

文摘的类型:①按照编写的目的,可划分为综合性文摘和专业性文摘。综合性文摘有《新华文摘》和《文摘报》等,专业性文摘有《社会科学文摘》和《高等学校文科学报文摘》等。②按照编写方式,可划分为题录型文摘、指示型文摘和报道性文摘。题录型文摘主要著录文献的外表特征,有时做少量的说明和注释,例如《中国电子科技文摘》和《机械制造文摘》等。指示型文摘主要揭示文献资料的主要内容和基本观点,一般不涉及具体事实和结论等,例如《中国工业文摘》和《中国农业文摘》等。报道性文摘是以原文献为基础浓缩而成的摘要,包括报道原文的主体范围、基本观点、方法和推理的结果等,例如《管理科学文摘》和《国际学位论文摘要》等。③按照出版形式,可划分为期刊式文摘、附录式文摘和卡片式文摘。期刊式文摘即文摘杂志或文摘期刊,定期或不定期出版。附录式文摘即附于书刊之后或编排在书刊之中的文摘,一般多附在学术性刊物中。卡片式文摘即将文献的题录、正文和编号等著录在卡片上。

(2)参考型检索工具

参考型检索工具,也称为事实、数据型检索工具,属于三次文献资料。它是汇集某一方面全面系统的知识,按照一定的方法编排,提供翻检查阅和解决各种疑难问题的工具,主要包括专业性词典、百科全书、年鉴、行业手册等。

1)专业性词典。

专业性词典是指提供某一特定学科的名词、术语的严格的科学定义,给读者以比较系统的科学知识的词典。专业性、知识性和科学性是它的主要特征,也使它不同于一般语文性词典。专业性词典主要按照学科分类。

2)百科全书。

百科全书是以辞典形式编排的,综合多门知识或一门知识,具有权威性和检索性的大型参考型工具书。其内容丰富,系统完备,条目分类编排,条目的释文往往是从历史角度出发的综述,或者是有价值的学术论文,而且条目之后一般还需要附有参考书目,并且不定期地更新内容。百科全书的特点,使之成为当之无愧的"工具书之王"。

3)年鉴。

年鉴又称为年刊或年报,是一种汇集一年内的重要实时文献和统计资料,并按照年度逐年出版的连续出版物。年鉴的内容包括某个地区、某个国家或国际性的政治、经济、文化和军事等方面在一年内的进展情况。年鉴的三个特点是:一是以记事为主,收录的内容反映上一年的情况,信息来源于政府公报、政府文件与重要报刊,因此提供的资料内容十分准确、权威和可靠;二是收录的内容包罗万象,包括最新统计数据、企业简介、调研报告、经济团体、重要产品、大事记、法规条文以及专家学者对某个行业的综述、分析、回顾和展望等;三是采用固定专栏的编排形式,资料注明来源,有些还附有书目索引等,年鉴叙述简洁、精练,可用于查找原文和最新资料线索。

4)行业手册。

行业手册是汇集某个范围内基础知识和基本数据资料以供查阅的检索工具,其内容明确、丰富、实用,而且携带方便,是专业人员不可或缺的参考工具书。手册的四个特点:一是信息密集,通常以简单叙述和列表或图解等方式表达内容;二是内容专业化和具体化,一般都是针对某个学科或专业业务部门而编写收集相关的事实、数据、公式、符号和术语等;三是手册所收集的材料通常着重于已经成为现实的、成熟的知识和经验,而不是反映当前的发展状况;四是为了保持手册的实用价值,反映最新知识和经验成果,因此手册必须经常性地增订、修改和出版新版本。

2.全文数据库检索工具

全文数据库是将文献检索和全文集中于一体的重要数据库检索工具,是近年来发展较快和使用较为频繁的数据库,其优点是免去了检索书目数据库后还要费力去获取原文的麻烦。另外,多数全文数据库提供全文字段检索,有助于查找文献的全部信息。

目前,中文全文数据库主要有"中国知网(CNKI)""万方数据库""维普信息资源系统"等,常用的英文全文数据库有荷兰的 SDOS、美国 EBSCOhost 学术商业信息全文数据库等。

(1)CNKI 简介

CNKI 是目前世界上最大的连续动态更新的中国期刊全文数据库。从 1994 年至今收录了大约 7 500 种期刊全文,并对其中部分重要刊物回溯至创刊,实现中、外文期刊整合检索。至 2020 年 12 月 31 日,累积中文学术期刊 8 710 余种,含北大核心期刊 1 960 余种,网络首发期刊 2 000 余种,最早回溯至 1915 年,共计约 5 730 万篇全文文献;外文学术期刊包括来自 60 多个国家及地区 650 余家出版社的期刊 57 400 余种,覆盖期刊引用报告(Journal Citation Reports,JCR)的 94%,Scopus 期刊的 80%,最早回溯至 19 世纪,共计约 1.1 亿篇外文题录,可链接全文。学位论文库涵盖了硕士和博士论文资源,主要包括"中国博士学位论文全文数据库"和"中国优秀硕士学位论文全文数据库",是目前国内资源完备、质量上乘、连续动态更新的中国博硕士学位论文全文数据库,出版 490 余家博士培养单位的博士学位论文约 40 万篇,770 余家硕士培养单位的硕士学位论文约 440 万篇,最早回溯至 1984 年,覆盖基础科学、工程技术、农业、医学、哲学、人文、社会科学等各个领域。会议论文库涵盖了国内会议和国际会议论文资源信息,重点收录 1999 年以来,中国科协系统及国家二级以上的学会、协会,高校、科研院所,政府机关举办的重要会议以及在国内召开的国际会议上发表的文献,部分重点会议文献回溯至 1953 年,目前,已收录国内会议、国际会议论文集 3 万本,累计文献总量约 340 万篇。我国重要报纸全文数据库是以学术性、资料性报纸文献为出版内容的连续动态更新的报纸全文数据库。报纸库年均收录并持续更新各级重要党报、行业报及综合类报纸逾 650 余种,累积出版 2000 年以来报纸全文文献约 1 930 万篇。中国年鉴网络出版总库是目前国内较大的连续更新的动态年鉴资源全文数据库,其内容覆盖基本国情、地理历史、政治军事外交、法律、经济、科学技术、教育、文化体育事业、医疗卫生、社会生活、人物、统计资料、文件标准与法律法规等各个领域。目前年鉴总计 5 320 余种,4 万余本,约 3 760 万篇。专利库涵盖了中国专利与海外专利。中国专利收录了 1985 年以来在中国大陆申请的发明专利、外观设计专利、实用新型专利,约 3 580 万项,每年新增专利约 250 万项;海外专利包含美国、日本、英国、德国、法国、瑞士、世界知识产权组织、欧洲专利局、俄罗斯、韩国、加拿大、澳大利亚等的专利,共计收录从

1970年至今专利约1.0亿项,每年新增专利约200万项。标准数据总库涵盖了国家标准、行业标准、职业标准和标准题录,主要包括国家标准全文、行业标准全文、职业标准全文以及国内外标准题录数据库,共计约60万项。其中:国家标准全文数据库收录了由中国标准出版社出版的,国家标准化管理委员会发布的所有国家标准;行业标准全文数据库收录了现行、废止、被代替、即将实施的行业标准;职业标准全文数据库收录了由中国劳动社会保障出版社出版的国家职业标准汇编本,包括国家职业技能标准、职业培训计划、职业培训大纲;国内外标准题录数据库的内容来源于山东省标准化研究院。中国科技项目创新成果鉴定意见数据库(知网版)收录正式登记的中国科技成果,按行业、成果级别、学科领域分类。每条成果信息包含成果概况、立项、评价、知识产权状况及成果应用、成果完成单位、完成人等基本信息,并包含该成果的鉴定数据(推广应用前景与措施、主要技术文件目录及来源、测试报告和鉴定意见等内容)。目前,中国科技项目创新成果鉴定意见数据库(知网版)共计收录约90万项成果,年更新约4.8万项,收录年度集中于1978年至今,部分回溯至1920年。中国图书全文数据库(心可书馆)以中国知网的海内外两亿专业读者为服务对象,集图书检索、专业化推荐、在线研学、在线订阅功能于一体,通过参考文献、引证文献等关联关系,实现了图书内容与其他各类文献的深度关联融合,目前已收录精品专业图书1万本,覆盖人文社科、自然科学、工程技术等各领域,并实时更新。目前,CNKI数据库正以每天数千篇的速度进行更新,读者如需阅读文献资料信息全文,需要在网站主页上下载CAJ阅读器或PDF阅读器。

(2)万方数据库简介

万方数据资源系统由科技信息子系统、数字化期刊子系统和商务信息子系统组成,整合了数亿条全球优质学术资源,集成期刊、学位、会议、科技报告、专利、视频等十余种资源类型,覆盖各研究层次。其中,期刊资源包括国内期刊和国外期刊:国内期刊共8 000余种,涵盖自然科学、工程技术、医药卫生、农业科学、哲学政法、社会科学、科教文艺等多个学科;国外期刊共包含40 000余种世界各国出版的重要学术期刊,主要来源于国家科技图书文献中心(National Science and Technology Library,NSTL)外文文献数据库以及数十家著名学术出版机构,及DOAJ、PubMed等知名开放获取平台。学位论文资源主要包括中文学位论文,学位论文收录始于1980年,年增约30万篇,涵盖基础科学、理学、工业技术、人文科学、社会科学、医药卫生、农业科学、交通运输、航空航天、环境科学等各学科领域,文献收录来源为经批准可以授予学位的高等学校或科学研究机构。会议资源包括中文会议资源和外文会议资源:中文会议资源收录始于1982年,年收集3 000多个重要学术会议,年增20万篇论文;外文会议资源主要来源于NSTL外文文献数据库,收录了1985年以来世界各主要学会、协会、出版机构出版的学术会议论文共计766万篇全文(部分文献有少量回溯)。专利资源来源于中外专利数据库,收录始于1985年,目前共收录中国专利约2 200万条,国外专利约8 000万条。收录范围涉及11国2组织,最早可追溯到18世纪80年代。科技报告(包括中文科技报告)收录始于1966年,源于中华人民共和国科学技术部,共约2.6万份,外文科技报告收录始于1958年,源于美国政府四大科技报告(AD、DE、NASA、PB),共计约110万份。科技成果源于中国科技成果数据库,收录了自1978年以来国家和地方主要科技计划、科技奖励成果,以及企业、高等院校和科研院所等单位的科技成果信息,共计约91万项。国内标准资源来源于中外标准数据库,涵盖了中国标准、国际标准以及各国标准等在内的约200万条记录,综合了由浙江省标准化研究院、中国质检出版社等单位提供的标准数据。国际标准来源于科睿唯安Techstreet国际标准数据库,涵盖国际及国外先进标准,包含超过 55 万件标准相关文档,涵盖各个行业。法规资源涵盖国家法律、行政法规、部门规章、司法解释以及其他规范性文件,信息来源权威、专业。地方志,简称"方志",即按一定体例,全面记载某一时期某一地域的自然、社会、政治、经济、文化等方面情况或特定事项的书籍文献。通常按年代分为新方志、旧方志,新方志收录始于 1949 年,共计约 4.7 万册,旧方志收录于新中国成立之前,共约 8 600 种,约 10 万卷。万方视频是以科技、教育、文化为主要内容的学术视频知识服务系统,现已推出高校课程、会议报告、考试辅导、医学实践、管理讲座、科普视频、高清海外纪录片等适合各类人群使用的精品视频,截至目前,已收录视频约 3.3 万部,近 100 万分钟。文件为 PDF 格式,读者如需阅读全文,需要使用 Acrobat Reader 浏览器。

(3) 维普信息资源库简介

"维普中文科技期刊数据库"(全文版)是重庆维普资讯有限公司开发研制的中文电子期刊数据库。维普网建立于 2000 年,已经成为全球著名的中文信息服务网站,是中国最大的综合性文献服务网,并成为 Google 搜索的重量级合作伙伴,是 Google Scholar 最大的中文内容合作网站。其所依赖的"中文科技期刊数据库"是中国最大的数字期刊数据库,该数据库自推出就受到国内图书情报界的广泛关注和普遍赞誉,是我国网络数字图书馆建设的核心资源之一,被我国高等院校、公共图书馆、科研机构所采用,是高校图书馆文献保障系统的重要组成部分,也是科研工作者进行科技查证和科技查新的必备数据库。基于"期刊资源保障"的期刊大数据服务平台,收录期刊 14 000 余种,文献总量约 6 600 万篇,每年增加约 600 万篇,包括经济管理、社会科学、自然科学、工程技术、农业科学、医药卫生、教育科学和图书情报,主要数据回溯至 1989 年,部分期刊回溯至 1954 年。网站现已拥有包括港澳台地区在内的约 5 000 家企事业集团用户单位,注册用户数超过 300 万人,累计为读者提供了超过 2 亿篇次的文章阅读服务,实现了以信息化服务社会,推动中国科技创新的目标。为了助推中国科技创新,倡导一种将科技服务于大众的信息文化,将电子期刊数据库推向多样化、层次化、专业化,从科技期刊到报纸、从中文期刊到外文期刊、从提供海量的期刊资源到提供更专业的行业信息资源系统服务,维普公司一直在不断开拓创新,迄今为止,收录了中文报纸 400 种、中文期刊 12 000 多种、外文期刊 6 000 多种,已标引加工的数据总量约 1 500 万篇、3 000万页次,拥有固定客户 5 000 余家,在国内同行中处领先地位。维普数据库已成为我国图书情报、教育机构、科研院所等系统必不可少的基本工具和获取资料的重要来源,覆盖范围包括自然科学、工程技术、农业、医药卫生、经济、教育和图书情报等学科的数万余种中文期刊数据资源。维普数据库按照《中国图书馆分类法》进行分类,所有文献被分为 7 类:自然科学、工程技术、农业科学、医药卫生、经济管理、教育科学和图书情报。

1.2.2　常用文献资料检索方法

文献检索是指对众多的文献资料进行筛选,并按照一定的方法将其有序化地组织和储存,形成文献检索系统,然后依据检索系统的要求,查询符合特定需求的文献的全过程。常用文献资料检索的步骤和方法具体如下。

(1) 明确文献的范围

文献材料的检索范围需要检索人员根据科学研究课题的目的和研究重点来确定,主要包括确定相关材料的区域范围、时间范围和专业方向等。

（2）选择有效的检索工具

明确文献资料的检索范围之后,可选择适用的检索工具。文献资料的检索工具种类和版本较为繁多,目前使用最广的有以下几种。

1）书目型检索工具。

书目型检索工具是对图书、期刊或其他出版物外表特征的揭示和报道,一般只记录文献的题名、作者、出版地、出版者、出版年、页数和开本等,不涉及文献的详细内容。

2）题录型检索工具。

题录型检索工具是对图书、期刊或专利等文献中单篇文献外表特征的揭示和报道,通常记录篇名、著者和文献来源出处信息,无内容摘要。题录报道具有检索快、信息全的特点,是用于检索最新文献的有力工具。

3）文摘型检索工具。

文摘是检索文献摘要或者文献核心内容的工具,它能够将大量分散的文献资料加以收集、摘录并分类组织整理。文摘可分为指示性文摘和报道性文摘,指示性文摘供检索者了解文献主题,用以判断是否需要阅读全文,其篇幅简短,检索快捷方便。报道性文摘则基本上反映文献的创造性内容,检索者不需要查阅原文便可了解文献内容要点,其篇幅较长,信息量大。

4）索引型检索工具。

索引型检索工具是将文献中具有检索意义的内容(如篇名、作者、主题、字句、人名、地名等),根据需要摘录出来,按一定的顺序排列并注明出处以供查阅的检索工具。

5）参考型检索工具。

参考型检索工具也称为事实、数据检索工具。它是汇集某一方面全面系统的知识,按照一定的方法编排,提供翻检查阅,解决各种疑难问题的工具,主要包括字典、词典、百科全书、年鉴、手册、名录和表谱等。

（3）确定检索途径

选择好检索工具后,下一步要确定检索途径。检索途径大致可以分为人工检索和电子检索两大类。人工检索既可以按照文献的外部特征,也可以按照文献的内部特征来进行。外部特征即书名、作者、出版信息、编号等。例如:书名途径是按照书名或文章篇名的字母顺序排列的;作者途径是在经已知道作者的前提下,通过检索作者姓名来检索与之相关的文献资料;出版信息途径是按照某一个出版社或某一时间内的相关文献资料进行检索;编号途径是对于某些有编号的文献进行编号检索的有效途径,例如技术报告号、专利号、标准号等。文献的内部特征即所属学科、研究主题、参考文献、关键词等。文献的内部特征能够集中反映其内容特征,通过这些特征进行检索,就可以集中查到同一主题的大量文献资料,对于系统研究内容十分有利。

电子检索是当前应用最为广泛的检索途径,无论是专业的搜索引擎还是网站的内部检索通道,都有简单检索和高级检索工具,检索者可以根据自己的需要设定检索范围和检索内容,在短时间内查到大量的信息,相对于传统的人工检索,其速度更为快捷和便利。

（4）搜索原始文献

利用多种检索方法,通过不同的检索工具,可以搜索到所需要的原始文献。原始文献的搜索需要由近及远,首先搜索本地区的资源,或者电子网络资源,缩短检索时间。如果本地区或电子网络资源无法满足需求,再利用外地区的资源。对原始文献的应用,要注意做好记录和整理工作,特别是电子网络资源中的原始文献,要选择准确性高的版本,还要进行文献的二次核对,以免出现低级性的错误。

1.2.3 常用文献资源数据库介绍

(1)CNKI

CNKI是国内著名的学术性大型文献数据库,包含中国期刊全文数据库、中国优秀博硕士学位论文全文数据库、中国重要会议论文全文数据库、中国重要报纸全文数据库、中国统计年鉴数据库、中国精品文艺作品期刊文献库、中国法律知识资源总库等多个数据库,覆盖的学科范围包括数理科学、化学化工和能源与材料、工业技术、农业、医药卫生、文史哲、经济政治与法律、教育与社会科学、电子技术与信息科学等,是研究人员在工作和科研论文撰写过程中必不可少的学术性全文数据库。

进入中国知网后,首先选择数据库,可以选择一个数据库进行单库检索,也可以选择跨库检索,同时检索多个数据库。如果仅仅查一个库,建议用单库进行检索。下面以跨库检索为例进行介绍。

1)快速检索。

检索字段包括题名、主题、关键词、摘要、作者、第一作者、作者单位、来源、全文、参考文献和基金。匹配有精确和模糊两种方式:精确检索指检索结果中含有与检索词完全匹配的词语;模糊检索指检索结果包含检索词或检索词中的词素。在具体检索应用中,可以先限定检索字段、检索时间范围、匹配方式,然后输入检索词,选择检索的数据库。

2)初级检索。

通过初级检索,可以对检索条件进行限定,选择检索的学科范围(缺省为全选),选择数据库(缺省为全选),检索词命中方式为精确、模糊两种匹配方式。检索条件限定中,通过中英文扩展,可以用英文查对应的中文内容,也可用中文查对应的英文内容;检索结果按时间和相关度进行排序。具体检索应用中,可以先限定检索字段,输入检索词,然后限定检索时间范围、排序方式和匹配方式,选择要检索的数据库。

3)高级检索。

使用高级检索可以同时限定多个检索字段,通过点击"＋""－"增加或减少检索框,同一检索项检索词关系可为并且"＊"、或者"＋"、不包含"－"、同句、同段,字段之间使用"并且""或者"和"不包含"连接:"并且"代表同时检索出其连接的前后两个检索词;"或者"代表检索出至少包含其所连接检索词之一的结果;"不包含"代表检索结果中不包含所连接的检索词。"并且""或者""不包含"的优先级相同,即按先后顺序进行组合。词频指检索词在相应检索项中出现的频次。词频为空,表示至少出现1次,如果为数字,例如3,则表示至少出现3次,以此类推。具体检索应用中,可以先输入检索词,然后限定检索字段和字段之间的逻辑关系,高级检索界面如图1.7所示。

图1.7 高级检索界面

4)专业检索。

专业检索可以提供更高级的检索方式,用户把编辑好的检索式输入检索框内直接检索即可,如图1.8所示。专业检索中使用的字段代码、布尔逻辑算符以及运算优先级使用说明如下:

字段代码:检索字段=(检索表达式),( )为英文半角状态下输入。

布尔逻辑算符:NOT 代表逻辑非运算,AND 代表逻辑与运算,OR 代表逻辑或运算。

运算优先级:由于 CNKI 的逻辑算符优先顺序相同,所以可以用( )改变优先顺序。

例如:检索钱伟长在清华大学以外的机构工作期间所发表的,题名中包含"微循环""数学模型"文章。利用专业检索可以表示为:题名=(微循环 * 数学模型)and(作者=钱伟长 not 机构=清华大学)。

图1.8 专业检索界面

5) 浏览导航。

进入 CNKI, 页面左侧的数据库导航包括期刊导航、基金导航、作者单位导航、内容分类导航、博士学位授予单位导航、硕士学位授予单位导航、会议主办单位导航、会议论文集导航和报纸导航, 如图 1.9 所示。

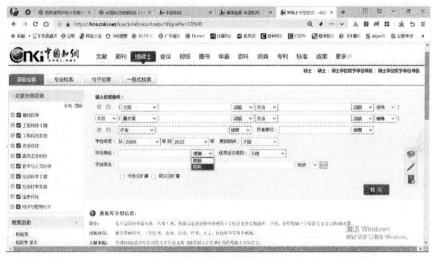

图 1.9 浏览导航

以期刊导航为例进行说明。进入期刊导航界面, 有专辑导航、数据库刊源导航、刊期导航、出版地导航、主办单位导航、发行系统导航、期刊荣誉榜导航、世纪期刊导航、核心期刊导航和中国高校精品科技期刊等板块, 根据需要点击进入相应板块进行浏览。每个版块可按首字母导航, 也可根据刊名、ISSN、CN 输入检索词进行检索。点击期刊进入其首页, 封面下方是期刊信息简介, 可对该期刊按年、期进行浏览, 也可在本刊中进行检索, 如图 1.10 所示。

图 1.10 期刊导航

6）数据库检索技术。

A. 检索字段。

中国知网快速检索、初级检索和高级检索字段包括题名、主题、关键词、摘要、作者、第一作者、作者单位、来源、全文、参考文献和基金。

B. 检索运算符。

检索运算符包括布尔逻辑运算符和系统专用的检索算符（仅在专业检索中可用），如位置运算符、截词符等。布尔逻辑运算符定义了词或词组之间的关系，位置运算符限定了检索词之间的数量，通配算符可扩展检索范围，见表 1-1～表 1-3。

表 1-1 布尔逻辑运算符

逻辑关系	符号	举例	含义
逻辑与（AND）	*	教育 * 经济	教育、经济两个检索词必须同时出现
逻辑或（OR）	+	教育＋经济	教育、经济两个检索词出现一个即可
逻辑非（NOT）	－	教育－经济	教育必须出现，经济必须不出现

表 1-2 位置运算符

符号	含义
/NEAR n	两检索词之间可包含 n 个其他词，两词的顺序任意，/NEAR n 前后有空格
/PREV n	两检索词之间可包含 n 个其他词，两词的顺序不变，/NEAR n 前后有空格
/SEN n	两检索词之间可相隔 n 个其他句子，两词的顺序任意，/NEAR n 前后有空格
♯	两检索词在同一句子中，♯ 前后须有空格

表 1-3 通配算符

符号	含义
?	截词符，用在词尾表示零个或多个字符或汉字。例如，题名＝计算?，可检索到计算、计算机、计算语言等。用在两个检索词之间，则一个 ? 表示一个字符或单元词。?? 表示两个字符
*	多字符通配符，用在两个检索词之间，代表零或多个字符或汉字。如，计算机 * 检索，可检索到"计算机情报信息检索"等

＄n，词频，表示检索词在相应的检索字段中出现的频率。词频为空，表示至少出现 1 词，如果为数字 n，则表示至少出现 n 词。＄前后须有空格。

匹配方式包括精确和模糊。精确表示检索结果与检索词完全一致，模糊表示检索结果中包含检索词中所含各单元词，在专业检索中，使用算符％表示模糊查询。

7）检索结果处理。

实施检索策略后，在检索结果页面：可以浏览命中结果的题录、文摘和全文；可进行二次检索从而缩小检索范围；可提供记录的各种相关链接，如同类文献题录链接、相关文献作者链接、相关研究机构链接等；可以了解某个期刊是否是中国学术期刊综合评价数据库、中国科学引文数据库、中国人文科学引文数据库的来源期刊，如图 1.11 所示。

第1章 毕业论文基础资料收集与准备

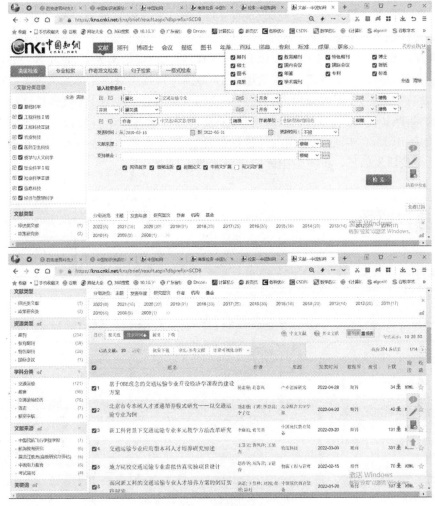

图1.11 检索结果处理

8）个性化服务。

CNKI提供RSS订阅推送服务，RSS是一种用于共享网页（WEB）内容的数据交换格式，是一种由网站直接把信息送到用户桌面的技术。用户可以通过RSS阅读器订阅自己感兴趣的内容，当网站内容更新时，用户会看到新信息的标题和摘要，并可以阅读全文。

订阅内容：第一是订阅期刊，用户可以订阅自己最喜欢的期刊，约7 600种期刊任用户选择，新刊一到，用户就能第一时间看到、读到；第二是按关键词订阅资料，无论是新闻、学术论文、学术动态、最新科研成果，只要是对用户有用的、用户想知道的，都可以订阅。

使用RSS，需要下载和安装一个RSS阅读器或聚合器，点击CNKI的"订阅推送"，选择要定制的内容，获取RSS文件地址后将RSS文件地址添加到RSS阅读器中。

（2）万方数据库

1）万方数据库概述。

万方系列数据库涵盖中华医学会期刊、学位论文、学术会议、科技成果和企业信息等数据库。中华医学会期刊全文数据库提供全文资源,收录自1998年以来中华医学会主办的115种医学期刊。学位论文库提供全文资源,收录自1980年以来我国自然科学领域硕士、博士以及博士后论文共计136万余篇。会议论文库提供全文资源,收录1985年至今世界主要学会和协会主办的会议论文,以一级以上学会和协会主办的高质量会议论文为主,每年涉及近3 000个重要的学术会议,总计约97万篇,每年增加约18万篇。科技成果库是国家科技部指定的新技术、新成果查新数据库,主要收录国内科技成果及国家级科技计划项目信息,总计约50万项,包括新技术、新产品、新工艺、新材料、新设计,涉及自然科学各个学科领域。企业信息库提供题录资源,始建于1988年,收录了国内外各行业近20万家主要生产企业及大中型商贸公司的详细信息及科技研发信息。万方数据库的界面如图1.12所示。

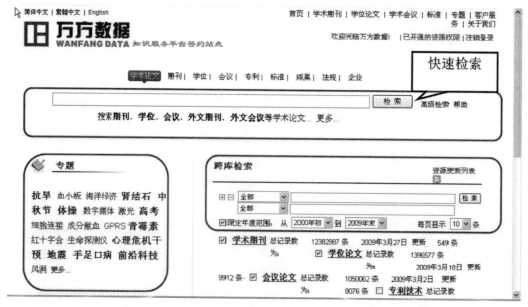

图1.12 万方数据库的界面

2)万方数据库的子库类型。

A.全文数据库的类型。

a."学位论文全文数据库"的资源由国家法定论文收藏机构——中国科技信息研究所提供,并委托万方数据加工建库,收录了自1980年以来我国自然科学领域博士、博士后及硕士研究生论文,涵盖自然科学、数理化、天文、地球、生物、医药、卫生、工业技术、航空、环境、社会科学、人文地理等多个学科领域。其中文摘达50余万篇,首次推出最近3年的论文全文20余万篇,并年增论文全文达到3万余篇。

b."中国法律法规全文库"内容包括自1949年以来全国人大法律、国务院行政法规、司法解释等,同时还有各部门规章、各地方性法规和地方政府规章制度,以及我国参与的国际条约和公约等。

B.全文数据库的特点。

a.全文数据库主要集中于题录、文摘、全文文献信息等于一体,为用户提供一站式文献信息服务;

b.具有适用于各类型用户使用的强大检索功能;
c.具有国际通用 PDF 浏览器格式,以电子版式完全再现文献的原貌;
d.数据资源的数量增长速度较快。

C.文摘数据库的类型。

"科技信息系统"是中国唯一完整的科技信息群,该系统汇聚了中国学位论文文摘、会议论文文摘、科技成果、专利技术、标准法规、各类科技文献、科技机构、科技名人等近百个数据库,其上千万的海量信息资源,为广大科研单位、公共图书馆、科技工作者、高校师生提供最为丰富、最为权威的科技信息。该信息系统主要包括:①中国学位论文数据库;②中国学术会议论文库;③中国科技论文统计分析库;④中国科技论文引文分析库;⑤中国科技成果数据库;⑥中国企业与产品数据库;⑦中国科技文献数据库群;⑧中国国家标准库。

D.文摘数据库的特点。

a.权威性——国内唯一完整的科技信息群;
b.回溯年限长——多数可以回溯到 20 世纪 80 年代以来的信息;
c.专业领域广——各个专业领域的文献数据库;
d.文献类型全——包括期刊、图书、会议、报告、专利、标准等各种情报资源;
e.数据规范质量高——数据源的选取、加工都严格进行控制;
f.检索功能强大——普通检索、二次检索、高级检索、分类浏览和字典检索等。

1.2.4　常用文献资源库检索步骤

(1)CNKI 数据库检索步骤

步骤 1:进入 CNKI 主页,网址是 www.cnki.net。

步骤 2:进行登录。有两种情况:①需要登录的,如果是集体包户网,就用单位提供的用户名和密码进行登录。如果是个人用户,就用自己的用户名和密码进行登录;②不需要登录的,利用网址链接的,只需要按学校提供的"图书馆"→"EBOOK"→清华同方"学术期刊数据",就可以进入数据库界面。

步骤 3:登录成功后会进入操作界面。

步骤 4:用户选择要检索的文献数据库。在操作界面上,CNKI 将其文献分成了不同的库,用户根据自己的文献范围属性进行选择。

步骤 5:检索参数设置。在操作界面的上部,有搜索参数设置对话框。用户最好逐一填写:①检索项,系统对文献进行了检索编码,每一个文献都有一一对应的编码,一个编码就是一种检索项。点击检索项框右边的向下箭头,就能弹出所有检索项,选中一个就好。②检索词,用户填入要求系统搜索的内容,且需要考虑到它应当与选中的检索项一致。③文献时间选择,根据文献可能出现的年代,点击对话框右边的小三角。④排序,提示系统将找到的文献按什么顺序呈现。⑤匹配,即要求系统按用户的检索要求进行哪种精确程度的检索。如果文献参数确定,选择"精确",如果不确定,选择"模糊"。

步骤 6:点击"搜索"就完成了第一阶段的操作,然后就进入检索结果界面,对文献的基本信息(文献题目、文献的载体、发表时间及在 CNKI 中的收藏库名)进行了说明。

步骤 7:如果从步骤 6 的结果中轻松地找到了要看的文献,就可以停止了。如果不容易找到,就进行更严格的搜索:在结果呈现界面的左边有文献的种属划分,只选中文献的可能种属,然后设置检索参数,再搜索。

步骤8:如果还是不能轻易找到期望的文献,那么可以在结果呈现界面进行多次递进检索。在已有检索结果界面,改变检索参数设置,然后选中"在结果中检索",再搜索。

(2)万方数据库检索步骤

步骤1:点击万方数据库首页,进入万方数据统一检索平台。

步骤2:选取第一个检索词出现的检索字段。

步骤3:输入第一个检索词。

步骤4:选取第二个检索词出现的检索字段。

步骤5:输入第二个检索词。

步骤6:选择检索词间的逻辑组配关系。

步骤7:点"+",增加检索条件框。

步骤8:选择限定年度的范围。

步骤9:点击"检索"按钮进行检索。

步骤10:点击所选文章的详细摘要信息或查看全文。

常用的逻辑组配有三个:逻辑"与"、逻辑"或"、逻辑"非"。

"与":检索结果中同时包含所输入的两个检索词,缩小了检索范围。

"或":检索结果中只包含所输入的两个检索词中的一个,扩大了检索范围。

"非":检索结果中包含第一个检索词但不包含所输入的第二个检索词,但要慎用。

1.3 本章小结

本章详细描述了文献资料的分类与收集整理过程,为大学生毕业论文写作提供了多种文献类型的下载和参考方法。同时,对文献资料阅读与管理的常用编辑软件进行了简要描述和使用说明,并对常用的本科毕业论文资源数据做了简要阐述分析,详细说明了不同类型的数据库资源的检索步骤和检索方法,为之后的数学建模和仿真提供便利的条件。

1.4 思考与练习题

1.如何巧妙地应用CNKI检索?列举不同的论文检索数据库。

2.如何利用检索算法对数据库进行检索运算?

第 2 章　毕业论文写作方法与常见问题

2.1　毕业论文写作的逻辑思维和研究方法

2.1.1　科学研究的逻辑思维

1. 科学研究逻辑思维的概念

科学思维方法是人们在认识过程中借助于概念、判断、推理反映现实的过程。它与形象思维和创新思维不同,是用科学的抽象概念、范畴揭示事物的本质,表达认识现实的结果。科学中的基本逻辑思维方法主要有比较与分类、归纳与演绎、分析与综合以及抽象与概括等。

科学研究中的逻辑思维是将感性认识阶段获取的信息材料抽象成概念,再运用概念进行判断和推理,从而产生新的认识。逻辑思维分经验型和理论型:经验型是以实际经验为依据形成概念,进行判断和推理;理论型是以理论为依据,运用科学的方法进行判断和推理,从而产生新的认识。

创新思维是值得肯定的,对于任何学科的发展都是必要的,但很难考察到创新思维。科学研究中的逻辑思维与创新思维的一般区别为:

1)思维形式的区别。逻辑思维的表现形式是从概念出发,通过分析、比较、判断、推理等形式而得出合乎逻辑的结论。创新思维则不同,它一般没有固定的程序,其思维方式大多都是直观、联想和灵感等。

2)思维方法的区别。逻辑思维的方法主要是逻辑中的比较和分类、分析和综合、抽象和概括、归纳和演绎,而创新思维的方法主要是一种猜测、想象和顿悟。

3)思维方向的区别。逻辑思维一般是单向的思维,是从概念到判断再到推理,最后得出结论。创新思维的思维方向则是很多的,结果也是多样性的。

4)思维基础的区别。逻辑思维是建立在现有的知识和经验基础之上的,离开已有的知识和经验,逻辑思维便无法进行。创新思维则是从猜测、想象出发,没有固定的思维方式,虽然也需要知识和经验作为基础,但不完全依赖于知识和经验。

5)思维结果的区别。逻辑思维严格按照逻辑进行,思维的结果是合理的,但可能没有创新性。创新思维活动不是按照常规的逻辑进行的,其结果往往不合常理,但其中却有新颖性的结果。

2. 科学中的基本逻辑思维方法

(1)比较与分类

比较方法是指在不同事物之间或在同类事物之间找出它们的差异以及共同点的逻辑方法。

比较方法在科学研究中的作用：①揭示不易直接观察到的事物的运动和变化。例如，恒星的运动在短时间内是难以直接观察到的，因此长期以来被人们看作是永恒不动的星体。1718年，哈雷将自己在圣赫勒拿岛所做的观测，同一千年前古希腊天文学家希帕恰斯与托勒密所得出的观测结果进行了比较，看到四颗恒星（毕宿五、天狼、大角、参宿四）的位置有明显的差异，因此发现了恒星运动状况；②运用比较方法，可以追溯事物发展的历史渊源和确定事物发展的历史顺序；③对事物进行定性的鉴别和定量的分析。例如，化学上确定被测物质含量的比较分析法，地质学上鉴定地层相对地质年代的化石分析法；④对科学理论的真理性进行验证。例如，1609年，开普勒在大量观测的基础上，设想出了行星运动可能采取的各种形式，然后，他将每一种行星运动的形式同所观测的事实材料进行了比较。他发现只有椭圆轨道的行星运动与观测事实最符合，因此发现了行星运动第一定律，推翻了天体是沿着正圆形轨道运动的观念。

分类方法是在比较研究的基础上，根据一定的标准对各种事物进行类别划分的逻辑方法。

分类方法在科学研究中的作用：①使各类繁杂的材料条理化和系统化；②便于把握同类事物的共性，提高认识事物的效率；③对于人们寻找某一具体事物具有向导作用。

分类方法在科学研究过程中需要注意的事项：①每一种分类必须依据同一个标准；②分类必须完整；③分类必须按照一定的程序逐级展开；④根据事物的本质而不是现象进行分类。

(2) 归纳与演绎

归纳方法是指从个别事物的现象的研究中概括出一般原理或结论的逻辑思维方法。

归纳方法的类型，根据归纳的前提是否完全，可分为完全归纳法和不完全归纳法。在不完全归纳法中，根据其运用因果联系的程度，可分为简单枚举法和科学归纳法。

归纳法在科学研究中的作用：①从事实材料中得出普遍规律或结论；②发现科学事实，提出科学理论的重要方法；③从经验事实上升到一般原理的方法。

归纳法在科学研究过程中需要注意的事项：①归纳法不能保证一定能获得必然真理；②归纳方法大多是根据对事物现象的归纳获得结论，它缺乏内在的必然性。

演绎方法是从一般到个别的推理方法，即用已知的一般原理考察某一特殊的对象，推演出有关对象的结论和方法。

演绎推理的主要形式是"三段论"，由大前提、小前提和结论三部分组成。

演绎推理在科学研究中的作用：①为科学知识的合理性提供严密的逻辑证明；②使人们的原有知识得到扩展和深化；③提出科学假说和检验科学假说的重要方法。

演绎法在科学研究过程中需要注意的事项：①它只适合于已有理论的证明和推演；②演绎法本身不能保证其结论的可靠性；③推出的新知识其可靠性未必能得到保证。

(3) 分析与综合

分析是将一个完整的对象分解为不同的方面和部分，把复杂的对象分解为各个简单的要素，并对这些部分或要素分别进行研究的一种思维方法。

分析方法的3个基本环节是：①对事物整体加以"解剖"，将解剖的各个部分从整体中"分割"和"分离"出来；②深入分析各个部分的性质和特点；③把各部分在认识上组织和联系起来，以获得对事物的完整把握。

分析方法在科学研究中的作用：①根据事物存在的性质进行分析；②根据对象存在空间结

构进行分析;③根据对象运动变化的时间结构进行分析;④根据对象的功能结构进行分析;⑤认识事物的必要手段和运用综合方法的前提。

分析方法在科学研究过程中需要规避的是:只见树木,不见森林。

综合方法是指寻求研究对象的各个部分、侧面、因素的内在联系,把对象的各个部分联系起来作为一个整体加以研究的思维方法。

综合方法在科学研究中的作用:①人类认识事物的重要方法和目的;②可对零乱的对象认识形成新的认识系统;③可避免对象认识的片面性和狭隘性。

分析与综合是互相渗透和转化的,在分析的基础上综合,在综合的指导下分析。分析与综合循环往复,推动认识的深化和发展。

(4)抽象与概括

抽象是指从众多的事物中抽取出共同的、本质性的特征,而舍弃其非本质的特征。具体地说,科学抽象就是人们在实践的基础上,对于丰富的感性材料,通过"去粗取精、去伪存真、由此及彼、由表及里"的加工制作,形成概念、判断、推理等思维形式,以反映事物的本质和规律。

概括是形成概念的一种思维过程和方法,即把从某些具有一些相同属性的事物中抽取出来的本质属性,推广到具有这些属性的一切事物中,从而形成关于这类事物的普遍概念。概括是科学发现的重要方法,是由较小范围的认识上升到较大范围的认识,是由某一领域的认识推广到另一领域的认识。

3.科学研究中的逻辑思维形式

(1)因果思维

简单来说,因果关系的逻辑就是:因为 A,所以 B,或者说如果出现现象 A,必然就会出现现象 B(充分关系)。这是一种引起和被引起的关系,而且原因 A 在前,结果 B 在后。

1)先后关系不一定全是因果关系,例如,起床先穿衣服,然后穿裤子,或者说先刷牙后洗脸,都不是因果关系。

2)并不是一切必然联系都是引起和被引起的关系,只有有了引起和被引起关系的必然联系,才属于因果联系。

因果对应关系:①一因一果,一个原因产生一个结果;②多因一果,多个原因一起产生一个结果;③一因多果,一个原因产生多个结果;④多因多果,多个原因一起产生多个结果。

(2)递推思维

递推思维就是按照因果关系或层次关系等方式,一步一步地推理。有的原因产生结果后,这个结果又作为原因产生下一个结果,于是成为因果链,因果链是一种递推思维。例如,英国民谣:"失了一颗铁钉,丢了一只马蹄铁;丢了一只马蹄铁,折了一匹战马;折了一匹战马,损失一位将军;损失一位将军,输了一场战争;输了一场战争,亡了一个帝国。"

(3)逆向思维

逆向思维法与因果思维法相反,逆向思维法是由结果推理原因。逆向思维的事例,例如,大家听过司马光砸缸的故事,司马光的朋友掉进大水缸里了,常规的思维模式是"救人离水",而司马光面对紧急险情,运用了逆向思维,果断地用石头把缸砸破,"让水离人",救了小伙伴的性命。又例如,当时,德国古典哲学中的辩证思想已传入英国,法拉第受其影响,认为电和磁之间必然存在联系并且能相互转化。他想既然电能产生磁场,那么磁场也能产生电。

(4)内因与外因

内因是事物变化发展的内在根据。内因是事物存在的基础,是一事物区别于他事物的内在本质,是事物运动的源泉和动力,它规定着事物运动和发展的基本趋势。

外因是事物变化、发展的外在原因,即一事物和他事物的互相联系和互相影响。唯物辩证法认为外因只是事物发展、变化的条件,外因只有通过内因才能起作用。例如,鸡蛋可以孵化出小鸡,而石头不能孵化出小鸡,因为石头缺少内因(生长发育的功能),冰箱里的鸡蛋也不能孵化出小鸡,因为冰箱里的鸡蛋缺少外因(合适的孵化温度)。

(5)条件触发

条件触发是指具备一定的条件(原因),才能产生相应的结果,在条件(原因)具备之前,不会产生结果。思考一个事件的发生,需要考虑这个事件的触发条件是什么,还要考虑在什么情况下才能具备触发条件。所以注意三个要素:事件、事件的触发条件、怎样具备触发条件。

(6)唯物辩证法

唯物辩证法的基本规律有三条:对立统一规律(矛盾的规律)、质量互变规律、否定之否定规律。

1)对立统一规律。事物以及事物之间都包含着矛盾性,事物矛盾双方又统一又斗争,推动事物的运动、变化和发展。例如,理想与现实的矛盾使人奋斗,从而把理想转化为现实。

2)质量互变规律。事物、现象由于内部矛盾所引起的发展是通过量变和质变的互相转化而实现的。例如,吹气球,一点一点地吹(量变),吹到一定程度,气球就爆炸了(质变)。

3)否定之否定规律。事物的发展是通过自身的辩证否定实现的。事物是肯定方面和否定方面的统一。如果肯定方面居于主导地位时,事物保持现有的性质、特征和倾向,如果事物内部的否定方面战胜肯定方面并居于矛盾的主导地位时,事物的性质、特征和趋势就发生变化,旧事物就转化为新事物。否定是对旧事物的质的根本否定,但不是对旧事物的简单抛弃,而是变革和继承相统一的扬弃。事物发展过程中的每一阶段,都是对前一阶段的否定,同时它自身也被后一阶段再否定。经过否定之否定,事物运动就表现为一个周期,在更高的阶段上重复旧的阶段的某些特征,由此构成事物从低级到高级、从简单到复杂的周期性螺旋式上升和波浪式前进的发展过程,体现出事物发展的曲折性。

(7)现象与本质

从观察表面现象到发现本质规律。表面现象是事物的外在体现,而本质规律是事物的内在体现。例如,从 2、4、16、256 这 4 个数字变化的表面现象,可以得出这 4 个数字的变化的本质规律:右边数字是左边数字的二次方的值。

(8)相对与绝对

相对与绝对是反映事物性质的两个不同方面的哲学范畴。相对是指有条件的、暂时的、有限的。绝对是指无条件的、永恒的、无限的。相对的事物远多于绝对的事物。

(9)静止与运动

运动是物质的固有性质和存在方式,是绝对的、无条件的,静止是在一定的关系上考察运动时,运动表现出来的特殊情况,是相对的、有条件的。

静止的两种情况:①一切事物虽然每时每刻都在运动,但是某一具体事物在某种场合下可以不具有某种特定的运动形式。就其不具有这种特定的运动形式这一点而言,它是静止的。例如,地面上的建筑物就其对地面没有做机械运动这一点而言是静止的,但是这种静止仅仅是从一定的"参考系"看来才是如此,从别的"参考系"看来又是运动的,如建筑物随地面一起围绕着太阳运转,又随太阳系一起在银河系中运转;②一切事物虽然每时每刻都在运动,但是并非在任何时候都发生质变。当事物还没有发生质变时,这个事物还是它自己,在这个意义上它是静止的。

(10)假设法

假设法就是对于给定的问题,先作一个或多个假设,然后根据已知条件来分析,如果与题目所给的条件矛盾,就说明假设错误,然后再验证其他的假设。

(11)排除法

排除法是指,已知在有限个答案中,只有一个是正确的,对于一个答案,不知道它是否正确,但是知道这个答案之外的其他答案都是错误的,所以推断这个答案是正确的。

(12)反证法

反证法属于"间接证明法"类,是从反面的角度证明的方法,即肯定问题假设而否定结论,从而得出矛盾。法国数学家阿达玛对反证法的实质作过概括:"若肯定定理的假设而否定其结论,就会导致矛盾"。具体地讲,反证法就是从反论题入手,把命题结论的否定当作条件,使之得到与条件相矛盾,肯定了命题的结论,从而使命题获得了证明。

反证法的基本步骤:

步骤 1:假设命题结论不成立,即假设结论的反面成立;

步骤 2:从这个命题出发,经过推理证明得出矛盾;

步骤 3:由矛盾判断假设不成立,从而肯定命题的结论正确。

(13)传输方式

在很多系统中,同级之间的事物是通过传输来实现合作的。传输方式有以下 4 种。

1)顺序与并列。

顺序形式:事物按照先后次序运行。

并列形式:事物同时运行。

顺序形式分为线形结构和环形结构,线形结构表示事物在末端终止,而环形结构首尾相接,表示事物的循环。

2)集中与分布:根据是否存在功能上的中心事物,来判断是集中式还是分布式。

3)反馈:反馈分为正反馈和负反馈两种。

正反馈:反馈信息与原输入信息具有相同的作用,使输出信息进一步增强。例如,在排尿反射过程中,排尿中枢发动排尿后,由于尿液刺激了后尿道的感受器,后者不断发出反馈信息进一步加强排尿中枢的活动,使得排尿一再加强,直至尿液排完为止。

负反馈:反馈信息与原输入信息具有相反的作用,使输出信息减弱。例如,血糖降低会促使胰岛细胞分泌胰高血糖素,而血糖恢复正常值以后又会抑制胰岛细胞继续分泌胰高血糖素。

4)模块:模块作为一个局部的整体,好比一个盒子。模块有三个重要方面:输入、处理方法、输出。

(14)量变与质变

量变:量变又称"渐变",与质变相对,量变指事物在数量上的增加或减少以及场所的变更,是一种连续的、逐渐的、不显著的变化。唯物辩证法认为,量变是事物运动的基本状态之一,它由事物内部矛盾的各个方面又统一又斗争而引起的,是事物每时每刻都在进行的连续不断的变化,因此,它具有客观普遍性。

质变:事物从一种质态向另一种质态的转变,是事物运动的基本状态之一,同量变相对,又称突变。质变是在量变的基础上发生的,标志着量的渐进过程的中断。

(15)筛选思维

筛选:通过淘汰的方式对事物进行挑选。对于多层筛选,需要为每层都设置符合的条件,符合条件的事物可以通过,不符合条件的事物被淘汰,那些符合条件的事物再进入到下一级别筛选,从而实现一层一层的筛选。

(16)限定思维

限定是为了缩小范围,语言中的定语就是为了限定主语和宾语,从而缩小主语和宾语的范围。

1)用形容词限定主语:例如,"猫"→"黑色的猫"。"黑色的"这样的限定,就缩小了指定的猫的范围。

2)用名词所有格限定主语:例如,"猫"→"小明的猫"。"小明的"这样的限定,就缩小了指定的猫的范围。

3)用数词限定主语:例如,"两只猫"。"两只"是数量上的限定。

(17)发散与收敛思维

发散思维:从一个目标出发,沿着各种不同的途径去思考,多方位、多角度、多层次去思考,如"一题多解""一事多写""一物多用"等。

收敛思维:指在解决问题的过程中,尽可能利用已有的知识和经验,把众多的信息和解题的可能性逐步引导到条理化的逻辑序列中去,最终得出一个合乎逻辑规范的结论。

(18)联想思维

联想思维是在不同事物之间产生联系的一种没有固定思维方向的自由思维活动。

联想思维的类型有:

接近联想:时间上或空间上的接近都可能引起不同事物之间的联想。比如,当你遇到大学老师时,就可能联想到他过去讲课的情景。

相似联想:由外形、性质、意义上的相似引起的联想。如由照片联想到本人等。

对比联想:由事物间完全对立或存在某种差异而引起的联想。其突出的特征就是背逆性、挑战性、批判性。

因果联想:由于两个事物存在因果关系而引起的联想。这种联想往往是双向的,既可以由起因想到结果,也可以由结果想到起因。

(19)多角度思维

从多个不同的角度思考问题,在不同的角度有不同的发现。

事例:有个小男孩说"苹果里有颗五角星。"这让人难以理解,小男孩把苹果横放在桌上,然后拦腰切开,就会发现苹果里有一个清晰的五角形图案。事例:有一家手帕厂生产的锦缎白手帕销售受阻,库存积压20万条。按照习惯思维,手帕总是用来擦手、揩汗的,但销售人员换了一种思维方式,手帕除了实用的功能外,应该还有美化功能,而市场上没有一家手帕厂是以美化功能进行定位的。这个发现让他们欣喜不已,他们对库存的20万条手帕重新进行加工,在上面印上图案,配上说明书,重新投放市场,结果大受欢迎,这批滞销的手帕成为了畅销商品一售而空。

(20)侧向思维

侧向思维法就是在思考问题时,不从正面角度思考,而是将注意力引向外侧其他领域和事物,从而受到启发,找到超出限定条件以外的新思路。事例:一百多年前,奥地利的医生奥恩布鲁格想解决怎样检查出人的胸腔积水这个问题,他想来想去,突然想到了自己父亲,他的父亲是酒商,在经营酒业时,只要用手敲一敲酒桶,凭叩击声,就能知道桶内有多少酒,奥恩布鲁格想:人的胸腔和酒桶相似,如果用手敲一敲胸腔,凭声音,不也能诊断出胸腔中积水的病情吗?"叩诊"的方法就这样被发明出来了。

(21) U 形思维

从思维方向看,有直线思维和 U 形思维之分。在求解问题过程中,如果能用直线思维求解,那是再好不过的了,因为直接求解的思路最短,但是许多问题的求解靠直线思维是难以如愿的,这时采用 U 形思维去观察思考,或许能使问题迎刃而解。运用 U 形思维的基本特点就是避直就曲,让思路拐个大弯。在实际操作时,思路又怎样拐好这个弯呢?借助"第三者"的介入进行过渡思考,便是常用的拐弯技巧。例如,电冰箱中的冷冻机中充满着氟里昂和润滑油,如果密封不良,氟里昂和润滑油都会外漏。传统的查漏办法是直接观察,费时费力且不可靠,能否发明一种新方法实现自动检测呢?有人想到了一种避直就曲的办法:将掺有荧光粉的润滑油注入冷冻机里,然后在暗室里用紫外光照射冷冻机,根据有无荧光出现来判断冰箱是否出现渗漏和渗漏发生在何处。在这种方法中,荧光粉和紫外光就属于"第三者"。

2.1.2 科学研究的理论方法

方法是人们为了达到某种目的而采取的途径、手段或策略。在解决理论或实际问题时,根据手段和目的有计划地运用技术技能,不同学科的规定性以其特殊的方法为标志。例如,观测方法、数学实验方法和分类方法等。

科学研究的理论方法是指人们为了达到认识客观世界而采取的各种手段和途径。

科学方法的三个层次分别是:第一个层次是各门自然科学中的特殊研究方法;第二个层次是整个自然科学的认识和方法;第三个层次是自然科学、社会科学和思维科学普适的方法。

为了与交通运输(民航方向)研究紧密结合,体现问题的可操作性,常用的科学研究理论方法有如下几种。

(1) 调查法

调查法是科学研究中最常用的方法之一。它是有目的、有计划、有系统地收集有关研究对象显示状况的材料的方法。调查方法是科学研究中常用的基本研究方法,它综合运用历史法、观察法等方法以及谈话、问卷、个案研究、测验等科学方式,对现象进行有计划的、周密的和系统的了解,并对调查收集到的大量资料进行分析、综合、比较、归纳,从而为人们提供规律性的知识。

调查法中最常用的问卷调查法,是以书面提出问题的方式收集资料的一种研究方法,调查者将调查项目编制成表,分发或邮寄给有关人员,待填写答案后,回收整理、统计和研究。

(2) 观察法

观察法是指研究者根据一定的研究目的、研究提纲或观察表,用自己的感官和辅助性工具去直接观察被研究对象,从而获得资料的一种方法。科学的观察具有目的性和计划性、系统性和可重复性。在科学实验和调查研究中,观察法具有以下几个方面的作用:①增加人们的感性认识;②启发人们的思维;③导致新的发现。

(3) 实验法

实验法是通过主支变革、控制研究对象来发现与确认事物间的因果联系的一种科研方法。其主要特点是：①主动变革性。观察与调查都是在不干预研究对象的前提下去认识研究对象、发现其中的问题。而实验要求主动操纵实验条件，人为地改变对象的存在方式、变化过程，使它满足科学认识的需要；②控制性。科学实验要求根据研究的需要，借助各种方法技术，减少或消除各种可能影响科学的无关因素的干扰，在简化、纯化的状态下认识研究对象；③因果性。实验是发现、确认事物之间的因果联系的有效工具和必要途径。

(4) 文献研究法

文献研究法是根据一定的研究目的或课题，通过调查文献来获得资料，从而全面地、正确地了解和掌握所要研究问题的一种方法。文献研究法被广泛用于各种学科研究中，其作用有：①能了解有关问题的历史和现状，帮助确定研究课题；②能形成关于研究对象的一般印象，有助于观察和访问；③能得到现实资料的比较资料；④有助于了解事物的全貌。

(5) 仿真验证研究法

仿真验证研究法是科学实践研究的一种特殊形式，其依据现有的科学理论和实践的需要，提出设计，利用科学仪器和设备，在自然条件下，通过有目的有步骤地操纵，根据观察、记录、测定与此相伴随的现象的变化来确定条件与现象之间的因果关系的活动。主要目的在于说明各种自变量与某一个因变量的关系。

(6) 定量分析法

在科学研究中，通过定量分析法，人们对研究对象的认识能够进一步精确化，以便更加科学地揭示规律，把握本质，理清关系，预测事物的发展趋势。

(7) 定性分析法

定性分析法就是对研究对象进行"质"的分析。具体地说，是指运用归纳和演绎、分析与综合以及抽象与概括等方法，对获得的各种材料进行思维加工，从而能去粗取精、去伪存真、由此及彼、由表及里，达到认识事物本质、揭示内在规律的目的。

(8) 跨学科交叉研究法

跨学科交叉研究法是指运用多学科的理论、方法和成果，从整体上对某一课题进行综合研究的方法，也称"交叉研究法"。科学发展运动的规律表明，科学在高度分化中又高度综合，形成一个统一的整体。有关专家统计，现在世界上有2 000多种学科，而学科分化的趋势还在加剧，但同时各学科间的联系越来越紧密，在语言、方法和某些概念方面，有日益统一化的趋势。

(9) 个案研究法

个案研究法是对研究对象中的某一特定对象，加以调查分析，弄清楚特点及其形成过程的一种研究方法。个案研究有3种基本类型：①个人调查。即对组织中的某一个人进行调查研究；②团体调查。即对某个组织或团体进行调查研究；③问题调查。即对某个现象或问题进行调查研究。

(10) 数量研究法

数量研究法也称"统计分析法"和"定量分析法"，是指通过对研究对象的规模、速度、范围、程度等数量关系的分析研究，认识和揭示事物间的相互关系、变化规律和发展趋势，以达到对事物的正确揭示和预测的一种研究方法。

(11) 模拟法（模型方法）

模拟法是先依照原型的主要特征,创设一个相似的模型,然后通过模型来间接研究原型的一种方法。根据模型和原型之间的相似关系,模拟法可分为物理模拟和数学模拟两种。

(12)探索性研究法

探索性研究法是高层次的科学研究活动,是用已知的信息,探索、创造新知识,产生出新颖而独特的成果或产品的研究方法。

(13)信息研究方法

信息研究方法是利用信息来研究系统功能的一种科学研究方法。美国数学、通信工程师、生理学家维纳认为,客观世界有一种普通的联系,即信息联系。当前,世界正处在"信息革命"的新时代,有大量的信息资源可以开发利用。信息方法就是根据信息论、系统论、控制论的原理,通过对信息的收集、传递、加工和整理获得知识,并应用于实践,以实现新的目标。信息方法是一种新的科研方法,它以信息来研究系统功能,揭示事物的更深一层次的规律,帮助人们提高和掌握运用规律的能力。

(14)经验总结法

经验总结法是对实践活动中的具体情况进行归纳与分析,使之系统化、理论化,上升为经验的一种方法。总结推广先进经验是人类历史上长期运用的较为行之有效的领导方法之一。

(15)描述性研究法

描述性研究法是一种简单的研究方法,它将已有的现象、规律和理论,通过自己的理解和验证进行叙述并解释。它是对各种理论的一般叙述,更多的是解释别人的论证,但在科学研究中是必不可少的。它能定向地提出问题,揭示弊端,描述现象,介绍经验,它有利于普及工作,它的实例很多,有对多种情况的调查,有对实际问题的说明,也有对某些问题的看法等。

(16)数学方法

数学方法就是在撇开研究对象的其他一切特性的情况下,用数学工具对研究对象进行一系列量的处理,从而作出正确的说明和判断,得到以数字形式表述的结果。科学研究的对象是质和量的统一体,它们的质和量紧密联系,质变和量变是互相制约的。要达到真正的科学认识,不仅要研究质的规定性,还必须重视对它们的量进行考察和分析,以便更准确地认识研究对象的本质特性。数学方法主要有统计处理和模糊数学分析方法。

(17)思维方法

思维方法是人们正确进行思维和准确表达思想的重要工具,在科学研究中最常用的科学思维方法包括归纳演绎、类比推理、抽象概括、思辨想象、分析综合等,思维方法对于一切科学研究都具有普遍的指导意义。

(18)系统科学方法

20世纪,系统论、控制论、信息论等横向科学的迅猛发展为发展综合思维方式提供了有利的手段,使科学研究方法不断地完善,而以系统论方法、控制论方法和信息论方法为代表的系统科学方法,又为人类的科学认识提供了强有力的主观手段。它不仅突破了传统方法的局限性,而且深刻地改变了科学方法论的体系。这些新的方法,既可以作为经验方法,作为获得感性材料的方法来使用,也可以作为理论方法,作为分析感性材料上升的理性认识的方法来使用,而且后者的作用比前者更加明显。上述方法适用于科学认识的各个阶段,因此,我们称其为系统科学方法。

2.2 毕业论文写作中常见的问题

学生在大学阶段的主要任务是学习基本知识、基本理论和基本技能,因此,尽管大学生经过自身的努力和教师的指导,但撰写毕业论文时肯定还会存在一定的问题,只不过是问题的程度不同,方面不同而已。毕业论文的成就具有相对性,即使优秀的毕业论文也存在很多问题,并且科学研究是无止境的,科研工作者或学生对论文中的问题的认识也是逐步深化的。学生在毕业论文撰写过程中常见的问题也是有章可循的。

2.2.1 论文选题中的问题

毕业论文选题会直接影响毕业论文的质量,常见的选题方面的问题有以下几种。

(1)选题范围过大

毕业论文的选题应该选取具有科学价值或实用价值、有现实可能性、范围大小适中的题目。选题范围太大,学生难以把握问题的切入角度。此外,题目太大,学生难以深入细致地剖析问题,容易泛泛而论。

(2)选题过难

学生受到时间、精力、专业知识层次和材料收集方面的限制,因此应注意选题的难度既不要过大,也不要超出自己所学专业领域。例如,有人想在短时间内探讨"中国5G通信技术发展方向与策略",这个问题是可以探讨的,但需要多个部门的人员的共同努力,通过比较深入的调查研究才能完成。

虽然毕业论文的选题不能过大过难,但也不能太小、太简单,否则毕业论文的工作量不够,质量也不会很高。

(3)选题陈旧

选题不要太陈旧,如果学生查阅文献发现有太多类似的文章,缺乏新颖性,最好换一个主题。切忌一切照搬别人的材料和结论,应该在前人的基础上,敢于提出前人没有提出或尚未完全解决的问题,最好多选一点与现实生活、当代社会经济与工程技术发展密切相关的课题,注重研究现实生活中出现的新问题。

(4)选题过虚

选题过虚是指,论文选题过于宽泛,收集资料与写作难度较大,很难联系实际应用和寻找相关案例。例如,中国交通运输风险管理研究(太空泛)、企业战略信息规划(企业的类型不具体)等。

(5)题目过长

有的学生的毕业论文题目过长,甚至超过了25个字,不仅冗长,读起来也较为费劲,更不便于读者理解和记忆,还会严重影响论文题目的美感。一般来说,论文的题目控制在25个字以内为好。

2.2.2 论文摘要撰写中的问题

毕业论文摘要是在论文研究过程中,根据研究目的、研究方法、研究过程、研究结果等,对内容进行的简要概述,是对全文内容的高度凝练,读者可以根据论文摘要获得全文的研究信息,因此,论文摘要在毕业论文中具有重要的地位,但许多本科生在毕业论文的撰写过程中,仍存在诸多摘要撰写和提炼的问题。

1.毕业论文摘要写作中存在的常见问题

(1)摘要信息重复

在毕业论文摘要写作中,许多学生只是简单地重复文中某些研究内容部分的语言,或重复标题,或重复引言和结论中已有的信息,存在着提供的信息量偏少的问题。这样的摘要不利于读者快速了解论文的主要成果,信息价值低。例如,本文针对高等学校图书馆在服务工作中存在的问题,提出个人看法及改进意见,具有一定的针对性和可操作性。该段摘要虽然短小精悍,但不是"简洁明了"的短,而是对其论文标题《高等学校图书馆服务工作探新》的变相重复的短,让人读后得不到任何除标题内容外的新的、详细的信息,至于作者的看法怎样,改进意见又有哪些,不得而知,事实上等于没写。

(2)与引言混同

摘要是对论文的主要内容(如写作目的、研究方法、研究成果和结论)不加评注的简明陈述,主要具有报道和检索的作用;引言则是简要说明课题的背景、目的、范围、意义、方法及预期结果等,主要是提出问题,为正文部分展开论述服务。两者各有自己的功能和作用。在毕业论文摘要写作中,为数不少的摘要也是对引言的简单重复,或侧重于叙写论文的研究背景、重要意义,未涉及论文的实质性信息。这种将摘要与引言混同的写法,显然难以简明、确切地表达出论文的核心内容,抓不住要害,自然也难以有较大的信息价值。例如:

作为一个历史人物,关羽在正史中得到的评价并不算高,陈寿曾批评他"刚愎而自矜""以短取胜,理数之常也"。经过文学家的提炼刻画,《三国演义》中的关羽形象,既有受到人们喜爱的民主精华,也有封建的糟粕,到了戏剧舞台上,关羽则成了一位无瑕疵的完美超人。谁也不曾预料到,在千载以后,关羽居然能压倒群雄,晋升为整个中华民族"护国保民"的神祇,不但使刘备、曹操、孙权这些三国时代风云人物黯然失色,就连"万世师表"的文圣人孔子也不得不与之平起平坐。

上述摘要用200多字的篇幅,着重介绍了关羽形象在不同文学样式(小说与戏剧)、不同时代(古代与现代)中的变化。根据标题《论〈三国演义〉与三国戏中的关羽形象及其影响》,作者应对关羽到底是一个怎样的艺术形象以及其对当今社会产生的影响这一核心内容加以阐述,但作者未能提及。由于上述摘要是从引言中摘出来的,所以多是研究关羽形象的背景材料,具有引言的特点,而失去了摘要应有的功能,自然也会影响论文的可读性和引用性。

(3)采用第一人称

国家标准《文摘编写规则》(GB/T 6447—1986)要求,论文摘要的写作应以第三人称方式对论文的中心内容进行客观地叙述。这是因为读者所阅读的就是该篇文章,接受的就是该作者的观点,如果摘要仍以"本文""笔者""作者""文章""本试验""本研究""我们"等第一人称及主语出现,无异于画蛇添足。然而在毕业论文摘要的实际写作中,这一现象比比皆是,几乎快成了通病,例如,本文试图通过对高职道德教育出现的新问题进行分析,提出以"三个代表"重要思想为指导,改革高职院校德育内容,运用现代科学技术,构建新型德育教学模式,加强高职道德教育。摘要中的"本文"等均属多余文字,既影响摘要的简练,也不符合摘要的写作要求。

(4) 要素残缺，内容陈旧

科技论文摘要内容一般包括研究目的、方法、结果和结论 4 个基本要素，这些基本要素要求在论文摘要中准确而完整地体现出来，而在毕业论文摘要写作中经常出现摘要基本要素残缺、内容陈旧笼统的问题。有些摘要或缺少方法，或缺少结论，或只给出研究结果和结论而缺少研究目的和方法，或只给出研究方法和结果而缺少研究目的和结论；有些摘要中总是先罗列一些与本课题研究相关的常识性内容做铺垫，有的摘要则写得过于笼统，缺少事实和数据，让人看后不知其所以然。例如：

21 世纪是一个"知识化时代"和"学习化时代"。在这种背景下，教育理论与实践的变化和发展呈现出多姿多彩的可喜局面，教育者知识与观念的自我更新便显得比以往任何时代更为刻不容缓了。如何调动教师的积极性也是教育管理工作中一个很重要的内容，只有教师的热情高涨、一心一意从事教育工作，才能培养出优秀的学生，这是达到教育最终目的的基础。马斯洛的"需求层次理论"在激励员工方面有很大的成就，将其正确地应用从而有效地激励教师工作，对达到教育目标具有重大的指导意义。

该作者用了 200 多字的篇幅，着重阐述了将马斯洛的"需求层次理论"运用到学校教育管理工作中的目的和意义，所运用的研究方法不很清楚，至于研究的结果和结论则是只字未提。根据论文标题《马斯洛的"需求层次理论"在学校中的应用》，如何将马斯洛的"需求层次理论"运用到学校教育管理中去，应是该论文解决的重要问题，却不曾提及，可见上述摘要基本要素明显残缺。并且，摘要前半部分所罗列的一些与本课题研究相关的常识性内容，不仅对专业同行来说没有多少信息价值，而且会严重影响摘要的简练性和引用价值。

2. 撰写本科毕业论文摘要的基本要求

1) 具有独立性和自明性，不需要阅读论文全文，即可获得论文研究的主要内容和关键信息；

2) 客观真实地反映所做研究或工作，无须添加作者的主观见解、解释和评论；

3) 不要使用第一人称，例如"本文""我们""作者"等作为主语，而应该采用第三人称的写法；

4) 使用规范的计量单位、正确使用书写规范和标点符号；

5) 一般不使用引文（除非论文证实或否定他人已发表的成果）；

6) 结构严谨、语义准确、表述简明，一般不分段落；

7) 不得简单重复论文篇名中已经表述过的信息；

8) 论文摘要的字数要恰当。

3. 提高毕业论文摘要写作质量的对策

(1) 要灵活掌握运用摘要写作的相关理论知识

对一些摘要写作的规范要求，在实际应用中不能生搬硬套，而要灵活掌握。这对于初学写作论文的大学生来说更应如此。如《文摘编写规则》明确了论文摘要写作的四要素为"目的、方法、结果、结论"，但在实际应用中，论文摘要的写作可视具体情况省去课题研究的目的和意义。这是因为课题研究的目的和意义，往往在引言部分论述得很具体，所以省去它并不影响摘要的表达效果。课题研究的方法、结果、结论才是其主要部分,要加以认真地提炼和概括。又如论文摘要写作必须具备"独立性与自含性、准确性与完整性、学术性与通用性、简练性与概括性"的特点,这无疑是正确的,但在实际写作中,我们主要考虑的是"独立性与自含性",因为"独立性与自含性"是论文摘要写作最重要的特点。要使论文摘要写作具备所有的特点,显然是很难的。所谓独立性,是指论文摘要是可以单独发表的,可与正文脱离,单独使用,所以具有相对的独立性;所谓自含性是指摘要的内容应包含与论文等量的主要信息,并且"无须依赖其他任何补充而自明其义",即摘要中不应出现要依赖正文或参考文献才能理解的代码或符号。一篇具备"独立性、自含性"的论文摘要,能使读者不阅读论文原文就能获得必要的信息,并迅速确定是否有必要通读全文,这正是摘要写作者所期盼的。

(2) 要讲究摘要的写作方法

作者在写好论文后,要回过头来通读原文,抓住要领,从引言、大标题、结论到全文都要逐字逐句阅读,并加以思考、比较,去粗取精,以便把握原文的实质。在分析原文内容,提取基本要素(目的、方法、结果、结论和附带信息)的基础上,按照报道性摘要的写作侧重于结果和结论的习惯,突出论文的创新内容,即结果和结论,而对获得结果的方法和过程可以一笔带过,目的和意义也可以写得简单或者省略。最后,对写好的摘要,应依照有关写作规范严格把关、复核,该写的不能漏掉,不该写的果断删除。

(3) 要选择合适的摘要类型

毕业论文摘要写作应选择以报道性摘要为主,因为报道性摘要信息量大,参考价值高,适合于实验研究和专题研究,篇幅为 200～300 字,包括目的、方法、结果、结论,它向读者提供原文中的全部创新内容,提供尽可能多的定量或定性的信息,而且简单明了,写作难度小,易于被广大学生接受和掌握。报道性摘要还可在较短的篇幅里较全面地反映论文的实质和精髓,便于读者迅速了解论文梗概,掌握较多的信息,体现出论文的科学性、设计的严谨性和写作的严肃性,表明其具有内容详细、要求具体、项目明确等优点。

(4) 要注意摘要涵盖内容的写作规则

研究目的:简要说明研究的背景、目的和意义,一般用 1～2 句话简要概括,不宜太过冗长。研究目的最好避免对文题中已有信息进行简单重复。

研究方法:简述研究的材料(对象)、方法、设计方案、资料的收集处理和统计分析方法等。

研究结果:简要列出主要的结果,描述结果要尽量用具体数据,不要过于笼统。尽可能不用"高于""低于""大于"和"小于"等模棱两可的表达方法,应该使用具体的数字说明是多高或多低,并注明统计分析结果。

研究结论:根据研究目的和研究结果,得出客观适当的结论,既可以指出研究的价值和今后有待深入探讨的问题,也可以根据上述研究结果,提出解决问题的对策和建议。

2.2.3 国内外研究现状撰写中的问题

国内外研究现状就是简述或综述别人在本研究领域或相关课题研究中做了什么,做得如何,解决了哪些问题,哪些问题尚未解决,以便为自己开展课题研究提供背景和起点,也有利于自己课题找到突破口和创新点。这部分的主要内容是对自己所阅论文的一个总结。

通过撰写国内外研究现状,可以考察学生是不是阅读了大量的相关文献,学生能够了解相关领域理论研究前沿，从而开拓思路，在他人成果的基础上开展更深的研究，避免重复劳动，文献的阅读和对既有研究的了解是任何一项研究活动的起点，反映出作者对研究项目的看法，为描述问题和确定目标提供支持，并为随后的概念思考和方法选择定下基调。学生在阅读文献时需要进行批判性思考，以便对既有研究成果的价值作出判断，通过这一过程，学生能将所读文献中的思想转变成自己思想的一部分。

在撰写研究现状之前，学生要先把收集和阅读过的与所写课题有关的专著和论文中的主要观点归类整理，并从中选择具有代表性的作者，在撰写研究现状时，精炼并阐述主要观点，指明具有代表性的作者和发表观点的年份，指明国内外研究现状的不足之处，即有哪方面没有涉及，是否有研究空白，或者研究不深入，还有哪些理论问题没有解决，或者在研究方法上还有什么缺陷，需要进一步研究，要反映最新研究成果，不要写得太少，避免在研究现状中出现过长的引文。

一般没有必要列出论文中的图表，只有当不使用这些图表就无法解释清楚时才考虑引用，不应将没有真正理解的研究列入，其中，注意不要把研究现状写成事物本身发展现状。

撰写毕业论文国内外研究现状应注意的问题

1)学生撰写的是毕业论文研究现状，而不是撰写课题本身现状，重点要体现研究。例如，撰写"算法可视化"的研究现状，应该写有哪些专著或论文，哪位作者，有什么观点等，而不是阐述大量算法的可视化研究如何产生、有哪些演变过程和方法，此处只需一笔带过。

2)撰写最新研究成果和历史意义重大的研究成果。该部分的研究成果主要以最近5年或重要的文章为主，如果暂未搜索到最近的、最新的文章，可以将时间向前推进，以便搜索到最近的相关文献资源信息。

3)撰写的篇幅不可太少或太多。如果撰写得太少，说明研究者参考的文献资料过少，如果撰写得太多，说明研究者没有较好地归纳总结，只是简单地罗列，甚至有的学生只是复制了文献资料中的摘要信息。

4)撰写的研究现状与毕业论文选题要有相关性。如果学生参考的文献资料信息不相关，会影响研究问题的总结和提炼，也会导致研究人员走向偏离的轨道。

2.2.4 研究目标与研究内容撰写中的问题

在毕业论文撰写过程中，很多学者和学生对于研究内容与研究目标的区别问题容易产生混淆，特别是面对这两类问题的撰写问题，几乎无从下笔，不知所措。因此，需要简要地对这两类问题进行阐述和分析。

(1) 研究目标的含义

研究目的是指要说明为什么要做研究，即提出研究问题，是研究的意义与根据，主要表达研究的总体意图是什么。

研究目标可以分为学术目标和工作目标两种类型。学术目标是阐述毕业论文要探索总结什么科学规律，工作目标则是阐述毕业论文研究对教育工作的促进作用。例如，"该论文的研究促进了民航定价的途径和方法(学术目标)，使得民航票价提高到85%以上(工作目标)"。

(2) 研究目标的撰写方法

研究目标即本研究最终要实现的结果，说明研究要达到什么样的效果，取得什么结果。例如,通过研究构建怎样的教学模式、教学策略、将获得什么新理论、新理念、新观点和新认识等。在撰写过程中,最好要对达到的水平或程度进行描述。特别是毕业论文中的研究目标不需要太多,一般2~4个,表达要明确(指定清晰的方向)、简洁(每个研究目标用一段话表述)、可测(可以检查评估)。通常用"行为动词+名词"短语来表述。研究目标一般是在研究周期内可达成和实现的。在撰写论文的研究目标时,要分为几点写,一般写2~4点,不要太多,也不要太少。切忌将研究目标写成研究的总目的和意义。

（3）研究内容的含义

研究内容是指为了达到研究目标而具体要做的事项、操作或活动。如果说研究目标是毕业论文研究要达成的"具体的目的",那么,"具体的目的"和"达到目的的方法"二者是完全不同的。

（4）研究内容的撰写方法

在撰写研究内容时,学生要说明完成或达成这些研究目标,具体要研究什么东西,做什么事情。一般一个目标要对应至少一个研究内容,要一条一条地列出来。研究目标一般是简短几句话,研究内容则可以稍微展开描述。

研究目标与研究内容对应具体的可操作的单个研究点,说明为了实现这个目标,打算具体做哪几个方面的研究,怎样通过研究内容达到具体的研究目标,学生应列出主要研究内容,但是不能过多或过少,否则无法通过较少的研究内容解决较多的问题,或研究的分量过轻。

2.2.5 研究方案撰写中的问题

研究方案是毕业论文中解决科学问题、研究假设的一个执行方案,包括研究方法、技术路线和拟采取的关键技术等方面的内容。

1) 研究方法是指针对所提出的问题采取的具体分析方法。研究方法的选择应该根据具体的研究内容和目的,以及现有条件来决定。这部分内容应说明毕业论文所采取的研究方法是理论分析方法还是实验分析方法？是试验性研究还是描述性研究？是观察法还是问卷调查法？同时要明确研究对象的入选条件和数量等。

2) 技术路线是指完成毕业论文研究内容的流程和顺序,以及各项研究内容之间的内在联系和步骤。技术路线在叙述研究过程的基础上,可采用流程图来说明。技术路线图是技术路线的最好表现形式,具有一目了然的效果,便于评审专家直观地了解论文的研究思路。

3) 关键技术是指采取的具体实验方法和手段,在阐明实验手段的基础上,利用何种实验材料和实验技术,测试何种物理量,应当简要介绍。

研究方案要结合研究内容、研究目标和拟解决的关键科学问题来确定,紧密围绕研究内容,将研究方法、技术路线等条理化,每一步研究要解决什么问题,要表述清楚,要体现出清晰的研究思路。

2.3 本章小结

本章通过对大学生毕业论文中写作过程中需要培养的逻辑思维与创新思维进行比较与分析,说明大学生在论文撰写过程中应进行严密的思维训练。同时,对逻辑思维中的常见方法和科学研究中的理论方法进行系统描述,为大学生毕业论文写作提供了便利的条件,并分别对大学生在毕业论文写作中遇到的常见问题进行归类整理,指导大学生在论文写作过程中避免误入盲区,提高论文的写作质量。

2.4　思考与练习题

1.科学研究中有哪些常见的逻辑思维方法?
2.有哪些科学研究的理论方法?
3.撰写毕业论文摘要、研究目标和研究内容时有哪些常见问题?

第 3 章　毕业论文选题与开题

3.1　毕业论文的选题

3.1.1　毕业论文的选题概述

1.选题的定义

选题是毕业论文撰写成功的关键。选择课题是毕业论文撰写的第一步,它实际上就是确定"写什么"的问题,也是确定科学研究的方向。如果"写什么"都不明确,"怎么写"就无从谈起。

所谓选题,顾名思义,就是选择毕业论文的论题,即在写论文前,选择、确定所需要研究论证的问题。在论述选题问题时,应当清楚课题、论题、题目三个概念。这三者同属于某一学科中的学术问题,但又有所区别。

1)论题不同于课题。课题通常是指某一学科重大的科研项目,它的研究范围比论题大得多。例如,"社会主义精神文明建设"就是一个大课题,其中包括许多论题,如"精神文明的地位和作用""精神文明的内容和特点""精神文明和物质文明的关系""精神文明中的文化、教育、科学发展和思想道德建设"等。

2)论题又不同于题目。题目是指论文的标题,它的研究范围一般比论题要小。选题的过程一般是选课题,然后从课题中选出论题,最后从论题中确定题目来进行研究与写作。当然,有时作者会先确定题目,之后再确定该题目属于哪个论题、哪类课题,以便于以后查找资料,从而确定该题目是否可以进行写作。否则,学生发现此类论文已有先例,一番努力也就成了无用功。

2.选题的标准

(1)选择具有现实意义和价值的题目

1)解决社会发展中的实际问题。

在社会现实生活和发展过程中,会不断地出现这样或那样的问题。针对这些现实问题,运用自己所学的理论知识对其进行研究,提出自己的见解,探讨解决问题的方法,才能体现毕业论文的社会效益和社会价值。大学生选择与社会生活密切相关的论题进行研究,不仅能使自己所学的书本知识得到实际的运用,而且能提高自己分析问题和解决问题的能力。

2)探索学科发展中提出的理论问题。

在每个学科领域中,总有一些亟待解决的问题:有的是同当前的生产和发展有直接关系的重大问题;有的是该学科发展中的基本理论或关键问题。学科的发展是以解决学科理论为基本前提的。如果在某一时期,某个学科的具体问题无法解决,那么这门学科的理论发展就会停滞不前。因此,毕业论文所选的题目,应尽量对一些学科的理论问题进行深入研究和探索,从而为学科发展作出贡献。

3)突破重要理论问题。

事物的产生和发展变化都有一个循序渐进的过程,人们对事物的认识也需要一个过程。受到主客观条件的限制,人们要形成一个重要的认识不是一次就能完成的,在对某一事物或某一理论未形成正确认识之前,学生所撰写的毕业论文中的观点往往会有一些认识上的偏差。如果能对历史上一些重要问题的研究有所突破,其现实意义也较大。

(2)选择自己感兴趣且适合自身的题目

选题要符合学生本身的研究兴趣。研究兴趣是指研究者或学生对某一方面的问题有着较长时间的关注,积累了较多的与之相关的知识,并在此基础上产生强烈的创作冲动和执着的探求欲望。兴趣是最好的老师,研究自己感兴趣的题目,能够激发研究者的热情,使其充分发挥自己的潜能。研究兴趣是选题的参考条件之一,而非充要条件。研究兴趣也可以在选题过程中和研究过程中培养。另外,要根据自己的学识素养选择适合自己的题目,学识素养是指个人的知识结构、学科特长和研究能力,个人的学识素养对选题也有一定的影响。

3.选题的原则

(1)专业性原则

撰写毕业论文是检验学生运用自己所学专业知识分析问题、解决问题能力的手段。学生的专业知识学得越扎实,研究问题就越深入,论题的选择就越有价值。因此,在进行论文选题时,一定要联系自己所学专业,不要偏离所学专业。另外,毕业论文的选题大多是在指导教师的帮助下,参照学校专业范围或参考题目确定或选择的。当然,学生也可能会与指导教师沟通,选择既有现实意义,又与自己所学专业紧密结合的课题。但研究的角度、方法和使用的理论知识都应与在校学习期间的专业学科相关。脱离了实际所学的专业,就失去了专业毕业论文写作和考核的意义。在本专业中选题,可以充分利用所学知识,有创造性地进行发挥。

(2)应用性原则

毕业论文的撰写是一项艰苦的创造性工作,其目的之一就是让学生从理论的高度认识和解决问题,因此论文的选题要紧密结合经济和社会发展的实际需求。马克思主义认识论告诉我们,理论源于实践,理论为实践服务,科学研究的课题就一定要注意理论联系实际。在进行毕业论文的选题时,一定要考虑到选题所具有的应用价值或学术价值,尽量选择与社会经济、政治、文化等方面较为贴近的选题。

选题的应用性可以从以下两个方面考虑:

1)选题能够回答和解决生产活动中的实际问题,要着眼于社会效能和价值。大学生应该密切关注本专业的发展现状和动向,选出能够解决实际问题的具有现实意义的论题。例如,"交通运输(民航方向)专业中的不正常航班规划""航班票务定价""航线网络规划"等问题,都是当下民航产业急需解决的问题。

2)要充分考虑具有学术价值的选题。这里的学术价值是针对某些领域和某些问题而言的,通过对此类问题的探讨研究,可以获得可观的材料,能够得到对历史或一些既定事实的再评价,对现有的观点进行补充和完善。事物总是在不断发展的,事物发展到今天所呈现的规律性,前人也不可能预测,即使有所见解,也有不完善的地方,这在自然科学、社会科学领域都是普遍存在的现象。对于理论的进一步完善或者对实践有一定的推动作用,这就是毕业论文选题的应用型原则的要求。

(3)可行性原则

大学生在准备选题时,一定要注意选题的可行性。可行性原则主要是指主、客观两个方面的条件都要具备。主观条件主要是指学生本人的主观条件。在选题时,要充分了解自己的能力。知识和能力的积累是一个较长的过程,不可能靠一次论文写作就能突飞猛进,所以选题时要量力而行,客观地分析和估计自己的能力。如果学生的研究基础较好,有较强的驾驭能力,就可以选择一个内容复杂、难度偏大的题目,这样就可以发挥自己的长处,也能使自己得到锻炼。如果学生的综合分析能力较弱,就要把题目定的小一些,集中精力抓住重点,将一个具体的问题阐述清楚即可。客观条件即该论题是否有写作的必要,要结合有无必需的实验条件、有无充分的文献资料等来选题。应从以下三方面来综合考虑:

1)要有充足的文献资料来源。"巧妇难为无米之炊",在缺少资料的情况下,是很难写出高质量的论文的,选择一个具有丰富资料来源的题目,对论文的深入研究与开展具有很大的帮助。

2)要有浓厚的研究兴趣。选择自己感兴趣的题目,可以激发研究者的热情,调动自己的主动性和积极性,能够以专心、细心和耐心的积极心态去完成论文撰写的全过程。

3)要能发挥自己的业务专长。每个学生无论能力大小,选择能发挥业务专长的题目,对顺利完成论文的研究,提升自己的理论水平有益处。

(4)创新性原则

在准备选题时,学生也要注意表现自己的新见解、新观点和新思路。新颖性也就是指新的看法、新的见解,而不是老生常谈的话题,这也是毕业论文的价值所在。选题的新颖性,主要体现在以下三方面:

1)选题要有一定的理论深度,从而有利于挖掘学生的潜力,发挥其创作精神,这要求学生要有严谨的科学态度。

2)学生能够在前人的基础上有所突破,提出自己独到的见解,这就要求学生能够认真、全面地查阅文献资料,积累知识,了解前人在该领域的发现和成果,同时要认真探索,从先前的研究成果中获得启发。

3)能够敏锐地发现学科领域内的空白区域。对于刚步入科研领域的学生来说,应在力所能及的情况下,不懈追求新颖性,有新的发现固然是好事,如果没有新的发现,也应该尽力独立思考和梳理文献材料,组织论文内容。

4.选题的方法

17世纪,法国著名的思想家笛卡尔曾经说过:"最有价值的知识是关于方法的知识。"要选好毕业论文的题目,只是了解选题原则是不够的,还需要掌握一些选题的具体方法,选题的方法较多,下面简单地介绍其中的几种。

(1)浏览捕捉方法

浏览捕捉方法就是通过对文献资料进行快速、大量地阅读,在比较文献资料的过程中确定毕业论文的题目。该方法一般在资料占有达到一定数量时,集中一段时间进行阅读和归类比较,这样便于对资料进行集中的比较和鉴别。

浏览的目的是在消化吸收已有资料的过程中,提出问题,并寻找自己的研究题目。这就需要对收集到的文献资料进行全面的研读,对于主要的、次要的、不同视角的、不同观点的材料都应全面了解,不能阅读了一部分材料,产生了一点不成熟的想法,就急于动笔开始撰写论文,也不能"先入为主",以自己头脑中原有的观点,或阅读了一篇材料后获得的片面观点来确定题目。而是要冷静地、客观地对所有材料认真地分析思考,在严谨地对照比较后确定题目。浏览捕捉方法的一般步骤如下:

1)广泛地浏览文献资料。在浏览过程中,要注意勤做笔记,随时记录资料的纲目,资料中对自己影响最深的观点、论据和论证方法,以及脑海中涌现的点滴体会等。当然,手抄笔录并不等于有言必录、有文必录,而是要细心选择,有目的、有重点地摘录阅读的文献资料信息,当详则详,当略则略,对一些相同或类似的观点和材料不必重复摘录,只需记下资料来源及页码即可,以免浪费时间和精力。

2)将阅读文献资料所得到的内容进行分类、排列和组合,以便从中寻找问题和发现问题。材料可按纲目分类,例如分为系统介绍有关问题研究发展概况的材料,对某一个问题研究情况的材料,对同一问题不同观点的材料,对某一问题研究的最新材料和成果等。

3)将自己在研究中的体会与材料分别加以比较,找出:哪些体会在材料中没有或部分没有;哪些体会虽然材料已有,但自己有不同看法;哪些体会和材料基本一致;哪些体会是在材料基础上的深化和发挥;等等。经过几番深思熟虑的思考,就可能萌生自己的想法,通过进一步思考,就会渐渐明确所要研究的选题。

(2)拟想验证方法

拟想验证法要求学生先有一种"拟想",再通过阅读材料加以验证来确定选题的方法。学生应该先有自己的主观论点,即根据自己平时的积累,初步确定准备研究的方向、题目或选题范围。这种选题方法应该注意:自己的"拟想"是否与别人重复,是否对别人的观点有补充作用;自己的"拟想"虽然别人还没有谈到,但自己尚缺乏足够的理由加以论证,那就应该重新构想。要善于捕捉一闪之念,抓住不放,深入研究。在阅读文献资料或调查研究时,有时会突然产生一些思想火花,尽管这种想法很简单、很朦胧,也未成型,但千万不可轻易放弃。拟想验证的选题方法,是以主观的拟想为出发点,沿着一定方向对已有的研究成果步步紧跟,从中获得自己想法的过程。但这种主观的拟想不是凭空想象,必须以客观事实、客观需求为依据。

(3)知识迁移法

大学生通过大学阶段的学习,对某一方面的理论知识应该有一个系统的理解和掌握,这是对旧知识的一种延伸和拓展,是一种有效的更新。在此基础上,大学生在认识问题和解决问题的时候就会用所学到的新知识来认识世界,从而形成一些新的观点。理论知识和现实问题的有机结合,往往会激发学生思维的创造力和开拓性,为毕业论文的选题提供一个良好的实践基础和理论基础。

(4)关注热点方法

热点问题就是现代社会中出现的能够引起公众广泛关注的问题。这些问题可能会关系到国计民生,或涉及时代发展趋势,而且总能引起学者们的注意,引发人们的思考和讨论。在日常的学习中,大部分学生也会关注国际形势、时事新闻、经济变革乃至科学领域的一些发现。选择社会热点问题作为论文论题是一件十分有意义的事情,不仅可以引起指导教师的关注,激发阅读者的兴趣和思考,而且对于现实问题的认识和解决也具有重要的意义。另外,将社会热点问题作为论文的论题,对于学生收集材料、整理资料和完成毕业论文提供了诸多便利条件。

(5)实践调查方法

实践调查方法类似于关注社会热点方法,但其所涉及的一部分是社会热点问题,也有一部分不是社会热点问题。社会调研的课题主要包括与经济和社会发展密切相关的一些社会问题,也包括与广大的基层群众密切相关的生产生活问题,更包括基层群众的生存状况问题。社会调研可以帮助学生更多地了解调研所涉及问题的历史、现状以及发展趋势,对问题的现实认识将更为清晰,并可就现实问题提出一些有针对性的意见和建议,也达到了撰写毕业论文的目的,即服务于社会。在实践调查中,学生应将收集到的一次资料进行整理分类、分析研究、去粗存精、去伪存真,最终上升到理性的认识,确定自己的选题。

3.1.2 选题的途径

一般来说,空想臆造出来的题目是不可取的,即使写成了论文,也没有实际的意义。可通过以下几个途径选择有价值的课题。

(1)在社会实践过程中进行选题

社会实践是人们获得科研灵感的源泉,大学生在毕业论文选题时要处处留心,随时随地在社会实践过程中发现科研题目。一个人要想在科研方面取得优异的成绩,在论文方面获得成功,就要提高认识问题的深度。对社会实践活动中遇到的问题经常思考、敢于提出质疑、勇于探索,就有可能找到有价值的选题,方可撰写出高质量的论文。

(2)在文献资料阅读中进行选题

学生通过阅读和研究大量的文献资料信息,可以很好地继承和发展前人的研究成果,丰富自身的科学知识,并对此进行积极的思考。在此基础上,深刻理解资料中的问题,探索别人还未研究的题目。

(3)在熟悉的专业课程中进行选题

很多高校的毕业论文都要求学生根据所学专业选定论文的题目。绝大多数学生对自己所学的课程知识比较熟悉,对专业的历史演变、研究现状、科学问题以及某些亟待解决的问题有着较为深刻的理解。有些学生还对某些课程非常感兴趣,并对其有较多的关注。因此,在毕业论文选题时,可以在自己熟悉或感兴趣的课程中发现问题并提出问题,仔细推敲,使其成为毕业论文的选题。

(4)在学科领域的热点问题中进行选题

在学科领域中,无论是哪一门类、哪一学科,都有一些讨论的热点问题。与此同时,随着社会的发展、人们的观点和知识水平都在不断地提高,许多存在的定论问题又会激起人们的争论和兴趣。选择有争议的问题,便于发表自己的主张,提出自己的观点,从评论他人的研究观点入手,逐渐引申发展,深化自己的意识,完善自己的观点。

选择该类题目的有利因素主要有:一是被众多学者关注的问题,容易激发作者本人的兴趣;二是热点问题易于在多种媒介上传播和获取数据以及资料等;三是方便作者在实地调研中获得第一手资料。

(5)在交叉学科领域中进行选题

科技的发展与经济环境的变化,使得各个学科相互渗透、融合、交叉和分化,并由此涌现出新的学科门类,如智慧交通、交通经济学等。在毕业论文选题时,学生要善于留心选择交叉学科的新课题。

(6) 在指导教师的科研项目中进行选题

高校教师是集教学与科研于一体的重要生力军,许多教师为了完成科研项目和职称评审的任务,都会有一些研究课题,在毕业论文选题时,学生可以从指导教师的科研课题中选择子课题作为毕业论文的题目。

(7) 在前人研究成果的基础上进行选题

任何创造性的思维都不是凭空臆想的,它来自坚实的基础;任何新成就的获得都不是从天而降的,而是对前人成果的继承与发展。对前人成果的继承是指在对前人知识与研究成果深刻了解与掌握的前提下,去选取那些前沿性的课题,从前人思想与研究中获得启发。有勇气去研究前人刚刚开始接近而还没有解决或提出的问题,这是选题的一个重要思路。

(8) 在科学研究漏洞处进行选题

人类对自然及自身的认识并不是一次可以完结的,它永远处在一个不断深入与发展的过程之中。前人的认识自然有其不足之处,同代人也会由于不同角度及其他因素而出现一些偏差与空白。选题时不要轻易放过别人忽略的地方,要在这些地方寻找到矛盾,发现问题,深入剖析。被别人忽略的地方是大量存在的,从这些地方发现课题,除了需要胆略、学识之外,更需要认真与细心,需要有锲而不舍、深入探索的精神。

(9) 在新的科研领域中进行选题

科学发展史就是一部不断开拓新领域、不断产生新学科的历史。当前人们认为风马牛不相及的事物,也行不久之后科学家们就会揭示他们之间重要的内在关系。要敢于从自己熟知的学科跨入生疏的学科,特别是一些边缘学科或横断学科,以揭示自然界物质和运动形式的新规律。

(10) 在意外发现中进行选题

确切的目标和周密的计划在研究过程中经常会因为某些偶然的启迪而发生偏离或改变。当这种偏离或改变发生时,不要急于去纠正它、排斥它。如果它确实给了我们新的启发和新的想法,可以追踪下去,往往会产生意外的有价值的课题。

3.1.3 选题的步骤与注意事项

(1) 选题的步骤

选题要大致要经过初步设想、调查研究和最终定题3个基本过程。

1) 初步设想。

在确立毕业论文题目之前,首先要有一个初步设想,有人将这种设想称为"假说"或"初始意念"。尽管这种设想是初步的、肤浅的而且是粗糙的,但却是非常重要的,它不但是论文研究或科学研究的起点,而且是发展科学理论的桥梁。这种初始意念不是凭空想象或主观臆断的,大多都是来自科研或生产第一线,或者经过大量的论文阅读和知识积累,再通过深入分析、广泛联想、认真思考和充分酝酿而形成的。有时作者的一些设想也可因听取学术报告或参加交流讨论而形成。

2) 调查研究。

有了初步的设想,就应该着手开展广泛的调查研究,用选题的"四性"原则来检查和论证选题的内容。主要应注意查阅相关文献,以修正或完善选题。

3)最终定题。

在确认所选题目的充分必要性之后,就可最终将论文选题确定下来,这是一项艰苦的脑力劳动,是一个充满着想象、酝酿、思维和反复论证的过程。一项好的题目的确立,既是作者、研究者和学生的劳动成果,也是其智慧、知识和毅力的一种体现和反映。

(2)选题的注意事项

毕业论文的选题是对学生能力的综合性考核,选题的方向、大小和难易程度都应与自己的知识积累和分析问题以及解决问题的能力相适应,要选择适合自己的题目。

1)选题不要过难。

选题要有"知难而进"的勇气和信心,又要做到"量力而行"。有些学生在选题时想通过撰写毕业论文将自己几年来的知识积淀充分展现出来,因此着眼于一些学术价值较高、角度较新、内容较奇、技术较难的题目,这种精神是值得肯定的,但如果难度过大,就会超出学生的实际能力,使之无从下手,不能发挥主观能动性,达不到全面锻炼和提高的目的。

2)选题不要过大。

选题过大,学生会把握不住重点,难以进行深入细致的分析,容易泛泛而谈,学生在规定的时间内无法完成毕业论文写作任务。对于较大型的题目,最好再细化成若干个小题目,安排几个学生分别完成这些小的问题,但必须要注意分工明确。指导教师要鼓励学生独立思考,选择不同的方案,使每个学生的能力都能得到培养和提高。

3)选题不要过简单。

选题不能太小太具体,如果题目过于简单,内容太少,就会使学生的工作量不足,以至于失去意义,无法反映学生的研究能力,不能取得毕业论文撰写的预期效果。

选题是大点好还是小点好,由于每个学生的实际情况不同,不能一概而论。对于理论基础好、实践能力强、写作水平较高的同学,可以选择一个稍大稍难的毕业论文题目。但一般来说,选题还是小一点、具体一点较好,这样的选题容易驾驭,只要写得深入具体,同样具有较大的价值。此外,选题的大小也是相对的,并没有严格的量化指标和界限,大题不能泛做,但小题可以深做,这要根据学生的实际情况来确定。

4)选题不要脱离实际。

选题不要脱离社会生产生活的实际需求,不能为了追求研究中的时髦话题,选择一些宽泛晦涩的题目,选择自己不懂或没有研究条件的题目。例如,有的学生看到一点国外材料,找到几个新名词,为了追求新颖性而把别人的研究结果照搬过来,一知半解,东拼西凑,这样的毕业论文肯定是存在很多漏洞和问题的。

3.2 毕业论文的开题

3.2.1 开题报告的基本写法

开题报告的基本内容及其顺序:论文的目的与意义;国内外研究现状;论文拟解决的主要问题;论文撰写的主要内容(提纲);论文计划进度;其他。

其中核心内容是论文拟解决的主要问题。在撰写时可以先写这一部分,然后以此为基础撰写其他部分，具体要求如下。

(1) 论文拟解决的问题

1) 明确提出论文所要解决的具体学术问题，也就是论文拟定的创新点。

2) 明确指出国内外文献就这一问题已经提出的观点、结论、解决方法、阶段性成果。

3) 评述上述文献研究成果的不足。

4) 提出自己的论文准备论证的观点或解决方法，简述理由。

自己的观点或方法是需要通过研究论证的核心内容，提出和论证自己的观点或方法是论文撰写的目的和任务，并不是定论，研究中可能推翻，也可能得不出结果。撰写开题报告的目的就是请专家帮助判断自己所提出的问题是否值得研究，准备论证的观点方法是否可行。

(2) 国内外研究现状

在国内外研究现状部分，学生只是简单评述与论文拟解决的问题相关的前沿文献，其他相关文献评述则在文献综述中评述。基于"论文拟解决的问题"提出，允许有部分内容重复。

(3) 论文研究的主要内容

在该部分，学生初步提出整篇论文的写作大纲或内容结果。

3.2.2 开题报告的撰写要素与注意事项

(1) 开题报告的撰写要素

开题报告是在开始研究前完成的，是关于整个研究的重要性、必要性和可行性的论证，以及对研究内容和整个过程的构思、策划和安排。一篇完整的开题报告应该包括以下要素：论文题目、选题的起因、研究的意义与价值、选题的研究现状、研究的主要内容与基本思路、研究的主要方式和方法、研究中的重点、难点和预期成果形式以及参考文献。

1) 论文题目。

开题报告的题目要准确、规范。准确是指题目必须与研究的内容相一致，其表述的范围既不能太大，也不能太小，要准确地将研究的对象和问题概括出来。规范就是所用的词语、句型要符合标准，不能用模棱两可的词语，也不能用口号式和结论式的句型，要用科学的、规范的语言表述论文的思想和观点。

开题报告的题目应该让读者快速抓住毕业论文的大致研究方向和范围。因此，要力求简明，一般不超过 25 个汉字，必要时可以使用副标题。

2) 选题的研究目的、研究意义与研究背景。

选题的研究目的和研究意义也就是为什么要研究本课题，研究它有什么价值。这一般可以先从现实需要方面去论述，指出现实当中存在这个问题，需要去研究，去解决，指出本选题研究的实际作用，然后，再写选题的理论和学术价值，这些都要写得具体和有针对性。

选题的研究背景，即根据什么、受到什么启发而搞这项研究，也通常表述为"问题的提出"。任何课题都不是凭空而来的，都有一定的背景和思路。选题提出的背景主要指特定的时代背景，回答的问题是为什么要进行该选题研究，该选题的研究是根据什么、受到什么启发而确定的，一般从现实需要角度去论述。例如，国家、教育部新出台的政策法规，时代的发展、社会的进步、科技的发展对教育教学提出了什么新的要求；现行学校教育、学科教学等方面存在的问题与差距。新要求、新标准、新政策、新理念与现实存在的问题，选题研究就是奔着问题而来，为问题的解决而研究，问题是毕业设计的"支点"。毕业论文及选题研究所要解决的主要问题要有针对性和可操作性,这是选题研究的生命力所在。解决的主要问题要与提出的背景之间有着必然性、相应的联系,不能偏离或空谈。

3) 选题的国内外研究现状和发展趋势。

阐述这部分内容必须采用文献资料研究的方法,通过查阅资料、搜索发现国内外近似或介于同一选题的历史、现状与趋势。

历史背景方面的内容:按时间顺序,简述本选题的来龙去脉,着重说明本课题前人研究过没有,哪些方面已有人做过研究,取得了哪些成果,这些研究成果所表达出来的观点是否一致,如有分歧,那么他们的分歧是什么?存在什么不足?通过历史研究成果的对比,说明各阶段的研究水平。

研究现状评述:重点论述当前本选题国内外的研究现状,着重评述本选题目前存在的争论焦点,比较各种观点的异同性,阐述本选题与之的联系与区别,体现出自己选题研究的个性及特色。这一部分的内容应力求精炼,体现自身研究的价值。

发展趋势方面的内容:通过纵横向对比分析,肯定本选题目前国内外已达到的研究水平,指出存在的问题,提出可能的发展趋势,指明研究方向,提出可能的解决方法。

4) 选题研究内容与基本思路。

研究的主要内容是指要研究的问题包括的主要方面,基本思路就是对所研究问题的思维进展方向和线路。

5) 选题研究的主要方式和方法。

这部分是开题报告的重点,首先要弄清自己选题的研究类型,然后根据研究类型将研究方式搞明白,并将那些可能影响研究效度、信度的因素及提高研究科学性的措施简略交代清楚。例如:开展实验研究,就要将采用的基本实验设计理清楚,然后说明可能的干扰因素及其消除方法等;开展调查研究,要重点说明调查对象的设计和调查工具的设计,以及可能存在的问题和弥补措施等。

具体的研究方法可以从以下几种中选定:调查法、观察法、实验法、仿真验证研究法、定量分析法、定性分析法、跨学科交叉研究法、个案研究法、数量研究法、模拟法(模型方法)、探索性研究法等。确定研究方法时必须要弄清楚"做什么"和"怎么做"的问题。

6) 选题的研究过程。

研究过程即课题的研究步骤,也就是选题研究在时间和顺序上的安排。一般划分为三个阶段:前期准备阶段(调研、完成开题报告)、中期实施阶段(具体设计阶段)、后期总结阶段(撰写论文或说明书、绘制图纸、答辩等)。每一个阶段有明显的时间设定,从什么时间开始,至什么时间结束都有规定,要有详尽的研究内容安排、具体的目标落实措施,从而保证研究过程环环紧扣、有条不紊、循序渐进。

7) 选题研究中的重点、难点和预期成果形式。

这部分的内容要写明本选题的研究重点、难点是什么,希望得到指导教师帮助的具体问题有哪些。另外,调研报告、论文、实物模型等,都是选题研究成果的主要表现形式。选题不同,研究成果的内容、形式也不一样。但不管研究成果的形式是什么,选题研究必须有成果支撑,否则,这个选题就处于待完成阶段。

8) 选题中的参考文献。

参考文献体现了是否具备研究该选题的基础条件,是否全面深刻地把握了该选题研究的基本情况。参考文献不可随便罗列，而要体现不同学科、不同时期、不同学派、不同国家的已有研究情况。文献尽量选择重要的、经典的、有代表性的。应列出至少15种已阅读的、与论文主题紧密相关的，并将在论文中引用的参考文献，以及其他已获取的与论文主题相关的文献。

(2)撰写开题报告的注意事项

1)题目要准确。

题目就是文章的眼睛，要明亮而有神，是论文研究内容的高度概括，是整篇论文探讨分析的中心，题目就是要告诉读者，你在做什么或解决什么问题。因此，论文题目要注意几个方面：题目应当精炼并完整表达文章的本意，但切忌简单地罗列现象或者陈述事实；文章题目不宜使用公文式的标题；文章题目要体现研究的侧重点，要呈现研究对象以及要解决的问题。

2)框架要完整。

一般而言，开题报告的框架主体部分包含的内容主要有：

a.选题缘由；

b.文献综述；

c.概念界定；

d.研究理论基础；

e.研究的主要内容；

f.研究的目的和意义；

g.研究的思路和方法；

h.研究的步骤；

i.论文提纲。

由于学科或者学校的要求不同，因此在开题的框架上也有所差异。

3)主体要明确。

a.选题缘由。选题缘由就是要说清楚为什么选择这项研究。①要阐明研究人员的整体素质，综合考察研究人员在这个领域的合作研究水平；②选题对今后的工作和学习以及后续研究具有哪些代表性、典型性、新颖性；③该选题的时代背景和现实背景。

b.文献综述。在论文的写作过程中，文献是文章的理论基础和实践支撑，在理论和实践上都具有一定的价值。文献综述很容易产生两个方面的错误：①只是高度地加以概括和总结，三言两语就完成了文献梳理过程；②把所有的文章和书本都一一罗列在文献综述部分。文献综述的目的在于帮助作者理清思路，看前人是如何研究的，已有哪些方面的研究成果，是现有研究的依据。对于文献综述的梳理，不能马虎或随意地完成，文献资料查询一定要结合论文的关键词，对大量文献资料观点进行提炼，并在归纳总结中思考自己研究的亮点。

c.概念界定。概念界定就是要对论文的关键词进行定义，借鉴前人已有的经验和经历，在自己的研究领域提出新的观点，特别是要解释清楚自己研究中的相关概念的实际含义。

d.研究的理论基础。研究的理论基础要基于自己的研究内容进行选择。

3.3 本章小结

本章主要对毕业论文中的选题标准、选题原则、选题方法和选题途径、开题报告的基本撰写方法以及开题的步骤与注意事项等进行了系统的分析和描述，为本科生论文选题与开题提供了借鉴思路,同时,为本科生毕业论文的框架布局和内容写作提供了铺垫。

3.4　思考与练习题

1.选题的基本方法有哪些?
2.选题的基本途径有哪些?
3.开题论证的意义有哪些?
4.开题报告的基本要素有哪些?

第 4 章　毕业论文(设计)的框架结构与写作规范

4.1　毕业论文(设计)的框架结构

毕业论文(设计)的写作过程既是大学生对在学校期间所学知识的全面总结的过程,也是科研工作的探索过程。写作过程体现了学生的学术水平、动手能力、科学精神和学术规范。多年的毕业论文评阅结果表明,不少本科生或研究生在撰写学位论文时,往往只关注研究内容和结果的表达,而忽视了论文的写作规范,从而影响了毕业论文的质量,也影响了学生、指导教师和学校的学术水平。

一般而言,毕业论文,特别是硕士和博士学位毕业论文,在格式上要求相对比较严格,存在不同的载体形式(印刷版、电子版、网络版等),不论毕业论文以哪一种形式刊载,其内容和格式都应完全一致。参考《学位论文编写规则》(GB/T 7713.1—2006),可以看出,毕业论文在格式上一般包括三大组成部分:前置部分、主体部分和结尾部分。

4.1.1　毕业论文的题目

题目又称为题名,有的论文有副标题(副题目)。题目是以最恰当、最简明的词语反映学位论文中最重要的特定内容的逻辑组合。题目所用的每一词都必须考虑到有助于体现关键词,在编制题录、索引等时,题目应可以提供检索的特定实用信息。

1)论文题目内容层次很多,难以简化时,可采用论文题目和论文副标题相结合的方法,其中,副标题起到补充、阐明题目的作用,副标题与主标题之间用破折号或冒号间隔。题目和副标题在整篇毕业论文中的不同地方出现时,应保持一致。

2)论文题目通常由名词性短语构成,尽量避免使用不常用缩略词、首字母缩写字、字符、代号和公式等。

3)论文题目应画龙点睛地概括论文最主要、最核心的内容。具体、切题、恰当、简明扼要、引人注目,一般不能超过 25 个汉字(最好少于 20 个汉字)。英文题目翻译应当简短准确,一般也不应超过 150 个字母,不应超过 10 个实词。一般不宜用一个大领域或学科分支的名称作为毕业论文的题目。

4.1.2　毕业论文的摘要

摘要是论文中比较重要的部分,多数读者只需要读一篇文章的摘要就可以知道该文章是否是自己所需的文献资料。摘要不应该是目录的散文式罗列,也不应是序言的重复。摘要应该是与论文等信息量的、高度概括的文摘。摘要应该告诉读者该论文研究的是什么、如何实施、发现了什么,而不是说明论文是如何组织的。

如果论文的主体工作得到了指导老师的有关科研项目的支撑,应在摘要的页脚处标注。

(1) 摘要的定义

国家标准《科学技术报告、学位论文和学术论文的编写格式》(GB 773—1987)对摘要的定义为"摘要是报告、论文的内容不加注释和评论的简短陈述"。

摘要也称为"内容提要",是对论文研究内容的高度概括。论文一般都要有摘要信息,它一般放置在论文的篇首,是全文内容的缩影。有时为了便于国际交流,还必须有英文摘要。英文摘要应与中文摘要相对应,英文摘要前应加"Abstract"作为标识。摘要中一般不用图、表、化学结构式、非公知公用的符号和术语,尽可能避免使用缩略词。

(2) 毕业论文中摘要的作用

毕业论文之所以要写摘要,主要有两个作用:一是要求指导教师在阅读论文的全文之前,对整篇论文的研究内容有一个大致的了解,知道作者采取了哪些研究方法;二是便于利用计算机进行文献资料检索,使读者在阅读之前先对毕业论文的基本内容、主要观点有所了解,起到提示和引导作用。

(3) 毕业论文中摘要的要素

国家标准《科学技术报告、学位论文和学术论文的编写格式》(GB 7713—1987)中明确规定:摘要中有数据、有结论,是一篇完整的短文,可以独立使用,可以引用,可以用于工艺推广。摘要的内容应包含与报告、论文同等量的主要信息,供读者确定有无必要阅读全文,也供文摘等二次文献采用。摘要一般应说明研究的工作目的、实验方法、结果和最终结论等,重点是结果和结论。

就毕业论文中摘要包含的研究目的、研究方法、研究结果和结论,具体阐述如下。

1) 研究目的。

准确描述研究目的,表明研究的意图,说明提出问题的缘由,表明研究的范围和重要性(研究目的不是主题的简单重复,内容不宜多)。

2) 研究方法。

简述研究的工作流程和内容,在研究的过程中都做了哪些工作,包括对象、原理、条件、程序和手段等。

3) 研究结果。

简要陈述通过研究得出的重要的新发现、新成果及价值,包括通过调研、实验、观察取得的数据和结果,并剖析其不理想的部分。

4) 结论。

简要说明经论证得出的正确观点及理论价值或应用价值,比较和预测其在实际生活中应用的意义,同时判断是否还有与此有关的其他问题有待进一步研究,是否可推广应用等。简而言之,就是给出最重要的研究推论。

(4) 毕业论文中摘要的撰写要求

1) 摘要应具有独立性和自明性,有与一次文献同等的主要信息量,即读者不需要阅读文献的全文,就能获得必要的信息。

2) 注意摘要与正文的"前言""序言""引言"等的区别,摘要也不是正文结论的重复。

3) 摘要要用第三人称的写法并且只能用第三人称而不能用其他人称来写。有的摘要中出现了"我们""作者""本人"等第一人称用语。这是因为论文写作是关于研究的,而不是关于写作行为的。

4) 摘要不要用"本文""本报告"等作为陈述的主语,应该描述研究而不是论文本身。毕业论文摘要中应采取"对……进行了研究""报告了……现状""进行了……调查"等句式去撰写。

5) 摘要要求结构严谨、语义确切、表述简明、一般不分段落;不要使用含糊不清的词语(如可能、大概、差不多等);切忌自我评价,少些目的描述,不谈或不多谈存在问题,更不谈前沿内容。总之,多谈做了什么、怎么做的、结论是什么。

6) 在摘要中不要使用废话,如"本文所谈的有关研究工作是对传统航空制造工艺技术的一个极大改进""本工作首次实现了……""经检索尚未发现与本文类似的文献"等词句都不要写入摘要,也不要出现类似"毫无疑问""显而易见"等词语,即不能轻易地使用文摘来评价信息的技术内涵。

7) 摘要中不用图片、图表、表格、插图、公式、非公知公用的符号和术语,以及相邻专业的读者尚难以清楚理解的缩略词、简称、代号。如果确有必要,在摘要中首次出现时必须加以说明,不得使用一次文献中列出的章节号、图、表号、公式号及参考文献号。

8) 要求书写英文摘要的,英文摘要一般不宜超过 250 个实词。用过去时态叙述作者工作,用现在时态叙述作者的结论。需要强调的是,英文摘要要与中文摘要含义对照,但不是逐字逐句直译,要按照英文科技论文摘要通用格式和英语习惯重新组织段落和语句。

4.1.3 关键词

关键词属于主题词的一种,因此,在明确关键词的概念之前,需要事先明确主题词的概念。

(1) 主题词和关键词的概念

1) 主题词。

主题词是用来描述文献资料主题和给出检索文献资料的一种新型的情报检索语言词汇,正是它的出现和发展,使情报检索计算机化成为可能。

主题词是指以概念的特性关系来区分事物,用自然语言来表达,并且具有组配功能,用以准确显示词与词之间的语义概念关系的动态性的词或词组。主题词包括关键词、单元词、标题词的叙词等。

2) 关键词。

关键词是标示文献关键主题内容的一种主题词。关键词是为了文献标引工作,从论文中选取出来,用以表示全文主要内容信息款目的单词或术语。关键词是最能体现论文内容特征、意义和价值的单词或术语。同时,关键词也是最具有实质意义的检索语言,对文献检索有着重要的作用。

(2) 关键词的相关要求

关键词按照学科级别从上至下选取 3~8 个,选用《汉语主题词表》或者 CA Index 等词表提供的规范词,并尽量采用本专业领域公知公用的规范性词语。这样容易被检索,也比较符合规范。

在格式上,关键词另起一行置于摘要下方,并以分号隔开。按照关键词涉及的内容、领域从大到小排列,以便于文献编目与查询。为了国际交流,应标注与中文对应的英文关键词。

中英文关键词应该一一对应。中文关键词前冠以"关键词"作为标识,有英文摘要的论文,应在英文摘要的下方著录与中文关键词相对应的英文关键词,英文关键词前冠以"key words"作为标识。

关键词是从题名、摘要、层次标题和正文的重要段落中抽出与主题概念一致的词和词组。无论是直接从题目中抽取的名词,还是从小标题、正文或摘要里抽取的部分词汇,要适度,都必须标注单一的概念,切忌标注复合概念。例如:题为《航空产业在经济中存在的问题及对策》的论文,"航空产业"是一个词组,但属于单一概念,限定得很具体,适合作为关键词;"经济"一词限定得不具体,不宜作为关键词。此外,"问题""对策"这样的词不适宜作为关键词。

(3)关键词的标引步骤

首先对文献进行主题分析,弄清该论文的主题概念和中心内容,尽可能从题名、摘要、层次标题和正文的重要段落中抽出与主题概念一致的词和词组,对所选出的词进行排序,对照叙词表,以组配成专指主题概念的词组,还有相当数量无法规范为叙词的词,只要是表达主题概念所必需的,都可作为自由词标引并列入关键词。

在关键词标引中,应很好地利用《汉语主题词表》和其他叙词表,在标引过程中应该查表,主题概念分析和词的组配切忌有误,要控制自由词标引的数量。

关键词的一般选择方法是,作者在完成论文写作后,纵观全文,找出能表示论文主要内容的信息或词汇。例如,对于某篇论文,关键词选用了6个,其中前3个是从论文标题中选出的,后3个是从论文内容中选取出来的。后3个关键词的选取,补充了论文标题所未能表示出的主要内容信息,也提高了所涉及的概念深度。

4.1.4 目录

一般来说,对于篇幅较长的毕业论文,都会设立分标题(如章、节、目标题)。设置分标题的论文,因其内容的层次较多,整个理论体系较为庞大和复杂,因此,通常可设为目录。

目录由论文的章、节以及论文相关部分等的名称和页码组成。页码从正文首页开始到整个论文结束连续编码。目录中的页码应与中文中的页码一致。目录页排在英文摘要之后。

(1)目录的定义

"目录"是目和录的总称,"目"指篇名或书名,"录"是对"目"的说明和编次。前人将"目"与"录"编在一起,称谓为"目录",表示内容的篇目次序。

(2)目录的作用

设置目录的主要作用:一是使读者能够在阅读论文之前对全文的内容、结构有个大致的了解,以便于读者决定是继续阅读还是终止阅读,是精读还是泛读;二是为读者选读论文中的某个分论点时提供方便。长篇论文除了中心论点外还有很多分论点,当读者需要进一步了解某个分论点时,就可以依靠目录而节省时间。

目录一般放置在论文正文的前面,因而是论文的导读图。要使目录真正起到导读图的作用,必须要注意以下事项。

1)准备。

目录必须与全文的纲目相一致,也就是说论文的标题、分标题与目录存在着一一对应的关系。

2)清楚无误。

在目录中,应逐一标注该行目录在正文中的页码,标注页码必须清楚无误。

3) 完整。

目录既然是论文的导读图,因此必然要求具有完整性,也就是要求文章的各项内容都应在目录中反映出来,不得遗漏。

目录有两种基本类型:用文字表示的目录和用数码表示的目录,后者较少见,但对于长篇作品,为了便于读者阅读有时也采用这种方式。

(3) 毕业论文的目录

毕业论文的目录既是论文的提纲,也是论文组成部分的小标题。目录由章节序号、标题名称和起始页码组成。章节序号,一般是下级引用上级序号。目录一般列到三级标题,即二级节标题即可。

目录内容一般从第一章开始,目录之前的内容及目录本身不列入目录内。

毕业论文的目录应包括论文中全部章节的标题及页码,具体如下:

1) 摘要(中、英文);
2) 物理量名称及符号表;
3) 正文章节题目;
4) 参考文献;
5) 致谢;
6) 附录。

4.1.5 引言

引言也称为绪论或导论,它是论文的开头部分。引言简要说明研究的目的、范围、相关领域的前人工作和知识空白、理论基础和分析、问题的提出、研究设想、研究方法和仿真设计、预期结果和意义等,应言简意赅、不要与摘要雷同,也不要成为摘要的注释。一般教科书中有的知识,在引言中不必赘述。对于比较短的论文,可以只用小段文字即可以起到引言的效果。

引言的作用是:向读者展示研究的问题和研究的目标,体现研究的重要性;帮助读者更方便地阅读论文,了解课题的研究背景和研究意义。一般采用"漏斗式"结构展开,先介绍主题的一般知识,再转向主题特定领域的研究现状,再提出自己要解决的问题,强调问题解决方法、重要性以及研究结论。问题必须是研究的主要问题,在论文中必须有证明的解决方法或结论。不要将引言撰写成小型综述,引言中的参考文献要适量,应写一些特别重要的较新的文献。

毕业论文需要反映出作者已经掌握的基础理论和系统的知识体系结构,体现作者具有开阔的科学视野,对研究方案做了充分论证,因此,有关历史回顾和前人工作的综合评述以至理论分析等,可以单独成章,用足够的文字进行叙述。

(1) 引言的写法

引言的写法主要有以下几种形式。

1) 交代式。

开头交代论文写作背景、缘由、目的和意义。

2) 提问式。

论文一开始就提出问题,或在简单交代写作背景之后随即提出本文所要解决的问题。

3) 出示观点式。

引言开宗明义,将论文的基本观点或主要内容揭示出来。

4)提示范围式。

引言部分提示论文的论述范围。

5)阐释概念式。

引言先解释题目,即阐释题目中和文中出现的基本概念。

(2)引言的撰写要求

无论采用上述哪种撰写引言的方法,每篇毕业论文的引言都应当符合以下几点要求:

1)引言要开门见山,迅速入题。议论性文章通常要求开门见山,一开头就能让读者接触到文章的中心,了解文章的基本内容是什么,而不能"下笔千言,离题万里",带着读者在文章中心以外绕圈子,让读者好像进入迷宫,摸不着思路。

2)引言要引人入胜,能抓住读者的思想。开头要让读者对文章产生良好的初始印象,引发阅读的兴趣,这就要求引言要有实质性内容和易于吸引读者的语句。

3)引言要简洁和有力。开头的文字不宜过长,以免显得头重脚轻,结构不对称。一个繁杂冗长的开头,会使读者产生恶劣的印象,而引起读者的反感。古人说:"起句当如爆竹,骤响易彻。"开头要像放鞭炮,骤然而响,使人为之一震。论文开头的文字尤其要简洁和有力。

文章如何开头,是作者常常要煞费苦心的事情。写好引言,对毕业论文初稿的完成是关键性的一步,千万不要草率撰写引言部分的内容。

4.1.6 正文

正文是一篇论文的本论,属于论文的本体,它占据论文的最大篇幅,主要包括调查对象、实验和观测方法、仪器设备、实验和观测结果、计算方法和编程原理、数据资料、加工整理的图表、形成的论点和导出的结论等。论文所体现的创作性成果或新的研究结果,都将在这一部分得到充分的反映。因此,要求这一部分内容必须实事求是、客观真切、准确完备、合乎逻辑、主体明确、层次分明、简练可读。对于论文引用的他人的观点、结果以及图表数据,作者必须要标注这些材料的出处,在参考文献中必须一一列出,否则就属于学术剽窃行为。

为了满足上面提到的一系列要求,同时也为了做到层次分明、脉络清晰,常常将正文部分分成几个大的段落。这些段落即所谓逻辑段,一个逻辑段可包含几个自然段,每一个逻辑段可冠以适当标题(分为标题或小标题)。段落的划分,应视论文的性质和内容而确定。由于学术论文的选题和内容性质的差别较大,对于其分段及撰写方法,均不能做硬性的统一规定。对于图、表的绘制,数学、物理以及化学公式的使用,计量单位、符号和缩写的使用都应遵守相应的规范。

(1)正文涵盖的内容

不同类型或不同课题研究性质的论文,正文内容的具体要求有所不同。一般包括理论分析、计算方法、实验测试方法、经过整理加工的仿真结果的分析和讨论、与理论计算结果的比较、本研究方法与已有研究方法的比较等。

论文主体是毕业论文的主要部分,内容应包括以下几个方面:

1) 理工科的论文应包括对研究问题的论述和系统分析,比较研究,模型和方案的数据,案例论证或实证分析,模型运行的结果分析或建议、改进措施等;

2)应用型本科高校毕业论文(设计)可以是一个完整的工程技术项目的设计或研究课题,

可以是技术攻关、技术改造专题,或者是新工艺、新设备、新材料、新产品的研制与开发,论文(设计)要有新见解或实用价值(有一定的经济效益或社会效益),要能体现学生综合运用科学理论、方法和技术手段解决工程实际问题的能力;

3)自然科学的论文一般应包括总体方案设计与选择论证,各部分(包括软件与硬件)的设计计算,实验方案设计的可行性、有效性及实验数据处理与分析,研究内容的理论分析等。

交通运输专业的毕业论文是供专家审阅或同行参考的学术著作,其正文内容必须写得简练,重点突出,不要叙述那些专业人员已经熟悉的常识性内容。同时应该注意确保论文各章节之间密切联系,形成一个整体。

(2)正文写作要领与注意事项

1)注意观点与材料的统一,使用明确的观点来驾驭使用的材料;

2)对数据、图表要合理地组织,避免简单和杂乱地堆凑;

3)论述的顺序、层次要符合思维规律和顺理成章;

4)压缩或删除一些众所周知的观点,突出论证的新发现、新观点。引导读者思考作者的结果,判断作者的论断和推理的正确性;

5)论述自己的工作要准确和明确,切忌用隐晦、模棱两可的词语,不要制造悬念;

6)分析、推理、判断要注意逻辑性和科学严谨性,绝对不允许出现科学概念上的错误;

7)评价、比较前人的科研成果时,要实事求是地评价,不要轻率地全盘否定,谈及前人不足之处时用词要委婉;

8)对分析讨论部分,不能敷衍了事、简单说明,要善于综合运用基础知识和先进的软件工具提高理论水平,使感性认识上升到理性认识。

(3)章节与图表等标号规则

1)章节标号。

论文章节按序分层,层次以少为宜,根据实际需要选择。各层次标题可以用阿拉伯数字,也可以用汉字:用阿拉伯数字连续标号,不同层次的数字之间用小圆点"."相隔,末位数字后面不加点号,如"1""1.1""1.1.1"等;章节编号全部顶格排,编号与标题之间空1个字的间隙。章的标题一般占2行。正文另起行,前空2个字符起排,回行时顶格排。

2)图表标号。

对论文中的图、表、附注、公式、算式等,一律使用阿拉伯数字分章依次顺序连续编码。其标注形式应便于互相区别,如图1.1(第1章第1个图)、图2.2(第2章第2个图)、表3.1(第3章第1个表)等。

图、表是论文写作中的重要元素,用来简明扼要地表达主要的实验数据和结论,除了要注意严格地对图表进行标号以外,还要注意制作的美观性。在本科毕业论文中,一般可以使用Office里的Excel工具来制作图和表,要是对图的效果还不满意,还可以使用其他专业的工具,例如SPSS、SAS、Matlab、Graph4.0等,对每个细节都可以很好地控制。

3)页码、页眉编写规则。

对于毕业论文的页码,前置部分用罗马数字单独连读编码,正文和后置部分用阿拉伯数字连续编码。单面印刷时页码排在页脚居中位置,双面印刷时页码分别按左右侧排列。

页眉、页脚文字一般均采用比正文小一号的字体,左侧页眉为"××××××本科毕业论文(设计)",右侧为一级标题名称。

4.1.7 结论

古人云:"结句当如撞钟,清音有余。"可见,结论在一篇论文中的地位是不可忽视的。毕业论文的结论是论文主体部分的最后一部分内容,研究的结论要与研究目的一致,前后呼应。正如好的开头可以吸引读者,好的结尾也可以抓住读者的注意力,引起共鸣。

(1) 结论的含义

对于毕业论文(设计)而言,结论是论文的收尾部分,是毕业论文最终和总体的结论,是围绕本论文所做的结束语。结论是整篇论文的结局,而不是某一局部问题或某一分支问题的结论,也不是正文中各段的小结的简单重复。其基本的要点就是总结全文,加深题意。

论文的结论应该包括论文的核心观点,着重阐述作者的创造性工作及所取得的研究成果在学术领域的地位、作用和意义,交代研究工作的局限,提出未来工作的意见或建议。在论文的结论部分,应反映学生通过实验、观察研究并经过理论分析后得到的见解。它应当体现作者更深层次的认识,并且是从全篇论文的全部材料出发,经过推理、判断、归纳等逻辑分析过程而得到的新的论文总观念、总见解。如果学生通过论文研究工作并不能得出一定的结论,也可以不写结论,但需要进行必要的讨论。

(2) 结论的内容

结论必须准确、完整、明确、精炼、严谨。该部分的写作内容一般应包括以下几个方面。

1) 本文研究结果说明了什么问题。

2) 本文对前人的研究成果做了哪些修正、补充、发展和证实。

3) 本文研究的不足之处或尚未解决的问题有哪些,以及解决这些问题的可能的关键点和方向。

结论部分的写作要求是措辞严谨、逻辑严密、文字具体。它常常像法律条文一样,按顺序列成条文,用语斩钉截铁,并且只能做一种解释,不能模棱两可、含糊其辞;文字上也不应夸大,对尚未完全肯定的内容应留有余地。

(3) 结论撰写的注意事项

撰写结论时,应该注意以下几点:

1) "结论"并非"摘要",更不是详细摘要;要使结论部分真正起到总结全文的作用,不应包含不属于结论的词句。

2) 不要简单罗列成果,要凸显通过研究得到的创新性结论。同时,要严格区分自己取得的成果与导师以及他人取得的科研工作成果。

3) 未经过充分证明的设想、推测和见解不能成为结论(不应出现"可能是""似乎是"等模棱两可的词语)。

4) 如果没有确切的结论,不要勉强杜撰凑数;也不可漏掉一条真正的结论(否定性的、负面性的结论通常也是重要结论)。

5) 对成果和科学结论的自我评价应该实事求是、含蓄和留有余地。

6) 结论的语言要简洁有力,给读者留下深刻的印象。要避免两种错误:一是草率收尾,不应该结束论文撰写却结束了;二是画蛇添足,对于应当结束的论文仍喋喋不休地讨论。

7) 结论中禁止出现"首次出现""首次提出""国内领先""填补空白"等不应在学术论文中出现的绝对性词语。

4.2　图表绘制与格式规范

4.2.1　图的绘制要求

在毕业论文中,为了进一步说明问题,常用图的形式进行描述,恰当地运用图同样能起到文字的作用。有些图是毕业论文中必不可少的一个要素。例如,一篇关于空中交通管制优化和设计的毕业论文,应该有空中航路图和航空气象图,一篇关于软件系统开发的毕业论文应有流程图等,这些图能够表达出文字无法清楚表述的内容,具有一目了然的作用。在毕业论文常见问题中,图的绘制不规范和不清晰是大学生容易忽视和经常出现的错误,一定要注意图的规范制作以及图的准确、简明、美观和清晰。

(1)图的分类

图的分类较多,而且分类的方法也不尽一致,一般在毕业论文中的图主要分为数量关系图和示意图。各种数量关系图是数据的直观表现形式,适合于显示变化的趋势或规律,或者是某些因素的相互关系,这些图常见的有柱状图、饼图、曲线图和散点图等。各种示意图是具有形象表现力的图形语言,如有表示外部形状、内部结构的示意图,有表示发展过程、工作原理的示意图。工程图样是机械制造、土木建筑工程、航空制造等工程技术文件中主要的图形语言,对其符号元素(如图线的形式、剖面的类别、零件的符号等)都有严格的定义,对图线的绘制方法和比例也有明确的规定。

在有的毕业论文中,还运用了实物图或照片来表现物体的部分或整体的具体形象。实物图有线条图、彩色图等,同示意图相比更生动、细腻和真实。毕业论文中的照片一般是原版照片,照片具有描述和证实的双重作用,表现力和说明力更强。

总之,毕业论文的插图应与文字紧密配合,文图相符,内容正确。制图标准应符合技术制图及相应专业制图的规定,对无规定符号的图形,应采取该专业的常用画法。

(2)插图的整体要求

插图应具有自明性,做到只读插图而无须同时再看文字叙述或表格就能获得插图表述的全部内容。插图已经表达清楚的内容,文字叙述和表格就不必再重复。

表示研究成果的曲线图、谱线图,图的大小为半张 A4 纸张页面,当插入图的内容复杂时,可以占 1 张 A4 纸张页面,也可以横放。

(3)插入图的序号与图题

论文中的任何插图都不能没有图序和图题,即插图中的图本身不能理解为正文中的一行文字。

图的序号与图题之间留 1 个汉字的空格,其间不用任何点号。比如,图的序号用"图 1.1""图 2.1(a)""图 2.1(b)"等标注。

图的序号和图题排在图的下方,相对于整幅图左右居中,其总体长度不超过图面的宽度,否则图题应转行排。

(4)曲线图的内容

曲线图的内容包括图序、图题、标目、标值线与标值、坐标轴、曲线、图注与说明。

如果毕业论文中有几幅图形共用一个图序和图题,那么每幅图应有子图序,且用小写英文字母 a,b,c 等表示顺序,如(a)(b)(c)等。可以有子图题。子图序和子图题置于横标目的下方,相对于横坐标轴整个居中排序,每个子图序和子图题在各个图面中的位置应该一致。在正文中引用子图示,用图 1.1(a),图 1.1(a)、(b)等形式标注。

(5)标目、图注与说明

标目是曲线图横纵坐标的量和单位符号。在标目中,量符号与单位符号之间用斜分数线(/)相隔。标目中的量符号与正文中的一致。标目中的量用文字表达时,不要中英文混用,应统一用中文,例如,"强度",不要写成"Intensity"。图注与说明应排在图题的上方。

如果插图是引用的,应注明。所注明的内容用括号括起来,排在图题下方,例如,可写"(图引自冯如,1980a,b,c)"。

(6)插图的其他说明

在正文中叙述图的信息时,如果提到多个图,最后一个图序不要"图"字,数字之间用波浪纹连接号"～",例如,"图 1.1～1.5"。多个图不连续时,用"和"字相连,例如,"图 1.1"和"图 2.2"。

在正文中叙述图的信息时,图的纵坐标和横坐标符号成对出现时,两个符号之间用"—"(一字线),不用"～"(波浪号)。例如,"图 1.1 给出了不同温度吸附量时的吸附等值线 lnce—1/T"。

在正文中,先进行文字叙述,再附图。也不能只有图,而没有正文中相应的文字叙述。常见的问题是:先出现了某个插图,但对插图的叙述被安排在了靠后的正文中,后被安排在下一页,这时应将图排列在正文中提到它们的那个段落之后。图的序号要按照正文中出现的先后顺序编。插图在论文中要保持完整,同一个图题下的图,不要在打印时跨页。否则,分成两个或更多个图。

插图中的曲线在必要时可以编码,称为曲线 a、曲线 b。也可以是曲线 A、曲线 B。例如,"图 1.1 中曲线 abc、acd、ace 分别代表粒子群算法对不同航班的航路图的优化结果";又如,"图 1.2 中曲线 f 表示遗传算法对航班时刻的测试结果"。

注意,图中的曲线只是图的一部分,因此对某个曲线的引用,不能写成引用整图时的形式,例如,"图 2.3 曲线 A",不能写成"图 2.3(A)"。

4.2.2 插图的引用

(1)正文中首次提到插图

正文中首次提到插图,有以下几种形式,在毕业论文的写作中主要采用形式1)。

示例:

1)图 1.1 给出本文关于算法求解精度与时间之间关系的仿真结果。

2)算法求解精度与时间之间存在着依赖关系,如图 1.1 所示。

3)算法求解精度与时间之间的相互影响是值得注意的,见图 1.1。

4)这个关系可以用图 1.1 描述。

(2)插图的讨论

在论文正文中,非首次提到插图,主要是对插图的讨论和说明,有以下几种形式,在毕业论文的写作中主要采用形式1)。

示例:

1)从图 2.3 可知,在某个参数设置下,改进的粒子群算法是合适的,见图中曲线 a。
2)在图 2.2 中,改进的蚁群算法收敛曲线出现两个转折点。
3)在某个参数设置下,本文改进的粒子群算法显得十分合适(见图 2.3)。

4.3 表　　格

4.3.1 一般要求

论文中的表格一般采用三线表。
表格的内容包括表序、表题、栏头、栏目、公用单位和表注。
(1)表序与表题
论文中的任何表格都不能没有表序和表题,即表格不能理解为正文中的一行文字。
表序与表题之间留 1 个汉字空格,其间不用任何点号。表序写成"表 1.1""表 2.1"等。
(2)表的内容
对于表格内无数字的栏,应区别不同情况来对待。"空白"代表未测试或未发现,"—"代表无此项(即客观上不存在),"0"代表实际测试结果为零。
(3)其他
如果表格是引用的,应注明出处。所注明的内容用括号括起来,排在表格底下。例如,可写为"(表引自钱学森,1998)"。
如果表格是对若干个文献工作的总结,在表格中应该给出一栏,标明文献作者姓名和年份,相当于标注了一些参考文献。姓名、年份与表格其他内容在同一行中一起出现。在正文中首次提到此表时,可以写为"本文在表 1.1 中总结了……"。
在正文中,先见文字叙述,后见表格。也不能只有表格,没有相应的文字叙述。常见的问题是先出现了表格,但对表格的叙述被安排在了靠后的正文中,或被安排在下一页,这时应将表格安排在正文中提到它的那个段落之后。表格的序号要按照正文中出现的前后顺序编号。表格在本科毕业论文中要保持完整,同一个表格,不要在打印时跨页。否则,分成两个或更多个表格。
在正文中叙述时,在提到多个表时,最后一个表格序号不要"表"字,数字之间用波浪纹连接号"~",例如,"表 1.1~3.1""表 3.3~3.8""表 3.1~3.2"。对于多个表格,但不连续使用时,需要使用"和"字相连,例如,"表 1.1"和"表 2.8"。

4.3.2 表例的应用

示例 1:

表 4-1　西方国家的航班旅客数量比较　　　　　　(单位:人/班次)

年　份	法　国	巴　西	印　度	美　国	日　本	意大利
2018—2019	4 980	2 896	4 658	4 850	6 541	8 094
2019—2020	3 598	2 980	4 972	5 709	5 368	9 092

示例2：

表4-2 回归方程的求解精度

模 型	复相关系数	剩余标准差	F检验值
统计模型	0.998 3	0.285 6	1 542.86
混合模型Ⅰ[1]	0.986 5	0.305 8	185.88
混合模型Ⅱ[2]	0.990 5	0.304 9	1 489.86

注：1）根据方程组建立；2）根据模型建立。

示例3：

表4-3 北京地区的年降雨量 （单位：$\times 10^8$ m³）

年 份	1990	1991	1992	1993	1994	1995	1996	1997
降雨量	103.08	115.90	102.87	106.05	90.09	89.09	78.98	98.01
年 份	1998	1999	2000	2001	2002	2003	2004	2005	2006
降雨量	91.2	89	97	69	91	90	94	93	99

示例4：

表4-4 上海地区的航班旅客流量 （单位：人/班次）

机场名称	成 人[1]	儿 童	婴 儿
虹桥机场	10 890	39 024	46 092
浦东机场	29 863	30 981	48 099

注：1）大于12岁。

4.3.3 表格的引用

（1）正文中首次提到的表格

首次提到表格，有以下几种形式。在论文的写作中主要采用形式1）。

示例：

1）表1.1给出了本文的实验结果。

2）精度与时间之间存在着非线性关系，如表1.1所示。

3）精度与时间的影响是值得注意的，见表1.1。

（2）表格的讨论

在正文中非首次提到的表格，对表格的讨论和说明有以下形式。在论文写作中主要采用形式1）。

示例：

1）从表2.1可知，在某个精度下，收敛速度达到最大。

2）在某个精度下，收敛速度达到最大（见表2.1）。

4.4 公　　式

4.4.1 一般要求

(1) 公式的构成

公式是由字母、符号和数字构成的。毕业论文中的公式的符号、字母不能用中文文字或外文词汇直接替代,应采用字母或符号表示科学技术含义。

学生在论文写作过程中,应认真辨析字母的文种、字体,分清字符的字体,区分易于混淆的字母、符号、数字等,确定字母、符号以及缩写字的位置、含义,分清易于混淆的大小写字母,需要加标注。

(2) 公式排版

毕业论文中的所有公式居中排版。直排分式改为卧排式。

当把直排分式改为卧排分式时,对于简单直排分式,将分式线改为斜杠(/)即可。分子分母均为简单多项式的分式,卧排时分子、分母都要添加括号。较为复杂的分式卧排时应各加相应的括号,使得原式的各项关系不变。分式的分母可改为负数幂的形式。

公式的主体应排在同一水平线上。分清繁分式的主辅线。主线比辅线长,且与公式主体符号排在同一水平线上。主辅式不能密排。主式与其条件式或说明式分开排,通常二者间空出 1～2 个字的位置。

对于具有特殊含义的线段、符号,不能随意加长、截短或改变。根号线的长度应与待开方的数相对称。变量上方表示平均值的线段长短有要求。特定符号不能随意改动。减号和负号的符号是"—",不能写成三分线"－"。定积分的积分限通常排在积分号的右上、下角。如果积分限为较长的多项式,也可排在积分号的正上、下方。多重积分的积分区域必须排在积分号的正下方。公式的各单元部分不能交叉排列。

当行列式和矩阵的元素包含式子时,每一列均以元素中心线为准上下对齐,列距空 1 个字位置;行要左右对齐,行距空半个字。当元素为单个字母或数字时,每列应使正负号对齐。N 阶行列式的行列元素不必一一写出,可用若干个三连点(…)代替省略号部分。对角矩阵的对角元素所在的列应明显区分,不能上下重叠。

(3) 公式编码的标注

论文中的所有公式都需要编写公式编码,即公式的序码。公式编码加圆括号,与公式同行向右端对齐。尽量避免 2 个以上公式使用同一公式编码。实在无法避免时,公式的左端排齐,右端加排一大括号,公式编码对准大括号的顶尖排在靠右顶格处;也可不加大括号,但公式编码一定要排在几个并排公式上下对称线的右顶格处。

(4) 公式的引入

在正文中,要引入公式时,叙述结束时的最后一个文字后,不加冒号(:),也不加句号(。)。

(5) 公式的叙述

叙述时,提到多个公式时,用"式(1.1)～式(1.8)"。

4.4.2 数理公式的换行规则

1)优先在"＝""≈"">""＜"等关系符号处换行,关系符号留在行末,换行后的行首不必重复写出关系符号。

2)其次可在"×""÷""＋""－"符号处换行,这些符号留在行末,换行后的行首不必重复写出符号。

3)在空间不够或格式不美观时,可考虑在"∑""∏""∫"等运算符号和"lim""exp"等缩写字之前换行,但绝对不能在这些符号之后立即换行。

4)如果"∑""∫"等运算符号后面的式子一行仍然无法排序完,则可在其中的"＋""－"符号或适当的相乘因子处换行。

5)对于长分式,如果分子、分母均为多项式,则可在"＋""－"符号处各自换行,并在转行处的上行的行末和下行的行首分别添加"→"和"←"符号;如果分子、分母均为非多项式,则可在某些适当的因子之间各自换行。

6)行列式或矩阵不能从中间拆开换行。如果行列式或矩阵中的诸多原始式子太长,通栏无法排下时,可使用简单字符来代替元素,使得行列式或矩阵简化,然后对每个字符加以说明。

4.4.3 公式的应用

实例:

$$r(V) = -\frac{1}{V}\frac{\mathrm{d}n_A}{\mathrm{d}t} = \frac{1}{V}\frac{\mathrm{d}n_p}{\mathrm{d}t} \tag{4.1}$$

$$F = k\frac{Q_1 Q_2}{\varepsilon r^2} \tag{4.2}$$

$$(1-\varepsilon)\rho_s c_{ps}\frac{\partial T_s}{\partial t} = (1-\varepsilon)\lambda_s\frac{\partial^2 T_s}{\partial x^2} + hs(T_g - T_s) + s(-\Delta H)r \tag{4.3}$$

注意,式(4.3)是公式换行的例子。

4.4.4 公式中符号应用说明

示例1:

式中:T 是温度,K;T_0 是固相初始温度,K;μ 是孔道中气体流速,m/s;ε 是空隙分数;d 是孔道张力直径,m;λ 是导热系数,W/(m·K);h 是传热系数,W/(m²·K);下标 g 和 s 分别表示气相和固相。

注意:示例1中谓语"是"可以用"表示"代替,一般不要用"为"字代替。例如,"n 是流速测试点总数",一般不要写成"n 为流速测试点总数"。

示例2:

式中:μ ——推进剂的燃烧速度,mm/s;

n ——压力指数;

μ_1 ——燃烧速度系数,即当压力为 1 MPa 时的燃烧速度。

4.5 标点符号

论文不是文学作品,页面上标点符号的种类越少越好。学生应注重使用科学符号表达论文的成果和水平,例如,对于曲线、公式、分子式、反应式、框图、拓扑图、表格、数学和物理符号等,学生应减少标点符号使用的种类,不用冷僻的符号,这是论文写作的重要原则。

4.5.1 标点符号的一般原则

(1)正确使用逗号

在论文中,一句话没有说完,但要停顿一下,用逗号(,)。

(2)正确使用句号

在中文论文中,句号(。)不要用下圆点(.)代替。

(3)正确使用冒号

在毕业论文的正文中,很多使用冒号(:)的地方,实际上可以用适当的文字和逗号代替,句子也增加了可读性,朗朗上口。如果已经使用了一些冒号,需要将冒号及其前后文字所表示的含义用文字写出来,并使用令句子通顺可读的表达风格。

例如,"从表中可以看出:当算法的参数发生变化时,函数的求解精度会明显提高"。此处的冒号应改为逗号。在表示时、分、秒时用冒号。例如,15:40(15时40分)。

(4)正确使用分号

在毕业论文中,大多数使用分号(;)的地方可以使用句号(。)代替,而不影响其含义。有一些分号也可以用逗号代替。但在揭示公式中多个符号的含义时,用分号,见4.4.4节。

(5)正确使用括号

大多数论文中说明性的括号内的内容实际上应该成为正文的内容,可以去掉括号,使其变为正文的内容。过多的括号表明了思考、内容与结构安排上的欠缺。

括号主要用于参考文献的引用,同时将一些使用括号的情况举例如下:

1)钱学森(1911.12.11—2009.10.31),汉族,祖籍浙江省杭州市临安。世界著名科学家,空气动力学家,中国载人航天奠基人,"中国科制之父"和"火箭之王"。

2)目前,我国三效催化剂(Three-way Catalyst,TWC)转化器的年需求量已超过500万套。

3)飞机发动机在燃烧过程中产生的有害气体成分主要为一氧化碳(CO)、碳氢化合物(C_xH_y)、氮氧化物(NO_x)、硫氧化物(SO_x)等。

4.5.2 不使用标点符号的情况

在毕业论文中,出现公式前的那一行最后一个文字结束后,不用冒号,也不用句号,即此处不出现标点符号,使论文的页面更为洁净,并且不影响文章含义的表达。

示例:

符合催化剂的晶体粒度尺寸可结合 Debye-Scherrer 公式计算,可得

$$D = k\lambda / [\cos\theta(\beta - \beta_0)] \tag{4.4}$$

4.5.3 特殊情况

百分比符号用于一个范围时,波浪号前后都应该用百分号(%)。例如,脱水失重率在10%~20%之间的范围的脱水纤维。但是,百分比的数值为零时,可以不用百分号,例如0~10%之间。

4.6 参考文献

4.6.1 参考文献的定义

所谓参考文献是指,为撰写或编辑论著而引用的有关资料。按照规定,在毕业论文中,凡是引用前人(包括作者自己过去)已发表的文献中的观点、数据和材料等,都要对它们在文中出现的地方予以标明,并在文末列出参考文献表。这项工作叫作参考文献著录。

4.6.2 参考文献著录的目的与作用

对于一篇完整的论文,参考文献著录是不可缺少的。归纳起来,参考文献著录的目的与作用主要体现在以下5个方面。

1)参考文献著录反映出论文作者的科学态度和论文具有真实、广泛的科学依据,也反映了该论文的起点和深度。

2)通过参考文献著录,能方便地把论文作者的成果与前人的成果区别开来。论文报道的研究成果虽然是论文作者自己的,但在阐述和论证过程中免不了要引用前人的成果,包括观点、方法、数据和其他资料,如果对引用部分加以标注,则他人的成果将表示得十分清楚。这不仅表明了论文作者对他人劳动成果的尊重,而且也免除了抄袭、剽窃他人成果的嫌疑。

3)参考文献著录能起到索引作用。读者通过著录的参考文献,可以方便地检索和查找有关资料,以对该论文中的引文有更详尽的了解。

4)参考文献著录有利于节省论文篇幅。论文中需要表述的某些内容,凡是已有文献所载者不必详述,只在相应之处标明参见何文献即可。这不仅精炼了语言,节省了篇幅,而且避免了一般性表述和资料堆积,使得论文容易满足篇幅短、内容精炼的要求。

5)参考文献著录有助于科技情报人员进行情报研究和文献计量学研究。

4.6.3 参考文献著录项目

1)主要责任者(专著作者、论文集主编、学位申报人、专利申请人、报告撰写人、期刊文章作者、析出文章作者)。多个责任者之间用","分隔,注意在本项数据中不得出现缩写点"."(英文作者请将作者名写全)。主要责任者只列姓名,其后不加"著""编""主编""合编"等责任说明。

2)文献题名及版本(初版省略)。

3)文献类型标识。

4)出版项(出版地、出版者、出版年)。

5)文献出处或电子文献的可获得地址。

6)文献起止页码。

7)文献标准编号(标准号、专利号……)。

4.6.4 参考文献著录原则与要求

(1)参考文献引用的原则

1)只著录最必要、最新的文献;

2)只著录公开发表的文献;

3)采用标准化的著录格式。

(2)参考文献著录要求

在国际上,论文中参考文献的引用方法有很多种,而我国国家标准《信息与文献—参考文献著录规则》(GB/T 7714—2015)中规定采用"顺序编码制"和"著者-出版年制"两种。其中,顺序编码制为我国科学技术期刊普遍采用,所以这里只介绍该种。

(3)论文内标注格式

采用顺序编码制时,在引文处,按照它们出现的先后顺序用阿拉伯数字连续编码,并将序码置于方括号内,视具体情况将序码作为上角标,或者作为语句的组成部分。

(4)文后参考文献表的编写格式

采用顺序编码制时,在文后参考文献表中,各条文献按照在论文中的文献序号顺序排列,项目应完整,内容应准确,各项目的次序和著录符号应符合规定(注意:参考文献表中各著录项之间的符号是"著录符号",而不是书面汉语或其他语言的"标点符号",所以不要用标点符号的概念去理解)。论文中参考文献表置于"致谢"段之后,"附录"段之后。

(5)参考文献著录的通用格式

根据规定,以字母方式标识的各种参考文献类型,见表4-5。

表4-5 文献类型、标志代码和电子资源载体、标志代码

文献类型和标志代码		文献类型和标志代码		电子资源载体和标志代码	
文献类型	标志代码	文献类型	标志代码	载体类型	标志代码
普通图书	M	汇编	G	联机网上数据	DB/OL
学位论文	D	数据库	DB	磁带数据库	DB/MT
期刊	J	计算机程序	CP	光盘图书	M/CD
报告	R	电子公告	EB	磁盘软件	CP/DK
专利	P	舆图	CM	网上期刊	J/OL
会议录	C	数据集	DS	网上电子公告	EB/OL
档案	A	其他	Z		
报纸	N				
标准	S				

注意:对于英文参考文献,还应该注意以下两点。

1)作者姓名采用"姓在前,名在后"的原则,具体格式是:姓,名字的首字母。如果有两位作者,则第一位作者表示方式不变,之后第二位作者名字的首字母放在前面,姓放在后面。

2)书名、报刊名使用斜体字。

4.6.5 参考文献格式范例

(1)图书、专著类型

【格式】[序号] 作者.书名或专著名[M].出版地:出版社,出版年份:起止页码(任选).

【举例】

[1] 刘国军,王连成.图书馆史研究[M].北京:高等教育出版社,1979:15-18.

[2] GILL R. Mastering english literature[M]. London:Macmillan,1985:42-45.

(2)学位论文

【格式】[序号] 作者.篇名[D].出版地:保存者,出版年份.

【举例】

[1] 岳彩通.基于群集智能的多模态多目标优化算法及其应用研究[D].郑州:郑州大学,2020.

[2] AL-KAZEMI B S N. Multiphase particle swarm optimization[D]. Syracuse University,2002.

(3)期刊

【格式】[序号] 作者.篇名[J].期刊名称,出版年份,卷号(期号):起止页码.

【举例】

[1] 刘晓冰,焦璇,黄明,等.用混合量子算法求解模糊柔性作业车间调度问题[J].工业工程与管理,2015,20(3):8-13.

[2] HEIDER E R,OLIVER D C. The structure of color space in naming and memory of two languages [J]. Foreign Language Teaching and Research,1999(3):62-67.

(4)报告

【格式】[序号] 作者.篇名[R].报告地:报告会主办单位,年份.

【举例】

[1] 冯西桥.核反应堆压力管道与压力容器的 LBB 分析[R].北京:清华大学核能技术设计研究院,1997.

(5)专利

【格式】[序号] 专利申请者或所有者.专利题名:专利号[P].公告日期或公开日期[引用日期].

【举例】

[1] 刘晶,袁夕霞,闫文杰,等.一种基于优化小生境遗传算法的资源调度优化方法:CN112001526A[P]. 2020-11-27.

[2] KASSEM G, AHMAD H, HUSSEIN K. Black hole particle swarm optimization for optimal well placement in field development planning and methods of use:US2020080406 [P]. 2020-03-12.

(6)论文集

【格式】[序号] 作者.篇名[A]//原文献作者(任选).原文献篇名[C].出版地:出版者,出版年份:起止页码.

【举例】

[1] 司呈勇,杨东升,田红军,等.一种改进的模拟退火粒子群算法在有约束函数优化问题中的应用[A]//中国自动化学会智能自动化专业委员会[C].湖南:中南大学出版社,2011:1-5.

[2] CHERFA I, MOKRAOUI A, MEKHMOUKH A, et al. Adaptively regularized kernel-based fuzzy c-means clustering algorithm using particle swarm optimization for medical image segmentation[C]. New York: Cambridge University Press, 2020:1-10.

(7)报纸文章

【格式】[序号]作者.篇名[N].报纸名,出版日期(版次).

【举例】

[1] 李大伦.经济全球化的重要性[N].光明日报,1998-12-27(3).

[2] FRENCH W. Between silences: a voice from China [N]. Atlantic Weekly,1987-8-15(33).

(8)电子资源(不包括电子专著、电子连续出版物、电子学位论文、电子专利)

【格式】[序号]主要责任者.电子文献题名[电子文献及载体类型标识].出版地:出版者,出版年:引文页码(更新或修改日期)[引用日期].获取和访问路径.数字对象唯一标识符.

[1] 王明亮.关于中国学术期刊标准化数据库系统工程的进展[EB/OL].(1990-08-16)[1999-10-04].http://www.cajcd.edu.cn/pub/wml.txt/980810-2.html.

(9)各种未定义类型的文献

【格式】[序号]主要责任者.文献题名[Z].出版地:出版者,出版年.

需要说明的是,写研究论文和综述是不同的,不需要大量的参考文献,但是参考文献也是很重要的一个部分,参考文献一定是有效发表的文献,发表的刊物最好还要有一定的权威性,否则一个名不见传的刊物上的文章可能本身都有错误,又如何证明论文的结论呢?尽量取得一次文献,不要从别人的综述里面或者其他二次文献里面找证据。引用文献不要总是把标注放在句子结束的地方,要放在作者的观点后面,或者作者的姓名处。对于不重要的文献或者一些常用概念的引用可以不要标注,例如,许多杂志有参考文献个数的限制,写学位论文时无须为了增加参考文献的数量或显示自己阅读文献的数量而把一些无关紧要的文献放到参考文献中。

4.6.6 附录

附录是指毕业论文中有些内容与正文关系密切,包括比正文更为详尽的信息、研究方法和更为深入的叙述,对了解正文内容有用的补充信息等,而这部分内容又有相对的独立性,列入论文中往往又会影响正文叙述的条理性和连续性,或有损于编排的条理性和逻辑性,因而将其附加在正文之后作为"附录",以帮助读者阅读,掌握正文中的有关内容。

将附录编于论文后时,主要包括以下几个方面的内容:

1)由于篇幅过长或取材于复制品而不便于编入正文的材料;

2)不便于编入正文的罕见、珍贵资料;

3)对一般读者并非必要阅读,但对本专业同行有参考价值的资料;

4)放在正文中过于冗长的数学公式推导;

5)重要的原始数据,例如调查问卷等;

6)某些重要的原始数据、数学推导、计算程序、框图、结构图、统计表、计算机打印输出件等。

"附录"段置于参考文献表之后,依次用大写正体 A,B,C 等编号,例如,"附录 A""附录 B"作为标题前导词。附录中的插图、表格、公式、参考文献等的序号与正文分开,另行编制,例如编制为:图 A1,图 B2;表 B1,表 C3;式(A1),式(C2);文献[A1],文献[B2];等等。需要说明的是,附录作为主体部分的补充,并不是必需的,由作者根据自己的研究内容确定。

4.6.7 致谢

大学生毕业论文往往不是学生一个人单独完成的,需要指导教师和学校的共同帮助,因此,完成毕业论文后,作者应对他人的劳动和合作指导给予充分的肯定,并对他们表示感谢。致谢的对象是,"凡是对本论文直接提供过资金、设备、人力以及文献资料等支持和帮助的团体和个人"。"致谢"段落可以列出标题并贯以序号,例如,"6.致谢"安排在"5.结论"之后,也可以不列标题,空一页置于"结论部分"段落之后。特别是在致谢中要指明提供帮助的指导教师的姓名和职称。

4.7 本章小结

本章主要对毕业论文的框架结构和写作规范进行了系统化的阐述和分析,特别是对撰写毕业论文中的题目、摘要、关键词、引言、正文和结论等方面的注意事项进行了详细的说明。同时,为了规范毕业论文的格式,本章对论文中涉及的图表、公式和标点符号以及参考文献的规范化设计、插入和引用等方式展开了叙述和列举了实例应用,为毕业论文的框架布局和写作提供了指导。

4.8 思考与练习题

1.毕业论文中的摘要主要包括哪些关键要素?
2.如何选择论文中的关键词?
3.如何辨析摘要与结论的写作内容?
4.如何精确绘制图表?
5.如何使用海量数据的表格与附录?

第 5 章　毕业论文答辩与评价

毕业论文的答辩与评价是大学生毕业论文环节的最后一道工序,是对学位论文进行综合评价,并确定是否可以授予答辩申请人学位的阶段,同时,也是评估大学生毕业论文和研究成果的重要阶段。

5.1　毕业论文答辩的必要性

即将完成学业的大学生应该明确毕业论文答辩的目的、意义和特点,应该以积极的态度认真做好各方面的准备,争取获得答辩的最佳心境和状态,充分发挥自己的才能和水平,以取得圆满的成绩。

5.1.1　毕业论文答辩的内涵

毕业论文完成后都要进行答辩,用以检查学生是否达到毕业论文的基本要求和目的,学生口述总结毕业论文的主要工作和研究成果,并对答辩老师所提问题作出回答。毕业答辩时,学校对学生的专业素质和工作能力、口头表达能力及应变能力进行综合考核,以对学生知识的理解程度进行判断,是对毕业论文所研究问题的发展前景和学生的努力方向进行最后一次的直面教育。

毕业论文答辩时,答辩委员会和答辩小组成员(以下简称"答辩老师")和撰写毕业论文的学生面对面,由答辩老师就毕业论文提出有关问题,让学生当面回答。它有"问"有"答",还可以有"辩论",但是尽量以回答问题为主。毕业论文答辩不仅对于毕业论文的考核是必要的,而且对于毕业论文的深化和提高,保证毕业论文质量具有重要的作用。

在毕业论文答辩之前,学校通常要对毕业论文进行评审、查重复率,这是为毕业论文答辩进行的必要准备工作。但是毕业论文评审和查重复率只是对毕业论文进行单向的、书面的、静态的考核,毕业论文答辩则是对毕业论文进行双向的、口头的、动态的考核。受毕业论文评审自身的特点限制,毕业论文评审和查重复率对毕业论文的考核还是初步的、不全面的、不能起到答辩对毕业论文所起到的考核作用。

毕业论文答辩的结果,直接关系到毕业论文的价值和成绩的评定,也是决定学生是否能够顺利毕业的重要条件之一。凡是没有经过批准无故不参加答辩,或者是答辩没有通过的学生,将无法获得学位证书。

5.1.2 毕业论文答辩的特点

毕业论文答辩是一种有组织、有准备、有计划、有鉴定性的，比较正规的，审查论文价值的重要形式，答辩委员会成员、答辩小组成员或答辩教师与撰写毕业论文的学生面对面展开答辩和交流。

答辩是辩论的一种形式，辩论按照开展的形式不同，分为竞赛式辩论、对话式辩论和问答式辩论。答辩就是问答式辩论的简称，毕业论文答辩有以下几个特点，如图 5.1 所示。

图 5.1　毕业论文答辩的特点

(1)答辩双方有着明显的不对等性

1)人数不对等。毕业论文答辩组成的双方人数不对等：一方面，参加答辩会的一方是撰写论文的作者，只有 1 个同学；另一方面，学位论文答辩委员会或答辩小组成员一般由 3 名或 3 名以上教师或有关专家组成答辩小组或答辩委员会，指导教师最好回避不参与。

2)地位不对等。一般来说，答辩小组或答辩委员会始终是处在主动的、审查的地位，而毕业论文的学生始终处于被动地位和被审查的地位，并且双方的知识、阅历、资历和经验等方面都相差悬殊。

(2)毕业论文作者的答辩准备范围广泛

为了顺利通过答辩，毕业论文作者在答辩前需要做好充分的准备。然而，毕业论文答辩会上的提问题目是由参加答辩会的专家根据毕业论文拟定的，答辩的题目一般包括 3～5 个问题，并且答辩委员会或答辩小组成员会对事先拟定的题目进行保密，在答辩会上才呈现出来。答辩专家提出问题后，一般情况下有两种情况：一是让学生对专家提出的问题独立准备一段时间(一般半个小时以内)后再当场作答；另一种情况是不给学生准备时间，答辩教师提出问题后，学生就要当即回答。因此，在举行论文答辩会之前，学生就要为参加答辩会做好准备，但很难抓住答辩会上提出的问题，因为事先无法获知专家提问的问题，只能就自己的论文及有关的问题进行广泛的思考和准备，所以即使在提交了毕业论文之后，也不能有松懈的思想，而是应该抓紧时间积极准备论文答辩。那么，答辩的学生在答辩之前应该从哪些方面去准备呢？第一，要写好毕业论文的答辩稿，熟悉自己所撰写论文的全部内容，尤其是熟悉主体部分和结论部分的内容；第二，要了解和掌握与自己所写论文相关联的知识和材料；第三，弄清楚论文还有哪些应该涉及或解决的问题；第四，对于优秀论文的学生来说，还要搞清楚哪些观点继承或借鉴了前人的研究成果，哪些是自己的创新点，这些新的观点、新的见解是怎么形成的，基本的研究思路是什么；等等。这样在答辩时就可以做到心中有数，从容应对答辩过程。

(3)表达方式以问答为主，以辩论为辅

毕业论文答辩一般以问答式的形式进行，由答辩委员会或答辩小组成员老师提出问题，学生作出回答。在一问一答的过程中，有时也会出现学生与答辩老师的观点相左的情况，这时也会而且也应该辩论。有时答辩委员会的专家对答辩人的回答不太满意,还会进一步提出问题,以了解论文作者是否切实搞清楚和掌握了这个问题。遇到这种情况,答辩人如果有把握讲清楚问题的缘由,就可以申明理由进行答辩;如果没有足够的把握,可以审慎地试着回答,能回答多少就回答多少。即使讲得不是很透彻也不要紧,只要是同问题有所关联。如果确定是自己没有搞清楚的问题,就应该实事求是地讲明白自己对这个问题还没有搞清楚,表示今后一定认真研究这个问题,切不可强词夺理,进行狡辩。当然,所有问题都回答不出来或一问三不知就不正常了,这样毕业论文答辩很难通过。但从总体上来说,毕业论文答辩是以问答式为主,以不同观点的辩论为辅。

5.1.3 毕业论文答辩的基本目的

针对毕业论文对学生进行评审和答辩,是对大学生所撰写论文的两种不同的考核方法。评审只是对论文进行单向、书面和静态的考核。论文答辩的目的,对于组织者(校方)和答辩者(论文作者)是不同的。校方组织论文答辩的目的,简单地说是进一步审查论文,即鉴别论文真伪、考核大学生四年以来的知识应用能力、深化对研究的理解、展示学生的专业研究水平、评价学位论文成绩等,如图 5.2 所示,但毕业论文可能更注重实用性,所以以案例仿真或实证研究为主,也会比较容易通过答辩,但也有一部分大学生却完成不了或完成不好毕业论文。

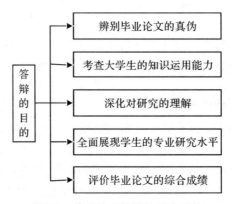

图 5.2　毕业论文答辩的基本目的

(1)鉴别毕业论文的真伪(是否是自己独立完成的论文)

评价学位论文的首要工作是核查论文的真实性,这是一个最起码的要求,只有在辨别了真伪的情况下,才能对学位论文作出准确、科学的评价。所谓真实性问题,也就是毕业论文是否是大学生本人独立的研究和写作成果,有没有抄袭他人的研究成果或有他人代写的行为,这是毕业论文能否顺利通过答辩的一个原则性问题。撰写毕业论文,要求大学生在指导教师的辅助下独立完成,但它不像考试、考查课程,在监考教师的严格监督下完成,而是在一个较长的时间内完成,难免会有少数不自觉的学生会投机取巧,采取各种手段作弊,也有的学生并非故意抄袭,往往是因为他们不了解文献中哪些可以接受,哪些不可以接受。所以,答辩小组或答辩委员会的老师通过论文答辩,可以辨别论文的真实性,而且在答辩会上还可以通过提问与答辩使作弊者暴露,从而保证毕业论文的整体质量。

(2) 考查大学生的知识运用能力

考查知识运用能力就是考查论文作者对论文研究对象所涉及的基本理论和其他相关知识的掌握程度,从而考查毕业论文作者对论题进行研究的理论准备和相关知识的掌握情况。通过论文答辩,也可以看出大学生已掌握知识面的深度和广度。但是,撰写毕业论文的主要目的是考查学生综合运用所学知识,独立地分析问题和解决问题的能力,以及培养和锻炼学生进行科学研究的能力。大学生在毕业论文的撰写过程中,所运用的知识有的已经确实掌握,并能融会贯通,有的可能是一知半解,并没有转化为自己的知识,还有的可能是从别人的文章中生搬硬套过来的,对其基本含义都没有理解清楚。在答辩会上,答辩专家将论文中阐述不清、不详细、不确切、不完善的问题提出来,要求学生当场作出回答,从而可以考查作者对所论述的问题是否有足够的知识基础、创造性见解和充分扎实的理由。

(3) 深化对研究的理解

通过答辩论文是否贴题(题目是否恰当)、篇章布局是否得当、运用材料是否恰到好处、论述是否准确、论据是否充分、论证是否有力等情况,可以了解学生对研究的理解程度。一般来说,从学生所提交的论文中,已经能够大致反映出学生对自己所写论文的认识程度和论证论题的能力。但由于种种原因,有些问题没有充分展开和详细描述,有的可能是限于全局结构的不合理而无法展开详细描述,有的可能是受到篇幅所限不能展开研究,有的可能认为这个问题不重要或者认为没有必要展开、详细说明,有的可能无法深入或者说不清楚而故意回避了薄弱环节,还有的可能自己根本就没有认识到不足之处,等等。通过对这些问题的提问和答辩,就可以进一步弄清学生是由于哪种情况而没有深入分析,从而了解学生对自己所写论文的认识程度、理解深度和当场论证的能力。在答辩过程中,答辩专家也会对论文中的某些问题阐述自己的观点,或者提供有价值的信息。这样学生又可以从答辩专家那里获得新的知识。当然,如果学生的论文有独创性见解或在答辩中提供最新的材料,也会使答辩专家得到启发。

(4) 全面展现学生的专业研究水平

大学生通过毕业论文答辩,可以全面、系统地展示自己在此专业研究方向的研究水平,表达自己对此专业方向的研究内容和前沿问题的认识和见解,同时也是一种向指导教师和同行专家进行的汇报。所以,大学生对毕业论文答辩不能敷衍了事、马虎从事,更不可轻易放弃。

(5) 评价毕业论文的综合成绩

在答辩之前,经过指导教师的反复指导和学生的反复修改,论文指导教师从毕业设计(论文)的理论及实际意义、毕业设计(论文)的研究内容、方法及结果的意见、学生综合应用基础理论与专业知识分析、解决实际问题的能力、毕业设计(论文)的见解或创新以及存在问题与不足等多个方面,对学生的毕业论文进行综合评价,最后通过学生的答辩,答辩委员会或答辩小组成员最终审核其综合成绩,给出论文成绩的最终评定。

5.2 毕业论文答辩的过程与内容

5.2.1 毕业论文的答辩过程

学生要在毕业论文答辩会举行之前半个月左右,将经过指导教师评审并签署同意答辩意见的毕业论文上交答辩委员会,答辩委员会的主答辩老师在仔细研读毕业论文的基础上,拟出要提问的问题,然后举行答辩会。答辩会通常是先由答辩学生的自述开始,然后由答辩老师提问,学生回答问题。

(1)答辩学生自述

答辩学生首先进行自我介绍,作为答辩的开场白,向答辩老师介绍自己的姓名、学号和专业。在自我介绍时要举止大方、礼貌得体,争取先给答辩老师留下一个好的印象。

自我介绍只是毕业论文答辩的前奏,接下来的自我陈述才算是进入正轨,答辩学生要介绍毕业论文的概要,这就是所谓的"自述报告"。必须要强调一点的是,"自述"不是"自读",自述时最好不要看事先准备好的自述报告,而要凭借自己的理解和记忆按以下顺序进行讲述:

1)向答辩小组报告毕业论文的题目,表示答辩正式开始。

2)简要介绍论文的研究背景、选择此课题的原因及课题现阶段的发展情况。

3)重点介绍有关课题的具体研究过程、工作内容、主要依据、观点看法、实验数据和所提出的研究成果,要着重介绍自己在研究过程中有哪些创新或独到之处。

4)对论文的研究结果进行分析,得出结论,同时说明研究成果的实用价值、理论价值和经济价值,并要展望发展前景。

5)对自己的研究工作进行简要评价,如哪些方法有了进步,存在哪些不足之处等,自我评价要实事求是、态度谦虚。

(2)提问与答辩

在答辩学生自述之后答辩教师开始提问,这是一个相互交流的过程,有问有答,是毕业论文答辩过程中相对灵活的环节。一般采取答辩老师提问,答辩学生当场进行回答的方式。

前面已经讲过了答辩老师拟定提问问题的范围和原则,一般不会出现离题的情况。答辩老师通常会让答辩学生对关键问题进行详细深入的阐述,或者让答辩学生解释清楚自述中未讲明白的地方。有时答辩老师还会提出一类判断类的题目,或者是故意以错误的观点提问,只需答辩学生用"对或错""是或非"的方式来回答这类问题。

在整个提问与答辩的过程中,答辩学生要保持头脑清醒,注意力高度集中,仔细聆听答辩教师的问题,然后经过缜密的思考,组织好语言,回答问题时力争条理清晰、完整全面、重点突出。如果没有听清楚问题,可以请答辩老师再重复一遍问题。答辩学生对提问的问题确实不会回答时,不要胡乱瞎编、东拼西凑地来回答,能回答多少就回答多少,也不要着急,答辩老师通常会对答辩学生改变提问策略,采用启发和引导的方式,或者降低问题的难度。

(3)评定成绩

所有参加答辩的学生逐一回答完问题后退场,答辩会结束。然后,答辩委员会或答辩小组成员要举行会议,根据毕业论文质量和答辩情况,集体商定论文是否通过,并拟定成绩和评语。

如果学生的答辩不及格,则毕业论文(设计)的成绩也为不合格,可见毕业论文的写作和答辩都十分重要,两者都不可偏废。

5.2.2 答辩老师的提问方式

答辩老师一定要把握所提问的范围和原则,同时,在毕业论文答辩会上,答辩老师的提问方式也会影响毕业论文答辩会的目的以及答辩学生水平的发挥。

(1)要先易后难地提问

答辩老师提的问题最好是按照先易后难的次序提问,尽量使所提的第一个问题是答辩学生能答得出并且答得好的问题。答辩学生第一个问题答好,就会放松紧张心理,增强自信心,从而有利于在以后几个问题的答辩中发挥出正常水平。反之,如果老师提问的第一个问题就过深过难,使得答辩学生回答不上来,就容易使答辩学生加剧紧张,产生慌乱,可能会影响到后面几个问题答辩水平的发挥。

(2) 要逐渐深入地提问

为了更好地检验答辩学生掌握的专业基础知识状况,有时可把一个大问题分为若干个小问题,并采取逐步深入的提问方法。假若这些"小问题"学生全部都能回答完成,说明该答辩学生基础知识掌握得很扎实;能回答出其中的部分"小问题"或每个"小问题"都能答一点,但答得不全面或不很正确,说明该答辩学生基础知识掌握得一般;"小问题"一个也答不上来,说明该答辩学生专业基础知识没有掌握好。

(3) 要态度和蔼地提问

当答辩学生的观点与答辩老师的观点不同时,答辩老师应以温和的态度、商讨的语气与之开展讨论,不能居高临下,张口就下"错了""谬论"等结论。如果答辩学生的观点言之有理,持之有据,即使与答辩老师的观点截然对立,答辩老师也应该给予认可并欣然接受;假若答辩学生的观点并不成熟,也要善意地进行探讨,并给答辩学生辩护或反驳的平等权利;答辩老师的观点不能为答辩学生接受,也属于正常现象,答辩老师应该以和蔼的态度与答辩学生进行讨论。一般来讲,只要答辩老师讲得言之有理,答辩学生就容易接受,考虑答辩老师的观点,重新审视自己的观点,达到共同探索的目的。

(4) 要注意启发式地提问

有时可能会出现当少数答辩学生对答辩老师所提的问题答不上来时,就无可奈何地在那一言不发,或者是不会装会、东拉西扯地与答辩老师兜圈子。遇到这种情况,答辩老师既不能让答辩学生尴尬地等待,也不能任其答非所问,而应当及时加以启发或引导。答辩学生答不上来有多种原因,例如,其中有的是原本掌握这方面的知识,只是由于问题完全出乎学生的意料而显得心慌意乱,或者是出现一时的"知识盲点"而答不上来,这时只要稍加引导和启发,就能使学生把问题回答好。只有通过启发和引导学生仍然答不出或答不到核心点上,才可以判定学生确实没有掌握这方面的知识。

5.2.3 毕业论文答辩内容准备

(1) 答辩报告的准备

在毕业论文答辩中,答辩者要向答辩委员会或答辩小组成员简要汇报毕业论文的主要内容和创新之处,报告时间为 15 分钟左右。为此,答辩学生最好拟定一个答辩报告,以便在较短的时间内将论文的核心和观点讲得一清二楚。鉴于答辩前论文定稿已交答辩委员会每一位老师阅读,因此,在准备答辩报告时务必要突出重点,抓住关键。答辩报告一般应包括以下内容:

1) 选题的动机、目的、依据和意义,以及本研究的学术价值。

2) 毕业论文研究的起点和终点:既要写出对选题已做过研究的前人已做了哪些方面的研究(主要观点是什么,取得了哪些进展与成就),更要重点凸显自己在毕业论文的研究中做了哪些方面的探索,解决了哪些问题,自己的新观点、新见解是什么,还要写出自己主要的研究途径与研究方法、手段等。

3) 论文的主要观点和立论的依据,特别要写出论文的主要理论依据和事实依据。

4) 论文研究所取得的主要新成果及其学术价值,研究中还存在的欠缺与问题以及今后的打算。

5) 对论文中所涉及的重要理论文献资料还有哪些未交待清楚的问题。

6) 对研究过程中的意外发现是如何处理的,尚有哪些未写入本论文中。

需要进一步说明的是,以上六个方面不是对论文内容的简单复述,而是要对论文进行高度的概括、综合、提炼和剖析,其目的是给答辩委员会或答辩小组成员会留下更强烈、更深刻的印象,让他们觉得这是一篇经过高度浓缩的高质量的论文。

(2) 回答问题的准备

为了能顺利通过论文答辩,答辩者除了必须准备好一份答辩报告外,还必须做好回答问题的充分思想准备,即要对毕业论文所论述的问题做出更为深入的研究和思考,试着就论文的研究内容和思路,想一想答辩老师会提出哪些问题。一般来说,答辩老师们提出的问题,总是围绕毕业论文来进行,而且只限于毕业论文所涉及的学术问题,而不是对整个学科全面知识的考核。答辩的学生最了解自己的研究内容,所以可以围绕论文的主要内容列出几个问题,自问自答,做到心中有数、有备无患,应对自如地完成论文答辩工作。

一般来说,学生参加答辩会需要事前准备的问题类型包括以下几个方面。

1) 可能对选题意义的提问。这类问题包括"请你谈一谈论文的选题有何意义""你的研究有无实际价值""你研究这个问题的必要性是什么""是什么兴趣促使你研究这个课题"等。

2) 可能对重要观点及概念提问。答辩老师们对一篇论文中的主要观点及重要概念一定会仔细推敲,反复考证,由此判断该论文是否有价值。

3) 可能对论文创新点的提问。这类问题包括"能否谈谈论文中哪些是你自己的观点以及创新点在哪里""你的论文独创性在哪里""你的论文从几个角度做出了论证""本文的主要贡献是什么"等。

4) 可能对论文细节的提问。答辩老师在阅读论文时会发现一些细节问题,例如论文的某页、某句、某张表有问题等,在答辩时,他们就会针对论文中的细节问题提问。例如,"论文中效果评价表的数据与使用文字描述没有对应是什么原因""数学建模的基本原则,是如何确定原则标准的含义""论文中第 5 页第 4 行引用的语句出处在哪里""如何确定系统建模的假设条件"等。

5) 可能对论文薄弱环节的提问。答辩老师在阅读论文时已经发现了其中的薄弱环节。因此,在答辩时他们会针对论文中的薄弱环节进行提问。

6) 可能对论文数据来源的提问。这类问题包括"论文中数据的来源""表格数据的出处""为何数据只统计到 2018 年""文中指标体系如何得到的""这些数据都是从哪里收集来的"等。

7) 可能对建议可行性的提问。绝大多数论文中都会提出具体的建议和方案等,这在答辩会上是普遍受到询问的问题,例如,"请问你的建议可行性如何""如何在算法中设置参数""该算法与其他人工智能算法如何融合"等。

8) 可能对所做工作的提问。这类问题包括"你做了哪些调研工作""你所做的工作主要体现在哪些方面""论文中数据调查是基于哪几个方面,对模型仿真的支持性如何""对这种模式你做了哪些研究""你是如何构思论文的整体框架的"等。

9) 可能对超出研究范围的提问。在答辩会上,答辩老师的提问有时会超出论文的范围。

这些问题往往和论文有关系,而答辩学生没有对此进行专门研究。

10)可能没有标准答案的提问。有些提问往往并没有标准答案,答辩老师提出来是想考一下学生临场发挥的能力。例如,"算法的现状与前景怎样""算法在航空交通运输上的继承与创新体现在哪些方面""你是如何看待飞机的碳排放量目标的""我国民航旅客运输的前景如何"等。

5.2.4 答辩专家的提问内容

在大学生毕业论文答辩会上,答辩老师有必要注意自己的提问方式,以便让学生的答辩水平得到充分体现。一般来说,答辩老师在提问时,首先,要遵循先易后难的原则,这样学生就会放松紧张心理,增强答辩的信心,从而有利于在接下来的几个问题的答辩中发挥出正常水平。其次,为了准确考查学生对专业知识的掌握情况,有时需要把一个问题分成若干个小问题,并采取逐步深入的提问方法。再次,当学生的观点与自己的观点相左时,老师应以温和的态度与之开展讨论。最后,对于学生答不到点子上或者一时答不上来的问题,应采取引导的方式提问。如果学生对所提出的问题答不上来,答辩专家不能让学生左右为难或故意刁难,应当及时加以引导,帮助学生解开疑惑。

根据以往的经验,结合笔者的自身求学经历,在进行毕业论文答辩时,为了快速抓住毕业论文的核心思想和主要内容,答辩老师一般会从以下几个方面提出一些关键问题和涉及的研究内容。

(1)突出选题的重要性和意义方面的问题
1)你为什么选择这样的题目?
2)论文研究的问题和意义是什么?
3)论文研究的背景对你的工作有什么作用?
4)你的选题对你从事的科研工作有什么作用?
5)你选择这个题目对你从事的教学工作有何意义?
(2)介绍论文的主要观点和结构安排
1)请介绍你的论文的主要观点。
2)在你的论文中,最想强调和说明的是哪些观点?
3)请你阐述论文结构,你的论文结构合理吗? 如有改进,请提出你改进论文结构的设想。
4)你的论文结构中,最重要的是哪一部分?
(3)论文的文献回顾与综述
1)你看过哪些著作和杂志?
2)你的论文中引用了哪些文献?
3)你是怎样归纳这些文献的?
4)你的文献综述的主要观点是什么?
5)你怎样评价文献的不足之处和你所作的贡献?
6)你引用的文献的创新点是什么?
(4)研究方法和研究设计
1)你在论文中采取了哪些研究方法?
2)你是如何应用这些方法的?

3)这些方法对你论文的撰写有什么作用?
4)你采取的研究方法的新意体现在哪些方面?

(5)资料收集、整理、分析与形成结果

1)你是怎样收集这些资料的?
2)你收集资料的过程是怎样的?
3)你是怎样整理和分析这些数据的?
4)形成了哪些结果,有用吗?
5)你准备怎样实施你的方案?
6)你提出了哪些有意义的策略和措施?

(6)强调论文的新颖性与贡献

1)在你的论文中,提出了哪些创新性观点?
2)在你的论文中,做了哪些理论上和实践上的贡献?
3)在你的创新性观点中,还有哪些论据支持你的观点?
4)你能否对你研究课题的前景进行展望?

(7)说明做了哪些必要的工作

1)你在研究中做了哪些主要的工作?
2)在你的后续研究中,你将从哪些具体方面进行研究?
3)在你的研究中,你的指导教师协助你做了哪些工作?

5.2.5 答辩过程中的注意事项

1)答辩过程中存在的问题:准备不充分、紧张不自信、汇报不成功、答题不清楚、临场发挥效果差、答题不懂装懂。

2)怎样汇报效果好:脱稿汇报、突出重点、抓住兴趣、把握时间。

3)巧妙回答提问:听清楚问题并记录下来;围绕论文回答问题,简练一点;不会回答就直截了当说不会;答辩态度要诚实、谦虚。

4)听清楚问题后经过思考再回答。答辩专家在提问题时,学生要集中注意力认真聆听,将问题简略地记录在笔记本上,仔细推敲答辩专家所提问题的本质和核心,切忌未弄清楚题意就匆忙作答。如果对所提问题没有判断清楚,可以请提问专家再说一遍,以免出差错。

5)回答问题时,应突出论文独到之处,专家已经知道的常识性问题可加以忽略,以节约时间。不可吞吞吐吐、含糊不清,但被误解时,一定要解释清楚。

6)当论文中的主要观点与答辩老师的观点相左时,可以与之展开辩论。一般来说,应以维护自己的观点为主,反驳对方的论点要尽可能采用委婉的语言、请教的口气,把自己的观点传输给对方。

7)注意礼貌和仪容仪表。在进入答辩会议室时,应敲门或向答辩老师示意,得到批准后方可进入会议室。答辩老师请你入座时,应向专家道谢,稍做准备后应示意专家可以开始答辩。答辩过程中应注意专家的表情,应积极去回答有关问题,要注意坐姿及仪表仪态,与专家的交流要从容、严谨。在自述时要非常从容地讲述论文的内容,所带的资料要整齐地摆放在桌面上,不可杂乱无章,更不可空手不做准备地进行答辩,必要时,应对专家提出的问题简要记录,以示尊重和重视。答辩结束离开时,应向专家道谢。

5.3 毕业论文的评价

5.3.1 论文导师及同行专家的评审

毕业论文初稿完成之后,就进入导师修订和评审阶段,导师评审结束之后再由其他同行专家对完成的毕业论文进行评审。这是毕业论文进入答辩之前保证论文质量最重要的环节。

(1)导师评审与修订

论文初稿完成后,首先应由指导教师进行修订与评审。导师要对学生的毕业论文在框架、主题、逻辑结构以及语言表达等方面进行审核,如果有问题,需要提出相关修改意见,并交由学生进一步修改。

(2)同行专家评审

为了保证大学生毕业论文的质量,提高论文质量监控力度,很多高校的毕业论文设置了其他专家评审制度,即组织校外专家或其他专家进行评审。其他专家或外审单位专家评审一般采用双盲审制度,即评审人和被评审人双向匿名的评审制度。论文双盲审提高了对毕业论文的监控力度,通过盲审机制,可获得同行专家的客观、公正的毕业论文评价,以及获得建设性的修改意见,保障学生毕业论文保质保量地完成。

5.3.2 论文导师及同行专家的评审要点

一般来说,论文导师及同行专家的评审要点如下:

1)选题的前瞻性、预见性、实用性或解决问题的可行性。

2)毕业论文的中文、英文摘要与关键词。其中,摘要应提出探讨的问题,描述研究对象、研究方法以及论文的重点、研究结果、结论及建议等。

3)绪论中应该明确说明论文的研究背景、研究的问题、选题的原因、与实际工作的关系、研究的目的或待解答的问题,包括论文研究具有新颖性的观点和思路、重要实用价值或理论和现实意义。

4)文献综述的基础理论准确。对文献进行系统的归纳和比较,能够有效运用理论,使理论与实际紧密结合;有一定的理论深度(可就事论理,不要就事论事);提出个人见解,建立研究的线索与思路。

5)研究方法或设计应该明确说明研究对象,详细描述论文资料收集和实施的过程以及收集资料的有效性;说明研究方法具有科学性、先进性的特点,正确运用这些研究方法;构建论文的结构等。

6)资料整理与分析。资料或数据来源可靠,有详细的基础统计调研资料;合理地将资料整理和分析,提出明确的研究方向,理论与实践相结合;制定论文研究方案,且论文应具有应用价值(行业、企业或具体单位的参考价值和借鉴意义,直接或间接的经济效益和社会效益);最好具有可操作性或可行性。

7)在结论中说明论文的研究结果和可能的创新点,提出方案的具体实施或改善建议,指出论文的不足。

8)整体内容格式和排版。论文的整体结构合理、紧扣主题、观点明确、论据充分、条理清晰、层次分明、逻辑性强;论文的文字表达流畅、准确;论文的格式规范、合理,内容完整,符合大学生毕业论文的要求。

9)论文的综合能力评价。主要包括知识综合运用能力、问题分析能力、调查研究能力等,且论文应具有创新性,或者说论文成果应具有实际应用价值或者理论研究价值。

5.4 本章小结

本章主要对毕业论文答辩的目的、答辩过程、答辩方式、提问内容以及答辩过程中的注意事项进行了阐述,并对论文的审阅和评阅的要点进行了说明,为本科生毕业论文指导教师的评审工作提供参考,也为本科生撰写毕业论文时需要注意的问题指明了方向。

5.5 思考与练习题

1. 毕业论文答辩的程序是什么?
2. 毕业论文答辩前学生应做好哪些准备?
3. 毕业论文答辩时学生应注意哪些细节?

中级篇

应用型本科高校交通运输专业毕业论文工具与方法

第6章 毕业论文的模型仿真方法

6.1 毕业论文中常用的仿真软件

6.1.1 Matlab 仿真软件

1. Matlab 仿真软件概述

Matlab 矩阵实验室(Matlab Laboratry),是一种广泛用于工程技术及数值分析领域的新型高级语言,自 1984 年推向市场以来,历经多年的发展与竞争,现已成为国际公认的最优秀的工程应用开发环境。

在欧美众多高等院校,Matlab 已经成为线性代数、数值分析、数理统计、时间序列分析、动态系统仿真、图形图像处理等课程的基本教学工具,已成为大学生写毕业论文和进行科学研究必须掌握的基本工具之一。

2. Matlab 语言的特点

1)语法规则简单。尤其是内定的编程规则,与其他编程语言相比更接近于常规数学表示。对于数字变量的适应,不需要类型声明,也无须事先申请内存空间。

2)Matlab 的语言环境为用户提供了丰富的计算函数,极大地提高了用户的编程效率。

3)Matlab 是一种脚本式的解释型语言,无论是命令、函数或变量,只要在命令窗口的提示符下键入,并按"回车"键,Matlab 都可以解释执行。

4)基于平台的可移植性,Matlab 可以在很多不同的计算机系统平台上运行,例如 Windows 系统和 Linux 系统。

3. Matlab 软件的界面环境简介

(1)Matlab 软件的窗口界面

1) Command Window(命令窗口)。

该窗口用于输入各种 Matlab 指令、函数、表达式、变量等,并显示除图形外的所有运算结果。

2) Command History(历史命令窗口)。

该窗口用于记录命令窗口中已经运行过的指令和函数。

3) Workspace(工作空间窗口)。

该窗口用于显示变量名字(Name)、维数(Size)、字节数(Bytes)和类型(Class)。

4) Current Directory(当前目录窗口)。

Matlab 软件的操作界面如图 6.1 所示。

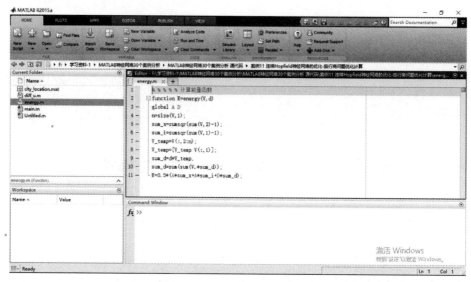

图 6.1　Matlab 软件的操作界面

(2)Matlab 软件的功能菜单

1)File——文件操作菜单。

New——新建 M 文件、图形、模型和图形用户界面；

Open——打开.m,.fig,.mat,.mdl 等文件；

Close Commend Window——关闭命令窗口；

Import Data——从其他文件导入数据；

Set Path——设置工作路径；

Preferences——设置命令窗口的属性；

Page Setup——页面设置。

2)Edit——编辑菜单。

Undo、Redo——撤销、重复执行上一步操作；

Cut、Copy、Paste——剪切、复制、粘贴；

Select All——全部选定；

Clear Commend Window——清除命令窗口的内容；

Clear Commend History——清除历史命令窗口的内容；

Clear Workspace——清除工作区的内容。

3)Debug——调试菜单。

Open M – Files when Debugging——调试时打开 M 文件；

Step——单步调试；

Step In——单步调试进入子函数；

Step Out——单步调试跳出子函数；

Continue——连续执行到下一个断点；

Clear Breakpoints in All Files——清除所有文件中的断点；

Exit Debug Mode——退出调试模式。

4) Desktop——桌面菜单。

Unlock Commend Window——命令窗口设为当前全屏活动窗口；

Desktop Layout——桌面设计；

Commend Window——显示/隐藏命令窗口；

Workspace——显示/隐藏工作空间窗口；

Help——打开帮助窗口；

Figures——打开编辑器；

Array Editor——打开矩阵编辑器；

Toolbar——显示/隐藏工具栏；

Shortcuts Toolbar——显示/隐藏快捷工具栏；

About Matlab——显示 Matlab 系统的标识界面。

(3) Matlab 软件的基本应用知识

1) 常见的编程命令。

">>"——就绪等待输入变量或程序,并以"回车"键执行命令；

"clc"——清除窗口显示内容的命令；

"clear"——用来清除工作空间的变量；

"who、whos"——用来显示工作空间的变量；

"dir"——显示当前工作目录的文件和子目录清单；

"cd"——显示或设置当前工作目录；

"type"——显示指定 M 文件的内容；

"help"——获取在线帮助；

"quit"——关闭或退出 Matlab 软件。

2) 工作空间。

在工作空间可查看工作空间的内存变量,可以使用 who、whos 命令,并且可在工作空间实现新变量的命名、修改变量名、删除变量、绘图、保存变量数据和装入数据。

3) 历史窗口。

历史窗口主要用于记录 Matlab 软件的启动时间和在命令窗口输入的命令,在命令运行期间,输入的所有命令均被记录为一组,并以此启动时间为标志。同时,使用历史窗口,可以查看命令窗口已经使用过的命令或语句,也可以选择一条或多条命令执行复制、执行和创建 M 文件等。

如果要清除历史记录,可以选择编辑菜单中的 Clear Command History 命令。

4) 当前的目录窗口与搜索路径。

在当前的目录窗口和搜索路径下,打开的文件、调用的函数和编辑的程序才可以被运行和调用,如果没有特殊的说明,数据文件也将存放在当前目录下,用户可以将自己的工作目录设置成当前目录,从而使得所有操作都在当前目录中操作完成。

搜索路径是指 Matlab 执行过程中对变量、函数和文件进行搜索的路径,并且设定搜索路径可在文件菜单栏中选择 Set Path 命令或在命令窗口输入 Pathtool 命令，出现搜索路径设置对话框，选择当前的指定的路径后进行保存。

(4) Matlab 软件的数值运算

1) 数值运算基础。

在 Matlab 中，变量在使用之前，不需要事先指定变量的数据类型，也不必事先声明变量。在一个程序中，变量命名是在语句命令中的第一次合法出现而定义的。当用户在 Matlab 工作空间中输入一个新的变量时，Matlab 会自动给该变量分配适当的内存空间，如果用户输入的变量名称已经存在，则 Matlab 使用新输入的变量名称替换原有的变量名称。

在赋值时，直接将数值或表达式赋给相应的变量，也可以将多个变量值通过列表的形式赋给多个变量，并用不同的函数名来区分变量与对应的变量值。

需要注意的是，无需事先定义变量，Matlab 语言定义的数值元素就是复数，这是 Matlab 语言区别于其他高级语言的主要特点之一，同时，变量的赋值类型在内存中均以矩阵的形式表示。

2) 变量命名的规则。

变量名必须是不包含空格的单个词，变量名必须以字母开头，之后可以接任意字母、数字或下划线，变量名的长度不能超过 31 个字符，变量名需区分字母大小写。

3) 特殊变量和常量。

Matlab 语言提供的标准函数和命令名称必须用小写字母表示。部分特殊变量和常量的功能见表 6-1。

表 6-1　部分特殊变量和常量的功能

变量名	功能说明	变量名	功能说明
ans	默认赋值变量，应答最近一次操作运算结果	realmax	最大的正实数
i	虚数单位	realmin	最小的正实数
pi	圆周率	inf	无穷大

4) Matlab 运算符。

a. Matlab 程序中的算术运算符是实现编程过程中的数学表达式的计算或连接变量的常用符号，具体的类型与功能见表 6-2。

表 6-2　算术运算符

操作符	功能说明	操作符	功能说明
+	加	\\	矩阵左除
-	减	.\\	向量左除
*	矩阵乘	/	矩阵右除
.*	向量乘	./	向量右除
^	矩阵乘方	'	矩阵转置
.^	向量乘方	.'	向量转置

b. Matlab 程序中的关系运算符是在编程过程中比较运算表达式的符号，或对编程语言语

句进行判断的重要符号,其类型与功能见表 6-3。

表 6-3 关系运算符

操作符	功能说明
==	等于
~=	不等于
>	大于
<	小于
>=	大于等于
<=	小于等于

c.Matlab 程序中的逻辑运算符是用于编程过程中逻辑运算表达式的判读操作和编程语句判读使用的重要符号,其符号类型与功能说明见表 6-4。

表 6-4 逻辑运算符

逻辑运算符	逻辑运算	功能说明
&	And	逻辑与
|	Or	逻辑或
~	Not	逻辑非

d.Matlab 程序中的特殊运算符是编程或构造编程语句以及语句注释时需要使用的特定符号,其符号类型与功能见表 6-5。

表 6-5 特殊运算符

操作符	功能说明	操作符	功能说明
:	冒号,常用于输入行向量、选择指定的行列元素	[ ]	方括号,用于构造向量和矩阵
;	分号,用于分隔行	…	续行符,用于语句行尾端
,	逗号,用于分隔列	%	注释
( )	圆括号,确定运算表达式的优先级	=	等号,用于赋值

(5)Matlab 软件的矩阵运算

Matlab 软件的数值运算主要是指矩阵和向量运算,矩阵和向量都指含有 M 行与 N 列数字的矩形结构,但两者在 Matlab 程序中的运算性质不同,一行多列的矩阵是行向量,一列多行的矩阵是列向量,只有一个元素的矩阵是标量。

1)创建矩阵的方法。

创建矩阵的方法主要包括直接输入法、利用函数建立矩阵和利用 M 文件建立矩阵。

直接输入法是将矩阵的元素用方括号括起来,按照矩阵行的顺序输入各元素,同一行的各元素之间用空格或逗号分隔,不同行的元素之间用分号分隔(也可以用回车键代替分号)。

需要注意的是,使用直接输入法不必声明矩阵的维数和类型,Matlab 会根据用户输入的内容自动进行配置。矩阵元素可以是 Matlab 表达式,可以是实数,也可以是复数。

利用函数建立矩阵,主要是创建元素全为 0 的矩阵、全为 1 的矩阵、单位矩阵、特殊的 N 阶方阵、对角阵、上下三角矩阵以及根据小矩阵连接构成的较大矩阵。

利用 M 文件创建矩阵是对于比较大且比较复杂的矩阵而言的,可以为它专门建立一个 M 文件,M 文件本质上是包含 Matlab 命令代码的文本文件。

(6)矩阵元素的标识、访问和赋值

矩阵包括一维矩阵和二维矩阵,其中,一维矩阵使用矩阵名后加圆括号内的元素在矩阵中位置的顺序号来标识,二维矩阵使用双下标格式 $A(m,n)$ 来标识,其中 m 为行号,n 为列号,特别是使用双下标格式标识后,其功能有诸多不同的含义和作用,见表 6-6。

表 6-6 二维矩阵标识类型与基本功能

指令格式	指令功能
$A(r,c)$	第 r 行、c 列的元素
$A(r,:)$	矩阵 A 中指定行 r 对应的所有列的元素构成的子矩阵
$A(:,c)$	矩阵 A 中指定行 r 对应的所有行的元素构成的子矩阵
$A(:)$	矩阵 A 的各列按从左到右次序首尾连接的"一维长列"子矩阵
$A(m)$	"一维长列"子数组的第 m 个元素
$A(m,n)=S$	对矩阵 A 赋值,其中,S 也必须为 $S(m,n)$
$A(:)=D(:)$	A、D 两矩阵元素总数应相同,但行宽、列长可不同

(7)矩阵运算

1)加减运算(+,-)。

矩阵加减运算的条件是两个矩阵必须有相同的行数和列数,其运算规则为两个矩阵对应元素相加减。

2)乘法运算(*)。

两个矩阵相乘必须服从数学中矩阵叉乘的条件与规则,A 矩阵的列数必须等于 B 矩阵的行数,矩阵乘法不满足交换律。

3)除法运算(/,\\)。

矩阵右除 A/B 表示的是方程 $X*B=A$ 的解:$A/B=A*B-1$;矩阵左除 $A\backslash B$ 表示的是方程 $A*X=B$ 的解:$A\backslash B=A-1*B$;矩阵与标量之间只能进行矩阵右除标量的运算。

4)乘方运算(^)。

如果 a 为矩阵,b 为标量,矩阵的乘方 $a\textasciicircum b$ 是矩阵 a 的 b 次方。

5)转置矩阵(')。

根据矩阵 A 的行列式,将矩阵 A 的行换成同序数的列而生成的矩阵,称为 A 的转置矩阵;当矩阵是一个复数矩阵时,A' 表示它的共轭转置矩阵。

(8)向量运算

1)加减运算(+,-)。

向量的加减运算条件和规则与矩阵的加减运算完全相同,在 Matlab 语言中,标量与向量之间可以进行加减运算,其规则是标量与向量的每个元素进行加减操作。

2)乘法运算(.*)。

在 Matlab 语言中,向量的乘法运算必须在具有相同维数的向量之间进行操作计算,其计算结果是向量的对应元素之间相乘的结果组成新的向量。

3)除法运算(./,.\\)。

在 Matlab 语言中,标量与数组之间可以进行除法运算,其规则是标量与数组的每一个元素进行除法操作。

数组右除 **A./.B** 是将矩阵 **A** 中的每一个元素除以矩阵 **B** 中的每一个对应元素;数组左除 **A.\\B** 是将矩阵 **B** 中的每一个元素除以矩阵 **A** 中的每一个对应元素。

4)乘方运算。

乘方运算包括以向量为底而以标量为指数和以标量为底而以向量为指数两种运算方法。其中,以向量为底而以标量为指数是以向量中的每个元素为底,分别与作为指数的标量进行乘方运算得到一个新的向量;以标量为底而以向量为指数是以该标量为底,用向量中的每个元素分别作为指数与该标量进行乘方运算后得到一个新的向量。

(9)关系与逻辑运算

在 Matlab 语言中,关系运算与逻辑运算只适用于向量,不适用于矩阵。其运算规则为:关系运算的优先级高于算术运算,低于逻辑运算。

1)向量的关系运算。

向量的关系运算符包括>、<、>=、<=、==、~=等几种符号,其中,运算符>、<、>=、<=只是用于比较两个向量的实数部分,而运算符==、~=可以同时用于比较两个向量的实数部分和虚数部分。

如果对两个标量进行比较,其关系成立时,运算结果为逻辑真,否则为逻辑假。如果用一个标量与一个向量进行比较,则将标量与向量的每一个元素逐个比较,其运算结果为一个与向量同维度的新向量,其元素由 1 与 0 组成,即关系成立者,运算结果为逻辑真,否则为逻辑假。

如果两个向量进行比较,向量的维数应相同,将两个向量对应的每一个元素逐个进行比较,其运算结果为一个与比较向量同维度的新向量,其元素由 1 或 0 组成,即关系成立者,运算结果为逻辑真,否则为逻辑假。

2)向量的逻辑运算。

非零元素表示逻辑真"1",零元素表示逻辑假"0"。如果一个标量与一个向量比较,则将标量与向量的每一个元素逐个比较,其运算结果为一个与向量同维度的新向量,其元素由 1 与 0 构成,如果两个向量进行逻辑运算,向量维数应相同,将两个向量对应的每一个元素逐个运算,其运算结果为一个与原向量同维度的新向量,其元素由 1 与 0 组成。

特别是,在逻辑运算中,not 的运算优先级最高,and 和 or 有着相同的优先级,但是,可以使用括号改变运算的优先级顺序。

在 Matlab 语言中,常用的运算函数见表 6-7。

表 6-7 常用的运算函数

函数名	功 能	函数名	功 能	函数名	功 能
sin	正弦函数	tanh	双曲正切	abs	绝对值
cos	余弦函数	coth	双曲余切	angle	复数的幅角
tan	正切函数	asinh	反双曲正弦	conj	复数共轭运算
cot	余切函数	acosh	反双曲余弦	imag	复数的虚部

续 表

函数名	功 能	函数名	功 能	函数名	功 能
sec	正割函数	atanh	反双曲正切	real	复数的实部
csc	余割函数	acoth	反双曲余切	fix	向0方向取整
asin	反正弦函数	asech	反双曲正割	floor	不大于自变量的最大整数
acos	反余弦函数	acsch	反双曲余割	ceil	不小于自变量的最小整数
atan	反正切函数	exp	自然指数	round	四舍五入到最邻近的整数
acot	反余切函数	pow2	以2为底的指数	mod	模除求余
asec	反正割函数	log10	常用对数	rem	求余数或模运算
acsc	反余割函数	log2	以2为底的对数	sign	符号函数
sinh	双曲正弦	log	自然对数	gcd	最大公约数
cosh	双曲余弦	sqrt	平方根函数	lcm	最小公倍数

3)多项式运算。

在 Matlab 语言中,采用行向量表示多项式,该向量中的元素是按照降幂排列的多项式系数。常用的多项式运算函数见表 6-8。

表 6-8 多项式运算函数

函 数	功 能	函 数	功 能
roots	多项式求根	Conv/ deconv	多项式乘法/除法
poly	由根式求多项式	residue	多项式部分分式展开
polyval	多项式求值	polyder	多项式求导数

4)数值分析。

在 Matlab 语言中,数值运算频繁发生,特别是数值运算与其他逻辑运算或关系运算等复合应用,常用的数值运算函数见表 6-9。

表 6-9 数值运算函数

函 数	功 能	函 数	功 能
max	求最大值	prod	求积
min	求最小值	mean	求平均值
sum	求和	median	求中值

a.求矩阵/向量的最大元素。

max(A),返回一个行向量,向量的第 i 个元素是矩阵第 i 列上的最大元素;

[y, u]=max(A),返回两个行向量,y 记录 A 的每列的最大元素,u 记录每列最大元素的行号。

max(A,[ ],dim),dim 取 1 或 2。dim 取 1 时,该函数和 max(A)完全相同。dim 取 2 时,该函数返回一个列向量,其第 i 个元素是 A 矩阵的第 i 行上的最大元素。

b.两个向量或矩阵元素的比较。

$u=\max(A,B)$,A,B 是两个同型向量或矩阵。结果 u 是与 A,B 对应的元素的最大值。

$u=\max(A,n)$,n 是一个标量。结果 u 是与 A 同型向量或矩阵。u 的每个元素等于 A 中对应元素和 n 相比的较大者。

c.求和与求积。

sum 函数用于求和运算,其命令格式与使用方法如下:

sum(A),返回一个行向量,其第 i 个元素是矩阵 A 的第 i 列的元素和。

sum(A,dim),当 dim 为 1 时,该函数等同于 sum(A);当 dim 为 2 时,返回一个列向量,其第 1 个元素是矩阵 A 的第 i 行的各元素之和。

prod 函数用于求积,其使用方法和命令格式与 sum 完全相同。

d.求平均值和中值。

mean(A),返回一个行向量,其第 i 个元素是矩阵 A 的第 i 列的算术平均值。

mean(A,dim),当 dim 为 1 时,该函数等同于 mean(A);当 dim 为 2 时,返回一个列向量,其第 i 个元素是矩阵 A 的第 i 行的算术平均值。

中值是指在数据序列中其值的大小恰好在中间。例如,数据序列 5,3,8,12 的中值为 5。如果数据序列中的数据元素个数为偶数时,则中值等于中间的两项元素的平均值。

median 函数用于求中值,其使用方法和命令格式与 mean 完全相同。

5)数学表达式。

在 Matlab 语言中,数学表达式主要分为数字和符号表达式两类,其中,数字表达式是由数值量、数值变量、数值函数或数值矩阵用运算符连接而成的数学关系式。它主要用来进行数值计算;符号表达式是由符号常量、符号变量、符号函数用运算符连接而成的复合对象,主要用于符号运算。

在 Matlab 语言中,数学表达式主要有两类:一是数字表达式,它是由运算符连接数值量、数值变量、数值函数或数值矩阵构成的数学关系式,主要用于数值计算;二是符号表达式,它是由运算符连接符号常量、符号变量、符号函数构成的复合对象,主要用于符号运算。

在 Matlab 语言中,书写数学表达式时,要注意以下几种情形:

a.数值与变量或变量与变量相乘不能直接连续书写,必须要用乘号将两个变量加以连接;

b.在 Matlab 语言中,数学表达式只能使用小括号,不能使用水平除号线、乘方运算和开根号等符号;

c.三角函数与双曲函数以及反函数、对数函数的自变量必须要用小括号加以限定;

d.书写分式时,分子与分母均要用小括号加以限定,特别是分母,省略小括号限定时,容易出现错误;

e.求幂运算的指数两侧最好用小括号加以限定,否则指数为分式时容易出错;

f.自然常数 e 的指数运输的书写形式为 exp(),对数运算的书写形式为 log();

g.自然常数 π 的书写形式为 pi;虚数单位的书写形式为 i 或 j;无穷大的书写形式为"inf"或"INF";

(10)符号运算

1)符号变量和常量的建立。

$a=$sym('x'),'x'为创建的符号变量,a 为输出的变量名。

sym arg1 arg2…arg$N$,在一个语句中同时定义多个符号变量。

符号变量与数值变量的区别是:数值变量参与运算前必须事先进行赋值,变量的运算实际上是该变量所对应的值进行运算,其运算结果是一个和变量类型对应的值;符号变量运算前无需事先赋值,其结果是一个由参与运算的变量名组成的表达式。

2)符号表达式/方程/矩阵的建立。

符号表达式由符号常量、符号变量、符号函数和算术运算符等组成,创建符号表达式/方程主要是通过直接使用 sym 函数和使用已经定义的符号变量。同时,符号表达式、符号变量和符号常量一定要使用''(双单引号)括起来才可以识别。

(11)微积分运算

1)求极限 limit( )。

$\mathrm{limit}(f, x, a)$ 表达式用于求解变量 x 趋近于常数 a 时,函数 $f(x)$ 的极限值;

$\mathrm{limit}(f, x, a, \text{'right'})$ 表达式用于求解符号函数 f 的右极限值,'right'表示变量 x 从右边趋近于 a。

$\mathrm{limit}(f, x, a, \text{'left'})$ 表达式用于求解符号函数 f 的左极限值,'left'表示变量 x 从左边趋近于 a。

2)微分 diff( )。

$\mathrm{diff}(f, \text{'}v\text{'})$ 用于求解表达式 f 的一阶导数或偏导数,v 为自变量;

$\mathrm{diff}(f, \text{'}v\text{'}, n)$ 用于求解表达式 f 的高阶导数或偏导数,v 为自变量,n 为导数或者偏导数的阶数。

3)积分 int( )。

$\mathrm{int}(f, v)$ 表达式用于求解符号函数 f 的不定积分,v 为变量。

$\mathrm{int}(f, v, a, b)$ 表达式用于求解符号函数 f 的定积分,v 为变量,a, b 分别表示定积分的下限和上限。

在 Matlab 语言中,多次使用 int( )时,可以计算多重积分。

(12)符号方程求解

1)符号代数方程求解。

在 Matlab 语言中,使用 solve 函数对方程组进行求解,其调用格式主要有以下几种:

solve('eq'):计算单一方程,eq 为输入的方程;

solve('eq','var'):计算单一方程,eq 为输入的方程,var 用于指明待求变量;

solve('eq1','eq2','…','eqn'):计算方程组,eq1,…,eqn 为输入的方程组,变量为默认变量;

solve('eq1','eq2','…','eqn','var1','var2','…','varn'):计算方程组,'eq1','eq2','…','eqn'为输入的方程组,'var1','var2','…','varn'用于指明每个方程组的待求变量;

2)微分方程求解。

在 Matlab 语言中,使用 dsolve 函数对微分方程进行求解,其调用格式为:

dsolve('eq1','eq2','…','cond1','cond2','…''v1','v2','…')

求解常微分方程组 eq1,eq2,…在初始条件 cond1,cond2,…下的特解。参数 v 描述方程中的自变量,默认变量为 t。如果没有给出初始条件 cond,则求解方程的通解。

4.Matlab 程序设计

(1)Matlab 的工作模式

指令驱动模式：在命令窗口下输入指令，Matlab 立即处理这些指令，并显示结果。

M 文件模式：将有 Matlab 指令和函数构成的程序存储成以.m 为扩展名的文件，然后执行该程序文件。

(2)脚本文件

脚本文件也称为命令文件，它是由实现某项功能的一系列语句命令与函数组合成的 M 文件。脚本文件没有输入参数，也没有输出参数。执行脚本文件时，文件中的指令或者命令按照出现在脚本文件中的顺序依次执行。脚本文件主要由注释行和代码行组成。注释行需要使用%定义符；代码行则是一些简单的 Matlab 指令或命令，命令可以完成相应的计算处理数据、绘制图形结果的操作，也可以在脚本文件中调用其他函数完成复杂的数学运算。

(3)函数文件

函数文件的基本语法格式为：

function[返回变量]＝函数名(输入变量)

程序语句段 %注释说明语句段

end

特定规则：① 函数 M 文件首行必须以关键字 function 开头，如果返回变量只有一个，方括号可以省略；如果函数有多个输入或返回变量，则多个变量之间使用英文状态下的逗号加以分隔；② 函数名的命名规则与变量的命名规则相同；③ M 文件的文件名最好命名为＜函数名＞.m。

函数调用的一般格式为：

[输出变量]＝函数名(输入变量)

脚本文件中的所有变量都是全局变量，而函数文件中的变量是局部变量，只在函数运行期间有效，函数返回后，局部变量会在工作空间中自动消除。

(4)Matlab 程序设计的基本内容

1)流程控制语句。

在 Matlab 语言中，程序结构与其他高级语言的程序结构一致，分为顺序结构、循环结构和选择结构三种基本结构。

顺序结构是按照从上而下的顺序依次执行程序的各条语句。

循环结构是在程序中某一条语句或多条语句重复多次运行的。

选择结构依照不同的判断条件进行判断，然后根据判断的结果选择某一种方法来解决某一个问题。

a.循环语句是程序设计必须使用的语法结构，在 Matlab 语言中有两种循环语句：for…end 语句和 while…end 语句。

for…end 循环语句用于循环次数已经确定的情况，其语法格式为：

for 循环变量＝表达式 1:表达式 2:表达式 3

循环体语句

end

说明：表达式 1 的值为循环变量的初值，表达式 2 的值为步长，表达式 3 的值为循环变量的终值。当步长为 1 时,表达式 2 可以省略。步长值为正时,当变量值大于表达式 3 时,循环结束;步长值为负时,当变量值小于表达式 3 时,循环结束。

while…end 循环语句用于循环次数不确定的情况,其语法格式为:

while 条件表达式

循环体语句

end

说明:条件表达式一般是由逻辑运算、关系运算和一般运算组成的,用以判断循环的执行和停止。只要条件表达式的值为非 0 时,继续循环,直到条件表达式的值为 0 时,循环停止。

b. 条件语句是程序设计过程中必须使用的关键语法结构,在 Matlab 语言中有两种条件语句:单分支 if 语句和双分支 if 语句。

单分支 if 语句的基本语法格式为:

if 条件

语句组

end

双分支 if 语句的基本语法格式为:

if 条件

语句组 1

else

语句组 2

…

elseif 条件 n

语句组 n

else

语句组 $n+1$

end

说明:当条件成立时,执行语句组 1,否则执行语句组 2,执行语句组 1 或语句组 2 后,再执行 end 后面的语句。

c. 开关语句是程序设计过程中判断多个条件需要使用的语法结构,其基本的语法格式为:

switch 开关表达式

case 表达式 1

语句组 1

case 表达式 2

语句组 2

…

otherwise

语句组 n

end

2)流程控制指令。

break 指令是用于终止当前循环的指令。可以中断 for 语句,也可以中断 while 语句,循环体内设置的条件必须在 break 指令之前,对于嵌套的循环结构,break 指令只能退出包含它的最内层循环。

continue 指令用来中断本次的循环体,将程序的流程跳转到判断循环条件的语句处,继续执行下一次的循环。

return 指令用于终止本次函数的调用,返回到上级调用函数。

pause 指令用于暂停运行的程序,按任意键恢复执行。

5. M 文件调试问题

在 Matlab 语言或其他高级语言中,编写的应用程序常会出现两类错误:一类是语法错误,它是由于在编写程序过程中使用了不规则的语法结构和错误的符号代码等;另一类是逻辑错误,它是指程序运行过程中获得的结果不是用户需要的结果。

在 Matlab 软件中,对于程序的调式主要采用调式器和调式命令,调试器的使用菜单及按钮功能和调试命令的部分功能,分别见表 6-10 与表 6-11。

表 6-10 调试器的菜单与按钮功能

菜单按钮	功能
set/clear breakpoint	设置/清除光标处的断点
clear all breakpoint	清除程序中的所有断点
stop if error/warning	运行至断点结束处(自动断点)
run	执行程序至遇到的断点处
step	单步执行程序
step in	深入下层局部工作区
continue	恢复程序运行至结束或另一个断点

表 6-11 调式程序的常用命令

指令	功能
dbclear	清除已经设置好的断点
dbcont	在断点后继续执行程序
dbdown/dbup	修改当前工作空间的上、下文关系
dbquit	退出调式状态
dbstack	显示函数间的调用关系
dbstatus	显示已经设置的所有断点
dbstep	执行应用程序的一行或多行代码
dbstop	设置断点
dbtype	显示 M 文件代码和相应的行号
error	显示预先设置的错误信息,程序停止运行
warning	显示预先设置的警告信息,程序继续运行
lasterr	显示自动判断的最新出错原因并终止程序运行
lastwarn	显示自动判断的最新警告提示并继续运行程序

6.Matlab 语言的绘图功能

运用 Matlab 语言,可以绘制出二维、特殊极坐标、符号函数和统计分析等多种图形,其图形绘制的主要流程是调用绘图函数绘制图形,为绘制的图形添加标题、纵横轴标签、注释文本等信息,同时,调整绘图区域属性信息,保存导出的图形。

(1)二维图形

在 Matlab 软件中,使用 plot 函数绘制二维图形,例如:plot(x,'s'),当 x 是实向量时,则绘制出以该向量元素的下标为横坐标、以该向量元素的值为纵坐标的一条连续曲线;当 x 是实矩阵时,则按照列绘制出每列元素值相对其下标的曲线,其曲线数等于 x 的列数;当 x 是复矩阵时,则按照列分别绘制以元素实部为横坐标、以元素虚部为纵坐标的多条曲线。

plot(x,y,'s')是当 x,y 为同维向量时,则绘制以 x 为横坐标,y 为纵坐标的曲线。

plot(x,y_1,x,y_2)是以公共向量 x 为横坐标,分别以 y_1,y_2,y_3,…为纵坐标,在同一幅图内绘制出多条曲线。

plot(x_1,y_1,s_1,x_2,y_2,s_2,…)是在同一幅图内绘制出多条曲线,各条曲线之间没有约束关系。

根据绘制的二维图形,可以在图形中设定和增加图形的标注、图例以及坐标网格线等,具体的图形标注函数和功能见表 6-12。

表 6-12 图形标注函数与功能

函　　数	功　　能
title	为图形添加标题
xlabel	为 x 轴添加标注
ylabel	为 y 轴添加标注
text	在指定位置添加文本字符串
gtext	用鼠标在图形上放置文本
legend	为图形添加图例
grid	打开或关闭坐标网格线
hold on	图形窗体处于锁定状态
hold off	图形窗体解锁状态

图例是对所绘制数据曲线的说明,例如曲线的颜色、线型和数据标记以及简要文字说明。图例的具体格式为

legend('图例说明 1',' 图例说明 2',…, pos)

其中,pos 为图例放在图形中的位置:当 pos=0 时,自动将图例放在图形的最佳位置;当 pos=1 时,将图例放在图形右上角(默认);当 pos=2 时,将图例放在图形左上角;当 pos=3 时,将图例放在图形左下角;当 pos=4 时,将图例放在图形的右下角;当 pos=-1 时,将图例放在图形外部。

在 Matlab 语言中,根据绘制图形的要求,需要建立多个图形窗口,绘制并保持每一个窗口的图形,可以使用 figure 命令。具体格式为

figure(n)

说明:每执行一次 figure 命令,就创建一个新的图形窗口,该窗口自动为活动窗口,如果需要还可以返回该窗口的识别号码,也称为句柄。句柄显示在图形窗口的标题栏中,即图形窗口标题,用户可以通过句柄激活或关闭某图形窗口,而 axis,xlabel,title 等许多命令也只对活动窗口有效。

(2)特殊坐标图形

使用 Matlab 软件绘制的特殊坐标图形主要包括对数坐标图形和极坐标图形两大类,其中,绘制对数坐标曲线的函数有 3 种命令形式与格式:

1)双对数坐标函数 loglog($x,y,$'s'):x,y 轴均为对数坐标。

2)semilogx($x,y,$'s'):x 轴为对数刻度坐标,y 轴为线性刻度坐标。

3)semilogy($x,y,$'s'):x 轴为线性刻度坐标,y 轴为对数刻度坐标。

Matlab 软件使用 polar 函数绘制极坐标曲线,其调用格式为:

polar(theta, rho, 's'):theta 为极坐标角度,rho 为极坐标半径,s 为设置曲线线型、色彩、数据点标记的选项字符串。

(3)符号函数图形

在 Matlab 语言中,使用 fplot 命令绘制符号函数图形,该函数可以自适应地对函数进行采样,能够更好地反映函数的变化规律。在函数曲线变化剧烈处,系统所取的数据点较密;反之数据点较疏。具体的命令格式为:

fplot('fun', lims, tol, n, 's'):fun 为函数名,以字符串形式表达;lim$s$ = [$x$min, $x$max, $y$min, $y$max]为变量的取值范围;tol 为相对允许误差,其默认值为 2e-3;s 为设置曲线线型、色彩、数据点标记的选项字符串。

ezploar('f', [a,b]):f 为函数名,rho=f(theta);lim$s$=[a,b],为 theta 取值范围。

(4)统计分析图形

统计分析使用的图形包括直方图、针状图、区域图和饼状图等。

1)直方图(条形统计图)。

直方图用于将一个矩阵或向量的数值描述为水平或垂直的直线条,适合于显示离散性数据。

直方图的常用命令为 bar/barh,其具体的命令格式为:

bar(y, 's'):该命令格式用于绘制二维垂直条状图,如果 y 是一个向量,横轴的取值范围是从 1 到 length(y),即向量元素的个数;如果 y 是一个 m 行 n 列的矩阵,则绘制成 m 组,每组 n 个垂直条。

bar(x, y):绘制以 x 轴为横坐标,y 为纵坐标的二维垂直条状图。

2)针状图(火柴杆图)。

针状图是将每个数据点绘制成一根直线,在数据值的地方用一个小圆点表示。

在 Matlab 语言中,利用 stem 函数绘制火柴杆图。其调用格式为

stem(x, y, 'filled', 's'):x,y 分别为横坐标和纵坐标;filled 表示指定小圆圈被填充成小圆点,不添加该关键字,则默认为小圆圈;s 为设置曲线线型、色彩、数据点标记的选项字符串。

3)区域图。

在 Matlab 软件中,利用 area 函数绘制区域图,其函数调用格式有

area(y):y 为矩阵,横坐标为矩阵的行数,区域数与矩阵列数相同,根据每列元素对应于行数的值绘制相关曲线,然后填充曲线下方和 x 轴上方区域。

area(x,y):x 为输入横坐标向量,y 为输入矩阵。x 的元素个数与 y 的行数相同。根据它们的对应数值绘制相关区域。

4)饼状图。

在 Matlab 软件中,利用 pie 函数绘制饼状图,用来显示向量或矩阵元素占用所有元素和的百分比。其函数调用格式为

pie(x):使用 x 的数据绘制出一张饼状图,x 的每一个元素表示为饼状图的一个切片。

pie(x,explode):分离饼状图的某一个切片,explode 为偏移向量,由 0 或非 0 元素组成,其个数必须与向量个数或矩阵的行数相同。

6.1.2 Lingo 仿真软件

Lingo 软件是美国 Lindo 系统公司开发的求解最优化问题的软件,Lingo 是用来求解线性和非线性优化问题的简易工具。Lingo 内置了一种建立最优化模型的语言,可以简便地表达大规模问题,利用 Lingo 高效的求解器可快速求解并分析结果。由于 Lingo 执行速度很快、易于输入、求解和分析数学规划问题,因此在数学、科研和工业领域得到广泛应用。Lingo 主要用于解线性规划、非线性规划、二次规划和整数规划等问题,也可以用于一些非线性和线性方程组的求解以及代数方程求根等。Lingo 中包含了一种建模语言和许多常用的数学函数(包括大量概论函数),可供使用者建立规划问题时调用。

1.Lingo 软件简要介绍

当用户在 Windows 系统下开始运行 Lingo 软件时,会得到以下窗口:外层是主框架窗口,包含了所有菜单命令和工具条,其他所有的窗口将被包含在主窗口之下。在主窗口内的标题为 LINGO Model-LINGO1 的窗口是 Lingo 的默认模型窗口,建立的模型都要在该窗口内编码实现,如图 6.2 所示。

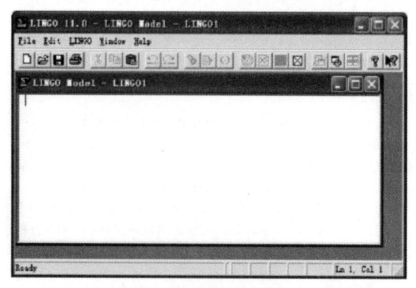

图 6.2 Lingo 软件的操作界面

2.Lingo 软件的常用命令

(1)文件菜单(File Menu)

1)新建(New)。

从文件菜单中选用"新建"命令、单击"新建"按钮或直接按"F2"键,可以创建一个新的"Model"窗口。在这个新的"Model"窗口中能够输入所要求解的模型。

2)打开(Open)。

从文件菜单中选用"打开"命令、单击"打开"按钮或直接按"F3"键,可以打开一个已经存在的文本文件。这个文件可能是一个 Model 文件。

3)保存(Save)。

从文件菜单中选用"保存"命令、单击"保存"按钮或直接按"F4"键用来保存当前活动窗口(最前台的窗口)中的模型结果、命令序列等,将其保存为文件。

4)另存为……(Save As…)。

从文件菜单中选用"另存为……"命令或按"F5"键,可以将当前活动窗口中的内容保存为文本文件,其文件名为用户在"另存为……"对话框中输入的文件名。利用这种方法用户可以将任何窗口的内容如模型、求解结果或命令保存为文件。

5)关闭(Close)。

在文件菜单中选用"关闭"(Close) 命令或按"F6"键将关闭当前活动窗口。如果这个窗口是新建窗口或已经改变了当前文件的内容,Lingo 系统将会提示是否想要保存改变后的内容。

6)打印(Print)。

在文件菜单中选用"打印"(Print) 命令、单击"打印"按钮或直接按"F7"键,可以将当前活动窗口中的内容发送到打印机。

7)打印设置(Print Setup…)。

在文件菜单中选用"打印设置……"命令或直接按"F8"键,可以将文件输出到指定的打印机。

8)打印预览(Print Preview)。

在文件菜单中选用"打印预览……"命令或直接按"Shift+F8"键可以进行打印预览。

9)输出到日志文件(Log Output …)。

从文件菜单中选用"Log Output…"命令或按"F9"键打开一个对话框,用于生成一个日志文件,它存储接下来在"命令窗口"中输入的所有命令。

10)提交 LINGO 命令脚本文件(Take Commands…)。

从文件菜单中选用"Take Command.S…"命令或直接按"F11"键,就可以将 Lingo 命令脚本(command script)文件提交给系统进程来运行。

11)引入 Lingo 文件(Import Lingo File …)。

从文件菜单中选用" Import Lingo File…"命令或直接按"F12"键,可以打开一个 Lingo 格式模型的文件,然后 Lingo 系统会尽可能把模型转化为 Lingo 语法允许的程序。

12)退出(Exit)。

从文件菜单中选用"Exit"命令或直接按"F10"键,可以退出 Lingo 系统。

(2)编辑菜单(Edit Menu)

1)恢复(Undo)。

从编辑菜单中选用"恢复"(Undo)命令或按"Ctrl+Z"组合键,将撤销上次操作、恢复至其前的状态。

2)剪切(Cut)。

从编辑菜单中选用"剪切"(Cut)命令或按"Ctrl+X"组合键可以将当前选中的内容剪切至剪贴板中。

3)复制(Copy)。

从编辑菜单中选用"复制"(Copy)命令、单击"复制"按钮或按"Ctrl+C"组合键可以将当前选中的内容复制到剪贴板中。

4)粘贴(Paste)。

从编辑菜单中选用"粘贴"(Paste)命令、单击"粘贴"按钮或按"Ctrl+V"组合键可以将粘贴板中的当前内容复制到当前插入点的位置。

5)粘贴特定(Paste Special)。

与上面的命令不同,它可以用于剪贴板中的内容不是文本的情形。

6)全选(Select All)。

从编辑菜单中选用"Select All"命令或按"Ctrl+A"组合键可选定当前窗口中的所有内容。

7)匹配小括号(Match Parenthesis)。

从编辑菜单中选用"Match Parenthesis"命令、单击"Match Parenthesis"按钮或按"Ctrl+P"组合键可以为当前选中的开括号查找匹配的闭括号。

8)粘贴函数(Paste Function)。

从编辑菜单中选用"Paste Function"命令可以将 Lingo 的内部函数粘贴到当前插入点。

(3) Lingo 菜单

1)求解模型(Slove)。

从 Lingo 菜单中选用"求解"命令、单击"Slove"按钮或按"Ctrl+S"组合键可以将当前模型送入内存求解。

2)求解结果……(Solution ...)。

从 Lingo 菜单中选用"Solution ..."命令、单击"Solution ..."按钮或直接按"Ctrl+O"组合键可以打开求解结果的对话框。这里可以指定查看当前内存中求解结果的内容。

3)查看……(Look...)。

从 Lingo 菜单中选用"Look..."命令或直接按"Ctrl+L"组合键,可以查看全部的或选中的模型文本内容。

4)灵敏性分析(Range,Ctrl+R)。

用该命令产生当前模型的灵敏性分析报告:研究当目标函数的费用系数和约束右端项在什么范围(此时假定其他系数不变)时,最优基保持不变。灵敏性分析是在求解模型时进行的,因此在求解模型时灵敏性分析是激活状态,但是默认是不激活的。为了激活灵敏性分析,运行 Lingo Options,选择"General Solver Tab",在"Dual Computations"列表框中,选择"Prices and Ranges"选项。灵敏性分析需耗费相当多的求解时间,因此当速度很关键时,就没有必要激活它。

5)命令行窗口(Open Command Window)。

从窗口菜单中选用"Open Command Window"命令或直接按"Ctrl+1",可以打开 Lingo 的命令行窗口。在命令行窗口中可以获得命令行界面,在":"提示符后可以输入 Lingo 的命令行命令。

6)状态窗口(Status Window)。

从窗口菜单中选用"Status Window"命令或直接按"Ctrl+2",可以打开 Lingo 的求解状态窗口,如图 6.3 所示。

如果在编译期间没有表达错误,那么 Lingo 将调用适当的求解器来求解模型。当求解器开始运行时,它就会显示如下的求解器状态窗口(LINGO Solver Status)。

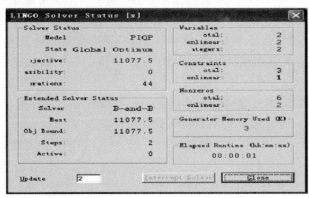

图 6.3 Lingo 状态窗口

(4)Lingo 选项卡

从 Lingo 菜单中选用"Options…"命令、单击"Options…"按钮或直接按"Ctrl+I"组合键,可以改变一些影响 Lingo 模型求解时的参数。该命令将打开一个含有 7 个选项卡的窗口,用户可以通过它修改 Lingo 系统的各种参数和选项,如图 6.4 所示。

修改完以后,用户如果单击"Apply(应用)"按钮,则新的设置马上生效;如果单击"OK(确定)"按钮,则新的设置马上生效,并且同时关闭该窗口;如果单击"Save(保存)"按钮,则将当前设置变为默认设置,下次启动 Lingo 时这些设置仍然有效。单击"Default(缺省值)"按钮,则恢复 Lingo 系统定义的原始默认设置(缺省设置)。

图 6.4 Lingo 软件选项卡界面

3.Lingo 软件中的集

对实际问题建模的时候,总会遇到一群或多群相联系的对象,比如机场、消费者群体、交通工具和公司职员等。Lingo 允许把这些相联系的对象聚合成集(Sets)。一旦把对象聚合成集,就可以利用集来最大限度地发挥 Lingo 建模语言的优势。

集是 Lingo 建模语言的基础,是程序设计最强有力的基本构件。借助于集,能够用一个单一的、长的、简明的复合公式表示一系列相似的约束,从而可以快速、方便地表达规模较大的模型。

集是一群相联系的对象,这些对象也称为集的成员。一个集可能是一系列产品、卡车或雇员。每个集成员可能有一个或多个与之有关联的特征,把这些特征称为属性。属性值可以预先给定,也可以是未知的,有待于 Lingo 求解。例如:产品集中的每个产品可以有一个价格属性;卡车集中的每辆卡车可以有一个牵引力属性;雇员集中的每位雇员可以有一个薪水属性,也可以有一个生日属性;等等。

Lingo 有两种类型的集:原始集(Primitive Set) 和派生集(Derived Set)。

一个原始集是由一些最基本的对象组成的。

一个派生集是用一个或多个其他集来定义的,也就是说,它的成员来自于其他已存在的集。

集部分是 Lingo 模型的一个可选部分。在 Lingo 模型中使用集之前,必须在集部分事先定义。集部分以关键字"Sets:"开始,以"Endsets"结束。一个模型可以没有集部分,或有一个简单的集部分,或有多个集部分。一个集部分可以放置于模型的任何地方,但是一个集及其属性在模型约束中被引用之前必须定义以下部分。

(1)定义原始集

为了定义一个原始集,必须详细声明:

· 集的名字

· 可选,集的成员

· 可选,集成员的属性

用下面的语法定义一个原始集:setname[/member_list/][:attribute_list];

注意:"[ ]"表示该部分内容可选。下同,不再赘述。

Setname 是用户选择的来标记集的名字,最好具有较强的可读性。集名字必须严格符合标准命名规则:以拉丁字母或下划线(_)为首字符,其后由拉丁字母(A~Z)、下划线、阿拉伯数字(0,1,…,9)组成的总长度不超过 32 个字符的字符串,且不区分大小写。

注意:该命名规则同样适用于集成员名和属性名等的命名。

Member_list 是集成员列表。如果集成员放在集定义中,那么对它们可采取显式罗列和隐式罗列两种方式。如果集成员不放在集定义中,那么可以在随后的数据部分定义它们。

1)当显式罗列成员时,必须为每个成员输入一个不同的名字,中间用空格或逗号隔开,允许混合使用。

例 2.1 可以定义一个名为 students 的原始集,它具有成员 John、Jill、Rose 和 Mike,属性有 sex 和 age:

sets:

students/John, Jill, Rose, Mike/:sex, age;

Endsets

2)当隐式罗列成员时,不必罗列出每个集成员。可采用如下语法:

setname/member1...memberN/[:attribute_list];

这里的 member1 是集的第一个成员名,memberN 是集的最末一个成员名。Lingo 将自动产生中间的所有成员名。Lingo 也接受一些特定的首成员名和末成员名,用于创建一些特殊的集,见表 6-13。

表 6-13 Lingo 软件中的特殊集

隐式成员列表	示例	所产生集成员
1...n	1...5	1,2,3,4,5
String M...String N	Car2...car14	Car2,Car3,Car4,...,Car14
Day M...Day N	Mon...Fri	Mon,Tue,Wed,Thu,Fri
Month M...Month N	Oct...Jan	Oct,Nov,Dec,Jan

3)集成员不放在集定义中,而在随后的数据部分来定义。

(2)定义派生集

为了定义一个派生集,必须详细声明:

· 集的名字

· 父集的名字

· 可选,集成员

· 可选,集成员的属性

可用下面的语法定义一个派生集:

setname(parent_set_list)[/member_list/][:attribute_list];

setname 是集的名字。parent_set_list 是已定义的集的列表,多个时必须用逗号隔开。如果没有指定成员列表,那么 Lingo 会自动创建父集成员的所有组合作为派生集的成员。派生集的父集既可以是原始集,也可以是其他的派生集。

成员列表被忽略时,派生集成员由父集成员所有的组合构成,这样的派生集成为稠密集。如果限制派生集的成员,使它成为父集成员所有组合构成的集合的一个子集,这样的派生集成为稀疏集。同原始集一样,派生集成员的声明也可以放在数据部分。一个派生集的成员列表可由两种方式生成:① 显式罗列;② 设置成员资格过滤器。当采用方式①时,必须显式罗列出所有要包含在派生集中的成员,并且罗列的每个成员必须属于稠密集。使用前面的例子,显式罗列派生集的成员:

Allowed(product,machine,week)/A M 1,A N 2,B N 1/;

如果需要生成一个大的、稀疏的集,那么显式罗列就不适合。幸运的是,许多稀疏集的成员都满足一些条件以和非成员相区分。我们可以把这些逻辑条件看作过滤器,在 Lingo 生成派生集的成员时,把使逻辑条件为假的成员从稠密集中过滤掉。

总体来说,Lingo 可识别的集只有两种类型:原始集和派生集。在一个模型中,原始集是基本的对象,不能再被拆分成更小的组分。原始集可以由显式罗列和隐式罗列两种方式来定义。当用显式罗列方式时,需在集成员列表中逐个输入每个成员。当用隐式罗列方式时,只需在集成员列表中输入首成员和末成员,而中间的成员由 Lingo 产生。另外,派生集是由其他的集创建的。这些集被称为该派生集的父集(原始集或其他的派生集)。一个派生集既可以是稀疏的,也可以是稠密的。稠密集包含了父集成员的所有组合(有时也称为父集的笛卡尔乘积)。稀疏集仅包含了父集的笛卡尔乘积的一个子集,可通过显式罗列和成员资格过滤器这两种方式来定义。显式罗列方法就是逐个罗列稀疏集的成员。当使用成员资格过滤器方法时,通过使用稀疏集成员必须满足的逻辑条件,从稠密集成员中过滤出稀疏集的成员。不同集类型的关系如图 6.5 所示。

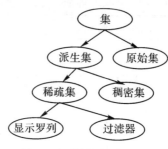

图 6.5 不同集类型的关系

4.模型的数据部分和初始部分

(1)数据部分

当处理模型的数据时,需要为集指派一些成员并且在 Lingo 求解模型之前为集的某些属性指定值。为此,Lingo 为用户提供了两个可选部分:输入集成员和数据的数据部分(Data Section)和为决策变量设置初始值的初始部分(InitSection)。

数据部分以关键字"data:"开始,以关键字"enddata"结束。在这里,可以指定集成员、集的属性。其语法如下:

object_list = value_list;

对象列(object_list)包含要指定值的属性名、要设置集成员的集名,用逗号或空格隔开。一个对象列中至多有一个集名,而属性名可以有任意多个。如果对象列中有多个属性名,那么它们的类型必须一致。如果对象列中有一个集名,那么对象列中所有的属性的类型就是这个集。

数值列(value_list)包含要分配给对象列中的对象的值,用逗号或空格隔开。注意属性值的个数必须等于集成员的个数

(2)初始部分

初始部分是 Lingo 提供的另一个可选部分。在初始部分,可以输入初始声明(Initialization Statement),它和数据部分中的数据声明相同。当对实际问题建模时,初始部分并不起到描述模型的作用,在初始部分输入的值仅被 Lingo 求解器当作初始点来用,并且仅仅对非线性模型有用。和数据部分指定变量的值不同,Lingo 求解器可以自由改变初始部分初始化的变量的值。

一个初始部分以"init:"开始,以"endinit"结束。初始部分的初始声明规则和数据部分的数据声明规则相同。也就是说,我们可以在声明的左边同时初始化多个集属性,可以把集属性初始化为一个值,可以用问号实现实时数据处理,还可以用逗号指定未知数值。

5．Lingo 函数

Lingo 软件有 9 种类型的函数，具体如下：

1) 基本运算符：包括算术运算符、逻辑运算符和关系运算符；
2) 数学函数：三角函数和常规的数学函数；
3) 金融函数：Lingo 提供了两种金融函数；
4) 概率函数：Lingo 提供了大量概率相关的函数；
5) 变量界定函数：这类函数用来定义变量的取值范围；
6) 集操作函数：这类函数为集的操作提供帮助；
7) 集循环函数：遍历集的元素，执行一定的操作的函数；
8) 数据输入输出函数：这类函数允许模型和外部数据源相联系，进行数据的输入、输出；
9) 辅助函数：各种杂类函数。

6．使用 Lingo 软件建模时需注意的问题

1) 尽量使用实数优化，减少整数约束和整数变量；
2) 尽量使用光滑优化，减少非光滑约束的个数，例如，尽量少用绝对值、符号函数、多个变量求最大/最小值、四舍五入、取整函数等；
3) 尽量使用线性模型，减少非线性约束和非线性变量的个数；
4) 合理设定变量上、下界，尽可能给出变量初始值；
5) 模型中使用的参数数量级要适当。

7．Lingo 软件使用注意事项

1) 程序以"model:"开始，以"end"结束；
2) Lingo 软件中变量不区分大小写，变量名可以超过 8 个，不能超过 32 个，需要以字母开头；
3) 用 Lingo 求解优化模型时，假定所有变量为非负（除非用限定变量范围的函数@free 或@bnd 另行说明）；
4) 变量可以防止约束条件右端，同时数字也可以防止约束条件左边；
5) Lingo 模型语句由一系列语句组成，每一个语句都必须以";"结尾；
6) Lingo 中以"!"开始的是说明语句，说明语句也以";"结束，可跨多行；
7) 变量与系数间应有运算符"*"；
8) 表达式中不接受括号"()"和逗号","等任何符号。

6.1.3 Cplex 求解器

GAMS/Cplex 是一种用于通用代数建模系统（The General Algebraic Modeling System，GAMS）的求解器，它使得用户可以把 GAMS 的高级建模功能跟 Cplex 优化器的优势结合起来。Cplex 优化器是为能快速、最少用户干预地解决大型、复杂问题而设计的。求解线性、二次约束和混合整数规划问题的 Cplex 算法现在已提供访问（针对恰当的许可证）。尽管现有多种求解工具，但是，GAMS/Cplex 能自动地为特定问题计算最优值和设置大部分选项。

要在 GAMS 中指定使用 Cplex，可以用以下语句：
Option LP = Cplex; { or QCP, NIP, NIQCP, RNIP or RNIQCP }

上述语句应该出现在 Solve 语句的前面。MIP 和 QCP 功能是单独许可的,所以用户有可能在系统中不能用 Cplex 来解决这几类问题。如果在安装 GAMS 的过程中,Cplex 是指定默认的求解器,那么上述语句是不必要的。

(1) 线性规划

Cplex 可以使用几种可选的算法解决线性规划问题。大部分的线性规划问题最好是使用对偶单纯算法的 Cplex 语句。有一些问题用原始单纯算法、网络优化器、障碍算法或者筛选算法来求解更好一些。并行选项允许并行使用不同的算法。

第一个结束的算法返回最终结果。

求解线性规划问题需要很大的内存。尽管 Cplex 能非常有效地管理内存,但是当运行大型的线性规划问题时,物理内存不足仍然是最常见的问题之一。当内存受到限制时,Cplex 会自动地调整那些可能会造成消极影响的功能。如果用户正在解决大规模的模型,一定要仔细研究"物理内存限制"。

Cplex 使用默认的选项设置来解决大部分的线性规划问题。这些设置通常提供了问题的全局最优的优化速度和可靠性。

用原始单纯算法求解有些问题比用对偶单纯算法求解更快。极少的问题用这两种算法求解都表现不佳。因此,可以在使用对偶单纯算法出现数值难题时,考虑使用原始单纯算法。

对于网络模型,Cplex 有一个非常有效的算法。网络限制包括以下属性:

每个非零的系数不是 1 就是−1;

这些约束的每一列都有两个非零项,一个系数为 1,另一个为−1。

只要它们能转化为具有这些属性,Cplex 就能自动提取那些不遵守上述规则的网络。

障碍算法是用单纯方法解决线性规划的另一种选择。它使用了产生一系列严格正的原始解和对偶解的对偶障碍算法。对于大型的稀疏问题,选择障碍算法可能是有优势的。

Cplex 提供了一种筛选算法,这种算法在变量多于约束的问题中更有效。筛选算法解决了一类线性规划问题,这类线性规划的子问题的结果被用来从原始模型选择列,以列入下一子问题。

GAMS/Cplex 还提供了访问 Cplex 不可行搜索器的接口。不可行搜索器对于不可行的线性规划,会产生不可简化的、不一致的约束集(IIS)。IIS 是这样的集合:

约束和变量范围是不可行的,但是,当丢弃其中一个条件时,就会变成可行的集合。当 GAMS 方程式和变量命名包括了 IIS 报告并把它作为正常解列表的一部分时,GAMS 和 Cplex 就会报告 IIS。IIS 只对线性规划问题有用。

(2) 二次约束规划

Cplex 可以求解带有二次约束的模型。它们在 GAMS 中用 QCP 模型表示。QCP 模型用 Cplex 障碍方法求解。

QP 模型是一种特殊情形,它可转型为含有二次目标函数和线性约束的模型。转型直接可以从 GAMS 二次约束规划问题(Quadratically Constrained Program, QCP)自动转化,并且可以用求解 Cplex 二次规划(Quadratic Programming, QP)的方法(障碍算法、单纯形法和对偶单纯形法)求解。对于 QCP 模型,Cplex 只返回原始解,QP 模型还返回对偶解。

(3) 混合整数规划

用来求解纯整数规划和混合整数规划的方法比求解同样规模的纯线性规划问题的方法需

要更多的数学计算。许多相对小一点的整数规划模型都需要大量的时间来求解。

对于整数变量的问题，Cplex采用分支定界算法，解决了一系列的线性规划问题和子问题。由于一个混合整数规划问题产生了许多子问题，即使是小的混合整数问题，计算强度也是非常大的，并且需要大量的物理内存。

Cplex也可以求解混合整数二次规划（Mixed Integer Quadratically Constrained Program，MIQCP）型的GAMS模型问题。正如连续型的情形，如果基本模型是QP，那么在求解中，单纯形法和对偶单纯形法均可用。如果基本模型是QCP，那么在求解中只有障碍算法可用并且只能得到原始值。

6.2 毕业论文中常用的仿真算法

6.2.1 粒子群算法

(1) 粒子群算法概述

粒子群优化算法（Particle Swarm Optimization，PSO）又称为微粒算法，该算法是通过模拟鸟类群体觅食行为的一种群体协作的随机搜索算法，属于启发式全局优化算法。

粒子群算法的基本思想是通过群体中个体之间的协作和信息共享来寻找最优解的。

(2) 粒子群算法的特点

粒子群算法依靠粒子速度完成搜索，在迭代进化过程中，只有最优的粒子将信息传递给其他粒子，搜索速度快。

粒子群算法具有记忆性，粒子群体的历史最好位置可以被记忆，并传递给其他粒子。

粒子群算法需要调整的参数较少，结构简单，易于模拟和实践应用。

采用实数编码，直接由问题的解决定，问题解的变量数直接作为粒子的维数。

粒子群算法易于陷入局部最优，导致问题的收敛速度慢、精度低。

粒子群算法不易于解决离散和组合优化问题。

(3) 粒子群算法的基本原理

在粒子群算法中，每个优化问题的求解都像是搜索空间中的一只鸟，鸟被抽象为没有质量和体积的微粒子，所有粒子都有一个被优化函数决定的适应度值，每个粒子还有一个速度，决定它们飞行的方向和距离，然后粒子就追随当前的最优粒子在解空间中的方向进行搜索。粒子$i(i=1,2,\cdots,M)$在N维空间的一些参数设置为：

粒子的位置表示为$X_i = [x_{i1}, x_{i2}, \cdots, x_{in}, \cdots, x_{iN}]$，粒子的速度表示为$V_i = [v_{i1}, v_{i2}, \cdots, v_{in}, \cdots, v_{iN}]$，每个粒子都有一个由目标函数决定的适应度值，并且知道自己迄今为止发现的最好位置（pbest）和现在的位置，可以看作粒子自己的飞行经验，每个粒子还会知道目前位置整个群体中所有粒子发现的最好位置（gbest），可以看作是粒子同伴的经验，粒子通过自己和同伴的经验决定下一步的运动轨迹。

粒子群初始化为一群随机粒子（随机解），然后通过迭代寻找最优解。在每一次迭代过程中，粒子通过跟踪两个"极值"来更新自己的位置。第一个是粒子本身找到的最优解，称为个体极值，另一个是整个种群当前找到的最优解，称为全局极值。在搜索到这两个最优值后，粒子通过下面的公式更新自己的速度和位置：

$$v_{in}(t+1) = v_{in}(t) + c_1 \times \text{rand}() \times [\text{pbest}_{in} - x_{in}(t)] + c_2 \times \text{rand}() \times [\text{gbest}_{in} - x_{in}(t)] \tag{6.1}$$

$$x_{in}(t+1) = x_{in}(t) + v_{in}(t+1) \tag{6.2}$$

式中：$i=1,2,\cdots,M$，$n=1,2,\cdots,N$，分别表示粒子的数量及其维数；c_1，c_2 表示加速度因子或学习因子，一般取整数；rand() 为 $[0,1]$ 之间的随机数。

在速度更新公式中，第一项称为记忆项，表示上次速度大小和方向的影响；第二项称为自身认知项，是从当前点指向粒子自身最好点的一个项，表示粒子的动作来源于自身的经验；第三项称为群体认知项，是一个从当前点指向种群最好点的项，反映了粒子间的协同合作和知识共享。

在迭代过程中，速度和位置均可设定为最大值，超过边界值时取为边界值。

（4）粒子群算法的参数分析

在粒子群算法中，主要包括群体规模 m，粒子维数及范围，惯性因子 ω，学习因子 c_1、c_2，最大速率 $v_{\max}$ 和终止条件等。其中，种群规模 m 一般取 20～40，对于大部分问题，10 个粒子即可获得满意效果，对于比较复杂的优化问题可以取到 100～200 之间；惯性因子 ω 使得粒子保持运动惯性，具有扩展搜索空间的能力，当惯性因子 ω 较大时，具有较强的全局搜索能力，当惯性因子 ω 较小时，具有较强的局部搜索能力，当惯性因子 $\omega=0$ 时，速度只取决于当前位置和历史最好位置，速度本身没有记忆性；学习因子 c_1，c_2 表示每个粒子向个体和全局最优位置靠拢的程度，一般取值为 0～4，大多数取 2；最大速率 $v_{\max}$ 决定当前位置与最好位置之间的区域分辨率（精度），如果速率太快，资料有可能越过极小点，如果速率太慢，又有可能陷入局部极值区域；粒子的维数由优化问题决定，就是问题解的长度；粒子的范围也由优化问题决定，每一维度可以设定不同的范围。

（5）粒子群算法的基本流程

步骤 1：初始化一群微粒（一般假设种群规模为 m），包括随机位置和速度；

步骤 2：评价每个微粒的适应度值；

步骤 3：将每个微粒的适应度值与其经过的最好位置 pbest 进行比较，如果较好则将其作为当前的最好位置 pbest；

步骤 4：将每个微粒的适应度值与种群的最好位置 gbest 进行比较，如果较好则将其作为种群的最好位置 gbest；

步骤 5：根据速度和位置公式调整粒子的飞行速度和所处位置；

步骤 6：判断是否达到设定的迭代次数，若未达到则转到第二步。

（6）算法的基本代码

```
clc;
clear all;
x=0:0.4:20;
f=@(x)x.*sin(x).*cos(2*x)-2*x.*sin(3*x);  % 函数表达式
figure(1)
N=50;                                      % 初始种群个数
d=1;                                       % 空间维数
ger=100;                                   % 最大迭代次数
```

```matlab
Vmax=1;                        % 最大更新速度
Vmin=-1;                       % 最小更新速度
limit=[0,20];                  % 设置参数限制
w=0.8;                         % 惯性权重
c1=0.5;                        % 自我学习因子
c2=0.5;                        % 群体学习因子
x=(rand+1)/2+1;                % 初始种群位置
v=rand(N,d);                   % 初始种群速度
xm=x;                          % 每个个体的历史最佳位置
ym=zeros(1,d);                 % 种群历史最佳
fxm=zeros(N,1);                % 每个个体的历史最佳适应度
fym=-inf;                      % 每个个体的历史最佳适应度
hold on
plot (xm, fxm, 'ro')
iter=1;
record=zeros(ger,1);
%%种群更新
while iter<=ger
    fx=f(x);                   % 粒子当前的适应度
    for i=1:N-1
        if fxm<f(i)
            fxm=f(i)            % 更新个体历史最佳适应度
            xm(1,:)=x(1,:);     % 更新个体历史最佳位置
        end
    end
    if fym<max(fxm);
        [fym nmax]=max(fxm);    % 更新群体历史最佳适应度
        ym=xm(nmax,:);          % 更新群体历史最佳位置
    end
    for i=1:ger
        v=v*w+c1*rand*(xm-x)+c2*rand*(repmat(ym,N,1)-x); % 边界速度处理
        v(v>Vmax)=Vmax;
        v(v<Vmin)=Vmin;
        x=x+v;
        %边界位置处理
x(x > limit(2)) = limit(2);
        x(x < limit(1)) = limit(1);
        record(iter) = fym;
```

        end
    end

6.2.2 遗传算法

(1)遗传算法概述

遗传算法(Genetic Algorithms,GA)是 1962 年由美国 Michigan 大学的 Holland 教授提出的模拟自然界遗传机制和生物进化论的一种并行随机搜索最优化方法。

遗传算法是以达尔文的自然选择学说为基础发展起来的。自然选择学说包括以下三个方面：

1)遗传：这是生物的普遍特征，亲代把生物信息交给子代，子代总是和亲代具有相同的或相似的性状。生物有了这个特征，物种才能稳定存在。

2)变异：亲代和子代之间以及子代的不同个体之间的差异，称为变异。变异是随机发生的，变异的选择和积累是生命多样性的根源。

3)生存斗争和适者生存：具有适应性变异的个体被保留下来，不具有适应性变异的个体被淘汰，通过一代代的生存环境的选择作用，性状逐渐与祖先有所不同，演变为新的物种。

遗传算法将"优胜劣汰、适者生存"的生物进化原理引入优化参数形成的编码串联群体中，按照所选择的适应度函数并通过遗传中的复制、交叉及变异对个体进行筛选，使适应度高的个体被保留下来，组成新的群体，新的群体既继承了上一代信息，又优于上一代信息，这样周而复始，群体中的个体适应度不断提升，直到满足一定的条件。遗传算法简单，可以并行处理，并能得到问题的全局最优解。

(2)遗传算法的特点

1)遗传算法是对参数的编码进行操作，而非对参数本身，这就使我们在优化计算过程中，可以借鉴生物学中染色体和基因等概念，模仿自然界中生物的遗传和进化等机理。

2)遗传算法同时使用多个搜索点的搜索信息，传统的优化方法往往是从解空间的单个初始点开始最优解的迭代搜索过程，单个搜索点提供的信息不多，搜索效率不高，有时甚至使得搜索过程局限于局部最优解而停滞不前。

3)遗传算法是由很多个体组成的一个初始群体开始最优解的搜索过程，而不是从一个单一的个体开始搜索，这是遗传算法所特有的一种隐含并行性，因此遗传算法的搜索效率较高。

4)遗传算法直接以目标函数作为搜索信息，传统的优化算法不仅需要利用目标函数值，而且需要目标函数的导数值等辅助信息才能确定搜索方向。遗传算法仅仅使用由目标函数值变换来的适应度函数值，就可以确定进一步的搜索方向和搜索范围，不需要目标函数的导数值等其他一些辅助信息。

5)遗传算法可以应用于目标函数无法求导数或导数不存在的函数优化问题以及组合优化问题等。

6)遗传算法使用概率搜索技术，随着进化过程的迭代搜索，遗传算法产生的新的群体会更多地产生出许多新的优良个体，具有较好的灵活性。

7)遗传算法在解的空间进行高效启发式搜索，而非盲目地穷举或完全随机搜索。

8)遗传算法对于待寻优的函数基本无限制，它既不要求函数联系，也不要求函数可微，既可以是数学解析式所表示的显函数，又可以是映射矩阵甚至是神经网络的隐函数，因而应用范围较广。

9)遗传算法具有并行计算的特点,因而可通过大规模并行计算来提高计算速率,适合大规模复杂问题的优化。

(3)遗传算法的组成要素

1)染色体编码方法:基本遗传算法使用固定长度的二进制符号来表示群体中的个体,其等位基因是由二值符号集{0,1}所组成的。初始个体基因值可用均匀分布的随机值生成,如 $x=100000111000000100010001$,表示一个个体,该个体的染色体长度是 18。

2)个体适应度评价:基本遗传算法与个体适应度成正比的概率决定了当前群体中每个个体遗传到下一代群体中的概率。为正确计算这个概率,要求所有个体的适应度必须为正数或零。因此,必须先确定由目标函数值到个体适应度之间的转化规则。

3)遗传算法使用了 3 个不同的遗传算子,即选择运算、交叉运算和变异运算。

(4)遗传算法的基本参数分析

在使用遗传算法前,有以下 4 个基本参数需要提前设置:

M:种群规模大小,即群体中所包含个体的数量,一般取为 20~100。

G:遗传算法的终止进化代数,一般取为 100~500。

P_c:交叉概率,一般取为 0.4~0.99。

P_m:变异概率,一般取为 0.0001~0.1。

其中:参加交叉运算的染色体格式占全体染色体综述的比例,记为 P_c;发生变异的基因位数所占全体染色体的基因总位数的比例,记为 P_m。

(5)遗传算法的基本流程

对于需要优化的实际问题,一般可以按照下述流程,使用遗传算法来解决实际的应用问题:

步骤 1:确定决策变量及各种约束条件,即确定出个体的表现型 X 和问题的解空间;

步骤 2:建立问题的优化模型,即确定出目标函数的类型及数学描述形式或量化方法;

步骤 3:确定表示可行解的染色体编码方法,即确定出个体的基因型 x 及遗传算法的搜索空间;

步骤 4:确定解码方法,即确定出由个体基因型 x 到个体表现型 X 的对应关系或转换方法;

步骤 5:确定个体适应度的量化评价方法,即确定出由目标函数到个体适应度值的转换规则;

步骤 6:设计遗传算子,即确定选择运算、交叉运算和变异运算等遗传算子的具体操作方法;

步骤 7:确定遗传算法的基本运行参数和模型求解所需的参数。

(6)遗传算法的标准代码

```
#include "stdafx.h"
#include <stdio.h>
#include<stdlib.h>
#include<time.h>
#define POPSIZE 500
```

```
#define MAXIMIZATION 1    %求解函数为求最大值
#define MINIMIZATION 2    %求解函数为求最小值
#define Cmax 100          %求解最大值时适应度函数的基准数
#define Cmin 0            %求解最小值时适应度函数的基准数
#define LENGTH1 10        %每一个解用位基因表示
#define LENGTH2 10
#define CHROMLENGTH LENGTH1+LENGTH2
int FunctionMode=MAXIMIZATION;   %函数值求解类型是最大值
int PopSize=80;    //种群规模
int MaxGeneration=100;    %最大世代数,即最大迭代数
double Pc=0.6;    %变异概率
double Pm=0.001;  %交叉概率
struct individual   %定义个体
{
char chrom[CHROMLENGTH+1];  %个体数
double value;    %个体对应的变量值
double fitness;  %个体适应度
};
int generation;
int best_index;
int worst_index;
struct individual bestindividual;
struct individual worstindividual;
struct individual currentbest;
struct individual population[POPSIZE];
void GenerateInitialPopulation(void);    %初始种群生成
void GenerateNextPopulation(void);       %产生下一代种群
void EvaluatePopulation(void);
void CalculateObjectValue(void);
long DecodeChromosome(char *,int,int);   %译码
void CalculateFitnessValue(void);
void FindBestAndWorstIndividual(void);
void PerformEvolution(void);
void SelectionOperator(void);
void CrossoverOperator(void);
void MutationOperator(void);
void OutputTextReport(void);
void main(void)
{
```

```
generation=0;
GenerateInitialPopulation( );%初始种群生成
EvaluatePopulation( );%计算种群值,即计算种群适应度
while (generation<MaxGeneration)
{
generation++;
GenerateNextPopulation( );%产生下一代种群
EvaluatePopulation( );%计算种群值,即计算种群适应度
PerformEvolution( );
OutputTextReport( );
}
}
voidGenerateInitialPopulation (void)%随机产生初始种群,且用0,1表示
{
int i,j;
for (i=0;i<PopSize;i++)
{
for(j=0;j<CHROMLENGTH ;j++)
{
population [i].chrom[j]=( rand( )%10<5)? '0':'1';%rand( )%n 产生一个 0~n-1 的数
}
population[i].chrom[CHROMLENGTH]= '\\0';
}
}
void GenerateNextPopulation(void)
{
SelectionOperator( );
CrossoverOperator( );
MutationOperator ( );
}
void EvaluatePopulation( )
{
CalculateObjectValue( );
CalculateFitnessValue( );
FindBestAndWorstIndividual ( );
}
long DecodeChromosome(char * string,int point,int length)%译码,换算为十进制数
{
```

```
int i;
long decimal=0L;
char * pointer;
for(i=0,pointer=string+point;i<length;i++,pointer++)
{
decimal+=(* pointer -'0')<<(length-1-i);%移位操作,染色体实现十进制化
}
return(decimal);
}
void CalculateObjectValue(void)%计算函数值
{
int i;
long temp1,temp2;
double x1,x2;
for (i=0; i<PopSize;i++)
{%从染色体中读取基因
temp1=DecodeChromosome(population [i].chrom,0,LENGTH1);
temp2=DecodeChromosome(population[ i].chrom,LENGTH1,LENGTH2);
x1=4.0 * temp1/1023.0-2.0; %x [a,b];
x2=4.0 * temp2/1023.0-2.0;
population[i].value=100 * ( x1 * x2+x2) * ( x1 * x2-x2) * x2;%函数表达式
}
}
void CalculateFitnessValue(void)%针对不同函数类型计算个体适应度
{
int i;
double temp;
for (i=0; i<PopSize; i++)
{
if (FunctionMode==MAXIMIZATION) %函数类型为求解最大值
{
if ((population[i]. value+Cmin)>0.0)
{
temp=Cmin+population[i]. value;
}
else
{
temp=0.0;
}
```

```
}
elseif(FunctionMode==MINIMIZATION) %函数类型为求解最小值
{
if(population[i].value<Cmax)
{
temp=Cmax-population[i].value;
}
else
{
temp=0.0;
}
}
population[i].fitness=temp;
}
}
void FindBestAndWorstIndividual(void)
{
int i;
double sum=0.0;
bestindividual=population[0];
worstindividual=population[0];
for(i=1;i<PopSize;i++)
{
if(population[i].fitness>bestindividual.fitness)
{
bestindividual=population[i];
best_index=i;
}
elseif(population[i].fitness<worstindividual.fitness)
{
worstindividual=population[i];
worst_index=i;
}
sum+=population[i].fitness;
}
if(generation==0)
{
currentbest=bestindividual;
}
```

```
        else
        {
        if (bestindividual .fitness>=currentbest.fitness)
        {
        currentbest=bestindividual;
        }
        }
        }
        void PerformEvolution (void)%执行进化
        {
        if (bestindividual.fitness>currentbest.fitness)
        {
        currentbest=population [best_index];
        }
        else
        {
        population[worst_index]= currentbest;
        }
        }
        void SelectionOperator(void)%选取最优进化代
        {
        int i,index;
        double p,sum=0.0;
        double cfitness[POPSIZE];
        struct individual newpopulation [POPSIZE];
        for(i=0; i<PopSize;i++)
        {
        sum+=population[i]. fitness;
        }
        for(i=0;i<PopSize; i++)
        {
        cfitness[i]= population[i].fitness/sum;%个体的适应度比例
        }
        for(i=1;i<PopSize; i++)
        {
        cfitness[i]= cfitness[i-1]+ cfitness[i];
        }
        for (i=0;i<PopSize;i++)
        {
```

```
p=rand( )%1000/1000.0;
index=0;
while (p>cfitness[index])
{
index++;
}
newpopulation[i]= population [index];
}
for(i=0;i<PopSize;i++)
{
population[i]=newpopulation [i];
}
}
void CrossoverOperator(void)%染色体交叉
{
int i,j;
int index [POPSIZE];
int point, temp;
double p;
char ch;
for (i=0; i<PopSize; i++)
{
index[i]=i ;
}
for(i=0;i<PopSize;i++)%随机化种群内染色体
{
point=rand( )%( PopSize - i);
temp=index [i];
index[i]=index[point+i];
index[point+i]=temp;
}
for (i=0; i<PopSize - 1;i+=2)
{
p=rand( )%1000/1000.0;%随机产生交叉概率
if (p<Pc)
{
point=rand( )%(CHROMLENGTH - 1)+1;
for (j=point; j<CHROMLENGTH;j++) %交叉
{
```

```
ch=population[index[ i ]]. chrom[j];
population [index[i]]. chrom[j]= population [index[ i+1]]. chrom[j];
population[index[i+1]]. chrom[j]= ch;
}
}
}
}
void MutationOperator (void)%基因变异
{
int i,j;
double p;
for (i=0;i<PopSize;i++)
{
for(j=0;j<CHROMLENGTH ;j++)
{
p=rand( )%1001/1000.0;
if (p<Pm)
{
population[i].chrom[j ]=( population [i].chrom[j ]==0)? '1':'0';
}
}
}
}
void OutputTextReport(void)
{
int i;
double sum;
double average;
sum=0.0;
for(i=0; i<PopSize;i++)
{
sum+=population[i]. value;
}
average=sum/PopSize;
printf ("gen=%d,avg=%f,best=%f," ,generation,average,currentbest.value);
printf ("chromosome=");
for (i=0;i<CHROMLENGTH ;i++)
{
printf ("%c" ,currentbest.chrom[i]);
```

}
Long temp1＝DecodeChromosome（population［i］.chrom，0，LENGTH1）；
//从染色体中读取基因
long temp2＝DecodeChromosome（population［i］.chrom，LENGTH1，LENGTH2）；
double x1＝4.0 * temp1/1023.0－2.0;％基因型换为表现型
double x2＝4.0 * temp2/1023.0－2.0；
printf（" x1＝%f，x2＝%f"，x1,x2）；
printf（"\\n"）；
}

6.2.3 鱼群算法

1.鱼群算法概述

鱼群算法是根据鱼群的活动特点，提出的一种基于动物行为的自治体寻优模式。鱼群算法的基本思想是：在一片水域中，鱼儿往往能够自行或尾随其他鱼群搜索到营养物质较多的地方。因此，鱼群生存数目最多的地方一般是本水域中营养物质最多的地方。人工鱼群算法就是根据这一特点，通过构造人工鱼来模仿鱼群的觅食、聚群和尾随行为，从而实现全局寻优过程。

自治体是指物体在不同时刻和不同环境中，能够自主地选择某种行为，而无需外接的控制与指导。

2.鱼群算法的特点

李晓磊博士在"一种基于动物自治体的寻优模式：鱼群算法"中描述了鱼群算法的特点：

1）对多个人工鱼并行进行搜索，具备寻优速度快，并行处理能力强的优点；
2）算法中仅仅使用了目标问题的函数值，只需比较目标函数值，对目标函数的性质要求不高；
3）算法能够快速跳出局部极值点，具有很强的全局搜索能力；
4）算法中虽然具有一定的随机因素，但总体是在不断地向最优方向搜索的；
5）对于因工作状况或其他因素的变更造成的极值点的漂移，算法具有快速跟踪变化的能力；
6）算法对初始值的要求不高，可以随机产生或设定固定值；
7）对于精度要求不高的场合，可以快速获得一个可行解；
8）不需要问题的严格机理模型。

3.鱼群算法的基本原理

（1）鱼群的基本行为

根据鱼群算法的基本概念和思路可知，鱼群在觅食过程中会产生以下几种不同的行为：

随机行为：单独的鱼儿在水中通常都是随机游动的，这是为了更大范围地寻找食物点或身边的伙伴。

觅食行为：当鱼儿发现食物时，会向食物逐渐增多的方向快速游动。

聚群行为:鱼儿在游动过程中,为了保证自身的生存和躲避危害,会自然地聚集成群。

追尾行为:当鱼群中的一条或几条鱼儿发现食物时,其临近的伙伴会尾随其快速到达食物点。

(2)人工鱼的结构模型

人工鱼是真实鱼的一个虚拟实体,用来进行问题的分析和说明,其主要由感知系统、行为系统和运动系统三部分组成,可以通过感官来接收环境的刺激信息,并通过控制尾翼活动来做出相应的应激动作。

感知系统主要靠视觉来实现。假设其当前状态为 X,视野范围为 Visual,状态 X_v 为其某时刻视点所在的位置,若该位置的状态优于当前状态,则考虑向该位置方向前进一步,到达状态 X_{next}。若状态 X_v 不比当前状态更优,则继续巡视视野内的其他位置。巡视的次数越多,对视野的状态了解越全面,有助于做出相应的判断和决策。其状态变化可表示为

$$\left. \begin{array}{l} X_v = x + \text{Visual} \cdot \text{Rand}() \\ X_{next} = x + \dfrac{X_v - X}{\| X_v - X \|} \cdot \text{Step} \cdot \text{Rand}() \end{array} \right\} \quad (6.3)$$

式中:Rand( )函数为产生 0~1 之间的随机数;Step 为移动步长。

行为系统主要包括觅食行为、群聚行为、追尾行为和随机行为。鱼类通过对行为的评价,选择一种当前最优的行为进行执行,以到达食物浓度更大的位置。

运动系统,也称参数系统,主要包括变量和函数两部分。变量有人工鱼的总数、人工鱼个体状态、人工鱼移动的最大步长、人工鱼的视野、尝试次数、拥挤度因子和人工鱼个体之间的距离等;函数包括人工鱼当前所在位置的食物浓度(即目标函数)、人工鱼的各种行为函数(觅食行为、群聚行为、追尾行为、随机行为)以及评价函数。

(3)人工鱼的基本行为函数

1)觅食行为。

觅食行为是人工鱼的一种趋向事物活动。一般通过视觉或味觉来感知水中的食物量或浓度来选择趋向。假设人工鱼 i 的当前状态为 X_i,在其感知范围内随机选择一个状态 X_j,则

$$X_j = X_i + \text{Visual} \cdot \text{Rand}() \quad (6.4)$$

如果 $Y_j = f(X_j) > Y_i = f(X_j)$,则

$$X_i^{t+1} = X_i^t + \dfrac{X_j - X_i^t}{\| X_j - X_i^t \|} \cdot \text{Step} \cdot \text{Rand}() \quad (6.5)$$

否则,重新随机选择 X_j,判断是否满足前进条件,尝试 trynumber 次后,若还不满足,则随机前进一步,鱼群前进后的位置为

$$X_i^{t+1} = X_i^t + \text{Visual} \cdot \text{Rand}() \quad (6.6)$$

2)群聚行为。

群聚是鱼群生存和躲避灾害的一种生活习性,在鱼群算法中,一般规定鱼群尽量向邻近伙伴的中心移动,并避免过分拥挤。假设人工鱼当前状态为 X_i,探索当前领域内的伙伴数目 n_f 和中心位置 X_c,如果 $Y_c / n_f > \delta Y_i$,表明伙伴中心有较多事物且不太拥挤,则朝着鱼群伙伴的中心位置方向前进一步,即

$$X_i^{t+1} = X_i^t + \dfrac{X_j - X_i^t}{\| X_j - X_i^t \|} \cdot \text{Step} \cdot \text{Rand}() \quad (6.7)$$

否则,鱼群执行觅食行为。

3) 追尾行为。

鱼群在游动过程中,当其中一条鱼或几条鱼发现食物时,其邻近的伙伴会尾随其快速到达食物点,即追尾行为是一种向邻近的有最高适应度的人工鱼追逐的行为。在寻优算法中可理解为向附近最优伙伴靠近的过程。

假设人工鱼 i 的当前状态为 X_i,探索当前领域内所有伙伴中 X_j 的 Y_j 最大,则朝着 X_j 的方向前进一步,即

$$X_i^{t+1} = X_i^t + \frac{X_j - X_i^t}{\| X_j - X_i^t \|} \cdot \text{Step} \cdot \text{Rand}(\ ) \tag{6.8}$$

4) 随机行为。

鱼群在水中自由游动,表面上看是在随机游动,实际上是在为更大范围觅食做准备,即在视野内随机选择一个状态,然后向该方向移动。

4. 人工鱼群算法的基本参数

视野(Visual):由于视野对算法中各个行为都有较大的影响,因此其变化对收敛性能的影响也是比较复杂的。当视野范围较小时,人工鱼群的觅食行为和随机游动行为比较突出;当视野范围较大时,人工鱼的追尾行为和聚群行为将变得较为突出。总体来看,视野越大,越容易使人工鱼发现全局极值并收敛。因此,对人工鱼的视野范围进行适当的改进,是提高人工鱼群算法优化性能的一个方向。

步长(Step):随着步长的增长,收敛速度加速,但超过一定范围后收敛速度变慢,甚至出现振荡。因此,采用随机步长可在一定程度上防止振荡,可利用合适的固定步长和变动步长来提高收敛速度和精度。

人工鱼的数目(N):人工鱼数目越多,鱼群的群体智能越突出,收敛速度越快,精度越高,跳出局部极值的能力也越强,但迭代计算量增大。因此,实际应用中,在满足稳定收敛的前提下,应尽量减少人工鱼的数目。

尝试次数(Try-number):尝试次数越多,人工鱼执行觅食行为的能力越强,收敛效率越高,但在局部极值突出的情况下,容易错过全局极值点,即人工鱼摆脱局部极值的能力越弱。因此,在一般优化问题中,可以适当增加尝试次数,以便加快收敛速度。在局部极值突出的情况下,应减少尝试次数,以增加人工鱼随机游动的概率。

拥挤度因子(δ):引入拥挤度因子是为了避免过度拥挤而陷入局部极值。

拥挤度因子对算法的影响(以极大值为例):①拥挤度因子越大,表明允许拥挤的程度越小,摆脱局部极值的能力越强,但收敛速度减缓;②对于某些局部极值不严重的问题,往往可以忽略拥挤因素,既简化了算法,又加快了算法的收敛速度,提高了求解结果的精确程度。

5. 鱼群算法的基本步骤

1) 初始化设置:包括种群规模 N,每条人工鱼的初始位置,人工鱼的可视域 Visual,步长 Step,拥挤度因子 δ,重复次数 Try-number。

2) 计算初始鱼群的各个适应度值,选取最优人工鱼状态和最优值赋予公告牌。

3) 对于每个个体进行评价,对其要执行的行为进行选择,包括觅食、聚群、追尾和随机行为。

4）执行人工鱼的行为，更新种群个体，形成新的个体鱼。
5）评价所有个体，若某个个体优于公告牌，则将公告牌更新为该个体。
6）当公告牌最优解处于满意误差界限内时，算法结束，否则跳转到步骤3）。

公告牌的作用是用来记录最优人工鱼个体的状态。各人工鱼在寻优过程中，每次行动完毕后，检验自身状态与公告牌的状态，如果自身状态优于公告牌状态，就将公告牌的状态改为自身状态，这样就使得公告牌记录下历史最优的状态。当整个算法结束后，输出公告牌记录的值。

算法迭代终止的条件：①连续多次所得值的均方误差小于允许误差；②聚集于某个区域的人工鱼数目达到某个比率；③连续多次所获得的均值不超过已找到的极值；④达到规定的最大迭代次数。

6.鱼群算法的基本流程

鱼群算法的基本流程如图6.6所示。

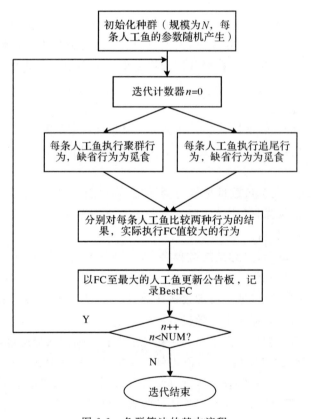

图6.6 鱼群算法的基本流程

7.鱼群算法的基本代码

function lhl_AF
clc; clear all; close all;
format long

```
Visual = 2.5;%人工鱼的感知距离
Step = 0.3;%人工鱼的移动最大步长
N = 10;%人工鱼的数量
Try_number = 50;%迭代的最大次数
delta=0.618;%拥挤度因子
a1 = -10; b1 = 10; a2 = -10; b2 = 10;
d = [ ];%存储50个状态下的目标函数值;
k = 0;
m = 50;%迭代次数
X1 = rand(N,1)*(b1-a1)+a1;%在-10~10之间,随机生成50个数;
X2 = rand(N,1)*(b2-a2)+a2;
X = [X1 X2];
X = ones(N,2);
for i = 1:N
X(i,1)=-10;
X(i,2)=10;
end
%人工鱼数量,两个状态变量X1和X2;
%计算50个初始状态下的;
for i = 1: N
www = [X(i,1), X(i,2)];
d(i) = maxf(www);
end
%公告牌用于记录人工鱼个体的历史最好状态
[w,i] = max(d);%求出初始状态下的最大值w和最大值的位置i;
maxX = [X(i,1),X(i,2)];%初始公告板记录,最大值位置;
maxY = w;%初始化公告板记录,最大值;
figurex = [ ]; figurey = [ ]; figurez = [ ];
figurex(numel(figurex)+1) = maxX(1);%将maxX(1)放入figurex中,
figurey(numel(figurey)+1) = maxX(2);% numel返回数组或者向量中所含元素的总数,Matlab数组下标默认是从1开始的
figurez(numel(figurez)+1) = maxY;
while(k<m)
for i = 1:N
XX = [X(i,1),X(i,2)];%拿出其中一条鱼来看它的四种行为判断
%第一种行为:聚群行为:伙伴多且不挤,就向伙伴中心位置移动
%群聚行为是伙伴的中心点,在凸规划下,中心点一定还在约束内
%群聚行为不是一种maxf(Xc)的比较,就是看伙伴位置
nf1=0;
```

```
Xc=0;
label_swarm =0;%群聚行为发生标志
for j = 1:N
XX_1 = [X(j,1), X(j,2)];
if (norm(XX_1-XX)<Visual) % norm 函数求向量 XXX-XX 的范数,由于二维向量,或者省略都可以
nf1 = nf1+1;
Xc = Xc+XX_1;
end
end
Xc=Xc-XX;%需要去除 XX 本身;
nf1=nf1-1;
Xc = Xc/nf1;%此时 Xc 表示 XX 感知范围其他伙伴的中心位置;
if((maxf(Xc)/nf1 > delta * maxf(XX)) && (norm(Xc-XX)~=0))
XXR1=rand*Step*(Xc-XX)/norm(Xc-XX);
XXnext1=XX+XXR1;
if(XXnext1(1) > b1)
XXnext1(1) = b1;
end
if(XXnext1(1) < a1)
XXnext1(1) = a1;
end
if(XXnext1(2) > b2)
XXnext1(2) = b2;
end
if(XXnext1(2) < a2)
XXnext1(2) = a2;
end
label_swarm =1;
temp_y_XXnext1=maxf(XXnext1);
else
label_swarm =0;
temp_y_XXnext1=-inf;
end
%第二种行为:追尾行为:周围伙伴有最大值且附近不挤,向其伙伴方向移动
%追尾行为追寻伙伴行为,还是在约束内
temp_maxY = -inf;%按照理论来说这部分应该初始化为负无穷小
label_follow =0;%追尾行为发生标记
for j = 1:N
```

```
XX_2 = [X(j,1), X(j,2)];
if((norm(XX_2-XX)<Visual) && (maxf(XX_2)>temp_maxY))
temp_maxX = XX_2;
temp_maxY = maxf(XX_2);
end
end
nf2=0;
for j = 1:N
XX_2 = [X(j,1), X(j,2)];
if(norm(XX_2-temp_maxX)<Visual)
nf2=nf2+1;
end
end
nf2=nf2-1;%去掉它本身
if((temp_maxY/nf2)>delta*maxf(XX) && (norm(temp_maxX-XX)~=0))    %附近有Y_j最大的伙伴,并且不太拥挤
XXR2=rand*Step*(temp_maxX-XX)/norm(temp_maxX-XX);%rand不是随机反向,是随机步长
XXnext2 = XX+XXR2;
if(XXnext2(1) > b1)
XXnext2(1) = b1;
end
if(XXnext2(1) < a1)
XXnext2(1) = a1;
end
if(XXnext2(2) > b2)
XXnext2(2) = b2;
end
if(XXnext2(2) < a2)
XXnext2(2) = a2;
end
label_follow =1;
temp_y_XXnext2=maxf(XXnext2);
else
label_follow =0;
temp_y_XXnext2=-inf;
end
%第三种行为:觅食行为。与前两个行为不同,觅食和随机行为都是找附近的状态,而不是找附近的同伴
```

%觅食和随机行为可能出现超出约束,所以,XX_3 和 XX_4 是不一样的
%觅食行为和群聚行为、追尾行为是不一样的,觅食行为是一种根据状态来判断的行为,群聚和追尾是根据伙伴来判断的行为
```
label_prey =0;%判断觅食行为是否找到优于当前的状态
for j = 1:Try_number
R1V=Visual*(-1+2*rand(2,1)');
XX_3 = XX+R1V;
if(XX_3(1) > b1) %下面这四个是一套,如果超出约束条件,选值为边界条件
XX_3(1) = b1;
end
if(XX_3(1) < a1)
XX_3(1) = a1;
end
if(XX_3(2) > b2)
XX_3(2) = b2;
end
if(XX_3(2) < a2)
XX_3(2) = a2;
end
if(maxf(XX)<maxf(XX_3))
XXR3=rand*Step*(XX_3-XX)/norm(XX_3-XX);
XXnext3 = XX+XXR3;
if(XXnext3(1) > b1) %下面这四个是一套,如果超出约束条件,选值为边界条件
XXnext3(1) = b1;
end
if(XXnext3(1) < a1)
XXnext3(1) = a1;
end
if(XXnext3(2) > b2)
XXnext3(2) = b2;
end
if(XXnext3(2) < a2)
XXnext3(2) = a2;
end
label_prey =1;
break;
end
end
temp_y_XXnext3=max(XXnext3);
```

```
if(label_prey==0)
temp_y_XXnext3=-inf;
end
%行为选择
if((label_swarm==0) && (label_follow==0) && (label_prey ==0))
%聚群和追尾鱼太多太拥挤,都不发生;觅食觅不到更好的,造成三种行为都不发生。
%如果前三种行为都没有发生,必然是发生随机行为
R2S=Step*(-1+2*rand(2,1));
temp_XX = XX+R2S;
if(XX(1) > b1) %下面这四个是一套,如果超出约束条件,选值为边界条件
XX(1) = b1;
end
if(XX(1) < a1)
XX(1) = a1;
end
if(XX(2) > b2)
XX(2) = b2;
end
if(XX(2) < a2)
XX(2) = a2;
end
else
%三种行为找最优
if(temp_y_XXnext1 > temp_y_XXnext2)
if(temp_y_XXnext1 > temp_y_XXnext3)
temp_XX = XXnext1;
else
temp_XX = XXnext3;
end
else
if(temp_y_XXnext2 > temp_y_XXnext3)
temp_XX = XXnext2;
else
temp_XX = XXnext3;
end
end
end
XX=temp_XX;
X(i,1) = XX(1);
```

```
X(i,2) = XX(2);
end
%至此,所有人工鱼完成一次行为判断和移动
%这部分是更新公告牌信息
for i = 1:N
XXX = [X(i,1),X(i,2)];
if (maxf(XXX)>maxY)
maxY = maxf(XXX);
maxX = XXX;
figurex(numel(figurex)+1) = maxX(1);
figurey(numel(figurey)+1) = maxX(2);
figurez(numel(figurez)+1) = maxY;
end
end
x=X(:,1)';
y=X(:,2)';
plot(x,y,'*r');
axis([-10 10 -10 10]);
k = k+1
end
maxX
maxY
plot3(figurex, figurey, figurez,'-g.')
function y = maxf(QQ)
%目标函数 y=(sinX1/X1)*(sinX2/X2),在这部分可以指定自己的目标函数
%输入二维向量,输出一个值
y = (sin(QQ(1))/QQ(1))*(sin(QQ(2))/QQ(2));
```

6.2.4 蚁群算法

(1) 蚁群算法概述

蚁群算法(Ant Colony Optimization, ACO)是意大利学者 Dorigo M.等在 1991 年提出的,最初用来解决旅行商问题。蚁群算法是一种启发性算法,在搜寻最优解上表现出极强的随机性。蚂蚁在寻找到食物源之前的过程中,会在其走过的路径上释放信息素以吸引更多寻找食物的蚂蚁,这就是蚁群算法具备的正反馈性。蚁群算法的这些特性吸引了越来越多的专家学者利用蚁群算法求解不确定性的组合优化问题,有的学者为了使算法表现出更好的性能,对基本蚁群算法做了改进。蚁群算法易与其他方法结合,有很强的鲁棒性,但它存在运行时间长、易陷入局部最优的缺陷。

(2) 蚁群算法的原理

1996 年, Dorigo M.等发表了 *Ant system: optimization by a colony of cooperating agents* 一文,该论文对蚁群算法的原理进行了介绍,自此拉开了学术界对蚁群算法研究的热潮。

蚁群觅食的方法是通过相互协作找到一条从蚁穴到食物源的最短路径。蚁群能做到这一点,是因为蚂蚁在其所经过的路径上留下了一种特殊的化学物质——信息素,其他蚂蚁通过感知这种物质来选择路径。

蚁群算法的原理解释如图 6.7 所示。

在图 6.7 中,假设蚁群在 A 点,食物源在 D 点,蚂蚁从 A 点到 D 点觅食,有两条路径可供选择,分别为路线 ABD 和路线 ACD。假设初始时每条路线分配五只蚂蚁,蚂蚁在路途中会释放一种激素——信息素,信息素与路径长度有关,路径长度越大该物质就越少,反之亦然。由于两点之间直线距离最短,所以图 6.7 中 ABD 距离长度小于 ACD 距离长度,则 ABD 路径上留下的信息素比在路径 ACD 上留下的信息素多,这些信息素会吸引越来越多的蚂蚁走 ABD 路径,进而经过 ACD 路径的蚂蚁会越来越少,则路径上分布的蚂蚁会发生变化。

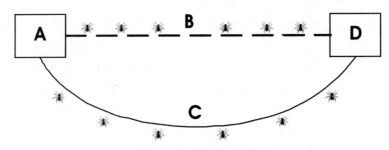

图 6.7 蚁群初始搜索图

借助旅行商问题简述蚁群系统模型:旅行商问题的实质是要求旅行商遍历所有城市,并有且仅有一次经过每一个城市,使其经过的路程最短。设城市节点数有 N 个,蚂蚁个数有 M 只,假定蚂蚁当前在城市 i,通过比较转移概率的大小,选择概率较大的节点 j 作为下一个要访问的城市。在该算法中,设置禁忌表 $tabu_k$ 用来存储蚂蚁已经访问过的城市。蚂蚁根据转移概率选择下一个没有在禁忌表中的城市,转移概率表达式为

$$p_{ij}^k(t) = \begin{cases} \dfrac{\tau_{ij}^\alpha(t)\eta_{ij}^\beta}{\sum\limits_{j \in N_k^k} \tau_{ij}^\alpha(t)\eta_{ij}^\beta}, & j \notin \mathrm{tabu}_k \\ 0, & \text{otherwise} \end{cases} \quad (6.9)$$

式中:τ_{ij} 表示路径 $i \sim j$ 上的信息素量的大小;$\eta_{ij}=1/d_{ij}$ 表示路径 $i \sim j$ 上的启发因子;α 表示的是信息素的重要程度;β 表示的是启发因子的重要程度;N_k^k 表示的是没有加入禁忌表中的城市;$p_{ij}^k(t)$ 表示 t 时刻第 k 只蚂蚁在城市 i 选择城市 j 的概率。

信息素 τ_{ij} 按照式(6.10)更新,即

$$\tau_{ij}(t+n) = (1-\rho)\tau_{ij}(t) + \sum_{k=1}^m \Delta\tau_{ij}^k \quad (6.10)$$

式中:ρ 表示信息素挥发因子,$0 < \rho < 1$;$\Delta\tau_{ij}^k$ 表示第 k 只蚂蚁在路径 (i,j) 残留的信息素量,如果蚂蚁 k 未经过该路径,则 $\Delta\tau_{ij}^k = 0$。

Dorigo M.根据信息素更新方式的不同,分别提出了蚁环模型(Ant-Cycle),蚁量模型

(Ant – Quantity)和蚁密模型(Ant – Density)。

在蚁环模型(Ant – Cycle)中,$\Delta\tau_{ij}^k$ 表示为

$$\Delta\tau_{ij}^k = \begin{cases} Q/L_K, & j \in \text{allowed}_k \\ 0, & \text{otherwise} \end{cases} \tag{6.11}$$

式中：L_K 表示蚂蚁所走的路径总长度；Q 是常量,表示所有路径上的信息素总量。

在蚁量模型(Ant – Quantity)中,$\Delta\tau_{ij}^k$ 可以表示为

$$\Delta\tau_{ij}^k = \begin{cases} Q/d_{ij}, & j \in \text{allowed}_k \\ 0, & \text{otherwise} \end{cases} \tag{6.12}$$

式中：d_{ij} 为节点 $i \sim j$ 的距离；Q 是常量,表示所有路径上的信息素总量。

在蚁密模型(Ant – Density)中,$\Delta\tau_{ij}^k$ 可以表示为

$$\Delta\tau_{ij}^k = \begin{cases} Q, & j \in \text{allowed}_k \\ 0, & \text{otherwise} \end{cases} \tag{6.13}$$

式中：Q 是常量,表示所有路径上的信息素总量。

上述 3 个模型的信息素更新策略不同：在式(6.11)的蚁环模型中,如果蚂蚁访问的路径总长度越小,信息素增量 $\Delta\tau_{ij}^k$ 越大,进而路径上的信息素量越大,反之则越小；在式(6.12)的蚁量模型中,d_{ij} 为路径 (i, j) 的长度,d_{ij} 为局部信息；在式(6.13)的蚁密模型中,当蚂蚁从节点城市 i 访问到下一个节点 j 时,$\Delta\tau_{ij}^k = Q$,由此,在蚂蚁所访问的任意路径上的信息素量都是常数。因此在蚁环模型中很好地利用了全局信息,有助于蚂蚁找到全局最优路径,本书采用式(6.11)蚁环模型更新信息素增量。

(3)蚁群算法的基本参数

蚁群算法中的参数相对较多,参数之间会存在耦合的情况,当前的蚁群算法都是凭借研究者的经验去设置的。若想要对蚁群算法的参数进行优化,让它尽可能得到全局最优解,就要充分利用仿真实验来分析参数值对基本蚁群算法造成的影响,进而将其确定在一个合理的范围内。目前对蚁群算法尚无严格的理论依据,对于蚁群算法中的 $\alpha, \beta, \rho, Q, NC\_\max, M$ 等参数值的确定主要基于统计学的知识。

蚂蚁数量 M：蚂蚁算法是通过多个候选解组成的群体进化过程来搜索最优解,所以蚂蚁的数目 M 对蚁群算法 T 有一定的影响。若 M 大 T,会提高蚁群算法的全局搜索能力和稳定性,但数量过大会导致大量曾被搜索过的路径上的信息素变化趋于平均,信息正反馈作用减弱,随机性增强,收敛速度减慢。反之,若 M 小 T,会使从来未被搜索到的解上的信息素减小到接近于 0,全局搜索的随机性减弱,虽然收敛速度加快,但是会使算法的全局性能降低,稳定性变差,出现过早停滞现象。大量的仿真试验表明：当 $M \in [0.6NC\_\max, 0.9NC\_\max]$ ($NC\_\max$ 为城市数量)时,蚁群算法的全局收敛性和收敛速度都比较好。

启发式因子 α：蚁群算法中的参数 α 被称作启发式因子,在式(6.9)中我们能够注意到,α 作为幂指数,可见 α 值越大,转移的概率越大。α 的值反映了该路径上的信息素的相对重要性：α 的值越大,后面的蚂蚁选择之前蚂蚁走过的路径的概率就越大；α 的值越小,对于后面寻找食物的蚂蚁而言,它们随机选择路径的概率就越大。

期望启发因子 β：β 表示能见度相对重要程度的参数。β 的大小反映了蚂蚁在路径搜索过程中确定性因素作用的强弱。已有研究表明：β 过小,将导致蚂蚁群体陷入纯粹的随机搜索,

在此情况下很难找到最优解；β过大，蚂蚁在局部点上选择局部最短路径的可能性越大，虽然加快了收敛速度，但减弱了随机性，易陷入局部最优。

信息素挥发度ρ：在蚁群算法中，人工蚂蚁是具有人类记忆功能的，随着时间的推移，以前留下的信息将逐渐消失。如前所述，在算法模型中，ρ参数表示信息素挥发度，其值直接关系到蚁群算法的全局搜索能力及其收敛速度；$(1-\rho)$表示信息素残留因子，反映了蚂蚁个体之间相互影响的强弱。研究表明：在其他参数相同的情况下，信息素挥发度ρ的大小对蚁群算法的收敛性影响非常大，ρ与循环次数近似成反比关系。当ρ极小时，路径上的残留信息占主导地位，信息正反馈作用相对较弱，搜索的随机性增强，因而蚁群算法的收敛速度很慢。当ρ较大时，正反馈作用占主导地位，搜索的随机性减弱，导致收敛速度快，但易陷入局部最优状态。一般来说，$\rho \in [0.1, 0.5]$时，性能的算法较好。

总信息量Q：总信息量Q为蚂蚁循环一周时释放在所经路径上的信息素总量，在基本蚁群算法中是一个常量。一般的理解是：总信息量Q越大，则在蚂蚁已经走过的路径上信息素的累积越快，可以加强蚁群搜索时的正反馈性能，有助于算法的快速收敛。Q过小，则信息素浓度增长太慢，正反馈信息太少，使算法难以收敛。

(4) 蚁群算法的搜索步骤

步骤1：设置参数$\alpha, \beta, \rho, Q, NC\_\max, m$，迭代次数的初始值$NC=1$；

步骤2：m只蚂蚁随机选择初始位置，并计算启发因子$\eta_{ij} = 1/d_{ij}$；

步骤3：m只蚂蚁按照概率函数式(6.9)选择下一座城市，将所选城市节点添加到tabu表中；

步骤4：循环第3步直到禁忌表tabu已满，此时得出蚂蚁在此处搜索中的最优路径长度L_{NC}，并且更新L_{best}的值；

步骤5：按照式(6.10)更新信息素，禁忌表tabu清零。

步骤6：判断$NC < NC\_\max$是否成立，如果条件成立，则$NC=NC+1$，并转至步骤2，如果条件不成立，转至步骤7；

步骤7：算法结束，输出最优路径长度L_{best}。

基本蚁群算法搜索步骤对应的流程图，如图6.8所示。

(5) 蚁群算法的特点

1) 它是一种分布式协同优化机制。

从蚁群算法的原理不难看出，蚁群觅食行为是一种分布式协同优化机制。每一只蚂蚁都能够寻找到一条到达食物源的路径，但该路径几乎不可能是最优路径。要想找到一条最优路径或者接近最优的路径，就需要很多蚂蚁组成一个群体来完成。真实蚁群的能力是非常强大的，它们通过彼此交流、通信，最后能够找到一条从蚁穴到食物源的最优路径。在寻找最优路径的过程中，它们通过间接的方式进行彼此通信，即搜寻找到食物源的蚂蚁会在其所经过的路径释放信息素，在它之后的蚂蚁通过感知信息素浓度的强弱来选择到达食物源的路径。研究社会型生物种群的研究人员把这种现象称为协同机制。因此，蚁群算法中的人工蚂蚁可通过某种方法更新信息素浓度来模拟真实蚂蚁更新信息素的行为。蚁群寻找食物源的另一个重要机制是正反馈机制，这种机制能够引导蚂蚁找到更优的解，但是在此过程中要预防早熟现象的发生。

2) 蚁群算法是一种自组织的算法。

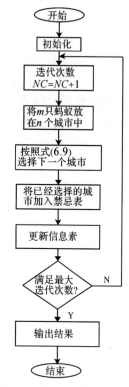

图 6.8 基本蚁群算法的流程

在系统论中,自组织和他组织是组织的两个基本分类,其区别在于组织力或组织指令是来自系统的内部还是来自系统的外部,来自系统内部的是自组织,来自系统外部的是他组织。如果系统在获得空间的、时间的或者功能结构的过程中,没有外界的特定干预,便说系统是自组织的。在抽象意义上讲,自组织就是在没有外界作用下系统熵增加的过程(即是系统从无序到有序的变化过程)。蚁群算法充分体现了这个过程,以蚂蚁群体优化为例子说明,在算法开始的初期,单个的人工蚂蚁无序地寻找解,算法经过一段时间的演化,人工蚂蚁间通过信息激素的作用,自发地越来越趋向于寻找到接近最优解的一些解,这就是一个从无序到有序的过程。

3)蚁群算法是一种本质上并行的算法。

每只蚂蚁搜索的过程彼此独立,仅通过信息激素进行通信,所以蚁群算法可以看作是一个分布式的多 agent 系统,它在问题空间的多点同时开始进行独立的解搜索,不仅增加了算法的可靠性,也使得算法具有较强的全局搜索能力。

4)蚁群算法是一种正反馈的算法。

从真实蚂蚁的觅食过程中不难看出,蚂蚁能够最终找到最短路径,直接依赖于最短路径上信息激素的堆积,而信息激素的堆积是一个正反馈的过程。对蚁群算法来说,初始时刻在环境中存在完全相同的信息激素,给予系统一个微小扰动,使得各个边上的信息激素浓度不相同,蚂蚁构造的解就存在了优劣,算法采用的反馈方式使在较优的解经过的路径留下更多的信息激素,而更多的信息激素又吸引了更多的蚂蚁,这个正反馈的过程使得初始的不同不断扩大,同时又引导整个系统向最优解的方向进化。因此,正反馈是蚁群算法的重要特征,它使得算法演化过程得以进行。

5)蚁群算法具有较强的鲁棒性。

相对于其他算法,蚁群算法对初始路线要求不高,即蚁群算法的求解结果不依赖于初始路线的选择,而且在搜索过程中不需要人工进行调整。另外,蚁群算法的参数数目少,设置简单,便于将蚁群算法应用到其余组合,以优化问题的求解。

(6)蚁群算法的优点

蚁群算法的成功运用激起了人们的极大兴趣,并吸引了一批研究人员从事蚁群算法的研究。研究表明,蚁群算法是一种有效的随机搜索算法,具有如下优点:

1)较强的鲁棒性:无中心控制,不会由于某一个或者某几个个体的故障而影响整个问题的求解;

2)本质并行性:蚁群在问题空间的多点不同时开始进行独立的解搜索,增强了算法的全局搜索能力;

3)正反馈性:蚁群算法能够最终找到最短路径,直接依赖于最短路径上的信息素的堆积,而信息素的堆积就是一个正反馈的过程;

4)易于与其他方法结合:蚁群算法很容易与多种启发式算法结合,以改善算法的性能;

5)自组织性:算法初期,单个的人工蚂蚁无序地寻找解,经过一段时间的演化,蚂蚁间通过信息素的作用,自发地越来越趋向于寻找到接近最优解的一些解,是一个从无序到有序的过程。

(7)蚁群算法的缺点

虽然蚁群算法有许多优点,但同时也存在一些缺陷,主要表现在以下两方面:

1)与其他方法相比,该算法一般需要较长的搜索时间,计算量较大,蚁群算法的复杂度可以反映这一点;

2)该方法容易出现停滞现象(Stagnation Behaviour),即搜索进行到一定程度后,所有个体所发现的解完全一致,不能对解空间进一步进行搜索,不利于发现更好的解。

(8)蚁群算法的标准代码

```
function [y,val]=QACS
tic
load att48 att48;
MAXIT=300;%最大循环次数
NC=48;%城市个数
tao=ones(48,48);%初始时刻各边上的信息
rho=0.2;%挥发系数
alpha=1;
beta=2;
Q=100;
mant=20;%蚂蚁数量
iter=0;%记录迭代次数
for i=1:NC %计算各城市间的距离
```

```
for j=1:NC
distance(i,j)=sqrt((att48(i,2)-att48(j,2))^2+(att48(i,3)-att48(j,3))^2);
end
end
bestroute=zeros(1,48);%用来记录最优路径
routelength=inf;%用来记录当前找到的最优路径长度
for i=1:mant %确定各蚂蚁初始的位置
end
for ite=1：MAXIT
for ka=1:mant %考查第K只蚂蚁
deltatao=zeros(48,48);%第K只蚂蚁移动前各边上的信息增量为零
[routek，lengthk]=travel(distance,tao,alpha,beta);
if lengthk<routelength %找到一条更好的路径
routelength=lengthk；
bestroute=routek；
end
for i=1:NC-1 %第K只蚂蚁在路径上释放的信息量
deltatao(routek(i),routek(i+1))=deltatao(routek(i),routek(i+1))+Q/lengthk；
end
deltatao(routek(48),1)=deltatao(routek(48),1)+Q/lengthk；
end
for i=1:NC-1
for j=i+1:NC
if deltatao(i,j)==0
deltatao(i,j)=deltatao(j,i); y=bestroute;
end val=routelength;
end toc
end
tao=(1-rho).*tao+deltatao；
end
y=bestroute；
val=routelength；
toc
function [y,val]=travel(distance,tao,alpha,beta) %某只蚂蚁找到的某条路径
[m,n]=size(distance);
p=fix(m*rand)+1；%fix 取整函数
val=0；%初始路径长度设为0
tabuk=[p]；%假设该蚂蚁都是从第p个城市出发的
for i=1:m-1
```

```
np=tabuk(length(tabuk));   %蚂蚁当前所在的城市号
p_sum=0;
for j=1:m
if isin(j,tabuk)
continue;
else
ada=1/distance(np,j);
p_sum=p_sum+tao(np,j)^alpha * ada^beta;
end
end
cp=zeros(1,m);   %转移概率
for j=1:m
if isin(j,tabuk)
continue;
else
ada=1/distance(np,j);
cp(j)=tao(np,j)^alpha * ada^beta/p_sum;
end
end
NextCity=pchoice(cp);
tabuk=[tabuk,NextCity];
val=val+distance(np,NextCity);
end
y=tabuk;
function y=isin(x,A)   %判断数 x 是否在向量 A 中,如在返回 1,否则返回 0
y=0;
for i=1:length(A)
if A(i)==x
y=1;
break;
end
end
function y=pchoice(A)
a=rand;
tempA=zeros(1,length(A)+1);
for i=1:length(A)
tempA(i+1)=tempA(i)+A(i);
end
for i=2:length(tempA)
```

```
if a<=tempA(i)
y=i-1;
break;
end
end
```

6.2.5 模拟退火算法

(1)模拟退火算法概述

模拟退火算法最早的思想是由 Metropolis 在 1953 年提出的,1983 年由 Kirkpatrick 等人成功引入组合优化领域,目前已在工程实际中得到了广泛的应用。模拟退火算法是局部搜索算法的扩展,从理论上来说,它是一个全局最优算法。

模拟退火算法的思想来源于对固体退火降温过程的模拟,即将固体加温至温度很高,再让其徐徐冷却。当加热固体时,固体中原子的热运动不断增强,内能增大,随着温度的不断升高,固体的长程有序被彻底破坏,固体内部粒子随温度的升高而变为无序状。冷却时,粒子逐渐趋于有序,在每个温度下都达到平衡状态,最后在常温下达到基态,同时内能减为最小。

在实际应用中,可以将内能 E 模拟为目标函数值 f,将温度 T 模拟为控制参数,然后从一给定解开始,从其邻域中随机产生一个新解,接受准则允许目标函数在一定范围内接受使目标函数恶化的解,算法持续进行"产生新解—计算目标函数差—判断是否接受新解—接受或舍弃"的迭代过程,对应着固体在某一恒定温度下趋于热平衡的过程。经过大量的解变化后,可以求得给定控制参数 T 值时优化问题的相对最优解,然后减小控制参数 T 的值,重复执行上述迭代过程。当控制参数逐渐减小并趋于零时,系统也越来越趋于平衡状态,最后系统状态对应于优化问题的整体最优解。退火过程由一组称作冷却进度表(Cooling Schedule)的参数控制,包括控制参数的初始值 T 以及衰减因子 Δt、每个值对应的迭代次数 T 和终止条件 S。

(2)模拟退火算法的基本参数

初始值 T_0 要越大越好,但要根据实际的模型计算情况确定该参数的大小,以减少计算量;

温度控制参数 T 的衰减值常用温度 $T_{k+1}=\alpha T_k$ 来设定,α 为 0.5~0.99;

Mapkob 链长度为 L_k,通常设 $L_k=100n$,n 为问题的规模。

(3)模拟退火算法的特点

模拟退火算法的计算过程简单,通用性和鲁棒性强,适用于并行处理,可用于求解复杂的非线性优化问题。但该算法的收敛速度慢,执行时间长,算法性能与初始值有关,且算法参数的敏感性对算法性能影响较大。

(4)算法的步骤

模拟退火算法基于对固体退火过程的模拟,用冷却进度表来控制算法的进程,使算法在控制参数 T 徐徐降温并趋于零时,最终求得组合优化问题的相对全局最优解。其中优化问题的一个解 i 及其目标函数 $f(i)$ 分别与固体的一个微观状态 i 及其能量 E_i 相对应。令随算法进程递减的控制参数 T 担当固体退火过程中温度的角色,则对于 T 的每一取值,算法采用 Metropolis 接受准则,持续进行"产生新解—判断—接受或舍弃"的迭代过程而达到该温度下的平衡点。具体步骤如下。

步骤1:给定冷却进度表参数及迭代初始解 x_0 以及 $f(x_0)$,其中冷却进度表参数包括控制参数 T 的初值 T_0,衰减函数,终值以及 Mapkob 链长度 L_k;

步骤2:当参数 $T=T(k)$ 时,按照如下过程进行 L_k 次试探搜索:

根据当前解 X_k 的性质产生一随机向量 $\mathbf{Z}_k$(对于连续变量)或随机偏移量 m(对于离散变量),从而得到一当前解邻域的新的试探点 X'_k,即

$$X'_k = \begin{cases} X_k + \mathbf{Z}_k \\ X_{(k+m)} \end{cases} \quad (6.14)$$

式中:X 为离散变量的取值序列;k 为当前解的离散位置。

产生一个在(0,1)区间上均匀分布的随机数 θ,计算出在给定当前迭代点 X_k 和温度 T_k 下与 Metropolis 接受准则相对应的转移概率 P 为

$$P = \begin{cases} 1, f(X'_k) < f(X_k) \\ \exp \dfrac{f(X'_k) < f(X_k)}{T_k} \end{cases} \quad (6.15)$$

如果 $\theta < P$,则接受新解,否则当前解不变;

试探搜索小于 L_k 次,返回步骤1,否则进入步骤3;

步骤3:如果迭代终止条件满足,则算法结束,当前解为全局最优解,否则继续步骤4;

步骤4:根据给定的温度衰减函数产生新的温度控制参数 T_{k+1} 和 Mapkob 链长度 L_{k+1},转入步骤2,进入下一温度点的平衡点寻优。

(5)模拟退火算法的基本流程

模拟退火算法的基本流程如图 6.9 所示。

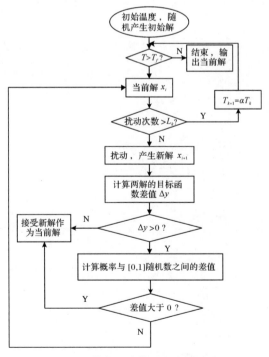

图 6.9 模拟退火算法的基本流程

(6)算法代码

```
function [f,T]=TSPSA(d,t0,tf)
% f 为目标最优值,T 为最优路线,d 为距离矩阵,t0 为初始温度,tf 为结束温度
[m,n]=size(d);
L=100*n;
t=t0;
pi0=1:n;
min_f=0;
for k=1:n-1
min_f=min_f+d(pi0(k),pi0(k+1));
end
min_f=min_f+d(pi0(n),pi0(1));
p_min=pi0;
while t>tf
for k=1:L;
kk=rand;
[d_f,pi_1]=exchange_2(pi0,d);
r_r=rand;
if d_f<0
pi0=pi_1;
elseif exp(d_f/t)>r_r
pi0=pi_1;
else
pi0=pi0;
end
end
f_temp=0;
for k=1:n-1
f_temp=f_temp+d(pi0(k), pi0(k+1));
end
f_temp=f_temp+d(pi0(n), pi0(1));
if min_f>f_temp
min_f=f_temp;
p_min=pi0;
end
t=0.87*t;
end
f=min_f;
T=p_min;
```

```
%调用的子程序,用于产生新解
function [d_f,pi_r]=exchange_2(pi0,d)
[m,n]=size(d);
clear m;
u=rand;
u=u*(n-2);
u=round(u);
if u<2
u=2;
end
if u>n-2
u=n-2;
end
v=rand;
v=v*(n-u+1);
v=round(v);
if v<1
v=1;
end
v=u+v;
if v>n
v=n;
end
pi_1(u)=pi0(v);
pi_1(v)=pi0(u);
if u>1
for k=1:u-1
pi_1(k)=pi0(k);
end
end
if v>(u+1)
for k=1:v-u-1
pi_1(u+k)=pi0(v-k);
end
end
if v<n
for k=(v+1):n
pi_1(k)=pi0(k);
end
end
```

```
end
d_f=0;
if v<n
d_f=d(pi0(u-1),pi0(v))+d(pi0(u),pi0(v+1));
for k=(u+1):n
d_f=d_f+d(pi0(k),pi0(k-1));
end
d_f=d_f-d(pi0(u-1),pi0(u))-d(pi0(v),pi0(v+1));
for k=(u+1):n
d_f=d_f-d(pi0(k-1),pi0(k));
end
else
d_f=d(pi0(u-1),pi0(v))+d(pi0(u),pi0(1))-d(pi0(u-1),pi0(u))-d(pi0(v),pi0(1));
for k=(u+1):n
d_f=d_f+d(pi0(k),pi0(k-1));
end
for k=(u+1):n
d_f=d_f-d(pi0(k-1),pi0(k));
end
end
pi_r=pi_1;
```

6.2.6 禁忌搜索算法

(1) 禁忌搜索算法概述

禁忌搜索(Tabu Seareh 或 Taboo Search,TS)的思想最早是由 Glover 等人在 1985 年提出的,并由 Glover 在 1986 年、1989 年和 1990 年对该方法做出了进一步的定义和发展。禁忌搜索算法是对局部邻域搜索的一种扩展,是一种全局逐步寻优算法,是对人类智力过程的一种模拟。禁忌搜索算法通过引入一个灵活的存储结构和相应的禁忌准则来避免迂回搜索,并通过藐视准则来赦免一些被禁忌的优良状态,进而保证多样化的有效探索,以最终实现全局优化。

局部邻域搜索是基于贪婪思想持续地在当前解的邻域中进行搜索,虽然算法通用易实现,且容易理解,但其搜索性能完全依赖于邻域结构和初始解,尤其易陷入局部极小而无法保证全局优化性。针对局部邻域搜索,为了实现全局优化,可尝试的途径有:扩大邻域搜索结构、多点并行搜索,如进化计算、变结构邻域搜索等;采用禁忌搜索的禁忌策略要尽量避免迂回搜索,它是一种确定性的局部极小突跳策略。

禁忌搜索是人工智能的一种体现,是局部邻域搜索的一种扩展。禁忌搜索最重要的思想是标记对应已搜索的局部最优解的一些对象,并在进一步的迭代搜索中尽量避开这些对象(而不是绝对禁止循环),从而保证对不同的有效搜索途径的探索。禁忌搜索涉及邻域(Neighborhood)、禁忌表(Tabu List)、禁忌长度(Tabu Length)、候选解(Candidate)、藐视准则(Aspiration Criterion)等概念。

简单的禁忌搜索是在邻域搜索的基础上通过设置禁忌表来禁止一些已进行的操作,并利用藐视准则来奖励一些优良状态。其中邻域结构、候选解、禁忌长度、禁忌对象、藐视准则、终止准则等是影响禁忌搜索算法性能的关键。需要指出的是:

1)由于禁忌搜索是局部邻域搜索的一种扩充,因此邻域结构的设计很关键,它决定了当前解的邻域解的产生形式和数目以及各个解之间的关系。

2)出于对改善算法的优化时间性能的考虑,若邻域结构决定了大量的邻域解,尤其对大规模问题,则可以仅尝试部分互换的结果,而候选解也仅取其中的少量最佳状态。

3)禁忌长度是一个很重要的关键参数,它决定了禁忌对象的任期,其值直接影响整个算法的搜索进程和行为。禁忌表中禁忌对象的替换可以采用 FIFO 方式(不考虑藐视准则的作用),也可以采用其他方式,甚至是动态自适应的方式。

4)设置藐视准则是避免算法遗失优良状态,激励对优良状态的局部搜索,进而实现全局优化的关键步骤。

5)对于非禁忌候选状态,算法无视它与当前状态的适配值的优劣关系,仅考虑它们中间的最佳状态,可实现对局部极小的突跳(是一种确定性策略)。

6)为了使算法具有优良的优化性能或时间性能,必须设置一个合理的终止准则来结束整个搜索过程。

(2)禁忌搜索算法的基本思想

通过对禁忌搜索算法的概述,读者能够基本上了解禁忌搜索的概念和机制。简单禁忌搜索算法的基本思想是:给定一个当前解(初始解)和一种邻域,然后在当前解的邻域中确定若干候选解;若最佳候选解对应的目标值优于"best so far"状态,则忽视其禁忌特性,用其替代当前解和"best so far"状态,并将相应的对象加入禁忌表,同时修改禁忌表中各对象的任期;若不存在上述候选解,则在候选解中选择非禁忌的最佳状态为新的当前解,而无视它与当前解的优劣,同时将相应的对象加入禁忌表,并修改禁忌表中各对象的任期;如此重复上述迭代搜索过程,直至满足停止准则。

(3)禁忌搜索算法的算法流程

简单禁忌搜索的算法步骤可描述如下:

步骤 1:给定算法参数,随机产生初始解 x,设置禁忌表为空。

步骤 2:判断算法终止条件是否满足,若满足,则结束算法并输出优化结果。否则,继续以下步骤。

步骤 3:利用当前解的邻域函数产生其所有(或若干)邻域解,并从中确定若干候选解。

步骤 4:对候选解判断藐视准则是否满足,若满足,则用满足藐视准则的最佳状态 y 替代 x 成为新的当前解,即 $x=y$,并用与 y 对应的禁忌对象替换最早进入禁忌表的禁忌对象,同时用 y 替换"best so far"状态,然后转步骤 6。否则,继续以下步骤。

步骤 5:判断候选解对应的各对象的禁忌属性,选择候选解集中的非禁忌对象对应的最佳状态为新的当前解,同时用与之对应的禁忌对象替换最早进入禁忌表的禁忌对象元素。

步骤 6:转步骤 2。

可以明显地看到,邻域函数、禁忌对象、禁忌表和藐视准则构成了禁忌搜索算法的关键。

其中:邻域函数沿用局部邻域搜索的思想,用于实现邻域搜索;禁忌表和禁忌对象的设置,体现了算法避免迂回搜索的特点;藐视准则则是对优良状态的奖励,它是对禁忌策略的一种放松。需要指出的是,上述算法仅是一种简单的禁忌搜索框架,对各关键环节复杂和多样化的设计则可构造出各种禁忌搜索算法。同时,算法流程中的禁忌对象,可以是搜索状态,也可以是特定搜索操作,甚至是搜索目标值等。

(4)禁忌搜索算法的特点

与传统的优化算法相比,禁忌搜索算法的主要特点是:

1)搜索过程中可以接受劣解,因此具有较强的"爬山"能力;

2)新解不是在当前解的邻域中随机产生的,而是优于"best so far"的解,或是非禁忌的最佳解。因此选取优良解的概率远远大于其他解。

由于禁忌搜索算法具有灵活的记忆功能和藐视准则,并且在搜索过程中可以接受劣解,因此具有较强的爬山能力,搜索时能够跳出局部最优解,转向解空间的其他区域,从而增大获得更好的全局最优解的概率,所以禁忌搜索算法是一种局部搜索能力很强的全局迭代寻优算法。但是禁忌搜索算法也有明显不足:

1)对初始解的依赖性较强,好的初始解有助于搜索很快地达到最优解,而较坏的初始解往往会使搜索很难或不能够达到最优解;

2)迭代搜索过程是串行的,仅是单一状态的移动,而非并行搜索。

(5)禁忌搜索算法的参数

一般而言,要设计一个禁忌搜索算法,需要确定算法的以下环节:

1)初始解和适配值函数;

2)邻域结构和禁忌对象;

3)候选解选择;

4)禁忌表及其长度;

5)藐视准则;

6)集中搜索和分散搜索策略;

7)终止准则。

以上主要从实现技术上介绍禁忌搜索算法最基本的操作以及参数的常用设计原则和方法,包括适配值函数、禁忌对象、禁忌长度、候选解、藐视准则、禁忌频率和终止准则等。

(1)适配值函数

禁忌搜索的适配值函数用于对搜索状态进行评价,进而结合禁忌准则和藐视准则来选取新的当前状态。显然,将目标函数直接作为适配值函数是比较容易理解的做法。当然,目标函数的任何变形都可作为适配值函数。

若目标函数的计算比较困难或耗时较多,如一些复杂工业过程的目标函数值需要通过一次仿真才能获得,此时可采用反映问题目标的某些特征值来作为适配值,进而改善算法的时间性能。当然,选取何种特征值要视具体问题而定,但必须保证特征值的最佳性与目标函数的最优性一致。

(2)禁忌对象

所谓禁忌对象就是指被置入禁忌表中的那些变化元素,禁忌的目的则是尽量避免迂回搜索,从而多探索一些有效的搜索途径。归纳而言,禁忌对象通常可选取状态本身或状态分量或适配值的变化等。

以状态本身或其变化作为禁忌对象是最为简单、最容易理解的途径。具体而言,当状态由 x 变化至 y 时,将状态 y(或 $x \to y$ 的变化)视为禁忌对象,从而在一定条件下禁止了 y 的再度出现。

(3)禁忌长度和候选解

禁忌长度和候选解集的大小是影响禁忌搜索算法性能的两个关键参数。所谓禁忌长度,即禁忌对象在不考虑藐视准则情况下不允许被选取的最大次数(可视为对象在禁忌表中的任期),对象只有当其任期为 0 时才被解禁。候选解集则通常是当前状态的邻域解集的一个子集。在算法的构造和计算过程中,要求计算量和存储量尽量少,这就要求禁忌长度和候选解集要尽量小。但是,如果禁忌长度过短将造成搜索的循环候选解集过小,容易造成早熟收敛,陷入局部极小。

禁忌长度的选取与问题特性以及研究者的经验有关,它决定了算法的计算复杂性。

一方面,禁忌长度可以是固定不变的,如将禁忌长度固定为某个数,或者固定为与问题规模相关的一个量。

另一方面,禁忌长度也可以是动态变化的,如根据搜索性能和问题特性设定禁忌长度的变化区间 $[t_{\min}, t_{\max}]$,禁忌长度则可按某种原则或公式在其区间内变化。当然,禁忌长度的区间大小也可随搜索性能的变化而动态变化。

一般而言,当算法的性能动态下降较多时,说明算法当前的搜索能力比较强,也可能当前解附近极小解形成的"波谷"较深,从而可设置较大的禁忌长度来延续当前的搜索行为,并避免陷入局部极小。大量研究表明,禁忌长度的动态设置方式比静态方式具有更好的性能和鲁棒性,而更为合理、高效的设置方式还有待进一步研究。

候选解通常在当前状态的邻域中择优选取,但选取过多将造成较大的计算量,选取过少则容易造成早熟收敛。然而,要做到整个邻域的择优往往需要大量的计算,因此可以确定性或随机性地在部分邻域解中选取候选解,具体数据大小则可视问题特性和对算法的要求而定。

(4)藐视准则

在禁忌搜索算法中,可能会出现候选解全部被禁忌,或者存在一个优于"best so far"状态的禁忌候选解,此时藐视准则将使某些状态解禁,以实现更高效的优化性能。在此给出藐视准则的几种常用方式。

1)基于适配值的准则。对于全局形式,若某个禁忌候选解的适配值优于"best so far"状态,则解禁此候选解为当前状态和新的"best so far"状态;对于区域形式,将搜索空间分成若干个子区域,若某个禁忌候选解的适配值优于它所在区域的"best so far"状态,则解禁此候选解为当前状态和相应区域的新"best so far"状态。该准则可直观理解为算法搜索到了一个更好的解。

2)基于搜索方向的准则。若禁忌对象上次被禁时使得适配值有所改善,并且目前该禁忌对象对应的候选解的适配值优于当前解,则对该禁忌对象解禁。该准则可被直观理解为算法正按有效的搜索途径进行搜索。

3)基于最小错误的准则。若候选解均被禁忌,且不存在优于"best so far"状态的候选解,则对候选解中最佳的候选解进行解禁,以继续搜索。该准则可被直观理解为对算法死锁的简单处理。

4）基于影响力的准则。在搜索过程中不同对象的变化对适配值的影响有所不同,有的很大,有的较小,而这种影响力可作为一种属性,与禁忌长度和适配值来共同构造貌视准则。直观的理解是,解禁一个影响力大的禁忌对象,有助于在以后的搜索中得到更好的解。需要指出的是,影响力仅是一个标量指标,可以表征适配值的下降,也可以表征适配值的上升。例如,若候选解均差于"best so far"状态,而某个禁忌对象的影响力指标很高,且很快将被解禁,则立刻解禁该对象以期待更好的状态。显然,这种准则需要引入一个标定影响力大小的度量和一个与禁忌任期相关的闭值,这无疑增加了算法操作的复杂性。同时,这些指标最好是动态变化的,以适应搜索进程和性能的变化。

(5) 禁忌频率

记忆禁忌频率(或次数)是对禁忌属性的一种补充,可放宽选择决策对象的范围。譬如,如果某个适配值频繁出现,则可以推测算法陷入某种循环或某个极小点,或者说现有算法参数难以有助于发掘更好的状态,进而应当对算法结构或参数做修改。在实际求解时,可以根据问题和算法的需要,记忆某个状态出现的频率,也可以是某些对换对象或适配值等出现的信息,这些信息可以是静态的或者是动态的。

静态的频率信息主要包括状态、适配值或对换对象等在优化过程中出现的频率,其计算相对比较简单,如对象在计算中出现的次数,出现次数与总迭代步数的比,某两个状态间循环的次数等。显然,这些信息有助于了解某些对象的特性,以及相应循环出现的次数等。

动态的频率信息主要记录从某些状态、适配值或对换对象等转移到另一些状态、适配值或对换对象等的变化趋势,如记录某个状态序列的变化。显然,对动态频率信息的记录比较复杂,而它所提供的信息量也较多。常用的方法如下:

1）记录某个序列的长度,即序列中的元素个数,而在记录某些关键点的序列中,可以按这些关键点的序列长度的变化来进行计算。

2）记录由序列中的某个元素出发后再回到该元素的迭代次数。

3）记录某个序列的平均适配值或者是相应各元素的适配值的变化。

4）记录某个序列出现的频率等。

上述频率信息有助于加强禁忌搜索的能力和效率,并且有助于对禁忌搜索算法参数的控制,或者可基于此对相应的对象实施惩罚。譬如:若某个对象变化较大,则可以增加禁忌长度来避免循环;若某个序列的适配值变化较小,则可以增加对该序列所有对象的禁忌长度,反之则缩小禁忌长度;若最佳适配值长时间维持下去,则可以终止搜索进程而认为该适配值已是最优值。

(6) 终止准则

与模拟退火、遗传算法一样,禁忌搜索也需要一个终止准则来结束算法的搜索进程,从而严格实现理论上的收敛条件,即在禁忌长度充分大的条件下,实现状态空间的遍历,这显然是不切合实际的,因此当实际设计算法时,通常采用近似的收敛准则。常用的方法如下:

1）给定最大迭代步数。此方法简单易操作,但难以保证优化质量。

2）设定某个对象的最大禁忌频率。即若某个状态、适配值或对换对象等的禁忌频率超过某一闭值,则终止算法,其中也包括最佳适配值连续若干步保持不变的情况。

(7) 邻域函数

邻域函数是优化中的一个重要概念,其作用就是指导如何由一个(组)解来产生一个(组)

新的解。邻域函数的设计往往依赖于问题的特性和解的表达方式,应结合具体问题进行分析。

在组合优化中,邻域的基本思想仍旧是通过一个解产生另一个解。局部搜索算法是基于贪婪思想利用邻域函数进行搜索的,它通常可描述为,从一个初始解出发,利用邻域函数持续地在当前解的邻域中搜索比它好的解,若能够找到这样的解,就使之成为新的当前解,然后重复上述过程,否则结束搜索过程,并以当前解作为最终解。可见,局部搜索算法尽管具有通用易实现的特点,但搜索性能完全依赖于邻域函数和初始解,如果邻域函数设计不当或初值选取不合适,则算法的最终性能会很差。同时,贪婪思想无疑将使算法丧失全局优化能力,也即算法在搜索过程中无法避免陷入局部极小。因此,若不在搜索策略上进行改进,以实现全局优化,局部搜索算法采用的邻域函数必须是"完全的",即邻域函数将导致解的完全枚举,而这在大多数情况下无法实现,并且穷举的方法对于大规模问题在搜索时间上是不允许的。

6.3 本章小结

本章主要对毕业论文中常用的模型仿真软件,即 Matlab、Lingo 和 Cplex 模拟器等的基本概念、常用的命令和操作过程进行了详细的说明,并对粒子群算法、遗传算法、鱼群算法、蚁群算法以及模拟退火算法等仿生进化算法的基本原理、算子、参数、特点、步骤和基本代码进行了系统的描述,为本科生毕业论文方法的学习和程序的练习提供借鉴。

6.4 思考与练习题

1. Matlab 语言中常常出现的两类错误有哪些?
2. Lingo 软件主要用于求解哪些模型?
3. 如何将 Matlab 软件与 Cplex 求解器混合使用?
4. 粒子群算法、遗传算法、蚁群算法有哪些共同特性?
5. 如何将鱼群算法与禁忌搜索算法进行融合改进?

第7章 毕业论文中的问题抽象与分析

7.1 毕业论文中的常见问题分析

交通运输专业毕业论文主要根据民航运营规划与监控管理要求,对航空运输规划的某些问题进行分类提出,进而为后续的模型建立、数据来源统计与处理、仿真分析创造条件。

7.1.1 毕业论文中的统计问题分析

大学生进行科学研究或撰写论文,都要运用有关统计学的方法进行统计分析。统计学是科学研究中必需的手段,它体现了科研结果的可信性、可靠性、科学性。但目前在毕业论文中存在一定的统计学错误,从而导致论文的科学性不强,质量不高,结论不可靠,影响了实验研究的水平。国内的很多毕业论文和学术论文中,几乎都缺乏统计学方面的分析,其结果往往是一些定性的或者简单的定量描述,这样的结果带有很大的主观性。基于此,大学生毕业论文中的统计问题主要体现在以下几方面。

(1)实验设计的问题

统计设计是整个研究中最重要的一环,是研究工作应遵循的依据。实验设计的问题主要是缺乏对照组或者对照组设置不恰当。对照是科研设计的重要原则之一,也是描述性研究和分析性研究的区别之一。对照组要求和实验组来源背景一致,组间基础状况具有可比性。在配对设计中,还需要对照组和实验组例数尽量一致。

1)实验分组未采用随机化。实验设计中必须贯彻随机化原则,因为在实验过程中许多非实验因素在设计时,研究者并不完全知道随机误差的干扰,有必要采用随机化的办法抵消这些干扰因素的影响,随机化是实验设计中避免偏倚和混杂因素最有效的方法。然而在很多科技论文中,往往对随机化问题没有交待或者交待不清楚,或者就是随意、随便分组。常用的随机分组方法包括随机数字表,或者计算机生成随机数字。

2)样本缺乏代表性。在很多情况下,研究对象的总体太大,或者不易取到,需要从总体中抽取若干个体,组成集合(即样本)进行研究,以此对总体进行判断。因此,从总体中抽取的个体一定要具有代表性,具有普遍性,而不是一些特殊个体。设立对照是比较的基础,没有对照就很难说明研究假设是否正确,设立对照也是控制实验过程中非实验因素的影响的一种有效措施。所以在论文中,一定要对样本的来源以及纳入和排除标准交待清楚,同时也要对研究本身的局限性加以说明,以便读者判断某论文是否适合自己的研究,避免误导读者。

3)样本量不足或过多。按照统计学规定,样本容量在30以下的为小样本,30以上的为大样本。一般来说,在随机分组的前提下,样本例数越大,各组之间非处理因素的均衡性越好。但当样本量太大时,往往又会给整个实验和质量控制工作带来更多的困难,同时也会造成浪费。样本容量过小,统计效能也随之降低,统计分析可能无法检测出差异的显著性,造成结果的不可靠。另外,在确定样本量的时候,也要根据研究对象的不同,确定合适的样本量。比如,对大熊猫的研究,总体数量本来就稀少,所以样本数量也很难过大。

(2) 统计分析的问题

论文的结果是否具备差异或者差异是否显著,需要有统计分析的结果来支持。在科技论文中,统计分析常见的问题有:

1) 缺乏统计分析。论文结果只是简单的定性描述,在没有进行统计分析的前提下,单凭观测值的大小主观地作出结果是否具有差异的判断。

2) 缺乏详述的统计分析方法。虽然论文也进行了统计分析并给出了显著性判断,但论文没有说明使用的具体统计学方法,让读者无法正确地对结果进行评价。

3) 缺乏正确的检验前提。在统计检验中,对于每种检验方法,都要求被检验数据满足一定的要求。一般来说,这些条件包括样本的独立性、数据分布型、方差其次性、单因素还是多因素等。简单来说,对于单因素处理,当分组为 2 组时,需要采用组间均值比较。对于独立的双样本,当数据分布为正态型时,数据要通过独立样本 t 检验进行分析,反之就要进行非参数检验中的 Mann-Whitney U 检验方法进行检验;对于非独立双样本,当数据分布为正态时,采用配对样本 t 检验,当数据分布非正态时,采用非参检验中的 2 个相关样本检验方法进行检验。当分组在 3 组以上(包括 3 组)时,就必须采用方差分析。对于独立的多组样本,采用 One-way ANOVA 对结果进行差异显著性分析,当结果差异显著时,还需要进一步采用多重比较进行分组检验。需要说明的是,虽然多组比较从理论上来说可以采用 t 检验进行两两比较,但致命缺点是随着组数的增加,统计中犯错的概率也呈现几何趋势迅速增加,而且计算也越发繁琐;当对多组非独立样本进行方差分析时,同样需要采用非参检验中对多组相关样本的检验方法进行分析比较;当研究中包含多种因素时,就要采用多因素方差分析以及协方差分析方法。

4) 缺乏完整的统计参数。很多论文往往对统计结果只给出了 P 值,其实这是不完整的。一个完整的统计结果分析,不仅要有 P 值,还要根据采用的具体分析方法,给出自由度(d_f),t 值或者 F 值等。

5) 统计描述的问题。在很多毕业论文中,都有"$P<0.05$ 或者 0.01 表明统计具有差异性",其实这句话非常不科学。正确的说法应该是"差异显著性水平 $a=0.05$ 或者 0.01"。

(3) 结果解释的问题

结果解释方面存在的主要问题就是把统计结论绝对化了。前面说过,由于在实验设计上可能存在一些问题,已经局限了结果的可靠性,不可能得出肯定的结论,但这并不代表研究的结果就没有意义,其实这也为以后的继续研究提供了有价值的线索。

另外,当结果和自己的预期不一致时,有些作者采取了回避对该结果进行分析的态度,即更多地报道正面结果,回避对负面结果的报道。

(4) 其他问题

除了以上常见的问题之外,在毕业论文的写作中还存在其他一些问题。如标准差和标准误的使用。一般来说国内期刊多采用标准差,而国际期刊也可使用标准误。标准差的作用是反映数据的变异程度,当两组观察值在单位相同,均数相近的情况下,标准差越大,说明观察值间的变异程度越大,即观察值围绕均数的分布较离散,均数的代表性较差。反之,标准差越小,表明观察值间的变异较小,观察值围绕均数的分布较密集,均数的代表性较好。标准误是样本均数的抽样误差。在实际工作中,我们无法直接了解研究对象的总体情况,经常采用随机抽样的方法,取得所需要的指标,即样本指标。样本指标与总体指标之间存在的差别,称为抽样误差,其值通常用均数的标准误来表示。另外,当用统计表表示统计结果时,还存在表格线条过多,主宾混淆或者倒置等问题。从内容上看,每张统计表都有主辞和宾辞。主辞是被研究事物,通常列在表的左侧横标目位置,主辞和宾辞不能混淆或倒置,一张好的统计表,主辞和宾辞连起来能成为一句完整而通顺的话。

7.1.2 毕业论文中的预测问题分析

1. 统计预测的概念

预测是指根据过去和现在估计和预测未来。统计预测属于预测方法研究范畴,即如何利用科学的统计方法对事物的未来发展进行定量推测。

统计预测方法是一种具有通用性的方法。统计预测的三个要素是:实际资料是预测的依据,理论是预测的基础,数学模型是预测的手段。

2. 统计预测的作用

1)在市场经济条件下,预测的作用是通过各个企业或行业内部的行动计划和决策实现的;
2)统计预测作用的大小取决于预测结果所产生效益的多少。

影响预测作用的因素主要有预测费用,预测方法的难易程度,预测结果的精确程度。

3. 统计预测的方法

统计预测方法可归纳为定性预测方法和定量预测方法两类,其中:定量预测方法又可分为趋势外推预测法、时间序列预测法和回归预测法;按照预测时间长短分为近期预测方法、短期预测方法、中期预测方法和长期预测方法;按照预测是否重复分为一次性预测和反复性预测。

统计预测方法主要考虑合适性、经济性和精确性。具体的预测方法类型和特点见表7-1。

表7-1 统计预测类型与特点

方法	时间范围	适用情况	前期工作
定性预测	短、中、长期	对缺乏历史统计资料或趋势面临转折的事件进行预测	需要做大量的调查研究工作
一元线性回归预测	短、中期	自变量与因变量之间存在线性关系	为两个变量收集历史数据
多元线性回归预测	短、中期	因变量与两个或两个以上自变量之间存在线性关系	为所有变量收集历史数据是此预测中最费时的工作
非线性回归预测	短、中期	因变量与一个自变量或多个其他自变量之间存在某种非线性关系	必须收集历史数据,并用几个非线性模型试验
趋势外推法	中期到长期	当被预测问题有关变量用时间表示时,用非线性回归	只需要因变量的历史资料,但用趋势图做试探时较为费时

续 表

方法	时间范围	适用情况	前期工作
分解分析法	短期	一次性短期预测或在使用其他预测方法前消除季节变动因素	需要序列的历史资料
移动平均法	短期	不带季节变动的反复预测	只需要因变量的历史资料,但初次选择权数时较为费时
指数平滑法	短期	具有季节变动的反复预测	只需要因变量的历史资料,是一切反复预测中的简单反复,但建立模型较为费时
自适应过滤法	短期	趋势型态的性质,随时间而变化,而且没有季节变动的反复预测	只需要因变量的历史资料,但制定并检查模型规格较费时
平稳时间序列预测	短期	任何序列的发展形态的高级预测方法	计算过程复杂和繁琐
干预分析模型预测	短期	时间序列受到政策干预或突发事件影响的预测	收集历史数据及影响时间
景气预测	短、中期	时间趋势延续及转折预测	收集大量历史资料和数据并需要大量计算
灰色预测	短、中期	时间序列的发展呈指数型趋势	收集对象的历史数据
状态空间模型和卡尔曼滤波	短、中期	各类时间序列的预测	收集对象的历史数据并建立状态空间模型

4.统计预测的特点

1)科学性:根据统计资料和当前收集的信息,运用一定的程序、方法和模型,分析预测对象与相关因素的相互联系,进而揭示预测对象特性和变化规律。

2)近似性:受到许多随机因素的影响,事前预测的结果往往与将来实际发生的结果有一定的偏差。

3)局限性:对预测对象的认识常常受到知识、经验、观察和分析能力的限制,因掌握资料和信息不够准确完整,或建模时简化等,导致预测的分析不够全面。

5.统计预测的原则与步骤

(1)统计预测的原则

统计预测中的定量预测要使用模型外推法,使用这种方法有以下两条重要的原则:

1)连贯原则是指事物的发展是按照一定规律进行的,在其发展的过程中,这种规律贯彻始终,不应受到破坏,它的未来发展与其过去和现在的发展没有什么根本的不同。

2)类推原则是指事物必须有某种结果,其升降起伏变动不是杂乱无章的,而是有章可循的。事物变动的这种结构性可用数学方法加以模拟,根据所测定的模型,类比现在,预测未来。

(2)统计预测的步骤

1)确定预测目的;

2)收集和审核资料;

3）选择预测模型和方法；

4）分析预测误差，改进预测模型；

5）修正预测结果；

6）提出预测报告。

6. 统计预测的基本问题

(1) 均值的计算问题

在处理数据时，经常会遇到对相同采样或相同实验条件下同一随机变量的多个不同取值进行统计处理的问题。此时，往往我们会不假思索地直接给出算术平均值和标准差。显然，这种做法是不严谨的。这是因为作为描述随机变量总体大小特征的统计量有算术平均值、几何平均值和中位数等。至于该采用哪种均值，不能根据主观意愿随意确定，而要根据随机变量的分布特征确定。

反映随机变量总体大小特征的统计量是数学期望，而当随机变量的分布服从正态分布时，其数学期望就是其算术平均值。此时，可用算术平均值描述随机变量的大小特征；如果所研究的随机变量不服从正态分布，则算术平均值不能准确反映该变量的大小特征。在这种情况下，可通过假设检验来判断随机变量是否服从对数正态分布。如果服从对数正态分布，则几何平均值就是数学期望的值。此时，就可以计算变量的几何平均值；如果随机变量既不服从正态分布也不服从对数正态分布，则按现有的数理统计学知识，尚无合适的统计量描述该变量的大小特征。此时，可用中位数来描述变量的大小特征。

因此，我们不能在处理数据的时候一律采用算术平均值，而是要视数据的分布情况而定。

(2) 直线相关与回归分析问题

这两种分析，说明的问题是不同的，既相互区别又相互联系。在实际分析的时候，应先做变量的散点图，确认线性趋势后再进行统计分析。一般先进行相关分析，只有在相关分析具有统计学意义的前提下，求回归方程才有实际意义。

一般来讲，有两个问题值得注意：一定要把回归和相关的概念搞清楚，做回归分析时，不需要报告相关系数；进行相关分析的时候，不需要计算回归方程。

在相关分析中，对相关系数进行统计检验（如 t 检验），当 $P<0.05$ 时，才能依据 r 值的大小来说明两个变量的相关程度。必须注意的是，不能将相关系数的假设检验误认为是相关程度的大小。举个例子：当样本数量很小时，即使 r 值较大（如 3 对数据，$r=0.9$），也可能得出 $P>0.05$ 这种无统计学意义的结论；而当样本量很大时，如 500，即使 $r=0.1$，也会有 $P<0.05$ 的结果，但这种相关不具有实际意义。因此，要表明相关性，除了要给出 r 值外，还应该注明假设检验的 P 值。

(3) 相关分析和回归分析之间的区别

相关分析和回归分析是极为常用的两种数理统计方法，在环境科学及其他研究领域有着广泛的用途。然而，由于这两种数理统计方法在计算方面存在很多相似之处，因此在应用中很容易将二者混淆。最常见的错误是，用回归分析的结果解释相关性问题。例如：将"回归直线（曲线）图"称为"相关性图"或"相关关系图"；将回归直线的 R^2（拟合度，或称"可决系数"）错误地称为"相关系数"或"相关系数的平方"；根据回归分析的结果得出两个变量之间存在正的或负的相关关系。

相关分析与回归分析均为研究两个或多个变量间关联性的方法，但两种方法存在本质的差别。相关分析的目的在于检验两个随机变量的共变趋势（即共同变化的程度），回归分析的目的则在于试图用自变量来预测因变量的值。

实际上在相关分析中，两个变量必须都是随机变量，如果其中的一个变量不是随机变量，就不能进行相关分析。在回归分析中，因变量肯定为随机变量，自变量则可以是普通变量（有确定的取值），也可以是随机变量。

很显然，当自变量为普通变量的时候，这个时候根本无法回答相关性的问题；当两个变量均为随机变量的时候，鉴于两个随机变量客观上存在"相关性"问题，只是由于回归分析方法本身不能提供针对自变量和因变量之间相关关系的准确的检验手段，因此正如之前所讲的：如果以预测为目的，就不要提相关系数；如果以探索两者的"共变趋势"为目的，就不要提回归方程。

(4) 相关分析中的问题

在相关分析中，我们很容易犯一个错误，那就是不考虑两个随机变量的分布，直接采用 Pearson 积矩相关系数描述这两个随机变量间的相关关系（此时描述的是线性相关关系）。

关于相关系数，除有 Pearson 积矩相关系数外，还有 Spearman 秩相关系数和 Kendall 秩相关系数等。其中，Pearson 积矩相关系数可用于描述两个随机变量的线性相关程度，Spearman 或 Kendall 秩相关系数用来判断两个随机变量在二维和多维空间中是否具有某种共变趋势。

因此必须注意的是，Pearson 积矩相关系数的选择是以两个随机变量均服从正态分布假设为前提的。如果数据不服从正态分布，则不能计算 Pearson 积矩相关系数，这个时候，应该选择 Spearman 或 Kendall 秩相关系数。

(5) t 检验

用于比较均值的 t 检验可以分成三类：第一类是针对单组设计定量资料的；第二类是针对配对设计定量资料的；第三类则是针对成组设计定量资料的。后两种设计类型的区别在于事先是否将两组研究对象按照某一个或几个方面的特征相似配成对子。无论哪种类型的 t 检验，都必须在满足特定的前提条件下应用才是合理的。

若是单组检验，必须给出一个标准值或总体均值，同时，提供一组定量的观测结果；应用 t 检验的前提条件就是该组资料必须服从正态分布；若是配对设计，每对数据的差值必须服从正态分布；若是成组设计，个体之间相互独立，两组资料均取自正态分布的总体，并满足方差齐性。之所以需要满足这些前提条件，是因为必须在这样的前提下所计算出的 t 统计量才服从 t 分布。

t 检验是目前在科学研究中使用频率最高的一种假设检验方法。t 检验方法简单，其结果便于解释，这促成了 t 检验的流行。但是，对该方法理解得不全面，导致在应用过程中出现不少问题，有些甚至是非常严重的错误，直接影响结论的可靠性。

常见错误：不考虑 t 检验的应用前提，对两组的比较一律用 t 检验；将各种实验设计类型一律视为多个单因素两水平设计，多次用 t 检验进行均值之间的两两比较。以上两种情况，均不同程度地增加了得出错误结论的风险。而且，当实验因素的个数大于等于 2 时，无法研究实验因素之间的交互作用的大小。

正确做法：当两样本均值比较时，如不满足正态分布和方差齐性，应采用非参检验方法（如秩检验）；当两组以上的均值比较时，不能采用 t 检验进行均值之间的两两比较。因此我们必须注意，在使用 t 检验的时候，一定要注意其前提以及研究目的，否则，会得出错误的结论。

(6)时间序列预测问题

时间序列是指系统中某一变量或指标的数值或统计观测值,按照时间顺序排列成一个数值序列,又称为动态数据。

时间序列一般是某随机过程的一个样本。通过对其进行分析、研究,找出动态过程的特性、最佳的数学模型、估计模型参数,并检验利用数学模型进行统计预测的精度,这是时间序列分析的内容。

时间序列分析特征:① 趋势性 T,总体上呈持续上升或下降的总变化趋势,期间的变动幅度可能不相等;② 季节性 S,以一年为周期,四个季节呈现某种周期性,各季节出现近似的波峰和波谷的规律;③ 周期性 C,决定于系统内部因素的周期性变化规律,又分为短周期、中周期、长周期等几种;④ 不规则性 I,包括突然性和随机性变动两种。

任何时间序列可表示为几种变动的不同组合的总结果,可表示为

$$加法模型:Y=T+S+C+I \tag{7.1}$$

$$乘法模型:Y=T \cdot S \cdot C \cdot I \tag{7.2}$$

(7)时间序列分析预测方法分类

1)平滑预测法。包括移动平均法和指数平滑法两种,其具体是把时间序列作为随机变量,运用算术平均和加权平均的方法对未来趋势进行预测。这样得到的趋势线比实际数据点的连线要平滑一些,故称为平滑预测法。

2)趋势外推预测法。根据预测对象历史发展的统计资料,拟合成预先指定的某种时间函数,并用它来描述预测目标的发展趋势。

3)平稳时间序列预测法。由于平稳时间序列的随机特征不随时间变化,所以可以利用过去的数据估计该时间序列模型的参数,从而可以预测未来的趋势。

7.1.3 常用时间序列预测方法

1. 移动平均方法

移动平均法是在原有时间序列内依次求解连续若干期的平均数作为其某一期的趋势值,如此逐项递推移动求解一系列的移动平均数,形成一个新的、派生的平均数时间序列。

在新的时间序列中偶然因素的影响被削弱,从而呈现出现象在较长时间的基本发展趋势。把时间序列连续 N 期的平均数作为最近一期(第 t 期)的趋势值,即

$$M(1)_t = \frac{1}{N}(Y_t + Y_{t-1} + \cdots + Y_{t-N+1}) \tag{7.3}$$

中心化移动平均是将时间序列连续 N 期的平均数作为 N 期的中间一期的趋势值。如果 N 为奇数,则把 N 期的移动平均值作为中间一期的趋势值;如果 N 为偶数,必须将移动平均数再进行一次两项移动平均,以便调整趋势值的位置,使得趋势值能对准某一时期。相当于对原来序列进行一次 $N+1$ 项移动平均,首末两个数据的权重为0.5,中间数据权重为1,则有

$$M_{t-N/2} = \frac{1}{N}(0.5Y_t + Y_{t-1} + \cdots + Y_{t-N+1} + 0.5Y_{t-N})(N 为偶数) \tag{7.4}$$

2. 移动平均法的应用

移动平均法一般用于消除不规则变动的影响,把序列进行修匀,以便观察序列的其他成分。如果移动平均的项数等于季节长度,则可以消除季节成分的影响;如果移动平均的项数等

于平均周期长度的倍数,则可以消除循环变动的影响。

3.指数平滑方法

(1)指数平滑方法的概念

指数平滑是一种加权移动平均,既可以用于描述时间序列的变化趋势,也可以实现对时间序列的预测。

指数平滑预测的基本原理是用时间序列过去取值的加权平均作为未来的预测值,距离当前时刻越近的取值,其权重越大。

(2)指数平滑模型

指数平滑模型为

$$\hat{Y}_{t+1} = a Y_t + (1-a)\hat{Y}_t$$

$$= a Y_t + a(1-a)Y_{t-1} + a(1-a)^2 Y_t + \cdots + a(1-a)^{t-1}Y_t + (1-a)\hat{Y}_1 \quad (7.5)$$

式中:$\hat{Y}_{t+1}$ 表示时间序列第 $t+1$ 期的预测值;Y_t 表示时间序列第 t 期的实际观测值;$\hat{Y}_t$ 表示时间序列第 t 期的预测值;a 表示平滑系数,$0 < a < 1$。

(3)平滑系数的确定

选择合适的平滑系数是提高预测精度的关键,如果序列波动较小,则平滑系数应该取得小一些,不同时期数据的权数差别小一些,使预测模型能包含更多历史数据的信息。如果序列趋势波动较大,则平滑系数应取得大一些,这样可以给近期数据以较大的权数,使预测模型能更好地适应序列趋势的变化。

(4)初始预测值的确定

初始预测值可以等于第一个观测值或等于前 k 个值的算术平均值。

(5)指数平滑方法的应用

一次指数平滑适用于不包含长期趋势和季节成分的时间序列预测;如果原来序列有增长趋势,平滑序列将系统地低于实际值;如果原来序列有下降趋势,平滑序列将系统地高于实际值。

4.平稳时间序列预测方法

平稳时间序列分析模型也称为自回归移动平均模型(Auto Regression Moving Average,ARMA),它是目前最常用的拟合平稳时间序列的模型,ARMA 模型又可以分为 AR 模型、MA 模型和 ARMA 模型三大类。

平稳时间序列分析模型需要进行平稳性检验,主要包括时序图检验和自相关图检验。

时序图检验是根据平稳时间序列均值与方差的性质确定的,平稳序列的时序图应该显示出该序列始终在一个常数值附近随机波动,而且波动的范围优解、无明显趋势及周期特征。

自相关图检验是根据平稳序列的短期相关性,该性质用自相关系数来描述随着延迟期数的增加,平稳序列的自相关系数快速向零值衰减。

5.回归分析预测方法

(1)一元线性回归分析法

一元线性回归预测是处理因变量 y 与自变量 x 之间线性关系的回归预测方法,其数学模型为

$$y = a + bx + \cdots + \varepsilon \tag{7.6}$$

式中：a，b 为回归系数；ε 称为误差项的随机变量，它反映了除 x 和 y 之间的线性关系之外的随机因素对 y 的影响，是指不能由 x 和 y 之间的线性关系所解释的变异性。

对于模型式(7.6)通常有以下几种假设：

1) ε 满足"正态性"的假设，误差项服从正态分布的随机变量。

2) ε 满足"无偏性"的假设，ε 的均值为零，即 $E(\varepsilon)=0$。

3) ε 满足"共方差性"的假设，ε 的方差对于所有的 x 的取值都相等。也就是说，所有的 ε 分布的方差都为 σ^2。

4) ε 满足"独立性"的假设，各 ε 间相互独立，无自相关性。

5) ε 与 x 之间是不相关的，假定随机变量 ε 与相应的自变量 x 对因变量的影响是相互独立的。换言之，两者对因变量的影响是可区分的，即 $\text{cov}(x,\varepsilon)=0$。

对于模型式(7.6)易知 $\varepsilon \sim N(0,\sigma^2)$，当 x 取固定值时，y 服从正态分布 $N(a+bx,\sigma^2)$。在一元线性回归分析模型中，常用下面方法估计回归系数和误差：

1)回归系数 a，b 的估计。

回归模型中的回归系数 a 和 b 在一般情况下是未知数，必须根据样本数据 (x_i,y_i) 来估计。确定回归系数 a 和 b 值的原则是要使得样本的回归直线同观察值的拟合状态最好，即要使得各观察点离样本回归直线最近。

2)未知参数 σ^2 的估计。

σ^2 是随机误差 ε 的方差。如果误差大，那么求出来的回归直线用处就就不大；如果误差比较小，那么求出来的回归直线就比较理想。可见 σ^2 反映了回归直线的拟合程度。

那么，如何估计 σ^2？自然想到利用 $\dfrac{1}{n}\sum_{i=1}^{n}[\varepsilon_i - E(\varepsilon_i)]^2$ 来估计 σ^2，由于 $\varepsilon_i, i=1,2,\ldots,n$ 是未知的，$E(\varepsilon_i)=0$，而 $\varepsilon_i = y_i - a - bx$，$\hat{\varepsilon}_i = y_i - \hat{a} - \hat{b}x$，可以证明

$$\hat{\sigma}^2 = \frac{1}{n-1}\sum_{i=1}^{n}(y_i - \hat{a} - \hat{b}x)^2 = \frac{Q}{n-2} \tag{7.7}$$

式中：$Q = (y_i - \hat{a} - \hat{b}x)^2$；$\hat{\sigma}^2$ 是 σ^2 的无偏估计。

在实际问题中，要研究因变量与自变量之间的关系，需要在自变量的一些点上对因变量进行观测，得到一定量的数据，由数据对模型进行推断。

(2)多元线性回归分析方法

多元线性回归分析是用于两个或两个以上自变量与一个因变量之间的线性相关分析，反映一个因变量受多个自变量影响的变动规律性。由于社会经济现象的变化，其影响因素是多方面的，因此，多元线性回归分析应用更广。使用两个自变量一元回归与使用多个自变量多元回归，在概念上是没有差别的，只是后者计算上更复杂些。包括许多自变量的多元线性回归预测模型为

$$\hat{y} = b_0 + b_1 + b_2 x_2 + b_3 x_3 + \cdots + b_n x_n \tag{7.8}$$

随着回归分析中变量的增多，回归分析的计算量将成倍增加。因此，多元线性回归分析多借助于计算机完成。可以利用计算机软件，如 EXCEL、SAS、TSP 等来进行多元回归分析。

下面介绍多元线性回归模型的一般形式。设随机变量 y 与一般变量 $x_1, x_2, \cdots, x_k$ 的线性

回归模型为
$$y = \beta_0 + \beta_1 x_1 + \cdots + \beta_k x_k + \varepsilon \tag{7.9}$$
式中，$\beta_0, \beta_1, \cdots, \beta_k$ 是 $k+1$ 个未知参数，$\beta_1, \cdots, \beta_k$ 称为回归系数。

当 $k=1$ 时，称为一元线性回归模型；当 $k \geqslant 2$ 时，称为多元线性回归模型。

对于一个实际问题，如果获得 n 组观察值 $(x_{i1}, x_{i2}, \cdots, x_{ik}, y_i)$，$i=1,2,\cdots,n$，则线性回归模型可表示为
$$\left. \begin{aligned} y_1 &= \beta_0 + \beta_1 x_{11} + \cdots + \beta_k x_{1k} + \varepsilon_1 \\ y_2 &= \beta_0 + \beta_1 x_{21} + \cdots + \beta_k x_{2k} + \varepsilon_2 \\ &\cdots \\ y_n &= \beta_0 + \beta_1 x_{n1} + \cdots + \beta_k x_{nk} + \varepsilon_n \end{aligned} \right\} \tag{7.10}$$

写成矩阵形式为
$$\boldsymbol{Y} = \boldsymbol{X}\boldsymbol{\beta} + \boldsymbol{\varepsilon} \tag{7.11}$$
式中
$$\boldsymbol{Y} = \begin{bmatrix} y_1 \\ y_2 \\ \vdots \\ y_n \end{bmatrix}, \boldsymbol{X} = \begin{bmatrix} 1 & x_{11} & \cdots & x_{1k} \\ 1 & x_{21} & \cdots & x_{2k} \\ \vdots & \vdots & & \vdots \\ 1 & x_{n1} & \cdots & x_{nk} \end{bmatrix}, \boldsymbol{\beta} = \begin{bmatrix} \beta_0 \\ \beta_1 \\ \vdots \\ \beta_n \end{bmatrix}, \boldsymbol{\varepsilon} = \begin{bmatrix} \varepsilon_0 \\ \varepsilon_1 \\ \vdots \\ \varepsilon_n \end{bmatrix} \tag{7.12}$$

$\boldsymbol{X}_{n \times (k+1)}$ 称为设计矩阵，$\boldsymbol{\varepsilon}$ 是随机误差，常假设为：$E(\varepsilon) = 0$，$D(\varepsilon) = \sigma^2 I_n$，称 $E(y) = \beta_0 + \beta_1 x_1 + \cdots + \beta_k x_k$ 为理论回归方程。

多元线性回归模型的基本假定为：

1) $x_1, \cdots, x_k$ 是可控制变量，不是随机变量，且要求 $r(\boldsymbol{X}) = k+1 < n$，此设计矩阵 $\boldsymbol{X}$ 中的变量列之间不相关，$\boldsymbol{X}$ 是列满秩矩阵。

2) 随机误差项具有零均值和等方差，此假定称为高斯-马尔可夫条件。

3) 正态分布的假定条件为
$$\varepsilon_i \sim N(0, \sigma^2), i=1,2,\cdots,n \tag{7.13}$$
$\varepsilon_1, \varepsilon_2, \cdots, \varepsilon_n$ 相互独立，则 $\boldsymbol{Y} = \boldsymbol{X}\boldsymbol{\beta} + \boldsymbol{\varepsilon}$ 中的 $\boldsymbol{\varepsilon}$ 可表示为
$$\boldsymbol{\varepsilon} \sim N(0, \sigma^2 I_n), \boldsymbol{Y} \sim N(\boldsymbol{X}\boldsymbol{\beta}, \sigma^2 I_n) \tag{7.14}$$

6. 时序分析与回归分析比较

1) 对时序的统计数据，两种方法均可以进行预测，但是使用回归分析方法对当前和历史数据是同等对待的，缺乏反映趋势的灵活性，出现新数据点时，都要对回归方程重新进行估计。因此，对于时序统计资料进行预测，大多不用回归法，而是使用时序法，即使使用回归法，也大多采用简化算法，否则计算过于复杂。

2) 时序法不考虑事物变化原因，而是从最终结果去研究，并假设事物会遵循过去的规律，当前趋势同样适应未来的发展变化趋势，事实上未来绝不是过去和现在的简单重复。因此，时序法用于短期预测较准，当用于长期预测时，除非发展非常稳定，否则效果较差，特别是遇到发展转折点时，时序法无法应用。

7.2 毕业论文中的模型抽象方法与过程

7.2.1 毕业论文中的模型抽象方法

(1) 模型抽象方法的定义

模型抽象方法是将现实的对象简化成与其相似的替代物再加以研究的方法。通常把现实的对象叫作"原型",而把原型的相似替代物叫作"模型"。在科学研究中,一些微观、宏观和宇观的较为复杂的研究对象,由于受到时间、空间、人的感官以及因果关系等条件的限制,不便对原型进行研究,只能采用以模型代替原型加以研究的方法。模型抽象方法是建立在模型与原型之间存在着的结构、功能、样式、数量关系等方面的相似性这一基础之上的。根据相似原理,原型与模型之间在对应性质方面具有可表达性,即原型可以表达为模型,而对模型的研究也可以在一定范围内和一定程度上,用类推法还原为对原型的研究。

(2) 模型抽象方法的类型

在建模的抽象过程中,用到多种数学方法,然而由于建模的复杂性,无法给出若干条普遍采用的建模的准则和技巧,发散思维方法(如想象力、洞察力、判断力、直觉和灵感)起的作用更大。模型的构建方法主要有抽象方法、类比方法、美学方法等。

抽象方法是指以抽象的、理想的形态来表现现实对象的性质,虽然有些性质并非实际存在于具体事物中,而是同实际明显分离。在数学建模过程中,为了某种需要将它们看成现实的对象,但作为理想的对象来处理,通过理想化抽象对实际问题进行简化,把注意力放在所研究对象的本质特征上,首先给出实际问题中含有理想成分比较多的简单模型,然后接受实际的检验,根据检验的结果进行分析,重新假设,减少理想成分,修改模型,或者进行推广,从而逐步逼近达到解决实际问题的目的。如物理学中研究摆的摆动时,忽略了线的张力以及摆自身长短的限制,认为摆线是绝对坚硬的,空气阻力与悬挂点摩擦力为零,这种现象的数学模型包含了关于理想化的摆振动的全部信息,保留了摆的本质。若考虑到非理想化的方法,如线的张力、空气阻力等,需对上述理想化的模型附带一定的修正。因此,理想化抽象在数学建模的过程中起着重要的作用,其思维方法是,在归纳的基础上,避开事物的某些属性,抓住事物的本质特征,建立理想化模型和假设。

类比方法是指人们对两个事物表面的外在表现进行比较,以获得对研究对象的新认识的过程。建模的复杂性使得类比方法在数学建模的过程中常常是含糊的和不确定的,类比时,需注意到所研究对象与已熟悉的另一对象具有某些共性,比较其相同点和相异点,在表面上差异很大的事物之间找出本质属性的共同点,在表面上相似的事物之间找出本质属性的不同点,根据已有的知识,明确要解决问题的性质,在分析一种现象的基础上联想与问题所给的条件和问题要求的事项密切相关的已知法则,把各种表象形象通过分解重组,以数学语言、符号和解析式为依据,以有关记忆的形象材料为基础形成新的形象,或把几种表象形式连接起来,从而获得对研究对象的新认识。具体用哪一方面的知识来建立模型,需要在上述分析的基础上,基于对某一数学理论知识的熟悉程度,在适合模型需要的前提下,通过假设简化,或从解决问题的不同角度考虑,寻求与之类比的数学知识。同时还可以利用前人建立的一些日趋完善的经典模型作类比,如人口模型、存储模型、经济增长模型、交通流模型等,这些模型具有一般性,它不为对象的所属领域所独有,没有区域的限制。建立模型时可根据问题的要求,通过假设、联想,寻找与经典模型进行类比的条件。虽然经典模型并不完全适合需要建立模型系统的真实情况,但可作为分析、归纳实际问题的指南,事实上,许多为不同种类的系统建立的数学模型,常常具有相似的数学表达式,如预报人口增长的模型是经典模型,而传染病问题、捕鱼问题、耐用消费品的销售问题等都服从于人口模型,因此,与经典模型进行类比,找出相似点,通过假设简化建立简单模型,由此发现实际问题与有关模型之间的差异,有助于建立更复杂、更准确的模型。

美学方法是指在研究问题的过程中,按照数学美的准则,追求数学美的境界,免除定向思维所带来的条条框框的束缚,从容不迫地帮助大脑选择数学知识与方法的最佳组合,从繁杂中概括出简单明了的规律,这也是模型抽象所遵循的原则。数学美是指数学的统一美、对称美、简洁美、奇异美。首先,对统一美的追求,能确保在建立模型时使紊乱的思维程序化,不满足用单一的、孤立的方式思考问题,而是从整体上把握问题的实质。对称美的展现,使学生能够从问题的对立方去分析,在思维方向的选择上,既会顺向,又会逆向,机动灵活地从一种思维过程转移到另一种思维过程,正确选择模型抽象所需要的数学知识和数学思想方法。数学的简洁美,不单指理论内容和数学表达形式。

7.2.2 毕业论文中的模型抽象过程

科研工作人员的数学模型的抽象能力是其科学研究素质的重要表现形式之一,提高科研工作人员数学抽象能力的素质是优化数学思维和提高数学应用能力的关键。数学模型的建立是一个复杂的系统工程,整体上分为模型的抽象过程与求解过程:一方面要用数学的语言和方法,对具体问题进行抽象、假设、简化,建立能有效解决问题的数学关系;另一方面,需要对所建立的数学关系通过计算机进行求解,并对求解结果进行解释、分析、检验、修改。在模型的抽象过程中,建模人员对问题的理解角度不同,会进行不同的假设简化,采用的数学方法不同,影响着所建模型求解的难度和模型的精确性及实用性。因此,模型的抽象过程是建立数学模型的关键,由于实际问题的复杂性,无法给出若干条普遍适用的建模的准则和技巧,因此,仅给出模型抽象过程中解决问题的步骤。

首先,对问题进行正确的理解和分析,了解问题的实际背景,明确建模的目的,收集建模所需的各种信息,在这一过程中要对问题的复杂性和解决问题的难度有充分的思想准备,仔细检查问题的各个组成部分,确定影响问题的所有变量因素和条件,从内部联系和外部表现上把握其本质,从运动变化中把握规律。此外,为了对问题有更直观的理解,可考虑对问题重新进行表达,如将语言表达转变为图形表达,用增加、舍弃或重排某些因素的方法改变问题的表达形式,还可以详细考查某部分而忽略其他部分,或考虑问题的整体特征而忽略其他部分,从而解除各因素之间的关系,使复杂问题简单化,使杂乱无章的因素明朗化,突出问题中的主要因素,初步确定使用哪一类型的数学方法建立模型。

其次,根据对问题的理解与分析,进行合理的和必要的简化,假设简化的目的是把实际问题转化为数学问题,用数学关系表达问题的实质含义。

假设简化的依据主要包括:①出于对问题内在规律的认识,对感性材料进行深入的分析,从问题的内部联系和外部表现上把握其实质,比较各因素之间的异同,把各种表面形象进行加工和改造,通过分解、重组形成新的形象,在头脑中进行创新性的构思,把未知关系转化为已知关系,在不同的对象或完全不相关的对象中,识别与已有知识相同或相似的关系,而在表面上相似或相同的事物之间找出本质属性的不同点,在分析这一现象的基础上,进行假设简化,寻找解决问题的关键和与之模拟的数学方法;②通过理想化抽象方法或其他抽象方法进行假设,不仅赋予所研究对象在现实原型中抽象出来的性质,还赋予原始对象所没有的想象出来的性质,用研究理想化形象的方法,使得对客观原型的研究简化,在归纳的基础上,忽略事物的某些属性,抓住事物的本质特征;③对资料现象的分析,也可以是二者的综合,由于假设简化时不能把重要的因素漏掉,以免影响模型的精确度和使用的效果,同时,也不应当把一些无用的冗余的变量放在模型中,这不仅会增加模型的复杂性,还会给使用带来麻烦,因此,根据问题的原有假设、分析和构成的需要,以及对实际背景的调查研究,可以补充或舍掉甚至修改题目所给的参数和已知条件,把注意力放在所研究对象的本质特征上,辨明问题的主次,抓住主要因素,舍弃次要因素,尽量将问题线性化、均匀化。因此,用精确的数学语言做出合理的假设,是建立模型的关键。建立假设条件时,既要运用与问题相关的物理、化学、生物、经济等方面的知识,又要运用无意识思维,充分发挥想象力、洞察判断力,通过联想、想象、归纳,模拟和重现已学过的知识或查找与之相关的知识,如常用的有规划论、图论、微分方程、概率统计等,从而承担起构造各种各样思想组合的复杂任务,找到相应的数学方法,达到解决问题的目的。

经过前面的分析和假设简化,我们对所要解决的问题有了比较直观的认识,但对建立解决问题的数学关系还可能处于几种可供选择的途径中,选择什么样的途径,采取什么样的策略是解决问题的关键。选择策略的原则是尽量采用成熟的数学关系和已有模型,同时注意应用新方法,具体用哪一方面的数学知识来解决,需要在分析问题的各种关系的基础上,通过假设,在适合模型需要的前提下,基于对某一数学分支的熟悉程度,从解决问题的不同角度寻求与之模拟的数学关系或利用已经掌握的知识,联想与假设和结论密切相关的已知法则,寻找经典模型的模拟条件。虽然经典模型可能并不完全适合需要建立的模型系统的真实情况,但可作为分析、归纳问题的指南。其实,许多为不同种类的系统建立的数学模型,常常具有相似的数学表达形式,如预报人口增长的指数模型和阻滞增长模型是经典模型,而传染病问题、捕鱼问题、耐用消费品的销售等在一定条件下都服从于人口增长模型。另外,可利用计算机进行模拟,在计算机上尽可能真实地创设一种实验环境,模拟某种系统的实际运行过程,重现所要描绘的客观现象,从而对这种现象所具有的某些规律进行描绘、判断、预测,找出描绘该规律的数学关系,建立相应的数学模型。

7.2.3 毕业论文中的系统建模理论与方法

(1)模型的基本概念

模型是对客观存在的事物及其运动形态本质特征的抽象表达。本质上讲,系统数学模型是用来研究系统功能及其规律的工具,它常常是用数学公式、图、表等形式表示的行为数据的一组指令。

(2)系统建模的抽象描述

数学表述方式是系统模型的最主要的表示方式,系统的数学模型是对系统与外部的作用关系以及系统内在的运动规律所做的抽象描述。

系统数学模型的建立需要根据模型论中对输入、输出状态变量及其函数关系的描述进行抽象,这种抽象过程称为理论构造。在抽象中,必须联系真实系统与建模目标,其中描述变量起着很重要的作用，它可观测，或不可观测。

从外部对系统施加影响或干扰的可观测变量称为输入变量。

系统对输入变量的响应结果称为输出变量。

输入、输出变量对的集合，表征着真实系统的"输入—输出"性状（关系）。

真实系统可视为产生一定性状数据的信息源，而模型则是产生与真实系统相同性状数据的一些规则、指令的集合，抽象起着媒介作用。系统数学建模就是将真实系统抽象成相应的数学表达式（一些规则、指令的集合）。

(3) 系统建模方法的分类

传统的数学建模方法主要包括机理分析建模和系统辨识建模两大类，但随着科学技术的发展，现代较为新型的建模方法包括直接相似法、回归统计法、概率统计法、量纲分析法、网络图论法、图解法、模糊集论法、蒙特卡罗法、层次分析法、"隔舱"系统法、灰色系统法、计算机辅助建模法等，这些方法往往相互交织，融合使用。

机理分析建模方法（白箱）：又称为直接分析法或解析法，是应用最广泛的一种建模方法。依据基本的物理、化学等定律，进行机理分析，确定模型结构、参数。使用该方法的前提是对系统的运行机理完全掌握清楚。

一般地，在若干简化假设条件下，以各学科专业知识为基础，通过分析系统变量之间的关系和规律，从而获得解析型数学模型。其实质是应用自然科学和社会科学中被证明是正确的理论、原理、定律或推论，对被研究系统的有关要素（变量）进行理论分析、演绎归纳，从而构造出该系统的数学模型。

机理分析法建模步骤如下：

步骤1：分析系统功能、原理，对系统进行与建模目标相关的描述；

步骤2：找出系统的输入变量和输出变量；

步骤3：按照系统（部件、元件）遵循的物化（或生态、经济）规律，列写出各部分的微分方程或传递函数等；

步骤4：消除中间变量，得到初步数学模型；

步骤5：进行模型标准化；

步骤6：进行验模（必要时需要修改模型）。

1962年，Zadeh给出系统辨识建模原理的定义：在输入和输出数据的基础上，从一组给定的模型类中确定一个与所测系统等价的模型，具体的原理结构图如图7.1所示。

辨识的三要素包括输入输出数据（辨识的基础），模型类（寻找模型的范围），等价准则（辨识的优化目标）。

系统辨识建模的一般步骤：

步骤1：明确建模目的。目的不同，对模型的精度和形式要求不同；事先对系统进行了解。

步骤2：实验设计。变量的选择，输入信号的形式、大小，正常运行信号还是附加试验信号，数据采样速率，辨识允许的时间及确定测量仪器等。

步骤3：确定模型结构。选择一种适当的模型结构。

步骤4：参数估计。在模型结构已知的情况下，用实验方法确定对影响系统特性的参数数值。

步骤5：模型校验。验证模型的有效性。

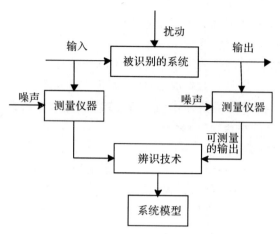

图 7.1　系统辨识原理结构图

(4) 系统建模的基本原则

1) 现实性。建立的系统数学模型要能够真实反映现实世界的实际状态和情况。

2) 准确性。建立的系统数学模型需要收集准确的信息,该信息要能准确反映系统的本质规律。

3) 可靠性。建立的系统数学模型要具备一定的精确度,并能在现实世界中保证模型的可靠性和可行性。

4) 简明性。建立的系统数学模型需要选择适当的变量,且设计的系统模型结构要简单明确,以降低问题的复杂性。

5) 实用性。建立的系统数学模型要易于计算,且模型的处理要简单。

6) 反馈性。建立的系统数学模型要有反馈回路,能够对建立模型的结果反复进行修正。

7) 鲁棒性。建立的系统数学模型要能够适应现实问题的动态变化性,且不随现实问题的变动而发生抖动。

(5) 系统建模的基本步骤

步骤 1:准备阶段。分析现实系统的内在关系,明确问题和模型所属的领域、系统目标、约束条件、范围、环境和确定模型的类型,提出现实性的问题。

步骤 2:系统认识阶段。收集现实问题中的相关信息,对系统建模的目标、系统建模的要素以及建模的关系进行系统分析,构建问题之间的内在影响因素,提取影响因素中的关键影响要素。

步骤 3:系统建模阶段。对系统模型进行形式化描述,简化模型的表示形式,对模型的原型进行抽象,选择恰当的建模工具建立数学模型。

步骤 4:模型结构与参数辨识阶段。对模型的结构进行优化设计,并设置模型中的基本参数和变量值。

步骤 5:模型求解阶段。分析模型的复杂度,利用合理的方法进行模型求解。

步骤 6:模型分析与检验。对模型的稳定性和系统参数的灵敏度进行分析,即模型在现实问题中表现出来的可靠性,并根据模型的求解计算结果,对模型的误差进行分析,进而采用模型修正的方式,对模型进行纠偏。

(6) 系统建模的有效性与过程框架

1) 基本模型(Base Model)：提供了对实际系统行为的完全解释，包含了实际系统应有的分量和相互关系，在各种试验模式下，该模型对于真实系统的全部"输入-输出"性状都是有效的。

一般地，根据具体建模目标、在一定试验规模下构造出一个比较简单且能满足精度要求的模型。排除基本模型中那些与建模目标相差甚远或涉及不到的分量，并对相关描述分量的相互关系加以简化。

2) 模型集总：排除基本模型次要分量并简化其现存分量相互关系的过程。

3) 集总模型(Lumped Model)：集总后的模型。

模型研究中使用的模型一般为集总模型。

4) 模型的有效性：对模型所作的预测精度为基准的条件下，反映实际系统数据与模型数据之间的一致性。理论上讲，即实际系统与模型的"输入-输出"一致。可用下式象征性地描述：

$$实际系统数据 = 模型产生数据$$

模型的有效性水平可以根据获取的困难程度分为三级：

1) 复制有效：模型产生的数据与实际系统所取得的数据相匹配，属于模型有效性水平；

2) 预测有效：从实际系统取得数据之前就能够至少看出匹配数据，属于有效性稍强水平；

3) 结构有效：不仅能够复制实际系统行为，而且能够真实反映实际系统产生此行为的操作，属于更强的有效性水平，可看出实际系统的内部工作情况。

要在构造系统数学建模过程框架时重点考虑模型的有效性水平。

先验的知识可信性：建模前提的正确性。数学描述的有效性取决于先验知识的可信性；

实验数据的可信性：指所选择的数据段是否能反映系统行为特征，以及模型数据与实际系统数据的偏离程度；

模型应用的可信性：从实际出发，考虑模型运行能否达到预期目标。

因此，在建模时要考虑建模方法与步骤，具体数学建模过程框架如图 7.2 所示。

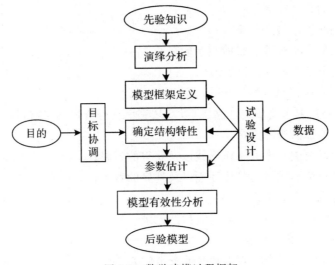

图 7.2 数学建模过程框架

7.2.4 毕业论文中的建模过程规划问题

将系统模型转换为一个可以在计算机上运行的仿真模型,一般需要完成三部分的工作:
1) 设计仿真策略,具体地说就是确定仿真模型的控制逻辑和仿真时钟推进机制;
2) 构造仿真模型,即确定模型的具体活动;
3) 仿真程序设计与实现,即采用某种程序设计方法及语言,实施仿真策略和构造仿真模型。

7.3 毕业论文中数据收集与整理问题

7.3.1 数据的收集方法

教育研究是一个从不断地提出问题到解决问题的过程。在这个过程中,收集资料是研究者的主要任务。研究就是通过收集有关的事实资料和数据资料来解释和说明研究问题。研究设计当然要考虑如何收集资料,如何整理分析资料,以及选择什么统计方法处理收集到的资料。

(1) 收集资料的一般原理

应用型本科高校的毕业论文撰写和其他领域的研究一样,在研究课题确定以及选定了相应的研究设计之后,重要的问题就是准确有效地收集数据,以客观而全面地反映所要研究的问题的真实状况,研究者应根据研究的目的和具体情况确定研究的类型和方法,以便获取和分析数据资料,从而形成研究结论。

研究设计一般根据已经确定的研究主题先确定研究方法,列出需要收集的资料种类,然后找出这些资料的可能来源。研究者根据研究目的和需要,确定是采用描述、测验、考察,还是其他形式收集资料。以下是收集数据资料的基本内容:
1) 描述——用文字概括观察的内容;
2) 分数——测验得分或频数;
3) 测量——用测量工具进行测验;
4) 观点——人们的主观看法或所相信的东西;
5) 公文——官方的声明、公开的资料;
6) 分析——仔细地、合乎逻辑地分析。

在研究设计中还需要考虑资料的来源,以及从哪里获得资料,通常包括以下来源:
1) 参与者——参加研究的人员;
2) 程序——在研究进程中的操作形式以及获得的资料;
3) 情境——教育活动发生的具体环境以及外界的背景;
4) 实物——客观存在的事物;
5) 记录——可供以后参考用的高度概括的记录;
6) 文档——出版类、文字材料;
7) 信息提供者——提供个人观点和所需资料的人。

(2) 收集数据资料的范围

撰写毕业论文前必须详尽地占有资料,资料是毕业论文写作的基础,没有资料,"巧妇难为无米之炊",研究无从着手,观点无法成立,论文不可能形成。所以,详尽地占有资料是毕业论文写作之前的另一项极重要的工作。毕业论文写作之前,至少应当占有以下五个方面的材料:

1) 第一手资料。第一手资料包括与论题直接有关的文字材料、数字材料(包括图表),例如,统计材料、典型案例、经验总结等,还包括自己在亲身实践中取得的感性材料。这是论文中提出论点和主张的基本依据。没有这些资料,撰写的毕业论文就只能成为毫无实际价值的空谈。对第一手资料要注意及早收集,同时要注意其真实性、典型性、新颖性和准确性。

2) 他人的研究成果。这是指国内外对有关该课题学术研究的最新动态。撰写毕业论文不是凭空进行的,而是在他人研究成果的基础上进行的。因此,对于他人已经解决了的问题就可以不必再花力气重复进行研究,人们可以以此作为出发点,并可以从中得到有益的启发、借鉴和指导。对于他人未解决的,或解决不圆满的问题,则可以在他人研究的基础上继续研究和探索。切忌只顾埋头写,不管他人研究,否则,撰写的毕业论文的理性认识会远远低于前人已达到的水平。

3) 边缘学科的材料。当今时代是信息时代,人类的知识体系呈现出大分化大融合的状态,传统学科的鸿沟分界逐渐被打破了,出现了令人眼花缭乱的分支学科及边缘学科。努力掌握边缘学科的材料,对于所要进行的学科研究和课题研究大有好处。它可以使我们研究的视野更开阔,分析的方法更多样。例如,研究经济学的有关课题时,必须运用管理学、社会学、理学、人口学等学科的知识。大量研究工作的实践表明,不懂一些边缘学科知识,不掌握一些边缘学科的材料,会导致知识面狭窄,是很难撰写出高质量的论文的。

4) 高层次学者的有关论述、政策和文献。高层次学者的论述极具权威性,对准确、有力地阐述论点大有益处。党的有关方针、政策既体现了社会主义现代化的实践经验,又能反映现实工作中面临的多种问题,因此,研究一切现实问题都应立足于这方面的材料,否则会使论文出现很大的缺陷。

5) 背景材料。搜集和研究背景材料,有助于开阔思路,提高论文的质量。例如,要研究马克思的商品经济理论,不能只研究他的著作,还应该大力收集他当时所处的社会、政治、经济等背景材料,从而取得丰富的研究成果。

(3) 收集数据资料的方法

在毕业论文研究设计过程中,收集数据资料的方法应采用以下策略:

一是优先考虑实证研究的方法,在不得已的情况下再考虑非实证研究的方法。实证性研究是以事实和数据来解释和说明问题的研究类型。一个理论要能够被人接受,基本条件是理论要有可重复性,能够被复制和检验。要确保可重复性,必须对理论涉及的变量的操作性下定义。有时定性的、非实证性研究不为科学所接受,是因为这类研究没有操作性定义,不具有可重复性,所表述的观念无法观测。另外,使用观念的作者和读者对观念的理解不在一个层面上,导致二者在学术理解上难以获得共识,从而造成无休止的辩论。也正是因为非实证研究的理论不具有可重复性,因此也就不可能沉淀学术知识,研究几乎都要从头开始,后人难以在前人积累的知识基础上继续开拓学科领域。

二是优先考虑用直接测量的方法获取资料,在无法直接测量的情况下可考虑间接测量的方法。直接测量获得资料的信度比用间接测量的方法获取资料的信度要高。

两种方法相比较而言,第二种方法的测量是直接的,信度高,因为只要资料是真实的,不同的研究者所获得的结果是一致的,可重复性高。

7.3.2 数据的整理与分析方法

一般来说,在毕业论文研究过程中,学生收集到的原始资料往往是零星的,分散的和不系统的,在这些原始资料中有时充斥着歪曲、虚假的成分。另外,通过资料本身并不能直接得出研究结论。因此,需要对资料进行整理、编码和分析,使庞杂无序的原始材料逐渐系统化、条理化,为正确得出结论打下基础。例如,对问卷所得的非数字化的答案,需要先进行编码,然后才能对资料进行分析。

1.数据资料的整理

资料整理是对资料进行"去伪存真、去粗取精"的加工过程,是从资料收集阶段到资料分析阶段的过渡环节。根据原始资料的外部形态,可以把资料分为定性资料和定量资料两类,性质不同的资料所对应的整理过程和方法有所不同。

资料的分析方法也可分为两类:定性分析和定量分析(统计分析)。定性分析就是通过经处理的现象材料,分析研究对象是否具有某种性质,分析某种现象变化的原因及变化的过程,从而揭示研究对象中存在的动态规律。定量分析就是将丰富的现象材料,用数量的形式表现出来,借助统计学进行处理,描述现象中的共同特征并对变量间的关系进行假设检验。一般情况下,定性分析与定性资料,定量分析与定量资料之间存在对应关系。但是,随着人们的深入探究,发现对定量资料的解释离不开定性分析的方法,而定性材料积累到一定量时结果才有普遍意义,用定量方法去分析定性材料往往会得出令人信服的结论,两者之间的对应关系被逐渐打破。

2.定性数据资料整理

定性资料是指以文字、图像、录音、录像等非数字化形式表现出来的事实材料。一般来说,通过定性研究方法收集定性研究资料,定性资料可以通过开放式问卷、访谈、个案、非结构观察、文献等方法收集到。定量资料主要有两个来源——"实地源"和"文献源"。

封闭式问卷、结构性观察和访谈资料都可以是"实地源"的定量资料,文献源的定量资料主要是指统计资料。定性资料和定量资料都必须经过整理才能达到条理化和系统化,为进一步的分析、得出结论奠定基础。

资料整理过程可以与资料收集过程同步进行,这样通过对刚刚收集到的资料进行各方面的考核,通过与研究目的不断对照,能够及时发现收集到的资料存在的缺陷,并采取有效的措施加以补救。比如在访谈过程中,研究者发现谈话的主题偏离了研究主题,就可以采用一定的访谈技巧将谈话重新聚焦到研究主题上。资料整理过程也可以在收集资料以后的一段时间内集中进行,这样做的优点是研究者所面对的资料比较全面,所进行的活动比较单一,能够提高整理的效度和水平。在现实的研究中,这两种整理资料的类型是互相辅助,定性资料整理步骤如下。

(1) 定性资料的审核

资料审核就是对资料进行审查和核实,消除原始资料中存在的虚假、差错、短缺、冗余现象,保证资料的真实、有效、完整,为进一步加工整理打下基础。资料审核应注重真实性、准确性和适用性三个方面。在实际研究过程中,并不是收集到的所有资料都是正确无误的,很多情况下资料中充斥着虚假成分,造成这些现象的原因有很多,或由于研究者粗心大意,或由于被抵制和不合作,或由于研究环境干扰及研究工具误差。错误的资料必定会导致研究结论失真。因此保证研究资料的真实性、准确性是十分有必要的。

(2)定性资料的分类

分类是指研究者运用比较法鉴别出材料内容的共同点和差异点,然后根据共同点将材料归结为较大的类,根据差异点将材料划分为较小的类,从而将材料区分为具有一定从属关系的不同等级层次的系统。分类最重要的工作是选择分类的标准,因为不同的分类标准可能导致不同的结果,常用的分类标准是现象标准和本质标准。

现象标准是反映事物外部特征与联系的标准,例如时间、地点。本质标准是反映事物内部本质的标准。研究者要根据研究目的选择合适的分类标准。一般而言,选择现象标准便于对资料进行检索,选择本质标准便于对资料进行深入分析。

(3)定性资料的汇总和编辑

汇总和编辑就是在分类以后对资料按一定的逻辑结构进行编排。逻辑结构的确立要根据研究的目的、要求和客观情况,使汇总编辑后的资料既能反映客观情况,又能说明研究问题。进行汇总和编辑资料的基本要求是完整、系统和简明、集中。

3.定量资料整理

定量资料整理的步骤如下。

(1)定量资料的审核

定量资料审核同定性资料审核的目的是一致的,都是力求"去伪存真、去粗取精",但由于资料性质的差别,审核的具体方面有所不同,定量资料的审核表现在完整性、统一性和合格性上。

定量资料统一性审核有两方面的要求:一是检查所有文件、报表的登记填报方法是否统一;二是检查统一指标的数字所使用的量度单位是否统一,不同表格对同一指标的计算方法是否统一。

定量资料合格性审查主要包括:

1)被调查者的身份是否符合相关规定。例如,由教师来完成对学生的学习兴趣进行的调查就属不合格资料。

2)提供的资料是否符合填报要求。被调查者是否真正按照调查表的要求完成,对于表中的单选题,如果选择了多个答案,就属于不合格问卷。

3)所提供的资料是否真实无误。

进行合格性审查有三种方法:

1)判断检验:根据已知的情况判断资料是否正确;

2)逻辑检验:通过分析资料内部的逻辑关系来辨别其真伪,对自相矛盾的材料应进一步核查;

3)计算检验:计算各部分的和是否等于总量,各部分百分比之和是否等于1,进而判断资料的真伪。

(2)定量资料的编码

编码就是将文字资料转化为数字形式的过程。编码的目的就是整理数据,使材料信息系统化、条理化,便于统计分析。从编码的时间上划分,定量资料有两种编码方法:

1)预先编码。

在设计问卷时,对回答的每个类别都指定其编码值,并印在问卷上。这种方法局限于回答类别已知的问题,主要针对封闭式问题或已经是数字而不需要转换的问题。这种编码方法的优点是处理资料比较简单、省时省力,缺点是适用范围小,无法用于开放性问题。

2)后编码。

后编码指问卷的编码过程是在问卷回收之后进行的,在收集完资料后再根据资料的实际情况进行编码,多用于开放性问题。

(3)定量资料汇总和初步分析

经过编码后的资料还需要进行登记,这个过程现在一般在计算机上完成。输入计算机的材料就可以借助相关的统计分析软件(如 SPSS、SAS 等)进行初步的汇总和分析。汇总就是根据研究目的,对分类后的各种数据进行计算、加总,汇集到相关表格中,以集中、系统地反映调查资料内部总体的数量情况。

4.资料分析

(1)资料分析概述

资料分析是对研究资料是否具有某种性质或引起某一现象变化原因及现象变化过程的分析。资料分析有两种不同的形式:一种是定性分析,对象本身是定性描述资料,没有数量化或数量化水平比较低;另一种是定量分析,分析对象是定量资料,研究是在严格的定量资料基础上进行的。

任何事物都是质和量的统一体,不存在没有数量的质量,也不存在没有质量的数量。因此,只有对事物的质和量两个方面都加以分析,认识才能更全面。定量分析使我们的认识趋于精确,但它只说明总体的趋势和倾向,难以说明产生结果的一些深层次原因和一些在抽样中难以抽到的特殊情况。定性分析使我们的认识趋于深刻,但仅仅局限于此。我们的认识也有局限性,两种分析方法具有互补性,不能以追求教育研究的"科学化"为口号而排斥定性分析,这样会使研究趋于肤浅、片面,也不能以教育现象的"复杂性"为借口而排斥定量分析,这样会使研究趋于模糊、相对偏见。

(2)资料分析的步骤

1)阅读资料。

研究者首先通读整理过的资料,在阅读的过程中应该保持一种"投降"的态度,即把自己的预设和价值判断暂时搁置起来,一切从资料出发,以事实为依据。在阅读过程中还要努力寻求"意义",即寻找资料所表达的主题和资料的主线,在对资料产生整体认识的基础上,进一步寻找各部分资料间的区别和关系。

2)筛选资料。

筛选资料就是从大量的资料中提取出能说明研究问题的核心内容。筛选不是为证明自己"想当然"的结论而对资料进行任意取舍,而要依据两个标准:一是必须能够说明或证明所研究的问题;二是要考虑资料本身所呈现的特点,如出现的频率、反应的强度和持续的时间,以及资料所表现出的状况和引发的后果等。

3)解释和价值判断。

在确定资料核心内容和主要概念的基础上,建构用来解释资料整体内容的理论框架。

(3)资料分析的方法

第7章 毕业论文中的问题抽象与分析

在各种各样的教育研究方法的书中，介绍的分析方法有所不同，这里仅介绍几种常见的方法。

1) 分析和综合。

分析和综合是方向相反的两种思维形式。分析是在思维中把研究对象分解为不同的方面、因素、层次、部分，然后分别进行考察的思维方法。由于现象本身的复杂性，我们很难一开始就能从整体上对它有深刻的把握，而必须在把研究对象逐步分解的基础上进行"各个击破"，力求把握部分对象的本质及它们之间的联系。例如，当研究教学时，通常把它分为教师、学生、教学内容和教学环境四个因素来认识。综合是指在分析的基础上，把对研究对象各个部分、方面、因素、层次的认识在思维中结合起来，探明系统的结构机理和动态功能，形成整体性认识。分析的最终目的是综合，如果只是一味分析，就会陷入"只见树木，不见森林"的境地。仍以教学为例，通过对教师、学生、教学内容、教学环境进行分析后，得出"教学是在一定的教学环境中，教师和学生、教师和教学内容、学生和教学内容之间不断互动的过程"的结论。这就是综合。

2) 归纳和演绎。

归纳是从个别事实和直接经验的分析中推演出有关事物的一般属性和本质特征的思维方法。归纳法可分为完全归纳法和不完全归纳法，由于现象本身的复杂性、多样性，完全归纳法的应用极少。不完全归纳法又分为枚举法和科学归纳法两种。枚举法是通过列举有代表性的事实来证实研究结论的方法。科学归纳法就是对某一门类的部分对象本质属性和因果关系进行分析，得出研究结论的推理方法。它得出的结论可靠性程度较高，但仍然是具有或然性的，还需进一步证明才能确定变量之间是否存在因果关系。科学归纳法分为以下几种：

a. 契合法。

当研究某一现象的原因时，如果该现象分别在若干不同场合出现，在每个场合的先行条件中，只有一种情况相同，其他情况都不同，那么这一相同的情况，就可能是研究对象的原因。

b. 差异法。

当研究某一现象的原因时，如果该现象在一种场合出现，在另一种场合不出现，在两种场合的先行情况中，只有一种情况不同，其他情况都相同，那么这一不同情况就可能是研究对象的原因。

c. 契合差异法。

在研究对象出现的场合中，只有一个共同先行情况，当研究对象不出现时，先行情况中都没有这个共同情况，那么，可能是研究对象的原因。可见，契合差异法所得出的结论与契合法相同，只不过结合了差异法，结论的可靠性有所提高。

d. 共变法。

在其他先行条件不变的条件下，如果某一现象发生一定程度的变化，另一现象也随之发生一定程度的变化，那么，前一现象就可能是另一现象的原因。

e. 剩余法。

研究的某种复合现象是由某一复合原因引起的，除已知的原因外，剩余部分之间也可能存在因果关系。

3) 内插法和外推法。

内插法是在分析过程中，在一系列已经确定的事实中间填补空白，常常是在图表上把实验结果数据连成曲线,呈现出总体发展趋势。外推法是在假定具有相同的发展趋势的情况下,把结论推广到一系列观测的事实之外,把有关概念和特征加以推广的一种方法。由于这两种方法都将研究结论应用到了研究对象本身以外,结论可靠性会受到质疑,因此在应用时也要慎重。必须要保证用以推理的前提和依据的正确性,同时结论要接受进一步的检验。

4)统计分析方法。

统计就是指将信息统括起来进行计算,它是对数据进行定量处理的理论与技术,统计分析就是对收集到的有关数据资料进行整理归类并进行解释的过程。统计分析方法常与实验、观察、测量、调查研究所得的结果相联系,为研究作出正确的结论提供科学的途径和方法。

统计分析方法是定量研究的主要方法和重要基础,但数据资料和统计分析并非定量研究独享,定性研究也可以将统计分析作为解释分析的一种补充。事实上,统计方法在所有的定量研究和大量的定性研究中得到了广泛的应用。而且统计分析本身也需要大量的判断,这种判断与定性研究中所需要的判断相同。

有了数据资料,选择恰当的统计方法对资料进行处理,对于结论的科学性与可靠性来说是非常重要的。实际上,对研究资料统计处理方法的选择,应该在制定研究方案、进行研究设计时就考虑周全。有些研究者可能会忽视这一点,先收集资料,却不知如何处理资料,结果可能导致某些资料是多余和重复的,浪费了很多时间和精力;或者由于收集资料时缺乏某种数据而无法进行统计分析,造成无效劳动。研究常常是因为没有对数据进行妥善处理,或者是因为没有选用恰当的统计方法,从而产生错误,使研究结果不准确,大大减弱了研究的价值和说服力。那么,在众多的统计方法中,如何能在研究设计时选定恰当的、正确的处理手段呢?下面提供一些线索或思路,以便读者了解选择统计方法的决策过程,从而能在研究设计实践中具体运用,提高自己的研究设计能力和处理实际问题的技能。

在研究设计中,考虑选择统计分析方法,首先应根据研究所需解决的问题、所涉及的变量数目及性质,对可供选择的统计方法进行初步的筛选。研究者应当明确,通过统计处理需要了解哪些情况,解决什么问题,或检验什么假设等。例如:是要了解某个样本数据的分布趋势,还是要计算某两组变量数值的相关系数;是要对某种现象作出科学预测,还是要检验两种实验处理的效果是否有显著的差别。

影响统计分析方法选择的因素很多,主要考虑以下四个因素。

(1)研究问题的性质

研究有描述性研究和推论性研究之分。对于描述性研究,研究者是想了解研究对象的特征或基本情况,通常可以采用平均数、百分位数、相关系数、标准差、差异系数等统计指标;对推论性研究,研究者往往试图基于抽取的样本去推断总体性质,或者比较总体间有无差异,通常可以采用非参数检验(卡方检验)、平均数差异显著性检验(t 检验或 Z 检验)、相关系数相关显著性检验、方差分析等。

(2)统计数据资料的类型

根据测量工具的不同,研究数据可以分为以下四种类型:

1)类别量表(Nominal Scale)。

类别量表亦称名称量表,是根据事物的某一特点,对事物属性进行分类,用名称或数字代表事物或性质,是给事物进行简单归类的一种量表形式,如运动员的号码、学生的学号等。男生为1,女生为0,在这里1和0只是代表事物的性质,只是起到给事物分类的作用,数字本身并不具有数量意义,只是为了给对象分类采用数字来代表。名称量表不能进行大小比较或进行加减乘除运算,在数据处理上仅适宜进行计数资料的统计,如可以计算百分比和列联相关、进行 x^2 检验等。

2)顺序量表(Ordinal Scale)。

顺序量表亦称等级量表,只有等级顺序而无等距的单位和绝对零点,只是按研究对象的某一种属性的顺序排列出等级次序。如根据学生的测验成绩排出名次,成绩最好的为1,成绩次之为2,再次之为3,依次类推。顺序量表的数值具有等级性和序列性的特点,能够进行大小比较,但不能进行加减乘除运算。在数据处理上能计算中位数、百分数、等级相关系数、肯德尔和谐系数及秩次方差分析等。

3)等距量表(Interval Scale)。

等距量表亦称间距量表,是具有相等的单位,但没有绝对零点的量表。等距量表的数量单位之间的间距是相等的。如,温度 30~32℃ 与 18~20℃ 的温差是相等的。三个儿童在智商测验中分别得分 105、110、115,在智商测验分数体系中,分数差距是相等的。由于等距量表具有相等的单位,因此可以进行加减运算,但不能进行乘除运算。等距量表可以广泛运用多种统计方法,如平均数、标准差、相关系数以及 t 检验、Z 检验和 F 检验等多种检验。

4)等比量表(Ratio Scale)。

有相等的单位和绝对零点的量表是等比量表,亦称比率量表。等比量表除了具有类别、顺序、等距量表的特征外,还有一个具有实际意义的绝对零点。零点是指测量的起点或参照点。有些零点是人定的,称相对零点,如摄氏零度,这里零度并不意味着没有一点温度,而是以人定的冰点为参照标准。像学生的考试成绩是相对零点。有些零点具有实际意义,称绝对零点。如年龄、身高、经费开支等都有绝对零点,0 岁、0 米、0 元中的"0"都表示真实的"无",表示一点都没有。等比量表具有绝对零点,可以进行加减乘除运算,可以表示倍数关系。当然等比量表适用的统计方法就更多。

(3)数据的分布状态

在选择统计分析方法时,数据分布状态是需要考虑的因素之一。通常对数据集中趋势的度量可以用集中量数,当数据呈正态分布时,选择算术平均数为好,当数据呈偏态分布时,选择众数为佳。

描述数据离散程度的量数一般选择标准差。在推断统计方法的运用中,一般需要满足的两个前提条件是:总体分数呈正态分布;组间差异相等。

(4)数据资料的特征

在收集数据的过程中,除了要注意资料的真实性和可靠性外,还要特别注意区分两类不同性质的资料:一是连续变量,也叫计量资料,这类资料通常是通过实际测量得到的数据,是一组由高到低呈连续性变化的数值,其数据和数据之间取值无限。如对学生的身高、体重测量得到的数值,或在考试测验中获得的分数等;二是间断变量,也叫计数资料,指通过对事物类别、等级等属性点统计所得的数据,其数据和数据之间取值有限。如学生性别分别为男生和女生的人数,学习成绩为优、良、中、及格、不及格各个等级的人数等。

对于不同特征的数据资料,采用的统计处理方法也不同。如果所研究的两个组的数据是用连续变量表示的,那么就应该计算平均数和 t 值来分析组间差异;如果数据是以间断变量表示的,那么就应该采用 x^2 检验的方法来比较组间各个类别的频次差异。另外,统计检验还需考虑样本是相关样本还是独立样本,是大样本还是小样本。相关样本是在抽取样本时经过一一配对的原则或者用一组样本测试两次得到的两组样本;独立样本是采用随机原则抽取出的两组样本。大样本一般在 30 个(或 50 个)以上,小样本一般在 30 个(或 50 个)以下。不同性质的样本所采用的统计方法和公式会有所不同。

在选择统计分析方法时,研究者需要了解两方面的内容,一是各种统计方法的适用条件,二是对研究问题的性质、数据类型以及研究设计的要求作出判定。需经统计处理解决的问题大致可归为四类:①描述数据的分布情况;②探讨变量之间的关系;③检验样本或总体差异的显著性;④对某些方面加以预测。当研究具有不同数目的变量或变量的性质不同时,可供选择的统计方法是不同的。

7.3.3 数据清洗与预处理方法

在毕业论文论证阶段,需要对实际生产中产生的数据进行收集和整理,但这些数据是不完整、有噪声的和不一致的。如果没有高质量的数据,就没有高质量的验证结果,因此,有必要对收集到的数据进行清洗和预处理,即数据的清洁处理。

1.数据预处理的方法

人为的错误、测量设备的限制或数据收集过程的漏洞等,都可能导致各种问题,使数据的值乃至整个数据对象都可能丢失。因此,为了获取高质量的数据挖掘结果,必须进行数据预处理。数据预处理的目的是为信息处理过程提供干净、准确、简洁的数据,从而提高数据质量、信息处理率和准确性,使数据挖掘的过程更加有效,更加容易。

数据预处理的对象主要是噪声数据、空缺数据和不一致数据。常用的数据预处理技术主要包括数据清洗、相关分析和数据变换等。

从对不同的源数据进行预处理的功能来分,数据预处理主要包括数据清理、数据集成、数据转换、数据规约、数据离散化等 5 种基本的功能。在实际的数据预处理过程中,这 5 种功能不一定都用得到,而且它们的使用也没有先后顺序,可能先后要多次进行某种预处理。

1)数据清理。主要实现填入缺失数据、平滑噪声数据、确认和去除孤立点和解决不一致性问题;

2)数据集成。主要对多个数据库、数据立方体和文件系统进行集成化处理;

3)数据转换。主要使数据实现规范化和聚集等;

4)数据规约。在可能获得相同或相似结果的前提下,对数据容量进行有效的缩减;

5)数据离散化。对于一个特定的连续属性,尤其是连续数字属性,可以把属性值划分成若干区间,以区间值来代替实际数据值,以减少属性值的个数。

2.数据清洗方法

数据选取参考的原则:①尽可能赋予属性名和属性值以明确含义;②统一多数据源的属性值编码;③去除唯一属性;④去除重复属性;⑤去除可忽略字段;⑥合理选择关联字段。

通过填补遗漏数据、消除异常数据、平滑噪声数据和纠正不一致的数据,去掉数据汇总的噪声、填充空值、丢失值和处理不一致数据。

(1)噪声数据处理方法

噪声数据是指一个度量变量中的随机错误或者偏差。

噪声数据产生的主要原因包括数据采集设备错误、数据录入问题、数据传输问题、部分计算的限制和数据转换中的不一致问题。

噪声数据主要采用分箱、聚类、线性回归和人机共同监测的方法,对噪声数据进行检测,并消除异常点和平滑处理。

(2) 数据集成处理方法

数据集成是指,将多个数据源中的数据结合起来,存放在一个一致的数据库的存储结构空间内。

数据集成主要解决模式集成、冗余数据的处理、检测和解决数值冲突。其中,模式集成主要利用数据库和数据仓库的元数据信息,识别现实世界中的实体对象的定义,对于同一实体,来自不同数据源的属性值可能会产生不同的数据表示、度量单位、编码方式以及语义差异。

(3) 数据转换处理方法

数据转换就是将数据进行转换或归并,从而构成一个适合数据处理的描述形式。数据转换包含以下处理内容。

1) 平滑处理。

通过平滑处理,可帮助除去数据中的噪声,主要技术方法有 Bin 方法、聚类方法和回归方法。

2) 聚集处理。

聚集处理是指对数据进行总结或聚集操作。例如,通过对每天的数据执行合计操作,可以获得每月或每年的总额。这一操作常用于构造数据立方体或对数据进行多粒度的分析。

3) 数据泛化处理。

数据泛化处理是指用更抽象(更高层次)的概念来取代低层次或数据层的数据对象。例如,街道属性可以泛化到更高层次的概念,如城市、国家等属性。

4) 规格化处理。

规格化处理就是将一个属性取值范围投射到一个特定范围之内,以消除数值型属性因大小不一而造成挖掘结果的偏差,常常用于神经网络、基于距离计算的最近邻分类和聚类挖掘的数据预处理。例如,将工资收入属性值映射到 0~1 内。

5) 属性构造处理。

属性构造处理是根据已有属性集构造新的属性,以提高精度和对高维度数据结构的理解,同时,还有助于平缓使用判定算法分类的分裂问题,实现数据挖掘处理。

a. 最大最小规格化方法是指对被初始数据进行线性转换。该方法保持了原始数据值之间的关系,但是,当有新输入的数据落在原始数据区域之外时,该方法将面临越界错误,特别是会受到孤立点的影响。

该方法的计算公式为"(待转换属性值-属性最小值)/(属性最大值-属性最小值)*(映射区间最大值-映射区间最小值)+映射区间最小值"。

b. 零均值规格化方法是指根据一个属性的均值和方差对该属性的值进行规格化。当属性的最大值和最小值未知时,或者孤立点影响最大最小规格化时,该方法更为有效。

该方法的计算公式为"(待转换属性值-属性平均值)/属性方差"。

c. 十基数变换规格化方法。该方法通过移动属性值的小数位置来达到规格化的目的。所移动的小数位数取决于属性绝对值的最大值。

(4)数据规约处理方法

数据规约是通过选择替代的和较小的数据表示形式来减少数据量。该方法主要包括数据立方体聚集、减少数据维度和数据压缩,可以对数据的容量进行有效的缩减。

(5)数据离散化处理方法

数据离散化处理方法是指,对于一个特定的连续属性,可以把属性值划分为若干个区间,以区间值来代替实际数据值,以减少属性值的个数。

7.3.4 缺失数据处理方法

1. 缺失数据处理问题

科技信息技术的发展日新月异,各研究领域对于数据的收集,存储以及处理技术等已经基本成熟。日复一日的海量数据收集工作,使得各领域积累了大规模的数据存储量。据统计,全球各领域数据总量正以每年40%左右的增速增加。大数据时代的到来,对于各领域对大数据的有效利用提出了更高的要求,特别是数据挖掘领域,数据的质量决定了能否在海量复杂的数据中挖掘出有价值的知识。因此,面对海量数据,如何通过预处理等手段提高数据的可用性变成急需解决的重要问题。针对不同质量问题的数据,采取适合的预处理手段,可以改善数据的整体质量。

目前,数据缺失作为数据质量问题的重要因素之一,变得难以避免。无论是在现实调查还是在科学研究中,大部分数据集都会出现缺失问题,极大地影响了后续论文研究工作的准确性。不论是忽略还是简单删除这些缺失数据都会使得原数据集信息量发生改变,最终影响实验工作的进行。因此数据缺失成为目前的研究热点。

2. 数据缺失问题与原因

(1)数据质量问题

数据质量问题一直是影响实验研究的重要因素之一,而数据缺失问题作为数据质量问题中的关键元素已经普遍存在。例如,在常见的机器学习领域 UCI 数据库中,出现数据缺失的数据集已超过40%,普遍存在的数据缺失已经影响到正常的数据分析及研究。因此,国内外学者开始对数据缺失问题进行研究。

(2)数据缺失的原因

数据缺失常常发生在数据的采集、运输、存储等过程中。如在各领域数据采集中,会发生一些数据无法获取或者因人工操作不当而丢失的情况,或者在数据传输、存储等转移过程中发生丢失等。因此对数据缺失原因总结如下:

1)数据在采集过程中的缺失。因客观条件的限制,如在历史条件下,设备的局限性导致采集者无法获取完整的信息。

2)数据在运输过程中的缺失。数据的运输转移需要靠人来完成,因此人为操作、判定的失误会导致数据错误或者丢失。

3)数据在存储过程中的缺失。由于存储介质发生故障及损坏而导致的数据缺失,以及存储过程中对数据进行压缩而导致的数据丢失。

(3)数据缺失的分类

数据缺失原因的不同产生了不同缺失类型,为了能更加有效地应对数据缺失问题,需要对数据缺失类型进行分类,从而能更有针对性地提出解决办法,使得结果更合理、准确。本书从缺失模式和缺失机制两个方面对缺失类型进行了分类。

1)缺失模式分类。

因数据缺失而在数据集中产生的缺失结构叫缺失模式。缺失模式可以用来反映数据集中缺失数据之间的关系。目前缺失模式大致分为四种:单变量缺失模式、多变量缺失模式、单调缺失模式、一般缺失模式。

a.单变量缺失模式。

单变量缺失模式是指单属性维度存在缺失值,即所研究数据集中只有一个属性维度存在缺失值,其余属性维度数据完整。

b.多变量缺失模式。

多变量缺失模式是指多属性维度含有缺失值,即所研究数据集中有一个及以上属性维度存在缺失值。

c.单调缺失模式。

单调缺失模式是指所研究数据集在多属性维度含有缺失值的基础上,缺失数据形成的矩阵进行排列变换后能呈现单调层级模式。

d.一般缺失模式。

一般缺失模式简单点说就是所研究数据集中的缺失数据分布在不同属性之间,并且毫无规律可循。这是目前最常见的缺失模式。

2)缺失机制分类。

缺失数据和完整数据之间的关系称为缺失机制。缺失机制的意义在于能通过完整数据帮助处理缺失数据。缺失机制大致分为三种:完全随机缺失(Missing Complete At Random,MCAR)、随机缺失(Missing At Random,MAR)、非随机缺失(Not Missing At Random,NMAR)。

a.MCAR。

MCAR 指数据缺失是随机产生的,与自身属性以及其他属性取值无关。例如研究数学、语文和英语三个属性时,数学属性的缺失与语文和英语两个属性无关,它是完全随机缺失。目前来说,完全随机缺失并不常见。

b.MAR。

MAR 指数据缺失只和完整属性取值有关。例如研究数学和语文的属性时,已知数学属性的缺失和语文属性相关,则可以认为这是随机缺失。

c.NMAR。

NMAR 指数据缺失不仅与自身取值有关而且与完整属性取值也有关,这种缺失是不可忽略的缺失。由于隐私、敏感等问题,隐去某些属性值,这就是非随机缺失。

3.缺失值处理方法

目前对于缺失值的处理方法基本分为四类:删除、权重法、填充、不处理。采用什么样的处理方法要依数据集缺失情况以及研究内容而定。

(1) 简单删除法

最原始的缺失数据处理方法主要是简单删除法,此方法就是将包含缺失值的数据对象、数据属性和成对变量进行删除。

1)对象删除。

对象删除指当数据集中某个研究对象的数据记录中存在丢失的情况时,直接删除该对象。该方法仅适合于缺失对象极小,否则会使得数据集因丢失过多的信息而不完整,从而影响后续实验结果的准确性。

2)属性删除。

属性删除指当数据集中某属性存在缺失时就直接删除该属性。这种做法虽然保留了研究对象的个数,但是丢失了对象的一些属性信息,若含缺失值的属性过多,就会造成删除过度,后续实验研究将毫无意义。

3)成对删除。

成对删除指配对的两个变量之间,若有一个存在缺失值,就将两个变量同时删除,然后再进行相关分析。

这类方法操作过程简单,速度快,但很难用于众多领域的缺失数据集。当数据量特别大,缺失对象与数据集中的数据量相比微不足道时,这种方法非常有效,它既解决了数据缺失的问题,又不会影响数据集的信息量以及研究结果。然而,当数据集中缺失大量数据时,简单地删除缺失对象以及它所包含的信息,会影响整个数据集的质量,造成数据资源的浪费,丢失可能存在的有价值的信息,对后续研究造成影响,使得研究结果无法保证客观性以及正确性。如陈景年在选择性贝叶斯分类算法研究中,为了使朴素贝叶斯分类器的分类效果达到预期目标,选择删除数据集中的冗余属性,使剩余的属性尽可能满足独立性假设条件,最后达到了预期效果。

(2)权重法

权重法的使用前提是数据缺失类型为非完全随机缺失,通过 Logistic 或 Probit 等方法将缺失单元的权数分配到完整单元上,从而增大了完整单元的权数以减小缺失单元带来的损失。这种方法一般用来处理单元无回答的缺失问题。但是权重法不适合多属性缺失的数据集,因为多属性缺失会增大计算难度,降低准确性。

(3)填补

目前针对数据缺失问题,国内外学者提出了多种填补方法,基本上可分为两类:统计学方法和机器学习方法。统计学方法大多是基于数据集本身提出假设,然后利用原数据集对缺失数据进行相应填补。这类方法没有考虑数据对象本身的类别,填充值往往受其他类别对象的影响,填充结果准确性较差,常见的方法有 EM(Expectation Maximization)填充算法、回归分析法、多重填补等。机器学习方法一般是先对缺失数据集进行分类或聚类,然后进行填补。这类方法是随着近年来机器学习的热潮兴起的。代表性方法有 K 最近邻填补、$K-means$ 填补、贝叶斯网络,等等。其中分类方法以缺失属性为目标进行分类,然后在每个类别内进行填补,但缺失属性过多时容易导致所分类别过多,效率低下。聚类方法则是先将数据对象聚类,划分成多个簇,根据簇内相似对象进行填补,缺失属性的个数不会影响簇的个数,这类方法适用范围广,也是目前研究的热点。本文将现有的填充方法划分成以下几种方法:

1)人工填写(Filling Manually)。

人工填写法就是数据集创造者自身根据自己对数据集的了解自行填充缺失值。这种填充方法对于数据集创造者来说无疑是最快、最准确的方法,当数据规模大,缺失数据过多时,人工填写法不仅费时而且容易出现错误,并且对于其他使用者来说,这种方法适用性不广泛,可行性很低。

2）均值填充（Mean/Mode Completer）。

均值填充法就是将现有数据的对应属性均值填充给缺失值，但要注意数据变量需要服从或者近似服从正态分布，用该属性下的众数或中位数填充缺失值。简单来说就是先判断缺失值的数据类型，然后根据数据类型采取不同的填充方法，将同属性下其他对象的平均值填充给数值型的缺失值。或采用众数原理将同属性下取值次数最多的值填充给非数值型缺失值。还有一种相似的方法叫分层均值填补，该方法是在填补之前对数据集进行分层，使得相似数据聚集在同一层，然后在每层内采取均值填充。以上两种均值填充方法，基本思想是相近的，都采用了均值填充，只不过在具体实现上有所差别。均值填充法是目前填充方法内使用最多，同时基于这种方法延伸最广的方法。但均值填补的缺点是只适合数据规模小，缺失数据少的简单研究，不适合较复杂的分析研究。

3）EM 填充（Expectation Maximization Imputation）。

20 世纪 70 年代后期，Dempster 等人最先提出了 EM 算法，该方法经过两个步骤交替进行计算。第一步是计算期望（E），利用对隐藏变量的现有估计值，计算其最大似然估计值。第二步是最大化（M），利用在 E 步求得的最大似然值来计算参数的值。M 步上找到的参数估计值被用于下一个 E 步计算，这个过程不断交替进行。这是当时最有效处理缺失数据的方法。

4）热卡填充（Hot Deck Imputation）。

热卡填充也称为就近补齐，该方法是根据获取填补值的方法来将热卡插补，分为最近距离热卡插补、随机抽样热卡插补、分层热卡插补和序贯热卡插补。但基本思想都是在已有的完整数据中寻找与缺失对象最相似的对象来进行填充，区别就是在寻找最相似对象的具体方法上有所不同。这个方法需解决的问题是如何定义客观的相似性标准来适应不同的数据集。

热卡插补法作为一种单值填充，不论是在实践中还是研究中都应用广泛。与均值填充和其他填充方法相比，对变量经验分布的保持有不错的效果。但是该方法的填充值易受辅助变量影响，排序变量会影响获得的序列，填充值进而也会受影响。

5）冷卡填充（Cold Deck Imputation）。

与热卡填补相比，冷卡填补法的填补值不是根据当前的数据集来进行填充的，而是通过历史数据或者其他相关的调查数据来进行匹配填充的。这种填充方法存在一定的估计偏差，不能广泛适用。

6）回归填充（Regression Imputation）。

回归填补是通过完整数据集来建立回归方程的，然后用回归方程的预测值对缺失数据进行填充。之后有人提出了效果更好的随机回归填补，该方法在填补过程中给填补值添加了一个随机项，该随机项用来表示预测值的误差影响。随机回归填补法能最大程度地利用数据本身信息，使得预测变量的共性问题得以解决。具体的回归方程可参见 7.1.3 节的常见时间序列预测方法中的内容。

7）聚类填充（Clustering Imputation）。

聚类填充是目前使用最广泛的填充方法，该方法先通过聚类的方式将数据集分类，然后在每一类中进行相似填充。以经典的基于 $K-means$ 聚类填充算法为例，先将原数据集划分成完整数据集和缺失数据集，在完整数据集上进行聚类，分成 K 个簇，计算缺失数据每个对象与 K 个簇中心的相似度，把最相似的簇的属性均值填充给该缺失对象。

8) 多重填补(Multiple Imputation,MI)。

多重填补方法是为缺失值推断出多个估计填补值,并产生多个完整数据集进行综合分析,确定最终的估计填充值,这样做考虑了缺失值的不确定性。该方法通过多个估计值来模拟缺失值的实际后验分布。多重填补方法认为,待填补的值应是随机的,通过已有的值进行预测,估计出待填补的值,然后加上不同的噪声产生多组填补值,最后选取符合依据的填补值。多重填充方法的三个步骤如下:

a.首先为每个缺失值估计一组可能的填补值,用来反映缺失值的不确定性,并构造多个完整数据集合。

b.采用相同的统计方法对这些完整数据集进行计算分析。

c.对来自各个完整数据集的结果进行综合分析,通过评分函数选择合适的填补值。多重填补方法流程如图 7.3 所示。

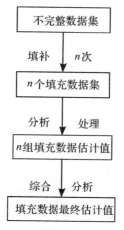

图 7.3　多重填补方法流程

多重填补方法保留了完全数据分析法,并结合了数据收集者知识能力的优点。多重填补方法的优点:采取随机抽取的填补方式,使得估计更加有效;随机抽取下得出的有效推断采用了直接方式并结合了完全数据推断,这样做能反映当前模型下因缺失值产生的附加变异;在随机抽取填补下使用完全数据方法,能够对不同模型下无回应的推断敏感性进行研究。

多重填补的缺点:估计多个填补值比单值填补需要开展更多工作;存储多重填补数据集的空间需求更大;多重填补数据集的分析工作需花费更多精力。

(4)不处理

与前述方法对原数据集进行缺失填充相比,不处理的方法直接在原数据上进行学习。最具代表性的方法有贝叶斯网络、人工神经网络、粗糙集理论等。

贝叶斯网络是用来表示变量间连接概率的图形模式。贝叶斯网络需要熟悉当下领域的知识,至少要清楚变量间的依赖关系。因此这种方法对使用者要求比较高。

人工神经网络通过径向基函数等方法,能有效解决缺失值问题。但由于神经网络模型知识学习过程复杂难懂,所以其应用还不尽人意,可见人工神经网络在缺失值上还有待进一步研究。

粗糙集理论是利用实体间的不可分辨性来描述对象的。传统的粗糙集理论主要是针对完整数据集的。随着粗糙集扩展模型的提出,粗糙集理论开始能有效地应对数据缺失问题,并从缺失数据集上直接进行学习。

4.缺失数据处理方法比较

上述对四种缺失数据处理方法进行了系统描述和分析,其中:单值填充法的优点是操作简单方便,适合缺失比例不大的数据集;如果缺失比例大于5%,并且缺失类型为随机缺失和非随机缺失,则可以使用多重填补法,虽然工作量比较大,但处理大量缺失值时效果更好;如果缺失比例小于5%,缺失类型是完全随机缺失,则可以考虑用删除法,这样既不影响数据信息量,效率也高;若数据类型太过复杂,可以考虑使用聚类填补法,通过聚类减少工作量。缺失数据处理方法的比较见表7-2。

表7-2 缺失数据处理方法的比较

处理方法	缺失类型	优点	缺点	适用范围
删除法	完全随机缺失	操作过程简单,速度快	容易丢失有用信息,误差大	数据集缺失比例小于5%
权重法	随机缺失	操作过程简单	稳定性差,误差大	因无回答而造成的缺失问题
人工填充	完全随机缺失	操作过程简单,填充准确性比较高	对使用人员要求高	数据集缺失少,使用人员熟悉数据集
均值填充	完全随机缺失	操作过程简单	仅利用了观测到的信息,主观性强,不稳定,有误差	数据规模小,缺失比例小,分布集中
EM填充	完全随机缺失	稳定性好,误差较小	基于正态分布假设,收敛的速度一般受缺失数据的多少的影响,不适合高维数据	适用于正态分布或近似正态分布的数据集
热卡填充	随机缺失	操作过程较简单,同均值填补和回归填补相比在保持变量经验分布上效果较好	均方误差公式不明确,填充值易受辅助变量影响	在同批次收集的数据集间填充
冷卡填充	随机缺失	操作过程简单	填充效果取决于前期数据的质量,存在估计偏差	在不同批次收集的数据集间填充
回归填充	随机缺失	操作过程简单,充分利用了变量之间的关系	没有考虑数据的不确定性,不适合高维数据	适用于正态分布或近似正态分布,且有多个辅助变量的数据集
聚类填充	随机缺失	变量类型要求低,拟合效果好,稳定性高,误差小,适合高维数据	操作过程复杂,时间成本较高	适合任意缺失模式以及各种分布类型的数据集

续 表

处理方法	缺失类型	优 点	缺 点	适用范围
多重填充	随机缺失	保持了原数据集的不确定性,保持了变量之间的关系,稳定性高,误差小	操作过程复杂,只能得到最后的参数估计	适用于有多个辅助变量,缺失率高的数据集
不处理	任意缺失	操作过程简单	误差大,效果差	缺失比例很小

7.4 本章小结

本章主要在本科毕业论文提出问题的基础上,对毕业论文中涉及的统计预测问题、问题抽象描述方法、数据建模理论、方法和过程以及验证论文所需的数据收集处理方法进行了详细的介绍和分析,说明了问题抽象、建模和数据整理的重要性,为本科毕业论文的撰写提供了方法指导和理论支撑。

7.5 思考与练习题

1. 简要描述统计预测的方法。
2. 简要描述一元线性回归方法与多元线性回归方法。
3. 简要描述毕业论文中抽象问题的过程。
4. 简要描述定量数据资料整理的过程。
5. 简要描述数据预处理的主要方法。
6. 简要描述缺失数据处理的方法和特点。

高级篇

应用型本科高校交通运输专业毕业论文中的高维复杂优化问题

第 8 章 高维多目标优化理论与方法

8.1 多目标优化问题

8.1.1 多目标优化问题概述

(1) 多目标优化问题的基本概念

多目标优化问题普遍存在于实际应用中。当该问题的目标函数多于 3 个时,称为高维多目标优化问题。此外,这些优化问题的目标函数可能还存在多模态的特性,即多模态高维多目标优化问题,这进一步增加了问题的求解难度。多目标进化算法是目前应用最为广泛的多目标优化问题求解方法。然而,它们在求解上述高维多目标优化问题时,性能显著下降。

常见的多目标优化问题可描述为

$$\left.\begin{aligned}&\min/\max f(\boldsymbol{x})=[f_1(\boldsymbol{x}),\cdots,f_M(\boldsymbol{x})]\\&\text{s.t.}\ \boldsymbol{x}\in S\subset \mathbf{R}^n\end{aligned}\right\} \tag{8.1}$$

式中:$\boldsymbol{x}=(x_1,\cdots,x_n)$ 为 n 维决策向量;S 为 $\boldsymbol{x}$ 的可行域;$f_m(\boldsymbol{x})$,$m=1,\cdots,M$,为第 m 个目标函数;M 为目标函数的个数。

在多目标优化中,通常使用以下几个重要概念:

1) Pareto 占优:考虑式 (8.1) 的任意两个解 $x_1,x_2\in S$,且 $x_1\neq x_2$,如果 $\forall i=1,\cdots,M$,使得 $f_i(x_1)$ 不劣于 $f_i(x_2)$,且 $\exists j=1,\cdots,M$,使得 $f_j(x_1)$ 优于 $f_j(x_2)$,那么,称 x_1 占优 x_2,记为 $x_2\prec x_1$。

2) Pareto 最优解集:对于式 (8.1) 的一个解 $x^*\in S$,如果不存在 $x\in S$,使得 $x\prec x^*$,那么,称 x^* 为该问题的 Pareto 最优解。由所有 Pareto 最优解构成的集合,称为 Pareto 最优解集 (Pareto Optimal Solution Set,PS)。

3) Pareto 前沿:Pareto 最优解集在目标空间形成的曲面,称为 Pareto 前沿 (Pareto Optimal Front,PF)。

(2) 多目标进化优化

多目标进化优化 (Multiobjective Evolutionary Optimization,MEO) 是一类模拟生物进化的随机优化方法,用该方法求解多目标优化问题非常有效。经过近半个世纪的发展,国内外学者提出了大量求解多目标优化问题的进化优化方法。总体来说,MEO 的任务有两方面:第一,找到位于 Pareto 最优前沿上的解 (即收敛性能好的解);第二,使这些解在目标空间均匀分布 (即目标空间有良好的分布性能)。

在众多的 MEO 中，基于 Pareto 占优的 MEO 最为流行。这类算法首先利用 Pareto 占优，选择非被占优解，以获得良好的收敛性能；然后，通过基于密度的选择，提高被选解的多样性能。常用的密度计算方法有 NSGA-Ⅱ的拥挤距离、SPEA2 的 k 近邻方法，以及小生境 Pareto 遗传算法（Niched Pareto Genetic Algorithm，NPGA）的共享函数等。

（3）基准优化问题

DTLZ 和 WFG 是目前应用最为广泛的基准优化问题集。这些基准优化问题的目标个数和决策变量个数都可由用户给定。此外，它们也有着各自的特性。表 8-1 列出了它们的具体特点。由表 8-1 可以看出，WFG 优化问题具有更多的特性，因而求解难度更高。

表 8-1 DTLZ 和 WFG 中优化问题的特性

优化问题	特 性
DTLZ1	线性 PF，局部最优解
DTLZ2	凹面 PF
DTLZ3	凹面 PF，局部最优解
DTLZ4	凹面 PF，决策空间偏斜
DTLZ5	凹面且退化的 PF
DTLZ6	凹面且退化的 PF，决策空间偏斜
DTLZ7	混合且分离的 PF，局部最优解，目标尺度不同
WFG1	混合的 PF，决策空间偏斜，目标尺度不同
WFG2	凸面且分离的 PF，局部最优解，不可分，目标尺度不同
WFG3	线性且退化的 PF，不可分，目标尺度不同
WFG4	凹面 PF，局部最优解，目标尺度不同
WFG5	凹面 PF，决策空间偏斜，目标尺度不同
WFG6	凹面 PF，不可分，目标尺度不同
WFG7	凹面 PF，决策空间偏斜，目标尺度不同
WFG8	凹面 PF，决策空间偏斜，不可分，目标尺度不同
WFG9	凹面 PF，决策空间偏斜，局部最优解，不可分，目标尺度不同

关于这些优化问题的详细定义，本节不作赘述。

（4）评价指标

在多目标进化优化中，用来评价算法性能的指标很多。这些评价指标主要测量算法所得解集的收敛和（或）分布性能。下面简要介绍本书涉及的一些评价指标。

1）世代距离（Generation Distance，GD）。GD 用于评价算法的收敛性能。某算法所得解集的 GD 值越小，那么，该算法的收敛性能越好，特别地，当 GD=0 时，该算法得到的所有最优解都在真实 Pareto 前沿上。

2）增量式 ε 指标。该指标用于对比两种算法所得解集之间的收敛性能。$I_\varepsilon(A,B)$ 表示解集 A 相对于解集 B 的增量式 ε 的指标值。表示解集 A 的收敛性能好于解集 B，反之亦然。

3）空间评价指标（Spacing，SP）。SP 用于反映算法所得解集分布的均匀性。SP 值越小，该解集的分布越均匀。

4)最大传播距离(Maximum Spread,MS)。MS 用于衡量算法所得解集分布的延展性能。MS 值越大,该解集的延展性能就越好,特别地,当 MS 为 1 时,该解集可完全覆盖整个真实 Pareto 前沿。

5)反世代距离(Inverted Generation Distance,IGD)。IGD 作为一个综合性指标,能够同时评价解集的收敛和分布性能。计算 IGD 时,需要给定一组在真实 Pareto 前沿上均匀分布的参考点集。IGD 值越小,说明该解集对 Pareto 前沿的拟合度越高。

6)超体积(Hyper Volume,HV)。HV 与 IGD 类似,也能够综合评价解集性能。HV 值越大,说明该解集的综合性能越好。相比于 IGD,HV 的优点在于,它不需要真实 Pareto 前沿上的参考点集,因此,适用于 Pareto 前沿未知的任意优化问题。但是,HV 也有相应的缺点,较大的 HV 值并不意味着对解集对 Pareto 前沿有着较高的拟合度。

8.1.2 高维多目标进化优化问题

高维多目标优化问题是指目标函数多于 3 个的多目标优化问题。对于式(8.1),当 $M>3$ 时,该问题即为高维多目标优化问题。对于该问题,若仍采用基于 Pareto 占优的 MOEA 求解,则难以得到问题的 Pareto 最优解。其主要原因是,种群中非被占优解的比例会随着目标个数的增加而急剧增长,使得 Pareto 占优准则无法区分个体性能。这就导致基于密度估计方法的选择标准成为主导。然而,这些算法的密度估计方法,由于无法在高维目标空间中恰当评估个体性能,因此保留了大量远离 Pareto 前沿的占优抵抗解。

(1)改进的 Pareto 占优算法

目前,主要通过以下 4 类途径提高基于 Pareto 占优的 MOEA 求解高维多目标优化问题的能力:

1)改进占优准则。比如,Pareto 局部占优、占优区域控制、ε 占优、模糊占优、k 最优、等级占优以及优胜关系等。这些方法为高维多目标优化问题的求解提供了很好的思路,但是,它们可能导致最终解集收敛到 Pareto 前沿的一个局部区域。例如,基于 Pareto 局部占优的多目标进化算法(Pareto Partial Dominance MOEA,PPD-MOEA)仅利用部分目标函数比较个体的性能,从而提高了 Pareto 最优解的选择压力。但是,基于 Pareto 局部占优关系,得到的最优解难以合理权衡所有目标函数。这是因为采用上述方法得到非被占优解往往不是全局占优的。尽管全局占优解一定是局部占优解,但是,局部占优解不一定是全局占优解。

2)修改密度估计策略。传统的密度估计策略,倾向于保留解集中远离 Pareto 前沿的非被占优解,虽然保证了解集在目标空间分布的均匀性,但该方法可能导致解集延展性降低。多样性管理算子(Diversity Management Operator,DMO)通过控制选择阶段对多样性的需求,以平衡该解集的分布性与收敛性。基于变换的密度估计方法(Shift-based Density Estimation,SDE)通过变换稀疏个体在目标空间的位置,使其具有较大的密度值。该方法被应用于 NSGA-Ⅱ、SPEA2 以及 PESA-Ⅱ,取得了很好的效果。最近,作为 NSGA-Ⅱ 的扩展版本,NSGA-ⅡI 将拥挤距离替换为基于参考点的选择策略,在高维多目标优化中取得了不错的表现。然而,由于参考点是给定的,难以适用于任意优化问题。基于拐点的进化算法(Knee Point Driven Evolutionary Algorithm,KnEA)通过优先选择非被占优解中的局部拐点,提高收敛与分布性能。

3)元目标方法。该类方法通过构建元目标函数,将原优化问题转化为更容易解决的新优化问题,从而采用传统的 MOEA 求解。目前,此类方法还非常少。双目标进化方法分别将收敛与分布性作为两个元目标函数,形成一个两目标优化问题,并采用 NSGA-Ⅱ求解。但是,该两目标优化问题的解不一定是原优化问题的解。

4)目标函数缩减方法。针对优化问题的 Pareto 前沿的维数低于目标函数个数的情况,采用主成分分析法,删除冗余的目标函数,以降低问题求解的难度。但是,当优化问题的目标函数不存在冗余时,上述方法不再适用。

(2)非 Pareto 占优算法

除了改进 Pareto 占优的方法之外,目前,还主要存在如下三类非 Pareto 占优算法,以解决高维多目标优化问题。

1)基于标量函数的方法。多重单目标 Pareto 采样(Multiple Single Objective Pareto Sampling,MSOPS)预先设定一系列均匀分布的参考向量,这些参考向量表明了算法在目标空间中的搜索方向。根据不同参考向量得到的加权后的目标函数,每一个体都可获得一组不同的适应值,以代表其在各个参考向量下的优劣,取最优者为该个体最终的适应值。这样一来,MSOPS 总能保持足够多的优劣等级,以保证 Pareto 最优解的选择压力。基于分解的多目标进化算法(MOEA Based on Decomposition,MOEA/D)也基于标量函数方法,但是,不同于 MSOPS 中的每一个体对应多个参考向量,MOEA/D 中的每一个体仅对应一个参考向量。然而,在高维目标空间中,通过均匀分布的参考向量并不一定能够获得均匀分布的解集。为解决这一问题,带约束的总体适应度排序算法通过限制个体与参考向量的垂直距离,提高解集分布性。此外,MOEA/D 也有着与 NSGA-Ⅱ相似的问题,即参考向量是给定的。

2)基于评价指标的方法。基于评价指标的进化算法(Indicator Based Evolutionary Algorithm,IBEA)采用二元评价指标,作为个体的适应值函数,建立了基于评价指标的进化优化框架。超体积是一种非常有效的评价指标,能够很好地平衡解集的收敛与分布性能,超体积估计算法采用蒙特卡罗方法估计超体积,显著降低了超体积的计算耗时,使得以超体积为评价指标的 IBEA 能够应用于高维多目标优化问题。

3)基于网格的方法。如 ε-MOEA、基于网格的进化算法,以及基于平行网格的高维多目标粒子群算法等。在这些算法中,目标空间首先被网格划分为很多超立方体,然后利用网格占优关系选择收敛性能好的个体。每个网格只允许保留一个个体,从而促进了解集的分布性能。然而,研究发现,想要合理地调整网格大小是非常困难的。

8.1.3 多模态进化优化问题

多模态优化问题是指该问题存在至少两个在决策空间不同的最优解,它们具有相同的目标值。目前,几乎所有关于多模态进化优化的研究,都专注于解决具有单一目标的多模态优化问题。

当前求解多模态优化问题的方法主要为基于小生境的进化算法。其中,最经典的两种方法是适应度共享方法和聚集方法。在适应度共享方法中,同一邻域内的个体会相互降低对方的适应值,从而避免所有个体处在一个小生境中。在聚集方法中,子代个体会与其父代个体竞争,适应值高且位于稀疏区域的个体会被优先选择。此外,近年来还提出了很多小生境方法,如清除方法、伸缩方法、物种形成方法,以及动态适应度共享方法等。除了进化算法,其他启发式搜索算法也被应用于求解多模态优化问题,比如粒子群优化(Particle Swarm Optimization,PSO)。基本的 PSO 算法并不具有保存多重最优粒子(解)的能力,因此提出了以下算法以寻找和保留这些粒子:基于物种形成的 PSO、环状拓扑 PSO、局部信息 PSO,以及多群体 PSO 等。

多目标进化优化和多模态进化优化的目的都是保持种群的多样性,不同的是,前者在目标空间,后者在决策空间。目前相关人员提出了一些方法,将单目标多模态优化问题转化为多目标优化问题,进而采用 MOEA 求解。多模态优化问题被分解为一个两目标优化问题。其中,一个目标是原多模态目标函数,另一个目标是前者的梯度信息。相似地,第二个目标被定义为个体到其他个体的平均欧氏距离。

8.1.4 多模态高维多目标进化优化问题

多模态(高维)多目标优化问题:对于一个(高维)多目标优化问题,如果存在任意两个不同的 Pareto 最优解,且它们在 Paerto 前沿上映射到同一点,那么,该问题为一个多模态(高维)多目标优化问题。

根据该定义,对于式(8.1),若存在任意两个 Pareto 最优解 x_1^* 和 x_2^*,使得 $x_1^* \neq x_2^*$ 以及 $f(x_1^*) = f(x_2^*)$,那么,该问题是一个多模态多目标优化问题。并且,称 x_1^* 和 x_2^* 为多重 Pareto 最优解。如果 $M > 3$,则该问题是一个多模态高维多目标优化问题。

多模态(高维)多目标优化问题普遍存在于实际应用中。下面举一个在多目标背包问题中的简单例子,以帮助读者理解这个新定义的优化问题。假设一位旅行者,他的背包可以存放 3 种不同的物品。他需要从现有的 6 种物品(即 $IC_1, \cdots, IC_6$)中选择 3 种,以最大化总体的货币利润和保质期限。这些物品的货币利润分别依次为 $p_1=4$、$p_2=6$、$p_3=3$、$p_4=7$、$p_5=5$,以及 $p_6=2$(单位:千元);保质期限分别依次为 $q_1=6$、$q_2=4$、$q_3=7$、$q_4=3$、$q_5=5$,以及 $q_6=2$(单位:月)。那么,该优化问题的数学表达为

$$\left.\begin{aligned} \max f_1(x) = \sum_{i=1,\cdots,6} p_i x_i \\ \max f_2(x) = \sum_{i=1,\cdots,6} q_i x_i \end{aligned}\right\} \quad (8.2)$$

式中,$f_1(x)$ 为总体货币利润;$f_2(x)$ 为总体保质期限;$x=(x_1,\cdots,x_6)$,$\sum_{i=1,\cdots,6} x_i = 3$,$x_i = 1$ 或 0 表示 IC_i 是否被选择。该优化问题的所有 Pareto 最优解如下:$x_1^* = (1,0,1,0,1,0)$,$x_2^* = (1,1,1,0,0,0)$,$x_3^* = (1,0,1,1,0,0)$,$x_4^* = (0,1,1,0,1,0)$,$x_5^* = (1,1,0,0,1,0)$,$x_6^* = (0,0,1,1,1,0)$,$x_7^* = (0,1,1,1,0,0)$,$x_8^* = (1,0,0,1,1,0)$,$x_9^* = (1,1,0,1,0,0)$,$x_{10}^* = (0,1,0,1,1,0)$。该问题的 Pareto 前沿如图 8.1 所示,其中,实心黑点表示 Pareto 最优解。从图 8.1 可以看出,x_3^* 和 x_4^*、x_5^* 和 x_6^*、以及 x_7^* 和 x_8^* 分别具有相同的目标函数值,即它们在目标空间中为同一点。然而,它们在决策空间中分别是不同的解。这说明,式(8.2)所述问题是一个多模态多目标优化问题。

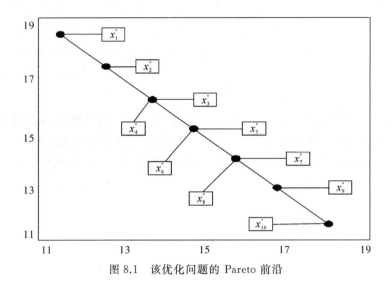

图 8.1 该优化问题的 Pareto 前沿

8.2 高维多目标进化算法

8.2.1 问题分解的高维多目标进化优化算法

高维多目标优化问题普遍存在且难以解决,现有的 Pareto 局部占优方法虽然能够增加个体选择压力,但无法从全局解决问题。如果将优化问题的目标函数分组,并采用多个种群分别求解各组目标,从而基于 Pareto 局部占优比较各种群中个体的性能,那么,可以高效地协同进化分解后的优化问题,并利用外部保存集考虑个体在所有目标函数中的性能。

基于问题分解的高维多目标进化优化算法(Multi-objective Evolutionary Optimization Based on Problem Decomposition,MOEA-PD)的基本思路:首先,将高维多目标优化问题分解为若干子优化问题,每一子优化问题除了包含原优化问题的少数目标函数之外,还具有由其他目标函数聚合成的一个目标函数,以降低问题求解的难度;其次,采用多种群并行进化算法,求解分解后的每一子优化问题,并在求解过程中,充分利用其他子种群的信息,以提高种群收敛速度;最后,基于各子种群的非被占优解形成外部保存集,从而得到高维多目标优化问题的 Pareto 最优解集。

8.2.2 算法框架结构

首先,将高维多目标优化问题分解为若干(K 个)子问题,每一子问题仅包含原问题的部分目标以及一个聚合目标,且这些部分目标之间具有较大的相关性,从而显著降低了优化问题的求解难度;其次,在并行环境下,采用基于传统 Pareto 占优的 MOEA,求解每一子问题,并通过迁徙算子,充分利用其他子种群提供的有价值的信息,使得问题求解的效率大大提高;最后,基于各子种群产生的非被占优解形成外部保存集,使得高维多目标优化问题的 Pareto 最优解集具有优越的性能。基于问题分解的高维多目标进化优化算法,即 MOEA-PD,其总体框架如图 8.2 所示。

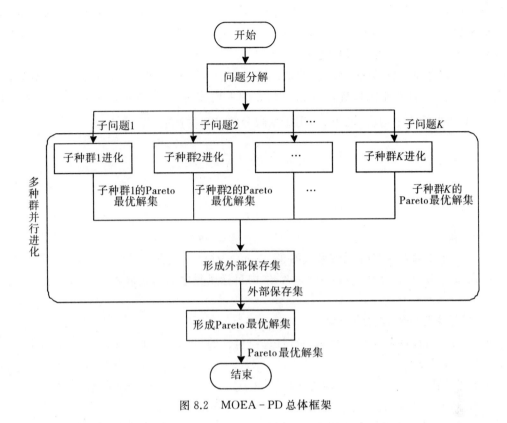

图 8.2 MOEA-PD 总体框架

8.2.3 高维多目标优化问题的分解

本节通过目标分组与聚合方法,将式(8.1)表示的高维多目标优化问题分解为若干子优化问题,其中,每一子优化问题包含较少的目标函数,在这些目标函数中,有的是原优化问题的目标函数,有的是原优化问题若干目标函数的聚合。

(1) 目标分组

为了求解式(8.1)描述的高维多目标优化问题,本章基于目标函数之间的相关关系,将该问题的目标函数分组。进一步,基于该分组,将高维多目标优化问题分解为若干个传统的多目标优化问题,从而降低问题求解的难度,使得采用传统的多目标进化优化方法求解这些分解后的问题成为可能。

若两个目标函数之间的相关关系为负,且一个目标函数减小,那么,另一个目标函数会增大;反之,若两个目标函数之间的相关关系为正,那么,它们会同时增加或减小。这样一来,如果一个候选解对某一目标函数是较优的,那么,该候选解对与之相似的目标函数也具有较优的性能。因此,求解目标函数之间相关程度较高的优化问题时,算法将更容易找到同时对这些目标函数较优的折中解,从而具有更佳的收敛性能。

为了按照相关关系对目标函数分组,需要计算这些目标函数之间的相关程度。通过计算目标函数之间的 Spearman 相关系数,以反映这些目标函数之间的相关程度。Spearman 相关系数又称为秩相关系数,它利用两个变量的秩次值,进行相关关系分析,对变量的形式及其满足的分布没有任何要求。因此,采用 Spearman 相关系数进行相关关系分析是完全可行的。记目标函数 f_i 与 f_j 之间的 Spearman 相关系数为 $\rho_{i,j}$,可知, $\rho_{i,j} \in [0,1]$,且 $\rho_{i,j}$ 越大,目标函数 f_i 与 f_j 之间的相关程度越大。

为了得到合理的目标函数分组,需要采用一定的准则对分组结果进行评价。借鉴相关研究人员的方法,先计算组内目标函数相关系数的平均值 $p(G_k)$, $k=1,\cdots,K$,然后考虑所有组,求取上述指标的平均值,记为 $\overline{p}$,用于反映分组结果的性能,即

$$\overline{p} = \frac{1}{K}\sum_{k=1}^{K} p(G_k) \tag{8.3}$$

$$p(G_k) = \begin{cases} \dfrac{\sum\limits_{f_i, f_j \in G_k} \rho_{i,j}}{m_k}, & m_k \geqslant 2 \\ 1, & m_k = 1 \end{cases} \tag{8.4}$$

式中: G_k 表示由第 k 组目标函数形成的集合; m_k 为组 G_k 包含的目标函数个数。

由式(8.3)和(8.4)可知, $\overline{p}$ 越大,那么,组内目标函数之间的相似程度越高,从而分组性能越好。

(2)目标函数分组方法的步骤

步骤 1:将目标函数随机分为 K 组,且每组包含的目标函数个数不超过 $\lceil M/K \rceil$,令迭代次数 $q=0$,计算 $\overline{p}(q)$;

步骤 2:判断分组终止准则(设终止准则为 $q \geqslant m^3$)是否满足?若是,转步骤 5;

步骤 3:随机选择两组,如果这两组包含的目标函数均为 $\lceil M/K \rceil$ 个,那么,从每组中随机选择一个进行交换;如果只有一组包含 $\lceil M/K \rceil$ 个目标函数,那么,从该组中随机选择一个,放入另一组;否则,从一组中随机选择一个目标,放入另一组;

步骤 4:令 $q=q+1$,计算 $\overline{p}(q)$,如果计算 $\overline{p}(q) > \overline{p}(q-1)$,那么,更新分组结果。转步骤 2;

步骤 5:输出分组结果,终止算法。

根据上述分组方法,式(8.3)描述的高维多目标优化问题的目标函数可以分成如下 K 组:

$$\left. \begin{array}{l} G_1 = \{f_{11}(x), \cdots, f_{1m_1}(x)\} \\ \cdots \\ G_k = \{f_{k1}(x), \cdots, f_{km_k}(x)\} \end{array} \right\} \tag{8.5}$$

式中: $f_{kh}(x)$, $k=1,\cdots,K$, $h=1,\cdots,m_k$,为组 G_k 包含的第 h 个目标函数; m_k 为组 G_k 包含的目标函数个数,且满足 $\sum\limits_{k=1}^{K} m_k = M$, $m_k < \lceil M/K \rceil$。

8.2.4 优化子问题的形成

根据式(8.5)每组的目标函数,可以形成一个传统的多目标优化问题,其中,每一多目标优化问题,均为原高维多目标优化问题的子问题。但是,如果通过求解这些子优化问题,得到原优化问题的最优解,那么,这些最优解很可能是原优化问题的局部最优解,而很难成为该优化问题的全局最优解。这是因为每一子优化问题,仅考虑了原优化问题的少部分目标函数。为了得到原优化问题的全局最优解,需要在每一子优化问题中,增加反映其他目标函数信息的目

标函数,称之为这些目标函数的聚合目标。

根据组 G_k 包含的目标函数,在形成的子优化问题中,引入聚合目标,记为 $f_{k0}(x)$,其表达式为

$$f_{k0}(x) = F(G_1, \cdots, G_{k-1}, G_{k+1}, \cdots, G_K), k = 1, \cdots, K \tag{8.6}$$

由式(8.6)可以看出,$f_{k0}(x)$ 是由除本组包含的目标函数之外,其余目标函数聚合而成的新目标函数,因此,根据式(8.5)中组 G_k 包含的目标函数以及聚合目标 $f_{k0}(x)$,可以形成一个新的多目标优化问题,从而式(8.1)描述的高维多目标优化问题可以分解为 K 个子优化问题,本节通过多种群协同进化优化方法,采用 NSGA-II 求解每一子问题,并在求解过程中,充分利用其他子种群提供的有价值的信息。子问题为

$$\left.\begin{aligned}
&\min f_{G_1}(x) = [f_{10}(x), \cdots, f_{1m_1}] \\
&\text{s.t. } x \in S \subset \mathbf{R}^n \\
&\cdots \\
&\min f_{G_k}(x) = [f_{K0}(x), \cdots, f_{Km_k}] \\
&\text{s.t. } x \in S \subset \mathbf{R}^n
\end{aligned}\right\} \tag{8.7}$$

求解式(8.7)中的每一子优化问题时,既可以同时优化原优化问题的少数目标函数,又因为聚合目标的存在,可以对原优化问题的其他目标函数进行优化,从而平衡了原优化问题的所有目标函数。此外,子优化问题目标函数减少,使得问题的求解难度显著降低,从而 Pareto 最优解的选择压力大大提高,有利于问题的高效求解。

由式(8.7)可以看出,$f_{k0}(x)$ 对于每一子优化问题的形成与求解是非常关键的。尽管式(8.6)给出了目标 $f_{k0}(x)$ 的形式表达式,但是,采用不同的方法,可以得到目标 $f_{k0}(x)$ 的不同表达形式。

8.2.5 优化子问题的协同进化求解

基于 8.2.4 节建立的 K 个子优化问题,本节通过多种群协同进化优化方法,采用 NSGA-II 求解每一子问题,并在求解过程中,充分利用其他子种群提供的有价值信息。

针对每一子优化问题,采用一个子种群进化。尽管在多种群并行进化算法中,不同的子种群可以具有不同的规模,但是,由于分解后的不同子优化问题,包含的目标函数个数大体相当,使得优化不同子问题所需的计算量大体相同,因此,这里优化不同子问题的子种群规模均为 N_{sub}。这样一来,用于求解本节问题的子种群共有 K 个,这些子种群的规模之和为 $N = N_{\text{sub}} \times K$。鉴于每一子优化问题包含的目标函数比较少,因此,针对每一子种群中的不同进化个体,可以采用传统的 Pareto 占优关系,比较它们的性能。此外,由于不同子种群优化的目标函数不同,因此,不同子种群的进化方向不同,这有利于整个种群保持良好的多样性。

在子种群进化求解过程中,为了利用其他子种群提供的有价值信息,需要在这些子种群之间迁徙部分进化个体。进化个体迁徙时,采用完全迁徙的方式,迁徙间隔代数为 T_{migrate},迁徙率为 $a_{\text{migrate}} \in (0,1)$。这样一来,每隔进化代数 T_{migrate},每一子种群需要选择 $\lceil a_{\text{migrate}} \times N_{\text{sub}} \rceil$ 个优势个体作为迁徙个体,并发送给其他子种群。

通常,我们希望选择的迁徙个体具有较好的性能,为了评价迁徙个体的性能,与 NSGA-II 评价进化个体的方式一样,也采用如下两个指标:①Pareto 序值,通过 Pareto 占优关系,计算某迁徙个体的 Pareto 序值,用于评价该个体的收敛性能;②拥挤距离,基于 NSGA-II 提出

的方法,计算迁徙个体的拥挤距离,用于衡量该个体的分布性能。每一子种群选择迁徙个体的具体步骤本节不再赘述。基于该方法选择的 $\lceil a_{\text{migrate}} \times N_{\text{sub}} \rceil$ 个迁徙个体,不但具有很好的收敛性能,而且具有很好的分布性能,这有利于其他子种群的进化。

鉴于不同子种群优化的目标函数不同,因此,一个子种群的优势个体对其他子种群而言,未必也是优势个体。这意味着,虽然某一子种群接收了其他子种群发送的优势个体,该子种群也需要对这些发送的优势个体,基于优化的子问题重新评价其性能。进一步地,由于某一子种群接收了 $(K-1)\lceil a_{\text{migrate}} \times N_{\text{sub}} \rceil$ 个迁徙个体,而该子种群的规模为 N_{sub} 却是固定不变的,因此,需要对该子种群的当代个体以及接收的迁徙个体,基于 Pareto 序值和拥挤距离重新排序,以生成规模为 N_{sub} 的子代种群。

8.2.6 外部保存集的形成

在多种群进化优化中,采用外部保存集保留各子种群进化过程中的优势个体,对于保证 Pareto 最优解集的完备性与多样性是非常必要的。对基于问题分解的高维多目标进化优化算法而言也是如此。一般地,与通过合并各子种群的 Pareto 最优解集形成优化问题的 Pareto 最优解集相比,外部保存集的 Pareto 最优解集具有更好的分布性能。这是因为在高维空间上均匀分布的点集,在低维子空间上也是均匀分布的,但反之不然。由于本章用于求解各子种群 Pareto 最优解集的方法,都是在低维目标空间上得到的,尽管这些解,在低维目标空间上均匀分布,但是,它们在高维目标空间上却不一定是均匀分布的。这样一来,基于各子种群的 Pareto 最优解集,在高维目标空间中按照一定的策略选择,以形成外部保存集,能够保证 Pareto 最优解集具有好的分布性能。

然而,基于各子种群的 Pareto 最优解集形成保存集时,难以基于这些解关于所有目标的 Pareto 序值得到收敛性能好的解。这是因为,需要优化的目标函数增多,使得这些解的 Pareto 序值几乎相同。因此,本节提出一种能够兼顾收敛与分布性能的外部保存集形成策略。

尽管在高维目标空间中,难以区分上述解的收敛性能,但是,对于来自同一子种群的 Pareto 最优解而言,由于需要优化的目标函数较少,因此,基于这些解在子种群中的 Pareto 序值,仍然能够得到具有好的收敛性能的外部保存集。记第 t 代的外部保存集为 $EA^t = \bigcup\limits_{k=1}^{K} EA_k^t$,其中,$EA_k^t, k=1,2,\cdots,K$,表示 EA^t 中来自第 k 个子种群的 Pareto 最优解集。$|EA^t| \leqslant N$。将 EA_k^t 中的解与第 k 个子种群当前代的 Pareto 最优解集 P_k^t 合并,得到 $C_k^t = EA_k^t \bigcup P_k^t$。基于第 k 个子优化问题的目标函数,计算 C_k^t 中解的 Pareto 序值,选择 Pareto 序值为 1 的解,形成一个新的集合,记为 C_k^t。考虑所有子优化问题,将 $Ct_k^t, k=1,2,\cdots,K$ 合并,可以得到 $C^t = \bigcup\limits_{k=1}^{K} Ct_k^t$,那么,$C^t$ 中的解对于所有的优化目标,将具有好的收敛性能。

为了使下一代外部保存集 EA^t+1 中的解具有好的分布性能,当 $|C^t| > N$ 时,在高维目标空间中,基于拥挤距离,从 C^t 中选择 N 个解,得到下一代外部保存集 EA^t+1。当 $|C^t| \leqslant N$ 时,那么,C^t 即为下一代外部保存集。

通过上述方式形成的保存集,不但具有好的收敛性能,也具有好的分布性能,这有利于寻找问题的 Pareto 最优解集。

8.3 实验设计与结果分析

本节通过实验评价 MOEA-PD 的性能。首先,给出采用的优化问题和性能指标;其次,简述对比算法,并给出相关的实验参数设置;最后,根据实验结果分析 MOEA-PD 的表现。

8.3.1 优化问题

本节采用 DTLZ 系列优化问题中的 DTLZ1,DTLZ2,DTLZ3,DTLZ5,DTLZ7,以及多目标旅行商问题(Multi-objective Travelling Salesman Problem,MOTSP),评价不同方法的性能。MOTSP 是一类著名的 NP 难问题。在构建该问题时,可以通过相关参数决定目标函数之间的相关程度。当相关参数的值分别为正、0、负时,该问题的相邻目标函数分别具有正、0、负相关关系。因此,该问题非常适合用于考察本章算法的性能。

需要说明的是,对于 DTLZ1,DTLZ2,DTLZ3,DTLZ5,DTLZ7,决策变量个数分别为 $M+4, M+9, M+4, M+9$,以及 $M+19$。对于 MOTSP,节点数目为 30,相关参数分别取 $0.5, 0, -0.5$。

本节分别采用 IGD 和 HV 对比不同算法的在 DLTZ 和 MOTSP 上的性能。另外,还采用 GD,SP,MS,以及 T_p,以考察不同参数设置对 MOEA-PD 的影响。

对于指标 T_p,其计算方法为

$$T_p = p_n T_s \tag{8.8}$$

式中:p_n 为程序包含的并行进程的个数;T_s 为运行时间最长的进程所需的时间,单位均为 s。

8.3.2 算法对比

选取 PPD-MOEA、ε-MOEA,以及 MSOPS 作为对比算法。

鉴于 MOEA-PD 基于 Pareto 局部占优关系,比较进化个体的性能,因此,其与 PPD-MOEA 对比也是很有意义的。

ε-MOEA 利用 ε 占优准则,和 MOEA-PD 一样,也属于改进占优准则的方法。因此,将 ε-MOEA 作为对比算法是很有必要的。

此外,尽管 MSOPS 与 MOEA-PD 没有明显的共同之处,但是,作为求解高维多目标优化问题的有效方法,与其进行比较,能够充分评价 MOEA-PD 的性能。

8.3.3 参数设置

对于所有方法,采用相同的进化算子。对于 DTLZ,采用模拟二元交叉和多项式变异,且交叉和变异算子的分布指数都为 20。对于 MOTSP,采用顺序交叉和逆转变异。交叉和变异概率分别为 1 和 0.01。交配选择采用二元锦标赛方法。算法的终止条件为个体评价次数达到预先设定的值:对于优化问题 DTLZ1、DTLZ3,以及 MOTSP,该值为 100 000;对于 DTLZ2、DTLZ5,以及 DTLZ7,该值为 30 000。对于 PPD-MOEA,以及 HypE,种群规模为 100;对于 MOEA-PD,当目标函数的分组个数为 3 或 6 时,种群规模为 102;当目标函数的分组个数为 8 时,种群规模为 104,使得不同子种群包含相同个数的进化个体;对于 ε-MOEA,由于该方法的种群规模与 ε 的取值有关,为了公平比较,根据不同的优化问题,采取不同的 ε 取值,使得在算法终止时,种群规模保持在 100 左右。ε 的取值见表 8-2。

表 8-2　不同优化问题的 ε 取值

(a) DTLZ 优化问题

目标个数	DTLZ1	DTLZ2	DTLZ3	DTLZ5	DTLZ7
6	0.06	0.23	0.24	0.12	0.27
9	0.09	0.29	0.42	0.13	0.69
12	0.17	0.30	0.81	0.15	0.78
15	0.32	0.31	0.92	0.15	0.83

(b) MOTSP 问题

目标个数	相关参数	ε
6	0.5	0.42
6	0	1.3
6	−0.5	2.7
12	0.5	3.0
12	0	4.1
12	−0.5	5.3

对于 MOEA-PD 涉及的其他参数,T_{migrate} 为 1,a_{migrate} 为 0.1。此外如果没有特别说明:当优化问题包含 6 或 9 个目标函数时,分组个数为 3;包含 12 个目标函数时,分组个数为 4;包含 15 个目标函数时,分组个数为 5。

对于 PPD-MOEA:每次选取的目标函数为 2 个,进行目标变换的间隔代数为 10;在 HypE 中,估计超体积所需的采样点个数为 10 000;MSOPS 的权重向量有 100 个。

对于每一优化问题,采用每种方法独立运行 30 次,并统计它们的均值和标准差。此外,采用 Mann-Whitney U 分布方法,对不同方法得到的上述指标值进行假设检验,以评价不同方法性能差异的显著性。

8.3.4　结果分析

本节实验分为两个部分。在第一部分,对于不同的参数或策略,通过求解不同的优化问题,评价这些参数或策略对 MOEA-PD 性能的影响。具体来讲:①通过求解 24 目标优化问题 DTLZ2,评价目标函数分组个数对 MOEA-PD 性能的影响;②基于 6 目标优化问题 DTLZ2,构建并求解目标相关程度不同的多个优化问题,以说明基于相关关系的目标函数分组方法的有效性;③通过求解 6 目标优化问题 DTLZ2,评价外部保存集形成方法的有效性。在第二部分,通过求解目标函数个数分别为 6,9,12 以及 15 的优化问题 DTLZ1,DTLZ2,DTLZ3,DTLZ5 以及 DTLZ7,以及目标函数个数分别为 6 和 12 的优化问题 MOTSP,并与其他算法比较,验证本章所提算法的优越性。

(1) 不同参数或策略对 MOEA-PD 性能的影响

1) 目标函数分组个数。

目标函数分组个数是本章新引入的参数,它的取值与收敛性能、计算资源的分配,以及运行效率密切相关。通过将 24 目标优化问题 DTLZ2 的目标函数分为 1、2、3、4、6、8 以及 12 组,考察目标函数分组个数对方法性能的影响。可知,当目标函数的分组个数仅为 1 时,方法即为 NSGA-Ⅱ。图 8.3 所示为各项性能指标随目标函数分组个数的变化趋势。

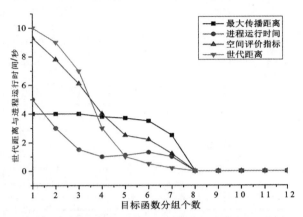

图 8.3 各项性能指标随目标函数分组个数的变化趋势

由图 8.3 可以看出,随着目标函数分组个数的增多:①GD 逐渐减小,这说明较多的目标函数分组个数能够改善 MOEA-PD 所得 Pareto 前沿的收敛性能;②MS 逐渐减小,这意味着目标函数分组个数越多,MOEA-PD 所得 Pareto 前沿的延展性越差。可能的原因是当目标函数分组个数很多时,每个子种群包含的进化个体数很少,使得子种群所得的 Pareto 最优解集难以完整地覆盖真实的 Pareto 前沿;③SP 逐渐减小,尽管如此,这并不能说明 MOEA-PD 所得 Pareto 前沿的分布更加均匀。这是因为即使某两个近似 Pareto 前沿的分布性能相同,对于收敛性能较好或延展性能较差的近似 Pareto 前沿,它的 SP 指标值也会较小;④MOEA-PD 的运行时间大体呈下降趋势,并在分组个数为 6 时,取得了最快的运行效率。但是,当分组个数为 8 时,运行效率开始略微回升。这说明增加进程个数,MOEA-PD 的运行效率不一定提高。但是,只要目标函数分组个数大于 1,MOEA-PD 的运行速度就会快于 NSGA-Ⅱ。

2)基于相关关系的目标函数分组方法。

本部分基于 6 目标优化问题 DTLZ2,构建目标相关程度不同的 5 个优化问题,分别采用基于相关关系和随机的目标函数分组方法,求解这些优化问题,以评价本章所提目标函数分组方法的性能。这些问题的数学模型为

$$\left.\begin{array}{l}\min g_i(x)=f_i(x), i=1,2,3 \\ \min g_i(x)=\lambda f_{i-3}(x)+(1-\lambda)f_i(x), i=4,5,6\end{array}\right\} \quad (8.9)$$

式中:$f_i(x)$,$i=1,2,\cdots,6$,分别为 6 目标优化问题 DTLZ2 的原目标函数;$\lambda \in [0,1]$ 为相关强度系数,且 λ 越大,$g_i(x)$ 与 $\lambda f_{i-3}(x)$ 相似程度越高。

特别地:当 $\lambda=0$ 时,该优化问题即为 6 目标优化问题 DTLZ2;当 $\lambda=1$ 时,该优化问题具有 3 组完全相关的目标函数。按照第 8.2.3 节给出的分组方法,当 λ 取值较大时,这些优化问题的目标函数更倾向于被分为如下 3 组:$G_1=\{g_1(x),g_4(x)\}$、$G_2=\{g_2(x),g_5(x)\}$,以及 $G_3=\{g_3(x),g_6(x)\}$。本章设置 $\lambda=0,0.25,0.5,0.75,1$,从而分别得到目标相关程度不同的多个优化问题。

对于基于相关关系和随机法得到的目标函数分组,采用本章提出的方法求解上述优化问

题,结果见表 8-3,表中括号外的数据表示均值,括号内的数据为标准差,粗体表示该数据为两种方法得到的最优结果,* 表示对于相关分组,随机分组的该项指标具有显著差异。

表 8-3 目标函数分组策略对 MOEA-PD 性能的影响

λ	GD		SP		MS		T_p	
	相关分组	随机分组	相关分组	随机分组	相关分组	随机分组	相关分组	随机分组
0	1.029E-2	1.324E-2	2.218E-1	2.125E-1	1.000E+0	1.000E+0	3.931E-1	3.903E-1
	(3.9E-3)	(4.0E-3)*	(1.2E-2)	(1.8E-2)	(1.1E-4)	(1.5E-4)	(3.8E-2)	(4.1E-2)
0.25	7.405E-3	1.291E-2	1.992E-1	2.021E-1	1.000E+0	1.000E+0	4.027E-1	3.998E-1
	(3.8E-3)	(4.2E-3)*	(1.3E-2)	(1.3E-2)	(1.2E-4)	(8.3E-5)	(4.6E-2)	(3.3E-2)
0.5	2.037E-3	1.311E-2	1.643E-1	1.936E-1	1.000E+0	1.000E+0	3.891E-1	4.082E-1
	(7.1E-4)	(1.5E-3)*	(1.0E-2)	(2.7E-2)*	(7.1E-5)	(1.8E-4)	(7.1E-2)	(5.8E-2)
0.75	8.214E-4	1.285E-2	8.921E-2	1.284E-1	1.000E+0	1.000E+0	4.100E-1	4.081E-1
	(4.2E-4)	(1.1E-3)*	(6.3E-3)	(1.9E-2)*	(9.8E-5)	(6.2E-5)	(6.4E-2)	(4.5E-2)
1	3.436E-4	1.290E-2	5.765E-2	6.228E-2	1.000E+0	1.000E+0	3.915E-1	3.923E-1
	(2.0E-4)	(6.3E-4)*	(5.2E-3)	(4.7E-3)*	(3.8E-6)	(4.3E-6)	(5.6E-2)	(7.3E-2)

由表 8-3 可以看出:①对于所有的优化问题,基于相关关系的目标函数分组方法的 GD 指标均显著优于随机分组方法,且 λ 越大,即目标函数之间的相关程度越高,基于相关关系的目标函数分组方法的收敛性越好;②当 $\lambda > 0$ 和 0.25 时,两种方法的 SP 指标没有明显差异。当 $\lambda > 0.25$ 时,基于相关关系的目标函数分组方法能够显著提升解集的分布性能;③无论采用哪种分组方法,得到的 Pareto 前沿的 MS 值均达到最大值;④两种方法的 T_p 指标没有显著差异,这说明计算目标分组花费的时间对算法总的运行时间几乎没有影响。总体来讲,基于相关关系的目标函数分组方法不仅所需的计算资源少,而且能够明显提升算法的收敛与分布性能。

3) 外部保存集。

将本章提出的外部保存集形成策略与传统的策略比较,以评价本章的外部保存集形成策略对本章方法性能的影响,传统的策略基于所有目标计算候选解的 Pareto 序值,并基于序值和拥挤距离形成外部保存集。分别基于这两种外部保存集形成策略,并采用本章的方法,求解 6 目标优化问题 DTLZ2,结果见表 8-4,其中,* 表示对于本章策略,传统策略的该项指标具有显著差异。

由表 8-4 可以看出:①采用本章的外部保存集形成策略,得到的 Pareto 前沿的 SP 值与传统的策略不相上下;②这两种策略得到的 Pareto 前沿的 MS 值均达到最大值,但是,传统策略的稳定性略优于本章提出的策略;③虽然这两种策略得到的 Pareto 前沿的 SP 和 MS 值没有显著差异,但是,对于其他两个指标 GD 和 T_p,本章的策略均显著优于传统的策略。这说明,采用本章提出的外部保存集形成策略得到的 Pareto 前沿在保证分布和延展性能的同时,不但具有更好的收敛性能,而且所需的计算时间更短。

表 8-4 外部保存集形成策略对 MOEA-PD 性能的影响

	GD	SP	MS	Tp
外部保存集形成策略	1.029E-2 (3.9E-3)	2.218E-1 (1.2E-2)	1.000E+0 (1.1E-4)	3.931E-1 (3.8E-2)
传统策略	4.364E-2 (3.0E-3)*	2.198E-1 (1.8E-2)	1.000E+0 (8.9E-5)	4.453E-1 (3.1E-2)*

由实验结果与分析可知,基于相关关系的目标函数分组方法和外部保存集形成策略是非常有效的,此外,合理的目标函数分组个数也有助于提高 MOEA-PD 的性能。

(2)与其他算法的对比

通过求解 6,9,12 以及 15 目标优化问题 DTLZ1,DTLZ2,DTLZ3,DTLZ5 DTLZ7,并求解 6 和 12 目标优化问题 MOTSP,并与 PPD-MOEA、ε-MOEA 以及 MSOPS 对此,评价 MOEA-PD 的性能。表 8-5 列出了不同算法求解 DTLZ 所得的 IGD 指标以及基于该指标的平均排名,表 8-6 列出了这些算法求解 MOTSP 所得的 HV 指标。为了便于观察和对比,以 MOEA-PD 为基准,对其他算法所得的 HV 指标进行标准化处理。表中,粗体显示的数据是这些算法得到的该问题的最优结果,* 表示对比算法与 MOEA-PD 的 IGD 指标具有显著差异。

表 8-5 不同算法求解 DTLZ 的 IGD 指标以及基于该指标的平均排名

优化问题	MOEA-PD	PPD-MOEA	ε-MOEA	MSOPS
DTLZ1-6	7.853E-2(2.8E-3)	1.069E+0(7.9E-1)*	1.157E-1(1.1E-1)	1.127E-1(4.5E-2)*
DTLZ1-9	1.628E-1(5.4E-2)	2.326E+0(1.5E+0)*	5.769E-1(3.8E-1)*	1.763E-1(6.5E-2)
DTLZ1-12	1.828E-1(1.2E-1)	3.388E+0(2.5E+0)*	1.824E+0(2.1E+0)*	2.085E-1(1.4E-1)
DTLZ1-15	1.961E-1(7.3E-2)	4.924E+0(4.3E+0)*	2.774E+0(3.5E+0)*	2.413E-1(1.3E-1)
DTLZ2-6	3.005E-1(8.1E-3)	4.709E-1(4.8E-2)*	2.659E-1(6.4E-3)*	3.228E-1(2.1E-2)*
DTLZ2-9	4.909E-1(1.3E-2)	6.431E-1(6.7E-2)*	4.213E-1(1.1E-2)*	5.338E-1(1.9E-2)*
DTLZ2-12	5.866E-1(2.8E-2)	7.527E-1(6.7E-2)*	5.010E-1(1.3E-2)*	6.174E-1(1.7E-2)*
DTLZ2-15	6.474E-1(1.9E-2)	8.260E-1(4.9E-2)*	5.846E-1(4.1E-2)*	6.898E-1(2.3E-2)*
DTLZ3-6	3.248E-1(2.2E-2)	1.071E+0(5.6E-1)*	4.606E-1(1.2E-1)*	3.439E-1(1.6E-2)
DTLZ3-9	5.616E-1(2.3E-2)	2.510E+0(1.5E+0)*	1.615E+0(1.9E+0)*	6.023E-1(2.1E-1)
DTLZ3-12	6.460E-1(2.9E-2)	3.789E+0(1.9E+0)*	2.531E+1(2.7E+1)*	6.872E-1(3.4E-1)
DTLZ3-15	7.017E-1(6.4E-2)	4.621E+0(3.9E+0)*	7.074E+1(8.5E+1)*	8.154E-1(1.1E-1)*
DTLZ5-6	2.140E-2(8.0E-3)	8.474E-2(2.6E-2)*	8.187E-2(1.4E-2)*	3.144E-2(5.8E-3)*
DTLZ5-9	2.856E-2(5.4E-3)	1.106E-1(2.1E-2)*	1.014E-1(2.3E-2)*	3.240E-2(2.9E-3)*
DTLZ5-12	3.322E-2(1.0E-2)	1.660E-1(6.0E-2)*	1.019E-1(1.8E-2)*	3.252E-2(5.8E-3)
DTLZ5-15	3.623E-2(7.6E-3)	1.946E-1(7.2E-2)*	1.259E-1(2.4E-2)*	3.375E-2(8.7E-3)
DTLZ7-6	8.653E-1(2.2E-1)	1.104E+0(2.0E-1)*	5.976E+0(1.1E-1)*	3.778E+0(1.7E-1)*
DTLZ7-9	1.185E+0(3.3E-1)	1.873E+0(6.2E-1)*	1.467E+0(3.2E-1)*	7.157E+0(1.7E-1)*
DTLZ7-12	1.664E+0(2.6E-1)	4.113E+0(1.6E+0)*	6.477E+0(2.1E+0)*	1.152E+1(2.2E-1)*
DTLZ7-15	2.007E+0(5.1E-1)	4.908E+0(1.5E+0)*	1.007E+1(1.7E+0)*	1.481E+1(6.9E-2)*
平均排名	1.4	3.6	2.6	2.5

表 8-6 不同算法求解 MOTSP 的 HV 指标

目标个数	相关参数	MOEA-PD	PPD-MOEA	ε-MOEA	MSOPS
6	0.5	100.0	52.1*	94.6*	89.2*
	0	100.0	41.1*	101.5	97.2*
	−0.5	100.0	39.9*	98.7	87.8*
12	0.5	100.0	49.7*	79.6*	96.1*
	0	100.0	46.9*	81.3*	93.2*
	−0.5	100.0	45.7*	72.7*	90.3*

1)分析不同算法求解优化问题 DTLZ1 和 DTLZ3 的性能。通过指标 IGD 的值可知：①MOEA-PD 得到的 Pareto 前沿具有最好的性能，另外是 MSOPS，但是，除了 6 目标优化问题 DTLZ1 与 15 目标优化问题 DTLZ3 之外，MSOPS 与 MOEA-PD 在求解大多数优化问题时，没有显著差异；②虽然 ε-MOEA 对于 6 目标优化问题 DTLZ1 与 DTLZ3 表现出很好的性能，但是，在更高维目标优化问题上该算法的性能却急剧下降，这是因为，DTLZ1 和 DTLZ3 的目标函数值域很大，其真实 Pareto 前沿的值域却很小，导致 ε 的取值难以合理确定；③PPD-MOEA 得到的 Pareto 前沿的性能明显劣于 MOEA-PD。

2)分析不同方法求解优化问题 DTLZ2 的性能。根据不同方法得到的 Pareto 前沿的 IGD 指标，这些方法性能优劣的排名依次是 ε-MOEA、MOEA-PD、MSOPS 以及 PPD-MOEA，且这些算法的性能差异是显著的。值得注意的是，ε-MOEA 对于不同目标函数的优化问题 DTLZ2，显著优于 MOEA-PD。这意味着当 ε 取合适的值时，ε-MOEA 的性能也是能够优于 MOEA-PD 的。

3)分析不同方法求解优化问题 DTLZ5 的性能。根据 IGD 指标的值：①MOEA-PD 和 MSOPS 都取得了很好的性能，且对于 6 和 9 目标优化问题 DTLZ5，MOEA-PD 显著优于 MSOPS；虽然 MSOPS 求解 12 和 15 目标优化问题 DTLZ 时，得到了更好的 IGD 指标均值，但是，与 MOEA-PD 得到的 IGD 指标均值不具有显著差异。MOEA-PD 取得很好的性能的原因是，在优化问题 DTLZ5 中，前 $M-1$ 个目标函数之间的相关程度非常高，通过目标函数的分组与聚合，求解任一子优化问题，即可得到原优化问题的近似 Pareto 前沿，并可大幅度减少目标函数；②虽然 PPD-MOEA 得到的 Pareto 前沿的 IGD 值也较好，但是仍劣于 ε-MOEA。

4)分析不同方法求解优化问题 DTLZ7 的性能。从 IGD 指标值可以知道：①对于 6 目标优化问题 DTLZ7，ε-MOEA 取得了最佳性能，MOEA-PD 次之，但是，在更高维目标优化问题上，MOEA-PD 保持了优越的性能，而 ε-MOEA 的性能却明显下降，这归因于 ε 的取值；②在这些方法中，MSOPS 具有最差的性能。

5)分析不同方法求解优化问题 MOTSP 的性能。根据表 8-6 中的 HV 指标：①除了相关参数为 0 的 6 目标优化问题 MOTSP 之外，MOEA-PD 均取得最好的性能；②虽然求解相关参数为 0 和 −0.5 的 6 目标优化问题 MOTSP 时，MOEA-PD 与 ε-MOEA 没有显著差异，但是，当该问题的相关参数为 0.5 时，即目标函数具有较大的相关关系时，MOEA-PD 明显优于 ε-MOEA。这说明 MOEA-PD 对于目标相关程度较高的优化问题更有效；③ε-

MOEA 求解 6 目标优化问题 MOTSP 时取得的很好的性能,优于大部分其他方法,但是,在求解 12 目标优化问题 MOTSP 时,MSOPS 获得了仅次于 MOEA－PD 的性能。

通过第二部分的实验结果与分析,可以得到如下结论:① ε－MOEA、MSOPS 以及 PPD－MOEA 均能够有效求解大部分高维多目标优化问题,但是,对于 ε－MOEA 和 MSOPS,需要设置合适的参数,以获得优异的性能;②除了求解优化问题 DTLZ2,6 目标优化问题 DTLZ7 以及相关参数为 0 的 6 目标优化问题 MOTSP,MOEA－PD 得到的 Pareto 前沿劣于 ε－MOEA 之外,对于其他优化问题,MOEA－PD 均具有最佳的性能。

8.4 高维多目标决策分析方法

8.4.1 多目标决策的概述

(1)多目标决策的概念

在多目标决策问题中,有的目标可以用一个或几个决策准则直接进行评价和比较,有的目标难以直接评价,需要将它们分解成若干级别较低的子目标,直到可以直接用一个或几个准则进行比较和分析为止,这样就形成了一个分层结构复杂的目标准则体系。最上一层通常只有一个目标,称之为总体目标,最下一层中的每个子目标都可以用单一准则评价,称为方案层。合理地给出表示每个可行方案满意程度的数值,称为满意度。构建多目标决策问题的目标准则体系,是多目标决策分析的前提。

1)属性(Attribuet):属性指的是备选方案的特征、品质或性能参数。

2)目标(Objeeitve):目标是决策人所感觉到的比现状更佳的客观存在,用来表示决策人的愿望或者决策人所希望达到的目标和努力的方向。

3)准则(Erietrion):准则是判断的标准或度量事物价值的原则及检验事物合意性的规则,它兼指属性及目标。

4)权(Weihgt):权是重要性的数量化表示。解决目标间的矛盾性主要是靠权,它反映了决策人对目标的重视程度、各目标属性值的差异程度以及各目标属性值的可靠程度。同时,在决策人群中决策人的地位、决策人的意见对某个问题的影响程度也可以用权来衡量。

(2)多目标决策问题的特点

多目标决策问题都有两个共同特点:①目标之间的不可公度性,也就是指目标之间没有统一的衡量标准,因此难以比较;②目标之间的矛盾性,即多目标决策问题的各个备选方案在目标间存在某种矛盾,如果采用一种方案去改进某一目标的值,会使另一目标的值变坏。

(3)多目标决策问题的分类

多目标决策问题根据决策情况的不同可以分为两类:一类问题的备选方案数目有限,称为有限方案的多目标决策或者多属性决策(Multiple Attribute Decision Making,MADM);另一类问题的备选方案可能有无限多个,称为无限方案的多目标决策,其中存在若干决策变量,这些决策变量之间、决策变量与各属性之间都存在着复杂的因果关系,这种问题的决策情况包括整个问题的求解过程。第一类问题求解的核心是对各备选方案进行评价,确定这些方案的优劣次序;第二类问题求解的关键是优化问题,一般要用数学规划求解最优解或非劣解。

(4)多目标决策问题的要素

1)决策人(Decision - Maker)。

决策人是某个人或一些个人组成的群体,他们直接或间接地提供最终的价值判断,据此可以确定各备选方案的优劣。群决策的决策人个数多于两个。

2)指标体系或称目标集(Set of Objective)。

根据前面的术语定义可知,目标是决策人希望达到的状态。为了清楚地阐明目标,可以将目标表示成层次结构:最高层目标是促使人们研究问题的原动力,但是它过于笼统,不便运算,需分解为具体而便于运算的具体目标。

3)属性集(Set of Attribute)和代用属性(Proyx Attribute)。

目标可以运算是指可以衡量这一目标达到的程度,而属性是对基本目标达到的程度的直接度量,也就是说对每个最下层目标要用一个或几个属性来描述目标的达到程度。但是有些目标很难甚至无法找到属性来度量其达到程度,这时候可用称为代用属性的间接量来描述目标的达到程度。例如,相关人员的科研能力可以用论文、成果的数量等代用属性来描述。

4)决策准则(Decision Rule)。

为了从若干个非劣的备选方案中选定一个方案付诸实施,需要根据一定的原则对方案的优先次序进行排序或从中选择最佳调和解。这种原则就是决策准则,求解多目标决策的各种方法之间的一个重要区别在于所选择的决策准则不同。

决策准则大致可以分外两类:一类是最优化准则,一类是满意准则。凡是能把所有备选方案排列为完全序的准则属于第一类。第二类准则只能把可行方案划分成若干有序子集。在求解给定的决策问题时,为了选择适当的方法,必须先行确定这种方法所包含的决策准则是否适用于所求解的问题。

(5)多目标决策的过程

步骤1:问题的构成,即对实际问题进行分析,明确主要因素、界限和环境等,确定问题的目标集。

步骤2:建立模型,即根据第一步的结果建立起一个适合模型。

步骤3:分析和评价,即对各种可行方案进行比较,从而对每一个目标确定一个(或几个)属性(称为目标函数),这些属性的值作为采用某方案时各个目标的一种度量。

步骤4:确定实施方案,即依据每一个目标的属性值和预先规定的决策规则,对比可行的方案,按优劣次序对所有的方案排序,从而确定出最好的实施方案。

8.4.2 有限方案多目标决策模型

(1)问题的提出

有限多目标群决策问题的方案集是有限的,假设方案集为 $A = \{A_1, A_2, \cdots, A_m\}, m \geqslant 3$,其中 A_i 表示方案。决策人的个数多于2个,假设决策人集为 $P = \{P_1, P_2, \cdots, P_n\}, n \geqslant 2$,每个方案有 t 个属性,属性集 $X = \{X_1, X_2, \cdots, X_t\}, t \geqslant 1$。用 x_{ij} 表示方案 A_i 的属性 X_j 的值。f_j^k 是第 k 个决策人的目标 t 的函数,$k = 1, 2, \cdots, n; j = 1, 2, \cdots, t$,有限多目标群决策问题就是求解 n 个决策人考察方案的 t 个属性,然后从中选择一个最优方案。

(2)单个决策人有限多目标决策模型

多目标决策的任务是从方案集中选取一个方案,使各目标函数值均达到最大,可表示如下,即

$$\left.\begin{array}{l}\max\left[f_1^k(A), f_2^k(A), \cdots, f_t^k(A)\right]\\ \text{s.t. } A \in \Lambda\end{array}\right\} \tag{8.10}$$

由于目标间常常因为矛盾而找不到这样一个 A，使各目标函数值均取最大值。因此，需要引入下面的解的概念。

1) 最优解。所谓问题的最优解 A^*，是指对所有 $j=1,2,\cdots,t$，下面的不等式均成立：
$$f_j(A^*) \geqslant f_j(A) \tag{8.11}$$

2) 非劣解。所谓问题的非劣解 A^*，是指找不到一个 $A \in \Lambda$，使得对所有 $j=1,2,\cdots,t$，下面的不等式均成立：
$$f_j(A^*) \geqslant f_j(A) \tag{8.12}$$
而且，至少存在一个 j，使得 $f_j(A^*) \neq f_j(A)$。

3) 劣解。所谓问题的劣解 $\overline{A}$，是指对所有 $j=1,2,\cdots,t$，下面的不等式均成立：
$$f_j(A^*) \geqslant f_j(\overline{A}) \tag{8.13}$$
式中，A^* 为最优解或非劣解。显然，劣解是要舍弃的。

8.4.3 有限方案多目标决策方法

(1) 基数秩评定方法

在决策过程中，个人和群体的观点、效用或选择通常是由单个人或群体偏好结构表现出来的。偏好结构分为两大类，即基数偏好与序数偏好。下面分别讨论这两类问题。

所谓基数偏好结构是指既表达了偏好顺序，又表达了偏好程度的偏好结构，而处理具有基数偏好结构的决策问题的方法，称为基数秩评定方法(Cardinal Ranking Method)。只表达了偏好顺序的偏好结构称为序数偏好，处理具有序数偏好结构的决策问题的方法，称为序数秩评定方法(Ordinal Ranking Method)。

大量的决策问题需要应用基数秩评定方法，例如，在决策问题中，常常有许多指标或准则需要数字表达，如费用、时间、速度，等等。此外，许多定性的因素，如功能、感觉等也需要度量，所有这些都涉及基数秩评定问题。基数秩评定不仅反映了决策人对待问题的态度，而且反映了决策人态度的强烈程度，因而具有更多的信息量。

处理基数秩评定问题最常见的最基本的方法是加权平均法(Weighted Average Method)。

(2) 权值确定方法

多目标决策问题中备选方案数目有限的一类问题，称为有限方案的多目标决策或者多属性决策(Multiple arttibutes decision-making)。它是现代决策科学的一个重要组成部分，它在工程设计、经济、管理、军事等诸多领域中有着广泛的应用。迄今为止，人们从不同角度，提出了许多确定权值的方法，大致可以分为四类：

1) 客观赋权法。客观赋权法是利用客观信息(属性值)赋权的一类方法，该方法不含人的主观因素。

2) 主观赋权法。主观赋权法是由决策人根据自己的经验及对各属性的主观重视程度而赋权的一类方法。

3) 组合赋权法。由于主观赋权法客观性较差，而客观赋权法所确定的属性权值有时与属性的实际重要程度相悖，于是人们又提出了综合主、客观赋权法的组合赋权法。

4) 交互式赋权法。上述三类赋权法的一个共同特点是属性的权值均由决策人(或分析者)

一次性导出,实际上这种导出应该是多次循环、不断调整和修正的过程,由决策人和分析者相互协调而最终确定的过程。交互式决策既能充分利用已知的客观信息,又能最大限度地考虑决策人的交互要求,发挥决策人的主观能动性,并通过对权值属性的不断调整和修正最终产生最佳协调权值,从而使决策更具合理性。

通过一定的方式对决策信息进行集结并对方案进行排序和择优的方法有以下几种:加权和法、数据包络分析法、TOPSIS 法等。

(3) 加权和法

1) 确定权的常用方法。

首先设有 n 个目标,由决策人把目标的重要性成对进行比较,把第 i 个目标对第 j 个目标的相对重要性记为 a_{ij},则有 $a_{ij}=1/a; i,j=1,2,\cdots,n$。根据人们的一般认知习惯和判断能力给出了属性间相对重要性等级表,见表 8-7。利用该表 a_{ij} 的值,方法虽然粗略,但有一定的实用价值。

表 8-7 属性间相对重要性等级表

相对重要的程度	定　义	说　明
1	同等重要	两个目标同样重要
3	略微重要	由经验或判断,认为一个目标比另一个略微重要
5	相当重要	由经验或判断,认为一个目标比另一个重要
7	明显重要	深感一个目标比另一个重要,且这种重要性已有实践证明
9	绝对重要	强烈地感到一个目标比另一个重要得多
2,4,6,8	两个相邻判断的中间值	需要折中时采用

笔者认为 a_{ij} 就是属性 i 的权 w_i 和属性 j 的权 w_j 之比的近似值,$a_{ij} \approx w_i/w_j$,n 个目标成对比较的结果为判断矩阵 A,即

$$A = \begin{bmatrix} a_{11} & a_{12} & \cdots & a_{1n} \\ a_{21} & a_{22} & \cdots & a_{2n} \\ \cdots & \cdots & \cdots & \cdots \\ a_{n1} & a_{n2} & \cdots & a_{nn} \end{bmatrix} = \begin{bmatrix} w_1/w_1 & w_1/w_2 & \cdots & w_1/w_n \\ w_2/w_1 & w_2/w_2 & \cdots & w_2/w_n \\ \cdots & \cdots & \cdots & \cdots \\ w_n/w_1 & w_n/w_2 & \cdots & w_n/w_n \end{bmatrix} \quad (8.14)$$

由式(8.14),得

$$AW = \begin{bmatrix} w_1/w_1 & w_1/w_2 & \cdots & w_1/w_n \\ w_2/w_1 & w_2/w_2 & \cdots & w_2/w_n \\ \cdots & \cdots & \cdots & \cdots \\ w_n/w_1 & w_n/w_2 & \cdots & w_n/w_n \end{bmatrix} \begin{bmatrix} w_1 \\ w_2 \\ \vdots \\ w_n \end{bmatrix} = n \begin{bmatrix} w_1 \\ w_2 \\ \vdots \\ w_n \end{bmatrix} \quad (8.15)$$

即

$$(A - nI)w = 0$$

式中:I 是单位矩阵,如果目标重要性判断矩阵 A 中的值估计准确,上式严格等于 0,如果 A 的

估计不够准确,则 $\boldsymbol{A}$ 中的元素的小的摄动意味着特征向量值的小的摄动,从而有

$$\boldsymbol{A}w = \lambda_{\max}\boldsymbol{w} \tag{8.16}$$

式中:$\lambda_{\max}$ 是矩阵 $\boldsymbol{A}$ 的最大特征值。求得特征向量即权向量

$$\boldsymbol{w} = [w_1, w_2, \cdots, w_n]^{\mathrm{T}}$$

这种方法称为特征向量法。

使用该方法时需要对矩阵 $\boldsymbol{A}$ 进行一致性检验。为此,我们引入以下几个概念:

a. 一致性指标(Consistency Index,CI):

$$\mathrm{CI} = \frac{\lambda_{\max} - n}{n - 1} \tag{8.17}$$

b. 一致性比率(Consistent Ratio,CR):

CI 与表 8-8 所给定的同阶矩阵的随机指标(Random Index,RI)之比称为一致性比率,即

$$\mathrm{CR} = \frac{\mathrm{CI}}{\mathrm{RI}} \tag{8.18}$$

RI 是 n 维判断矩阵的一致性指标 CI 的均值。CR 用来判定矩阵 $\boldsymbol{A}$ 能否被接受。一般若 CR>0.1,说明矩阵 $\boldsymbol{A}$ 中各元素 a_{ij} 的估计一致性太差,应重新估计。若 CR<0.1,则可以认为 $\boldsymbol{A}$ 中各元素 a_{ij} 的估计基本一致,可以由式(8.16)求得 w,作为 n 个目标的权值。由 CR=0.1 和表 8-8 中的 RI 值,由式(8.17)和式(8.18)可以求得与 n 个相应的临界特征值为

$$\lambda'_{\max} = 0.1 \times (n-1) \times \mathrm{RI} + n \tag{8.19}$$

由式(8.19)算出的 $\lambda'_{\max}$ 见表 8-8。一旦从矩阵 $\boldsymbol{A}$ 求得的最大特征值 $\lambda_{\max}$ 大于 $\lambda'_{\max}$,说明决策人所给出的判断矩阵 $\boldsymbol{A}$ 中各元素 a_{ij} 的估计一致性太差,决策人需斟酌,调整矩阵 $\boldsymbol{A}$ 中的元素 a_{ij} 的值,重新计算最大特征值 $\lambda_{\max}$,直到最大特征值 $\lambda_{\max}$ 小于 $\lambda'_{\max}$。

表 8-8 n 阶矩阵的随机指标 RI 和相应的临界特征值 $\lambda'_{\max}$

n	2	3	4	5	6	7	8	9	10	⋯
RI	0.00	0.58	0.90	1.12	1.24	1.32	1.41	1.45	1.49	⋯
$\lambda'_{\max}$		3.12	4.27	5.45	6.62	7.79	8.99	10.16	11.34	⋯

2) 一般加权和法。

加权和法是加权平均法中最简单的一种方法。假设方案集合为 $\Lambda = \{A_1, A_2, \cdots, A_m\}$,$m \geqslant 3$,每个方案有 t 个属性,属性集 $X = \{X_1, X_2, \cdots, X_t\}$,$t \geqslant 1$。用 x_{ij} 表示方案 A_i 的属性 X_j 的值。

加权和法的求解步骤为:

步骤 1:先将属性值规范化,令 $z_{ij} = x_{ij} / \sqrt{\sum_{i=1}^{m} x_{ij}^2}$,$i = 1, 2, \cdots, m$;$j = 1, 2, \cdots, t$。

步骤 2:确定各指标的权值 w_j,$j = 1, 2, \cdots, t$。

步骤 3:令 $C_i = \sum_{j=1}^{t} w_j z_{ij}$。

根据指标 C_i 的大小排出方案 $i(i = 1, 2, \cdots, m)$ 的优劣。

加权和法简单、明了、直观,是人们最经常使用的多目标评价方法。采用加权和法的关键在于确定指标体系,并设定各最低层指标的权值,有了指标体系就可以设法利用统计数据或者专家打分给出属性值表,有了权值,具体的计算和排序就十分简单了。

使用加权和法可进行如下假设:

a.指标体系为树状结构,即每个下级指标只与上级指标相关联;

b.每个属性的边际价值是线性的(优劣与属性值大小成正比),每两个属性都是相互价值独立的;

c.属性间的完全可补偿性:一个方案的某属性无论多差都可以用其他属性来补偿。

事实上,这些假设往往都不成立。首先,指标体系通常是网状的。其次,属性的边际价值的线性常常是局部的,甚至有最优值为给定区间或点的情况存在,属性间的价值独立性条件也极难满足,至少是极难验证其满足。至于属性间的可补偿性,通常只是部分的、有条件的。因此,使用加权和法要十分小心。不过,对网状指标体系,可以用层次分析法中的权值设定和网状指标的权值递推法设定最低层权值。当属性的边际价值函数为非线性时可以用适当的数学方法进行数据预处理,属性间的不完全补偿性也可以通过适当处理,例如用逻辑乘法预先删除具有不可补偿属性的方案等。只要认识到加权和法本身存在的种种局限性并采取相应的补救措施,则加权和法仍不失为一种简明而有效的多目标评价方法。

3)层次分析法(Analytic Hierarchy Proeess,AHP)。

目前国内应用比较广泛的另外一种加权平均法是层次分析法。层次分析法的求解步骤如下:

步骤1:由决策人利用表8-7构造矩阵A;

步骤2:用特征向量法求λ_{max}和w;

步骤3:对矩阵A进行一致性检验;

步骤4:方案排序。①各备选方案在各目标下属性值已知时,可以根据指标$C_i = \sum_{j=1}^{t} w_j z_{ij}$的大小排出方案$i(i=1,2,\cdots,m)$的优劣;②各备选方案在各目标下属性值难以量化时,可以根据各目标下优劣的两两比较(见表8-7)求得每个目标下各方案的优先性(亦即权值),再计算各方案的总体优先性(即总权值),根据总体优先性的大小排出方案的优劣。

(4)数据包络分析方法

处理基数秩评定的另外一个方法是数据包络分析(Data Envelpoment Analysis,DEA),它是运筹学管理科学和数理经济学交叉研究的一个新的领域。它是由 Chmaes 和 Cooper 等人于1978年开始创建的。DEA 是使用数学规划模型评价具有多个输入和多个输出的部门或单位,称为决策单元(Decision Making Unit,DMU)间的相对有效性(称为 DEA 有效)。根据对各 DMU 观察的数据判断 DMU 是否为 DEA 有效,本质上是判断 DMU 是否位于生产可能集的前沿面上。生产前沿面是经济学中生产函数向多产出情况的一种推广,使用 DEA 方法和模型可以确定生产前沿面的结构,因此又可将 DEA 方法看作是一种非参数的统计估计方法。

在标准的 DEA 模型中,假设有 m 个部门或单位,即 DMU。DMU 都有 t_1 种输入和 t_2 种输出,其中 $x_j = (x_{1j}, x_{2j}, \cdots, x_{t_1 j})^T > 0$,$y_j = (y_{1j}, y_{2j}, \cdots, y_{t_2 j})^T > 0$,$x_{ij}$ 是 DMU 对第 i 种

输入的投入量，y_{rj} 是 DMU-j 第 r 种输出的产出量。DMU-j_0 对应的输入、输出数据分别为 $x_0 = x_{j_0}, y_0 = y_{j_0}, 1 < j_0 \leqslant m$。评价 DMU-$j_0$ 的 DEA 模型（C^{2}R）为

$$\max \frac{\boldsymbol{u}^\mathrm{T} y_0}{\boldsymbol{v}^\mathrm{T} x_0}$$
$$\text{s.t.} \begin{cases} \dfrac{\boldsymbol{u}^\mathrm{T} y_j}{\boldsymbol{v}^\mathrm{T} x_j} \leqslant 1, j = 1, 2, \cdots, m \\ \boldsymbol{u} \geqslant 0, \boldsymbol{v} \geqslant 0, \boldsymbol{u} \neq 0, \boldsymbol{v} \neq 0 \end{cases} \quad (8.20)$$

式中：$\boldsymbol{v} = (v_1, v_2, \cdots, v_{t_1})^\mathrm{T}, \boldsymbol{u} = (u_1, u_2, \cdots, u_{t_2})^\mathrm{T}$，分别为 t_1 种输入和 t_2 种输出的权值。可将该分式规划转化为如下等价的线性规划：

$$\max \boldsymbol{u}^\mathrm{T} y_0 = h^0$$
$$\text{s.t.} \begin{cases} \boldsymbol{w}^\mathrm{T} x_j - \boldsymbol{u}^\mathrm{T} y_j \geqslant 0, j = 1, 2, \cdots, m \\ \boldsymbol{w}^\mathrm{T} x_0 = 1 \\ \boldsymbol{w} \geqslant 0, \boldsymbol{u} \geqslant 0 \end{cases} \quad (8.21)$$

$$\max \theta$$
$$\text{s.t.} \begin{cases} \sum_{j=1}^n \boldsymbol{x}_j \lambda_j \leqslant \theta x_0 \\ \sum_{j=1}^n \boldsymbol{y}_j \lambda_j \geqslant y_0 \\ \lambda_j \geqslant 0, j = 1, 2, \cdots, n, \theta \in E \end{cases} \quad (8.22)$$

1）若式（8.21）的最优目标值为 h^0，称 DMU-j_0 为弱 DEA 有效（h^0 称为效率指数）。

2）若式（8.21）存在最优解 w^0, u^0 满足 $w^0 > 0, u^0 > 0, u^0 y_0 = 1$，则称 DMU-$j_0$ 为 DEA 有效。

利用线性规划的对偶定理和紧松定理，可以得到关于 DEA 有效的等价定义。

3）若式（8.22）的任意最优解 θ^0, λ_j^0 都满足

$$\theta^0 = 1, \sum_{j=1}^n \boldsymbol{x}_j \lambda_j^0 = \theta^0 x_0, \sum_{j=1}^n \boldsymbol{y}_j \lambda_j^0 = y_0 \quad (8.23)$$

则称 DMU-j_0 为 DEA 有效。

8.5 本章小结

本章通过对本科生毕业论文中涉及的高维多目标优化问题，对多目标的概念、优化方法、基准优化问题、评价指标进行系统的描述和分析，实现了大学生对高维多目标问题的认识和理解。同时，对多模态多目标优化问题、问题的分解、子问题的优化以及协同优化求解方法进行了详细的说明，并对多模态多目标优化算法的优化结果进行了比较和分析，进而说明了高维多目标优化问题在当代大学生论文撰写中的重要性，也是今后大学生毕业论文考虑问题的重要方向。

8.6 思考与练习题

1. 如何判断多目标进化算法的求解效果？
2. 多模态进化问题的最优求解方法有哪些？
3. 高维多目标优化问题的分解方法有哪些？
4. 如何分步优化多目标问题中的子问题？

应用篇
应用型本科高校交通运输专业毕业论文案例应用详解

第9章　交通运输专业毕业论文的基本问题

交通运输(民航方向)专业是我国高等教育体系的核心专业,该专业培养适应现代民航事业发展需要的,既有深厚数学、物理学等科学理论功底和系统扎实的运输工程知识体系,又有较强的管理能力和良好的团队协作精神的高素质、复合型高层次人才。学生通过系统掌握民航运输规划、民航运输经济、民航运输管理、民航运输市场以及航班运行管理等方面的专业知识,一方面,能够从事民航运输规划和运输计划编制、航空运输市场开发、航班运行调度、控制和管理等方面的论文撰写工作,另一方面,可以为自己的职业生涯发展打下基础和创造条件。

9.1 航空运输系统概述

9.1.1 航空运输系统的概念与特点

1.航空运输系统的概念

人们一般不区分交通和运输两个概念,而是将它们组合在一起,统称为交通运输。航空运输系统是交通运输的一种模式,它使用飞行器作为载运工具,实现旅客和货物在时间、空间上的位移,并伴随着信息流和资金流的动态变化。

航空运输是一个复杂的融合系统,是综合运输系统的分支之一。它通过飞机的快速飞行实现人和货物的长距离时空位移,与陆路和水路运输具有协同合作与激烈竞争的关系,共同组成我国的综合交通网络系统。

2.航空运行系统的特点

航空运输与其他交通运输工具相比,具有一些显著的特点:

1)飞机作为高科技的产品,价格高,是航空运输的主要载运工具;

2)航空运输道路是通过导航系统规定和划分的,在空中具有不同的高度层,地形限制较少,航路扩展较为简单,空中交通管制较为容易;

3)航空运输的速度较快,但固定成本高,边际成本较低;

4)机场是航空运输与陆路运输的转折点,是航空运输活动的重要场地;

5)航空安全管理制度和规则是保障飞行安全的重要指南;

6)航空运输可实现国际化接轨,但易于受到经济危机、重大自然灾害等的影响。

9.1.2 航空运输系统规划的基本内容

1.航空运输系统类型与内容

航空运输规划是为了实现航空运输系统的目标,对系统的结构、规模、作用、反应和市场等制订的计划。

航空运输能力与需求需要保持长期的稳定和平衡,如果两者之间出现供需不平衡问题,则会使航空运输系统产生经济损失并造成社会影响,因此必须对航空运输的需求进行预测和评估,然后对运输系统的能力进行科学安排,这是航空运输规划必须解决的问题。

航空运输规划按照规划层次分类,可以划分为战略规划、战术规划和运行规划。根据子系统分类,可以分为航空公司子系统规划、机场子系统规划和空管子系统规划。

航空运输规划根据规划内容分类,可以分为航空交通基础实施规划、市场布点规划、机队规划、空域规划、信息系统规划、生产计划和销售计划等。

2.航空运输规划方法与过程

航空运输规划方法可以分为两类——规划法和运筹学方法。规划法是根据决策规则进行决策的方法,决策的规则有行业规则、企业规则和部门规则。规则是实践经验和科学研究的经验总结,据规则制定决策简单易行,但无法精准和动态反映科学问题。因此,小型航空公司主要采用规则法制定规划,大型航空公司主要采用运筹学方法。运筹学方法主要包括数学建模法和系统仿真法。数学建模可以系统地考虑诸多因素,寻找最优的决策方案。通过系统仿真,可以在虚拟的计算机系统中实现航空运输系统的运行状况,针对各种情景进行仿真试验,从中找出最优的决策方案。也可以对优化的规划方案进行仿真试验,评估方案的可行性和最优性,探索航空运输的内在问题。

应用运筹学理论对航空运输规划进行研究的方法如下:
1)航空运输调查和机场运行调查;
2)定性研究方法;
3)现实运行数据处理与分析;
4)建立数学模型、解算模型,给出决策方案;
5)建立系统仿真模型,进行仿真分析和评估。

航空运输规划的主要过程如下:
1)研究目标的确定和问题调查;
2)需求预测和评估;
3)提出规划预案;
4)对预案进行探讨和评估;
5)确定最终方案并实施方案。

9.2 交通运输专业的问题类型与分析

根据 9.1.2 节中的航空运输规划的不同层次和类型,本节对不同子系统规划下的数学建模问题进行分类阐述,为学生毕业论文的选题、建模提供借鉴和参考。

9.2.1 机场运行规划问题

机场作为航空运输组织与管理的重要场所，分为陆侧和空侧两部分。航站楼和地面到达系统组成陆侧部分，是旅客换乘交通工具的重要中转地。跑道、滑行道和停机坪组成空侧部分（飞行区），是飞机活动的场所。机场运行规划问题主要包括以下几点。

1. 机场繁忙和航班延误问题

在繁忙的机场，常常由于容量不足而导致飞机排队等待起飞和降落，旅客排队等待值机、安检、提取行李。当航班不能正点起飞时，便产生了航班延误。机场容量作为航班延误的主要原因，一般来说，当旅客出行需求量超出机场容量时，会发生航班延误，而航空公司的机务或机组造成的延误，只会影响一个航班，但机场容量不足，会造成大面积的航班延误。

因此，在旅客出行需求量不变的条件下，增加机场容量可减少延误，其航班延误时间为旅客实际出发时间与计划出发时间的差值。特别是，机场容量与旅客出行需求量以及航班延误时间之间的关系作为确定机场实际容量的有效方法，且延误的增加与旅客流量的增长呈现非线性关系。

2. 排队网络问题

航站楼的旅客值机流程、飞行区的飞机起降流程是一种排队网络，这些排队网络可以使用 M/M/C 的排队系统来解决，且旅客的值机排队系统中的旅客输入过程属于泊松分布过程。如果值机采用公共设备模式，则值机区是一个排队系统，如果公用模式只在局部实行，则该局部的所有值机柜台构成一个排队系统。如果安检排队采用完全的公用形式，也是一个排队系统。因此，机场运行规划中的值机、安检工作均采用排队问题。

3. 航站楼运行规划建模问题

航站楼是旅客和行李转换运输方式的场所，航站楼旅客流程包括值机、安检、海关、检疫检验检查、边防检查、候机、登机、行李认领等，这些流程之间属于流程性问题，且必须按照运行规则顺序执行，因为，航站楼旅客流程涉及出发旅客流程、达到旅客流程和中转旅客流程，流程比较复杂，而且这些流程主要以人和服务质量为主，不能完全控制其主动性。因此，如果简单地使用数学工具，只能了解旅客流程的宏观流程特性，对于微观机理和原因难以描述。

(1) 值机流程问题

值机流程包括核对旅客身份证和电子行程单信息，打印登机牌。如果旅客有行李托运，则为其办理行李托运手续。简单地说，值机需要完成"办票"和"行李托运"两项服务。

值机流程涉及的关键问题有以下几种：

1) 值机柜台的分配方式。

值机柜台的分配有两种方式：专用式和公用式。

采用专用值机方式时，各柜台只办理指定航班的旅客值机手续。采用公用值机方式时，各柜台可办理各航空公司各航班的旅客值机手续。一般来说，公用式值机的效率高于专用方式。目前，各个国际大型机场所采用的一般是介于专用式和公用式之间的方式，也就是某航空公司所使用的柜台可以办理本航空公司或其代理航空公司的所有航班的值机手续。

2) 旅客排队队列的形式。

对于旅客排队形式，专用式值机一般采用单柜台单队列排队系统，公用方式值机旅客值机队列有两种形式——单柜台单队列和多柜台单队列。排队论已经指出,后者比前者更有效率,旅客的平均排队时间更短,而且更合理、公平。

3)航班值机开放时间和关闭时间。

不同的机场、不同的航空公司甚至不同的航班,对值机开放时间有着不同的规定,有的规定航班起飞前 2.5 h,有的规定 2 h;国际航班可能规定提前 4 h,有的国外大型机场甚至没有时间限制,随到随办。托运行李的处理能力、登机口指派以及候机厅容量是影响值机开放时间的主要因素。

根据国家民航局规定,我国机场值机在航班起飞前 30 min 关闭。但在起飞前 15～30 min,有的航空公司会安排专门柜台为个别迟到的旅客办理值机手续,这会增加航班延误的风险。

(2)安检流程问题

安全检查是防止旅客携带可能危及飞机安全的物品登机而进行的检查活动。

安检包括两部分:旅客安检和随身行李安检。

旅客到达安检区,将其行李放上安检台,并将随身携带的物品放入衣物筐,随后旅客通过安检门接受身体扫描,随身物品通过安检仪,接受检查。

安检流程是典型的公用柜台模式,任一柜台可办理任一航班旅客的安检手续。当然,国内和国际旅客由于候机区分开,其安检流程也是分开的。

安检仪前后经常有旅客拥堵,后面旅客为赶时间与前面旅客在同一个整理台上准备或整理行李。造成这一现象的主要原因是,旅客准备和整理行李的时间较长,还有不少旅客不清楚安检步骤,需要安检员指导。经过观察发现,有近 1/10 的旅客需要在安检员的指导下完成安检,超过半数旅客需要安置随身物品。通过安检仪后,同样情况也经常发生,多名旅客在安检仪附近整理行李导致后面旅客的安检无法进行。建议在安检仪两头增加准备台,提供 2～3 名旅客同时准备安检及安检完成后整理行李用,保证安检通畅。

从安检仪的使用情况看,旅客通过安检门只需 2～3 s,而行李通过安检仪需 4 s,安检仪和安检门使用效率相差较大。如果每两台安检仪配一个安检门,则能提高设备的使用效率,减少安检工作人员数量,节约硬件和人力成本。首都机场的安检站采用了双开包、双引导后,明显加快了安检速度,加强了各个岗位之间的衔接。

加强安检人员的业务培训,同样有利于提高现场工作效率。在安检口附近加强安检宣传,增贴安检事项须知,增加现场广播,播放安检宣传片等,也能起到一定的作用,使旅客提前办理物品的托运手续,从而减少安检员的工作量,提高旅客过检速度。

(3)登机时间问题

按一般情况计算,以每分钟 8 名旅客的登机速度,一个 120 人的航班,完成旅客登机需 15 min,旅客上机安放行李入座需 5 min,总时间为 20 min,比规定时间 30 min 提前了 10 min。如按 40 人的小航班计算,如果旅客能集中登机只需 5 min,加上小飞机的摆渡时间 10 min,总时间为 15 min,大大少于规定时间。也就是说旅客在飞机上有 10～15 min 的等待时间。

从小航班的松散的登机可以看出,人们在有把握的情况下并不愿在候机厅等待,提前等候多是担心人多排队导致误机。因此,登机环节有较大的时间压缩空间。压缩登机时间,有利于提高登机口的利用率和人员的工作效率。

(4)航站楼旅客流程特点

1)旅客流程是一个生产过程。

与其他生产行业不同的是,航空运输生产是没有实物形态的社会服务,将有形实物进行物理空间搬移。这种使有形实物位移的结果具有社会作用和经济价值。因此,航空运输生产的产品具有普通商品的特性、市场和价值。

旅客流程是航空运输的一个环节,是为旅客乘机做准备提供的一系列服务,同样没有实物商品,但旅客流程是一个劳动过程和价值增值过程,因此是一个生产过程。这个过程包括一些必要的环节,如购买保险、值机、超重行李托运、验证、安检、候机、登机等。有些机场出于效率、便捷等因素考虑,会把一些环节合并或拆分。

2)旅客流程是一个服务系统。

民航运输和其他运输方式一样,它并不生产具有实物形态的物质产品,而是提供一种使旅客和货物在一定时间内发生空间位移的服务。提供服务的过程就是民航运输生产产品的过程,也是旅客的消费过程。

旅客流程连接着民航各个生产部门,诸如航空公司的客运、票务部门,机场的服务、生产调度部门,物流公司的货运部门,海关的出入境管理部门等,每个部门的生产价值都最终由旅客流程来实现,因此,旅客流程是生产与消费的纽带,是民航价值的体现。

3)旅客流程的产品具有特殊性。

航站楼旅客流程既是一个生产过程,又是一个服务过程,因此它生产的产品,既具有有形产品的特性,又有无形服务的特性。作为有形产品,旅客流程具有可度量性、产品的质量、产量、生产率都可以量化。旅客流程同样可以对其生产成本、生产率、旅客等待时间等客观指标进行衡量,并且其主观指标(如舒适度、便利性等)可以使用模糊计算和权重来评价。可标准化指旅客流程可以被清楚地定义,通过动作研究、行为分析,建立明确的标准检查制度,与服务任务、服务提供系统构成服务三支柱。可控制性指旅客流程可以对需求、旅客流程环节,对业务流程的服务能力、生产率、进度,对服务质量等多方面进行控制,这些都可以借鉴生产制造企业的控制方法。

(5)航站楼旅客流程的研究

对航站楼旅客流程的研究主要应用在航站楼的规划和设施更改过程中。设计不恰当和设计过时,都将导致旅客服务区拥挤和航班延误,并且降低机场作为运输中枢的整体利用效率。

1)航站楼的规划过程。

航站楼旅客流程的容量和流程的规划设计有直接的关系,科学地规划设计可以提高流程容量,相反,会降低流程容量,导致旅客服务区拥挤,降低整个机场运输生成效率,甚至造成航班延误。而且,系统仿真可以弥补这些问题。

航站楼规划的主要目的是在旅客便捷、运行效率、设施投资以及美学上获得可以接受的均衡。航站楼规划中影响航空旅客的一个最主要因素是步行距离。步行距离始于旅客从办票柜台到旅客等待区,并且从等待区到飞机上。旅客穿过航站楼内的总体时间是衡量航站楼运行效率的另一个重要指标。这个总体时间是其在行走路线上每走过一个功能单元(例如,办理值机或行李提取)的等待服务时间和被服务时间再加上在每个功能单元之间的行走时间的总和。

航站楼是为旅客、航空承运人、访客、机场管理机构和运行部门以及特许经营受让人服务的大型公共综合设施。显然,这些组织或个人每一个都寻求自己的有别于他人的目标和空间要求。因此,在对旅客办理系统进行规划时,经常出现来自目标和空间要求的冲突。由于该系统的主要用户是旅客和航空承运人,因此,重要的是要厘清旅客与航空承运人对规划空间的要求:

对于旅客来讲,主要是:将办理延误降到最低;将步行距离降到最低;简化标识牌,提供舒适和方便。

对于航空承运人来讲,主要是:将办理每个旅客的运行成本降到最低;使投资生产率最大化;将运行延误降到最低;提供充足的容量以处理预期的需求。

航站楼的设计者们意识到航站楼空间设计的重要性,为此设计了两组空间准则指标。一组准则指标可以被用于"一般概念评估"。这组指标是规划人员最初在任何详细设计和开工建设之前,在各种被选设计概念中进行评估和选择时所要考虑的因素。另一组准则指标是实际的"设计和建设准则"。在这组准则指标中,对一个深思熟虑的计划进行评估,以考察其是否能运转良好,需要专门的性能测量尺度。

一般概念评估准则指标可以依据对现有航站楼的经验和考察来确定,但更具体的设计和建设准则指标的指定要求使用大量的分析技术。这些技术包括网络模型、关键路径方法、排队模型以及仿真模型。

2)航站楼的设施更改过程。

通常在设计和更改旅客流程时,使用同类机场的经验数据或采集现有流程的运行数据,依据旅客流程,通过排队论计算旅客流程的行走距离和花费时间。数据的采集方法大都是直接观察,雇佣专门人员在每个环节观察旅客的活动特征,记录其到达、等待、接受服务的时间。这一方法往往要花费大量的人工,采集大量的数据。从20个值机台、3个安检口、10个登记口、4条行李提取轨道,大中小型航班中各取5组数据,高低峰等不同时间段各3组,需要采集上百组数据,工作量很大。由于各机场旅客、航线、服务设施各不相同,统计所得结果不具有普遍性。如果仅计算行走时间,那么旅客花费的总时间就是不停留地穿过航站楼的行走时间估计值。一个有机票和登机牌,而且没有行李托运或无行李提取的商务旅客,他的时间总和可能就是这段时间再加上在安全检查处的短暂的等候时间、在等待出发的闸口处的等待出发时间。但是除此之外,影响旅客时间的因素还有很多。因此,必须从整体上对旅客流程加以分析。

旅客流程的服务特性决定了在设计旅客流程时,不仅要考虑旅客的利益,同时要考虑服务提供者的利益,必须让投资人的每一分投资都能取得最大的收益。因此,对旅客流程的服务提供效率、设备的使用率以及资源的占用率的研究也是必不可少的。目前的研究仅限于服务提供者根据航班的需求安排工作人员,而对设备的利用率和工作人员的工作效率难以统计,对增加、减少资源投入所带来的边际效益非常模糊。

机场是民航运输的重要环节,直接影响着航空运输的各方面,对航站楼的研究不仅要求不能影响民航运输的正常进行,而且要能验证研究结果的正确性,不断改善流程,使其更便捷,所有这些都要求使用新技术——仿真这一既能模拟真实环境,又能无限次重复运行,分析实施效果的工具。

(6)航站楼旅客流程仿真问题

航站楼是乘机旅客和行李转换运输方式的场所,其功能就是要高效地使旅客和行李舒适、方便和快速地实现地面和航空运输方式的转换。机场航站楼内包含了各种办理乘机手续的设施。航站楼的旅客和行李流程如图9.1所示。航站楼的使用者除机场和航空公司职员外,一般可分为三类:出发旅客、到达旅客和迎送者。这些可统称为航站楼的"顾客",这些顾客在航站楼的活动是各不相同的。

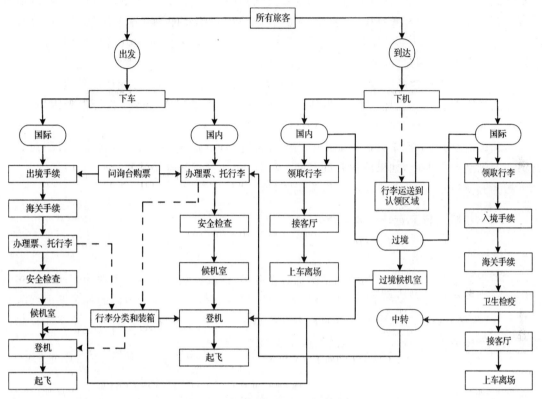

图9.1 航站楼的旅客和行李流程

从上述航站楼旅客、行李流程可知,航站楼内路线很复杂,这其中包含了旅客到达航站楼的随机性,包含了不同的客流,如国内出发、国际出发、国内到达、国内出发、过境等,包含了多种登机手续。

民航运输具有快速、方便的特有优势,但在民航旅客运输环节上还存在着一些制约性因素,如登机手续繁多、候机时间长等。很多繁忙机场半小时排队的现象屡见不鲜。航站楼旅客流程存在以下问题:

1)旅客等待时间过多;
2)旅客流程耗时过长;
3)流程环节间衔接不畅,服务速度不均衡。

(7)行李流程问题

旅客值机时将需要托运的行李交运,交运完成后,由传送带传送至航站楼底层的行李分拣大厅,在分拣大厅或由自动分拣系统分拣,或人工分拣。如果采用人工分拣,则在行李分检大厅,传送带上的行李被传送到一个一个的行李转盘上,由分拣工识别后将行李上的条纹码撕下一条,贴在核对单上,然后将行李放到行李车上。航班的最后一件行李都已到达后,行李车开至机坪,待货物装完后,再装上飞机的货舱靠近门口的地方。

出港行李流程主要存在以下问题：

1）在值机时，值机员将为每件交运行李打印三条条纹码，一条贴在旅客的登机牌上，两条留在条纹码带上，再粘挂在行李上，在行李分拣厅分拣时撕下一条贴在核对单上，还有一条随行李托运到目的地后，供旅客认领行李和检查员核对用（与登机牌上的条纹码核对，所以如果旅客有行李托运，应带好登机牌，不可遗忘在飞机上）。贴在分拣核对单上的条纹码用以与值机行李核对单核对，以及当行李出错时用于查找和值机旅客未登机时查找行李（此时必须卸下未登机旅客的行李）。

2）行李传送带的速度一般为 0.7 m/s，值机后一般需要 2~4 min 才能传送到值机大厅，如果航班出发前 30 min 关闭值机后还有旅客到达，行李分拣工必须等待这些行李到达，然后才能开行李车送至停机坪，这种情况很容易引起航班延误。

3）值机一旦开放，行李分拣员就必须到岗分拣行李，不允许发生行李在转盘上转圈而无分拣员在场的情况。因此，如果值机开放时间太早，应增加行李分拣员的数量。

4）为方便行李查找，装机时必须先装货邮，后装行李。

9.2.2 机场飞行区运行规划问题

1.停机坪运行流程

在航空运输过程中，飞机在结束一次飞行任务后，需要在机场完成一系列的生产保障和地面准备活动后才能继续执行下一次航班任务。停机坪作业是空中运输前后的各项地面保障和准备工作，停机坪运行流程也指飞机的地面作业流程。停机坪运行可分为飞机、旅客和货邮行李等三个方面的地面作业。飞机地面作业流程如图 9.2 所示。

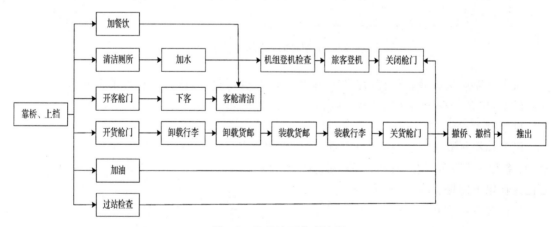

图 9.2 飞机地面作业流程

2.停机位指派问题

停机位指派问题是指在给定的作用时间窗内，考虑机型和停机位类型、航班时刻等因素，指派进港飞机到有限的停机位上实现停靠，以保证陆空运输的有效衔接。

停机位指派是经典指派问题的一种变形，其中被指派者是停机位，任务是待指派机位的航班。机位指派的特殊之处在于：一些被指派者不能执行某些任务；任务比指派者多；任务和指派者数量随时间变化等。

停机位指派分为预指派和实时指派。预指派是在第一天根据第二天的航班计划,为第二天制订的机位指派计划。实时指派是指由于航班的延误等原因,机位指派计划不能正常执行时进行的机位调度。停机位预指派是机位指派的主要问题。

(1)停机位指派问题的目标函数

停机位指派涉及旅客的行走距离、航空公司的经济效益、机场资源的利用和地面服务部门的工作场所等多个方面,因此,停机位指派问题的目标函数主要有以下几个方面:

1)从方便旅客的角度考虑。以旅客步行距离最短为优化目标,也可以旅客等待时间最短为优化目标;

2)从提高机场的桥位利用率来考虑。以所有桥位的空闲时间最短为优化目标;

3)从桥位空闲时间间隔均衡的角度考虑。以所有机位的空闲时间间隔均衡为优化目标;

4)从减少航班延误的角度考虑。以所有航班总延误时间最短为优化目标,以所有航班的延误时间均衡为优化目标。

(2)停机位指派问题的约束条件

通常将停机位指派约束条件分为机位指派的基本约束条件和机位指派的附加约束条件。机位指派问题的基本约束条件包括:

1)航班停靠时,必须被分配且仅能分配到一个停机位;

2)某一时段,同一个停机位最多能停靠一个航班;

3)满足最短过站时间要求;

4)满足同机位安全间隔时间约束;

5)机型与机位相互匹配约束。

机位指派问题的附加约束条件包括:

1)根据航班飞行任务,确定指派优先级;

2)根据转场前后航班的航线性质,确定航班优先级别;

3)相邻机位停靠约束;

4)其他特殊约束。

9.2.3 机场货运运行规划

1.机场货站规划问题

航空货运站的功能是高效性和快速流通性,其作业性质由中转储存型转换为直通快速过站型。典型的航空货运站主要是由空侧停机坪、集装货区、散货区、理货区、中转区、办公区、陆侧停车区组成。

(1)机场货站规划考虑的主要问题

1)货站货运量;

2)货物处理量;

3)空侧面积以及陆侧面积;

4)货物的平均存储时间;

5)集装货物与散装货物的平均处理时间;

6)服务顾客的目标。

(2)机场货站平均布局的设计原则

1)符合机场整体规划、货站运输和未来业务发展规划要求;
2)合理组织场内交通车辆秩序;
3)平面布置按照功能合理分区,符合分区域隔离、分期建设和可扩展要求;
4)存储仓库库型结构设计要新颖、安全;
5)货站内的车辆运行方向一致,装卸作业方向单一、人车分离;
6)货站内空间利用最大化。

2.机场货站业务流程问题

机场货站业务流程的主要目标是缩短货物流动的总平均时间。货站流程仿真优化策略如图9.3所示。

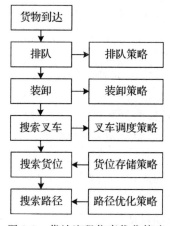

图9.3 货站流程仿真优化策略

9.2.4 枢纽机场运行规划

1.枢纽机场的特点

1)中转旅客量大;
2)中转行李量大;
3)航班波运作。

2.枢纽机场运行规划的问题

(1)中转旅客流程的设计问题

中转旅客流程设计的基本要求是中转手续尽可能简捷、旅客中转行走距离尽可能短。如图9.4所示。

(2)中转旅客流程设计的原则

1)中转流程与到达流程、出发流程隔离;
2)中转流程都设在隔离区内,以减少流程长度;
3)国际中转旅客免除过境签证,不用经过出入境边防检查;
4)中转值机柜台设在旅客最为方便的候机厅两侧,以方便旅客办理中转手续;
5)如果旅客在起点站,应设有地面引导人员引导旅客登机;

6) 应使用桥廊上下机；

7) 中转标志设置应当醒目、清晰，避免旅客因信息不清晰而耽误乘机。

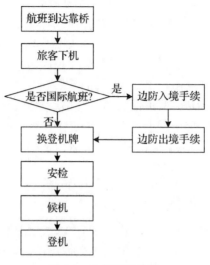

图 9.4 中转旅客流程

9.3 空中交通规划问题

9.3.1 空域扇区结构优化

当前，空中交通管理部门将空域划分成若干个扇区，从而可以降低空中交通复杂度，但随着扇区空中交通流量迅速增多，也暴露出了一些问题，尤其是终端区规划及扇区的划分并不十分科学，严重影响了管制工作和空域资源的有效利用。扇区结构优化的研究对于缓解空中交通压力、提高终端区扇区容量和空域利用率、减轻管制员工作负荷以及保障空中交通安全、高效、顺畅运行具有积极的推进作用。目前的扇区结构优化研究多是采用均衡各扇区管制员的工作负荷为依据，对终端区扇区进行优化，但管制员的工作负荷是主观的，不能反映扇区客观存在的空域结构和交通信息，扇区结构、地形和航空器之间的相互关系共同影响一个扇区的复杂度，扇区的空中交通复杂度比较大，会有潜在的飞行冲突发生，因此通过空中交通复杂度，可以判断一个扇区划分结构是否合理，也可以在一定程度上指导扇区的划分。日本电子导航研究所的 Tofukuji 于 1993 年首先提出了依据扇区管制员的工作负荷来对扇区进行重新优化，并通过计算机仿真技术对空域安全性进行了评估，验证了所划分扇区的合理性，这些工作对当时的扇区优化起到了很大的作用，代表了当时扇区优化研究的最高水平。然而，我国的扇区设计还是停留在学习国际民航组织文件 Doc 8168 的阶段，按照文件对终端区空域进行规划设计，人工对划设扇区的安全性进行评估，这种方法仅仅能够满足安全需要，不能有效节约人力资源，无法做到扇区内空中交通复杂度的均衡，不能充分体现出扇区优化的真正优势，也不能充分发挥扇区的作用。

9.3.2 空域扇区结构优化原则

1)平面几何象限划分。以主要机场或者主要导航设施(例如 VOR/DME)为中心,根据空中交通流量分布特点,将整个区域采用几何划分的办法划设管制扇区,合理分配工作量,属于二维空域划分;

2)按照高度划分管制扇区。根据上升、下降和飞越的高度,选定区域内的高度界定值,在该值附近确定管制扇区的高度范围;

3)按照航路、航线的繁忙程度、使用性质和飞行特点划分管制扇区。根据进离场航线的单向进出特点和航路飞行交叉冲突矛盾点的分布,选定比较繁忙的几条航路、航线,将这些航路、航线合理分配至相应的管制扇区,使得管制员的注意力能够集中在这些主要的航路、航线上,确保空中交通复杂度的均衡。

9.3.3 空域扇区结构优化方法

国内外有很多专家和学者对扇区优化进行了研究,所采取的方法也不尽相同,但目前最常见也最被认可的是基于管制员工作负荷的扇区优化方法。扇区管制员工作负荷能够比较量化地反映各个扇区的繁忙程度,对于扇区结构的优化有比较实际的根据。但每位管制员的性格不同,工作能力有大有小,所采集的管制员工作负荷并不能代表所有人的工作负荷,各扇区的管制员工作环境不同,工作强度有大有小,因此按管制员工作负荷来优化扇区的方法是主观的,并不能完全反映扇区的优化程度。

基于此,利用基于空中交通复杂度的扇区优化方法,该方法也可以量化一个扇区的繁忙程度,而且相对于管制员的工作负荷来讲,该方法更加客观,也更具有针对性。特别是在建模过程中,通过对扇区的结构、扇区内航空器的各种飞行状态和各航空器的相互影响关系进行加权分析计算,使用空中交通复杂度值对终端区扇区进行动态优化,有效地避免了管制员工作负荷的主观性,为战略实施空域管理和保证飞行安全提供了理论基础。

9.3.4 空中交通复杂度的动态扇区优化模型

(1)理论分析

传统的静态扇区划分已不能完全解决实际管制运行过程中所出现的种种问题,简单地组合扇区或拆分扇区是目前重新划分扇区仅有可用的战术性方法。为了更好地反映随时间不断变化的交通需求,应进一步优化扇区规划设计和提高扇区容量使用效率,使用基于空中交通复杂度的动态扇区优化方法,即当扇区在繁忙时段出现过载时,将预设的扇区动态空域块划分给相邻空中交通复杂度较小的扇区,从而使各扇区空中交通复杂度均衡。

固定的空域结构在正常的情况下可以减小空中交通复杂度,一旦遇到交通量急剧增大或者突发恶劣天气时,扇区(空域)的结构需要动态调整,以适应突发事件。如何对空域资源进行灵活配置,以最佳的方法和机制服务于空中交通,始终是空中交通管理(Air Traffic Management,ATM)业界倾力探究却仍然困扰的难题。各国及各航空组织正在积极寻求高效配置与使用有限运输资源的方法。空域的动态配置能力将为 ATM 提供异质的空域框架,主动适应飞行流量激增的复杂特性。在这种空域框架下,现行空域的静态配置将发生变化,逐步向适应交通动态特性的方向转变,并融合更适宜灵活组织的自动化管制资源,减少由人引起的对可用空域的限制，从而有效增强空域系统可用率。

动态扇区优化是 Nextgen 思想的一部分，用来实现空域的灵活使用。根据空中交通复杂度的变化灵活地对空域进行调整，通过调整扇区边界的方法，对于优化空域结构、减轻管制人员的工作负荷以及尽可能地节约人力资源有积极的作用。为了发挥动态空域配置的作用，应将空域动态配置真正应用于我国扇区优化，使用基于空中交通复杂度的动态扇区优化模型。

在现行空域管理中，当扇区内的空中交通复杂度不均衡时，为了节约人力资源，避免管制员工作的浪费，需要对扇区进行重新组合。但要对现行扇区进行重新组合，需考虑的因素有很多，如机场构型、各个扇区的管制设备差异、空中交通数量和它们之间相互错杂的位置关系等。动态扇区优化的主要方法是调整扇区边界，从而使各个扇区的空中交通复杂度更加均衡，以提高空域使用效率。

传统的扇区优化就是为了均衡扇区内空中交通复杂度，对其进行扇区优化时，都是根据每天不同时段的空中交通复杂度，虽然这样可以有效地均衡各扇区间的空中交通复杂度，但也存在着一些不足：

1) 在不同的时段会产生不同的扇区边界，扇区边界调整过于频繁；
2) 划分扇区耗时久，计算工作量大；
3) 约束条件多且复杂。

目前我国使用的动态扇区优化方案是根据各时段流量的多少而重新结合扇区的方法：如果当前处于一天中的繁忙时段，应开放所有扇区；如果处于不繁忙时段，当相邻扇区的流量之和小于某一设定值时，可以考虑将这两个扇区进行组合。组合时应优先考虑相邻两个扇区流量较小的扇区，然后根据实际的流量情况再考虑组合流量较大的扇区。以广州终端区动态扇区优化为例，对各扇区的空中交通流量进行统计分析，根据小时交通量对人工扇区进行合并，采取的具体方案见表 9-1。

表 9-1 广州终端区动态结合扇区采取的方案

时段	08:00~23:00	23:00~01:00	01:00~08:00
小时交通量/架次	≥40	20~40	≤20
采取方案	五个扇区全部开放	一、五扇区合并	一、五扇区合并；二、三扇区合并

该方案简单易行，可以作为扇区的动态优化方案，但该方案也存在着一些问题：

1) 依靠管制员的经验对扇区进行合并，缺乏系统的理论支持，对扇区的优化更加偏向于主观因素；
2) 组合后的各扇区空中交通复杂度可能无法达到均衡，优化效果并不十分明显，不能充分节省人力资源。

为避免完全按照扇区的空中交通复杂度优化扇区造成的扇区边界调整过大而且不固定的现象，如果按照简单扇区组合来进行扇区优化，其方法太简单，不能充分利用扇区，不能最大程度节省人力资源，因此提出使用动态空域块的方法。

(2) 优化方案

动态空域块是指对于相邻的一个扇区内事先划定的一小块空域，可以按照空中交通复杂度值的大小进行动态组合，将这个小空域块在相邻扇区之间进行灵活的分配调用，因此动态空域块都靠近扇区边界，而且在同一时间段内，一个动态空域块只能属于一个扇区。

可以将相邻扇区 A 和扇区 B 分别分为六个空域块 A_1，A_2，A_3，B_1，B_2，B_3。其中：A_1，B_1 不是动态空域块，它们仅属于扇区 A 和扇区 B；A_2，A_3 是扇区 A 的动态空域块，B_2，B_3 是扇区 B 的动态空域块，可以依据空中交通复杂度的大小灵活地与空域块 A_1 和 B_1 组合，形成新的扇区。当扇区 A 的空中交通复杂度大时，可以将扇区 B 中的动态空域块 B_3 或者 B_2 和 B_3 分给扇区 A 灵活使用，类似地，当扇区 B 的空中交通复杂度大时，可以将扇区 A 中的动态空域块 A_3 或 A_2 和 A_3 划分给扇区 B 使用，如图 9.5 所示。

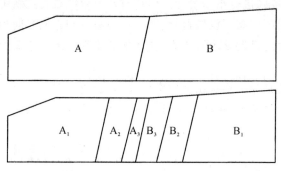

图 9.5　动态空域块划分示意图

例如，当扇区 A 的空中交通复杂度很大时，可以将扇区 B 中与扇区 A 相邻的动态空域块 B_3 和 B_2 均划分给扇区 A。粗实线所圈的范围代表优化后的扇区 A，细实线代表优化后的扇区 B。当扇区 B 的空中交通复杂度较大时，将扇区 A 中的动态空域块 A_3 划分给扇区 B，如图 9.6 所示。

粗实线所圈的范围代表优化后的扇区 B，细实线代表优化后的扇区 A。当空中交通复杂度恢复正常时，可以将扇区 A 和扇区 B 的动态空域块分别还原。这就是通过动态空域块优化扇区的过程，如图 9.7 所示。

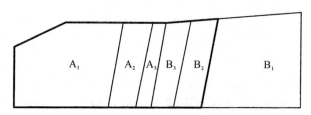

图 9.6　动态空域块组合示意图(1)

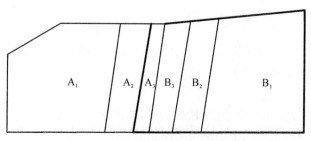

图 9.7　动态空域块组合示意图(2)

(3) 模型构建

动态扇区优化的主要目的是使终端区内各扇区的空中交通复杂度均衡化,而各扇区空中交通复杂度均值的标准差能够更好地衡量与反映各扇区空中交通复杂度的均衡程度,标准差值越小,均衡性越好。动态扇区优化的目标函数可以表示为

$$D = \min \sqrt{\sum_{i=1}^{N} \frac{[C_i(T) - \overline{C(T)}]^2}{N}} \tag{9.1}$$

式中:D 是各扇区空中交通复杂度均值的标准差;$C_i(T)$ 为第 i 个扇区的空中交通复杂度均值;$\overline{C(T)}$ 为某时段各扇区的平均空中交通复杂度值;N 为动态扇区优化后的扇区数量;T 为扇区调整时的开始时间。

式(9.1)体现了动态扇区结构优化的目标,即扇区调整后应尽量保证各扇区之间的空中交通复杂度均衡。

在动态扇区优化过程中,应满足以下条件:

1)平衡空中交通复杂度。动态扇区优化的目的就是平衡各扇区间的空中交通复杂度,因此扇区优化后必须使各个扇区的空中交通复杂度比较均衡,这样所做的扇区优化工作才有实际意义;

2)优化后的各相关扇区的空中交通复杂度之和不能增大。优化扇区除了要平衡各扇区的空中交通复杂度外,还不能过度增加各扇区的空中交通复杂度,最低也要保证不大于优化前各扇区空中交通复杂度之和;

3)熟悉扇区组合。优化后的扇区会对管制员的情景意识产生影响,所以要求优化后的扇区不能与优化前的扇区差异太大,以免造成飞行安全隐患;

4)不能频繁优化扇区。动态扇区优化虽然可以均衡各个扇区的空中交通复杂度,优化人力资源,但过于频繁地优化扇区会导致管制员精神疲惫,甚至影响飞行安全;

5)充分利用管制人力资源。扇区优化后,保证扇区正常运转时的管制员人数不能超过优化前的管制人数,尽量节约人力资源;

6)不增加协调负荷。扇区优化前,由于扇区的不合理,会产生很多的协调负荷。扇区优化后,相对以前的扇区较为合理,所需管制员的协调理应减少,所以要保证优化后的扇区间管制员协调负荷不能增加;

7)各扇区通信导航设备工作情况正常。各个扇区的通信设备可能略微存在差异,所以在进行动态扇区优化时,应保证各扇区通信导航设备工作情况正常。否则,为了平衡空中交通复杂度,某个扇区的空中交通复杂度会增加,在通信导航设备运行良好的情况下,这个扇区才能接受增加的空中交通复杂度;

8)无恶劣危险天气。在动态扇区优化时,应注意恶劣危险天气,当某一扇区存在恶劣危险天气时,应避免对其进行空中交通复杂度的平衡工作。

9.3.5 扇区优化约束条件

作为空中交通管制的最基本的空域单元,扇区优化需要考虑实际物理约束,这些约束是保障管制工作安全、顺利的重要条件。因此,在实际扇区优化工作中,不但要将终端区空域容量纳入考虑范围,而且要考虑实际空域运行规则和管制情况对扇区划分的影响,以下列举了在实际工作中需考虑的优化约束条件:

1)几何约束。尽量使扇区的形状呈凸形,凸形扇区可以避免因同一架航空器两次或多次进入同一个扇区而导致管制员协调工作负荷的额外增加。如图9.8所示,由于航空器在穿越扇区B前后分别要两次通过扇区A,所以扇区B的管制员需要与扇区A的管制员交接两次,这增加了协调管制工作负荷。因此在扇区设计过程中应尽量避免出现凹形扇区。

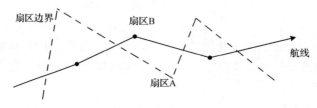

图9.8 凸形几何约束

2)边界满足空中管制安全要求的约束。航路交叉点的空中交通繁忙,会耗费管制员较大的精力,如果将扇区边界划设在交叉点旁,如图9.9所示,会导致大量飞行冲突的发生,造成飞行安全隐患,因此扇区的边界应该尽量避免与航路交叉点太近。假设管制员的冲突解决时间为 t_1,扇区之间的移交时间为 t_2,相关空域内航空器的平均飞行速度为 v,两架航空器之间的最低安全间隔为 spc,则扇区边界满足安全约束的最小距离 dis 为:$\mathrm{dis} \geqslant v(t_1 + t_2) + \mathrm{spc}$。

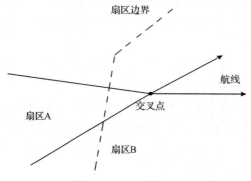

图9.9 边界安全约束

3)最短扇区穿越时间约束。每一架航空器在穿过的扇区内必须至少飞行相对合适的时间,避免航空器穿越扇区的时间过于短暂,从而为管制员提供足够的时间来监视和管制扇区内的航空器。如图9.10所示,给定航空器最短扇区穿越时间 $T_{\min}$,该值至少为管制移交指令时间 t_{trans} 的2倍,即:$T_{\min} = 2 t_{\mathrm{trans}}$。

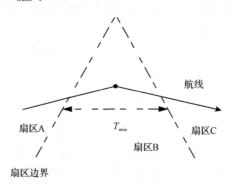

图9.10 最短扇区穿越时间

4) 扇区连续性约束。各扇区的所辖空域都应该是连续的,从而避免管制空间的跳跃、分散,提高管制员的情境意识,方便管制员对辖区内的航空器进行管制指挥。如图9.11所示,扇区A将扇区B隔成两部分,即扇区B不具有连续性。扇区空域不连续容易造成管制员注意力不集中,同时也会导致管制员思维混乱,因此扇区所辖空域必须具有连续性。

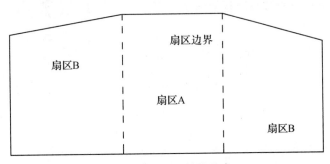

图 9.11　扇区连续性约束

5) 扇区的几何结构应符合逻辑。扇区间边界应避免出现有空隙、重叠或交叉空域的情况,从而方便管制员的管制指挥工作。

6) 确保地空通信信号覆盖扇区。合理安排通信频道,减轻信号拥挤程度,以均衡各扇区内的地空通话量。

7) 避免个别扇区形状不合理。尽量保证扇区几何形状合理,各个扇区的面积不宜相差太大。

除了上述所提到的约束条件外,扇区优化还有很多其他约束,但考虑到一些约束条件的影响较小且很难进行具体量化,而且在实际的过程中要考虑扇区自身的实际情况和特征。因此可以依据这些未被模型化的约束条件对最后扇区优化划分过程进行人为修正,比如可以在确保满足飞行安全间隔和保证飞行安全的前提下,稍微调整或修正扇区边界,以达到扇区优化的要求。

9.3.6　动态空域块算法

随着动态空域配置等新概念与新技术的发展,空域结构也将逐渐从传统的静态结构转变为可灵活配置的动态结构,其复杂性趋向于动态行为的复杂性。基于空中交通复杂度的扇区优化算法的基本思想是:通过灵活调整扇区的结构,用以平衡各个扇区的空中交通复杂度,从而使扇区的结构更为合理。实施动态空域块方法的最大优点是各个扇区可以共享任何与其相邻的一个或多个动态空域块,但是在同一时段,任意一个动态空域块只属于一个扇区。算法的步骤如下:

步骤1:根据历史数据仿真,统计各扇区各时段的预测流量情况,对出现流量超过容量且其相邻扇区流量小的扇区预设动态空域块。

步骤2:搜索某一时段中全部处于工作状态下的所有扇区及每个扇区中所包含的动态空域块,并计算每个扇区的空中交通复杂度值。

步骤3:判断该时段各扇区平均复杂度均值是否超过 M(M 为根据实际情况,扇区使用者自行设置的常量),若扇区复杂度均值超过 M,则筛选出超过平均扇区复杂度最严重的扇区,然后找出复杂度与之相差最大的相邻扇区。

步骤4：划分该扇区与相邻扇区的预设空域块给此相邻扇区，判断分配空域块后两扇区是否会出现过载以及是否满足相关扇区调整的约束。若满足安全性和合理性，则确定调整优化扇区边界。

步骤5：重复步骤3、步骤4，直至所有扇区均未超过 M，则认为扇区的复杂度比较均衡，扇区优化结束。动态空域块算法流程如图9.12所示。

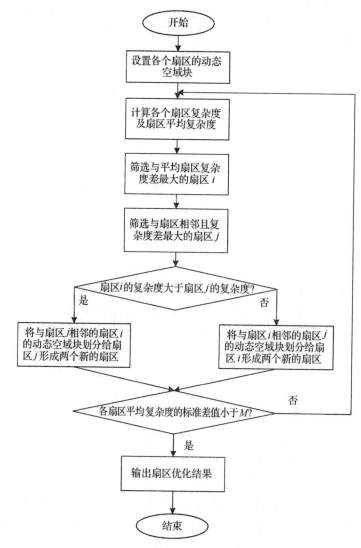

图9.12 动态空域块算法的流程图

空中交通复杂度的动态空域块算法作为空域动态调整的一种手段，它的优点主要表现为：

1) 通过对动态空域块的分配，使得优化后各个扇区内的空中交通复杂度值比较均衡；
2) 该方案实施条件和方法简单，且可以保证扇区空中交通复杂度在合理范围内；
3) 扇区内动态空域块的扇区边界已被提前设定，因此调整方法的扇区边界变化范围相对较小且相对固定，从而由扇区调整产生的过渡工作负荷相对较小；
4) 在原有优化后扇区的基础上划设动态空域块，提高了管制员的情境意识，同时也保持了扇区结构和边界的连续性和稳定性；

5) 由于调整的单元是扇区已设定好的动态空域块,所以不需要对扇区边界进行大幅度的调整。

9.3.7 动态空域实例应用

以广州终端管制空域为例进行试算,以研究动态扇区优化,通过对广州典型日全天 24 h 航班计划的进离场航班流进行统计可知,在 08:00~23:00 的时段内每小时进离场总流量都在 45 架次以上,00:00~07:00 时段内的每小时进离场总流量都在 35 架次以下,通常分别对这两个时段采取扇区合并和拆分。在 08:00~23:00 这个繁忙时段,一般采取五扇同时运行,但在 18:00~22:00 最为繁忙的时段,广州终端 01 和 02 扇区的平均高峰小时流量分别达到了 44 和 47 架次,个别小时流量甚至超过了 50 架次,从而出现小时流量超过扇区容量的情况,不利于管制的安全性和扇区空中交通复杂度的均衡性。该时段 03、05 扇区的流量相对较少,平均小时流量均不超过 30 架次/h。

基于动态空域块思想,对广州终端区现行五个扇区的结构进行动态空域块的灵活划分,如图 9.13 所示,在广州 01 扇区和 02 扇区以每 10 km 宽度为单位,结合各个扇区的边界,各自划分出三个动态空域块,如图 9.14 所示。当预测某时段内出现扇区空中交通复杂度严重不均衡的情况下,采取动态空域块管理方法,按照需求将 01 和 02 扇区的部分或者全部动态空域块分别分配给 05 和 03 扇区,从而保证各个扇区的空中交通复杂度分布比较均衡(将各扇区复杂度均值标准差参考值设定为 M)。

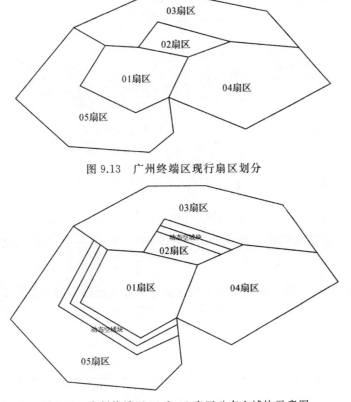

图 9.13 广州终端区现行扇区划分

图 9.14 广州终端区 01 和 02 扇区动态空域块示意图

图 9.15 是将 01、02 扇区的动态空域块划分给 05、03 扇区的过程。

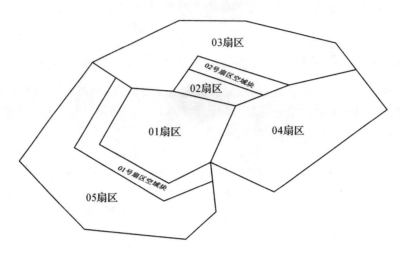

图 9.15　广州终端区 01 号和 02 号扇区动态空域块划分

采取动态空域块方法进行调整后的最终扇区优化结果,如图 9.16 所示。

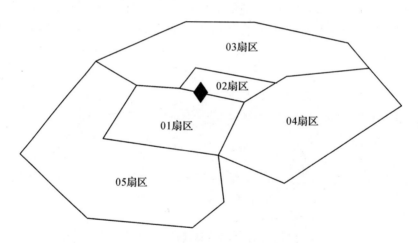

图 9.16　广州终端区动态调整后扇区划分

依据广州终端区某典型日的实际情况,分别求出某个时段各个扇区的空中交通复杂度值、扇区平均复杂度均值 M 及均值标准差 D,结果见表 9-2。第一次动态优化后各个扇区的复杂度如图 9.17 所示。

表 9-2　动态优化前各个扇区的平均复杂度值及复杂度均值

01 扇区	02 扇区	03 扇区	04 扇区	05 扇区	M	D
2.28	1.85	1.39	1.61	1.08	1.63	0.45

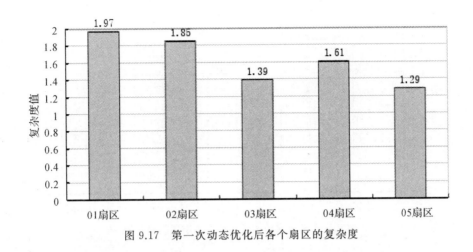

图 9.17　第一次动态优化后各个扇区的复杂度

由表 9-2 可知,扇区的平均复杂度值为 1.63,均值标准差为 0.45,与平均复杂度差值最大的扇区是 05 扇区,所以第二次优化时首先考虑将 01 扇区的另一个动态空域块划分给相邻的 05 扇区,进行第二次动态扇区优化的结果如图 9.18 所示。

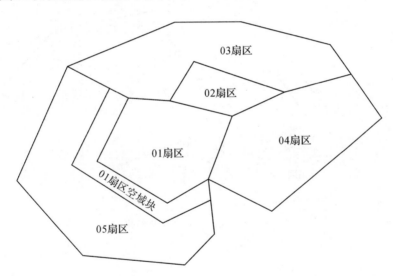

图 9.18　第二次动态优化结果

第二次动态扇区优化后各个扇区的复杂度值及平均复杂度值见表 9-3。

表 9-3　第二次优化后各个扇区的复杂度值及复杂度均值

01 扇区	02 扇区	03 扇区	04 扇区	05 扇区	M	D
1.72	1.85	1.39	1.61	1.54	1.62	0.18

第二次动态优化后各个扇区的复杂度值对比如图 9.19 所示。

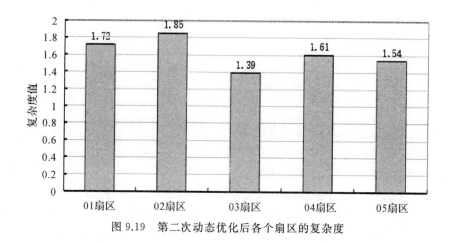

图 9.19　第二次动态优化后各个扇区的复杂度

由表 9-3 可知,扇区的平均复杂度值为 1.62,均值标准差为 0.18,与平均复杂度差值最大的扇区是 02 扇区,所以第二次优化时首先考虑将 02 扇区的另一个动态空域块划分给相邻的 03 扇区,进行第三次动态扇区优化的结果如图 9.20 所示,其复杂度如图 9.21 所示。

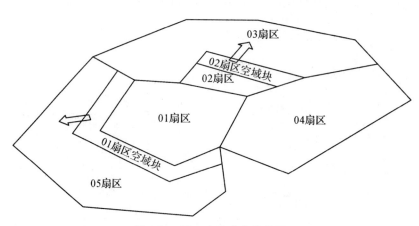

图 9.20　第三次动态优化结果

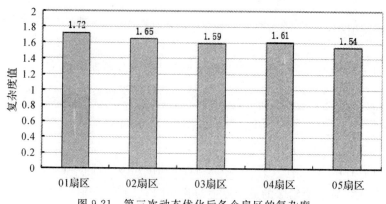

图 9.21　第三次动态优化后各个扇区的复杂度

经计算,进行第三次扇区优化后各扇区的平均复杂度均值为1.62,均值标准差为0.06。优化后复杂度值与平均扇区复杂度值相差较小,扇区均值标准差小于所设置的参数0.1,所以不再继续进行优化,最终得到的优化结果如图9.22所示。

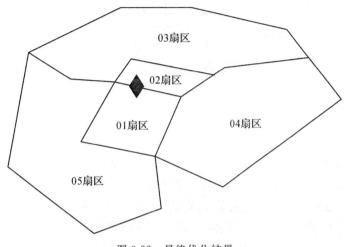

图9.22 最终优化结果

从对各扇区的流量统计可知,在广州18:00~22:00这个繁忙时段,采取空域块调整前后,01扇区和02扇区最高峰小时流量分别下降了5架次和7架次。此外,在对广州终端管制区域繁忙时段内各扇区航线流量统计的基础之上,计算出优化扇区调整后各时间段内各扇区的空中交通复杂度。

从上述分析结果可知,采用基于动态空域块的动态扇区优化方法可以一步一步地对扇区的复杂度进行优化,力求做到每个扇区的空中交通复杂度比较均衡,同时,每次进行扇区优化时,把已经设定好的动态扇区块划分给相邻扇区,不用重新设定扇区边界,使扇区优化变得简单可行。基于空中交通复杂度的动态扇区优化方法,既能够满足均衡各扇区复杂度的需求,操作又简单灵活,约束条件少,优化结果切实可行。

9.4 空中交通流量管理

9.4.1 空中交通管理

空中交通管理(简称"空管")系统包括管理、通信、导航、监视、航行情报、气象等专业,是防止航空器空中相撞或航空器与障碍物相撞以及保证航空器安全有序飞行的服务保障体系。

空中交通管理的定义中包括空中交通管制、空中交通流量管理和空域管理三项内容。20世纪80年代以来,世界空中交通流量增长很快,空中交通流量管理问题成为一个引人注目的问题。

空中交通管理系统是一个非常复杂的系统,它的主要作用就是在空域中安全、有效地满足飞行的需要。图9.23所示为空中交通管理系统的顶层图,它以空中交通需要为基本输入、以交通流为输出、以干扰为不良输入容量,作为对交通流的约束。可以看出,交通流量问题就是研究总飞行量的需求问题、研究整个系统的容量问题、研究在不同的干扰条件下求出实际的交通流的问题。

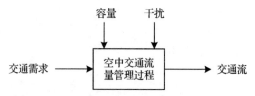

图 9.23　空中交通管理系统的顶层图

9.4.2　空中交通流量管理

1.空中交通流量管理的概念

空中交通流量管理（Air Traffic Flow Management,ATFM）是指科学地安排空中交通量,使得空中交通管制系统中总的交通量与其容量相适应。空中交通流量就是单位时间和空间范围内航空器飞行的数量。空中交通流量管理的主要作用是监视一定范围内的空中交通状况,进行交通流量的预测和控制,防止特定航线、区域或扇区的流量过分集中,以求增大整个航空管制区的处理容量,减少空中和地面飞机的延误,防止空中交通管理系统超负荷运转,保证空中交通的安全和畅通。

流量控制是根据航路和机场的地形、天气特点、通信导航和雷达设备等条件,以及管制人员的技术水平和有关管制间隔的规定,对某条航路和某个机场在同一时间所能容纳的飞机架数加以限制。

流量控制的依据是:空中交通管制有关管制间隔的规定;机场地形、跑道、停机坪以及通信导航和雷达设备的条件;管制员的技术水平和能力所能承担的负荷。例如,在管制间隔中,由于飞机类型的不同,其产生的尾流影响也不相同,如图 9.24 所示。为此,国际民航组织就规定了在航空器进近和起飞阶段使用尾流间隔最低标准,见表 9-4。

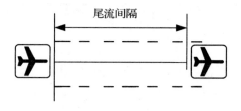

图 9.24　不同类型飞机的尾流影响

表 9-4　尾流间隔最低标准

尾流间隔/nmile		后　机		
		重型(H)	大型(L)	小型(S)
前机	重型(H)	4.0	5.0	6.0
	大型(L)	2.5	2.5	4.0
	小型(S)	2.5	2.5	4.0

注:1 nmile=1.852 km。

2. 到达飞机优化排序

先到先服务（First Come First Service，FCFS）算法依靠飞机预计到达时间（Estimated Time of Arrival，ETA）的次序来决定飞机的着陆次序。当需要着陆的飞机进入终端区排序区域时，系统根据飞机进入终端区的时间、飞机的性能数据和初始状态计算出飞机到达目标点的 ETA，系统根据飞机的 ETA 和当前飞机链的排序情况给出相应的飞机的计划到达时间（Schedule Time of Arrival，STA）。如果飞机链中的间隔不足以插入新的着陆飞机，系统在保证飞机间隔标准的前提下，对这架飞机后面的飞机依次重排，进行延迟处理。如果对后面的飞机不能进行重排和延迟操作，就要对这架新到的飞机实施等待策略，使其在某一固定空域进行空中等待。

终端区的飞机流往往是由不同类型的飞机组成的，这些飞机的前后顺序不同，其所需要的尾流间隔也不同。ICAO 对无风条件下不同类型飞机的尾流最小间隔标准作出了规定，由此可得最小时间间隔，见表 9-5。

表 9-5 尾流间隔最小时间

尾流间隔/s		后机		
		重型(H)	大型(H)	小型(S)
前机	重型(H)	113	135	170
	大型(H)	89	89	110
	小型(S)	83	83	94

所讨论的排序问题，主要是在考虑先到先服务原则的基础上，不同类型飞机必须保持不同的"最小安全间隔标准"，通过对飞机队列次序的重新排列，对所有可能的飞机排序方式进行搜寻，找到一种成本（指队列中每两架飞机之间所需时间间隔的总和或以等待时间为参数的每架飞机的等待成本的总和）最小的排队次序，即是该组飞机的最佳排序方案。

3. 空中交通流量控制模型建立

(1) 目标函数

排序问题在数学上可表述为某一目标函数的最小化问题，目标函数与每架飞机的延迟时间相关，并受最小飞行间隔的约束，则有

$$\min_{T_{s1},\cdots,T_{sn}} \left[\sum_{i=1}^{n} J_{\text{delay}}(T_{S_1}, T_{E_1}) \right] \quad (9.1)$$

$$T_{si} \geq T_{sj} + T_R(S_i, S_j) \quad (9.2)$$

$$T_{si} \leq T_{sj} - T_R(S_i, S_j) \quad (9.3)$$

$$T_{S_t} \geq T_{E_t} \quad (9.4)$$

式(9.1)中，T_{E_t} 和 T_{S_t} 分别为第 i 架飞机的预计降落时间和安排降落时间。每架飞机成本函数的和构成了最小化问题的目标函数。式 9.1～9.4 为约束条件，其中 T_R 为不同类型飞机 S_i、S_j 间的最小安全飞行间隔。

成本函数：在一般排序算法中，对排序结果进行优化所采用的目标函数是飞机队列总的间隔时间。其目的是缩短飞机队列的时间长度，减少平均延误。但实际上飞机队列中总的延误损失并不总是和飞机队列的长度相吻合的，而且由于飞机类型和优先级别不同，相同延误时间

对于不同航班造成的损失也是不同的。为了利用航班的延误时间和飞机本身的参数来衡量航班延误造成的损失,通常采用式 9.5 作为目标函数,优化对飞机流排序的结果,即

$$J_{\text{delay}}(T_{S_1}, T_{E_1}) = C_1 \exp(T_{S_1} - T_{E_1}), \forall i = 1, \cdots, n \tag{9.5}$$

式中:C_1 为航班的特征成本系数,它综合了飞机的性能参数和优先级。

在算法的实际运用中,如果优化结果侧重于飞机队列的时间长度的缩短,仍然可以确定队列的时间长度为优化目标。

(2)约束条件

上述优化排序算法有可能会使原飞机队列的次序有较大改变,这不仅加剧了管制员的负担,而且与先到先服务原则冲突较大,降低了不同航班飞机的公平性,从而增大了实现的难度。因此带约束的位置交换被提出,即飞机的最终位置只能被排在初始位置前后一定范围内的适当位置上。静态约束是通过在算法中对等待排序飞机初始位置与最终优化位置之间的差值进行限定来实现的,则有

$$\left.\begin{array}{l} P_{S_t} - P_{E_t} \leqslant P_R \\ P_{E_t} - P_{S_t} \leqslant P_R, \forall i = 1, \cdots, n \end{array}\right\} \tag{9.6}$$

式中:P_{E_t}, P_{S_t} 分别为排序飞机初始位置与最终优化位置;P_R 为位置约束范围。

在上述算法的实现中,对于某些排序顺序提前的飞机,其向前交换位置是受多方面因素制约的,如飞机本身的速度和加速能力。所以必须限制待排序飞机的 STA,提前 ETA 的时间,一般规定为 60 s,在引入扩大终端区概念后,提前时间量可以增加到 180 s,则有

$$T_{S_t} - T_{E_t} \geqslant 180\text{s}, \forall i = 1, \cdots, n \tag{9.7}$$

(3)算法求解流程

排序窗算法的理论:优化排序的过程就是对原有的飞机队列进行重排,重新确定每架飞机在新队列中的位置。在确定新队列的某个或某些位置时,由于约束交换范围的限制,并不需要对由整个队列所有飞机所产生的所有可能的排序进行搜索,只需挑出那些与所要确定的位置相关的飞机,然后对由它们产生的可能排序进行搜索,就可找到所需要的优化排序结果。

进行排序之前,在排序队列中先要建立一个滑动排序窗的模型,同时定义窗内飞机数目为 m,移动步长为 n。算法只对窗内的飞机进行排序,认为它们就是所有需要排序的飞机。一旦窗内这部分飞机排序完成,窗体就以某一步长向后移动。排序过程如下:

步骤 1:定义初始队列(以 ETA 顺序排列)的前 m 架飞机为初始窗,运用 CP 算法对其进行排序,优化后序列的前 n 架飞机就被分离出排序窗,并分别作为最终队列的第 $1 \sim n$ 架飞机。

步骤 2:排序窗以 n 架飞机的步长向后移动,使其右边界到达初始队列的 $m+n$ 架飞机,加上未被分离出窗体的 $m-n$ 架飞机,重新构成新窗内的 m 架飞机。

步骤 3:对它们再次施行 CP 算法排序,特别需要注意的是,此时必须考虑窗内飞机与前面已经固定为最终队列的 n 架飞机的最后一架的相关处理。窗内飞机排序完成后,又会有 n 架排在最前的飞机被分离出窗体,作为最终优化队列的第 $n+1 \sim 2n$ 架飞机。

步骤 4:重复步骤 2 的排序过程,窗体后移,组成新窗。

步骤 5:重复步骤 3 的排序过程,对窗内飞机用 CP 算法排序,将排序结果的前 n 架分离出排序窗,加入最终队列。

步骤 4 和步骤 5 的这个过程一直循环进行,直到窗体右边界移动到初始队列的最后一架

为止。

通过CP算法对"末尾窗"中的 m 架飞机进行排序,再把排序结果加到前面几步分离出的飞机已排好序列的最后面。全部排序过程便结束。优化窗排序算法流程如图 9.25 所示。

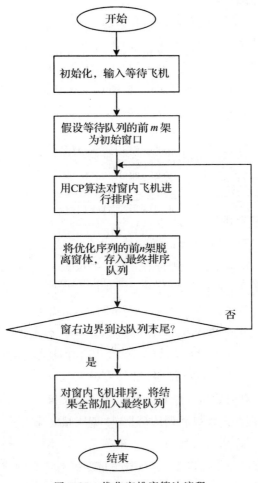

图 9.25 优化窗排序算法流程

这里需要指出的是,以上的排序步骤只是为了说明排序窗算法运行的基本思路。在实际运用中,由于飞机队列的架数不确定,很可能出现在设定窗的大小和移动步长之后,排序窗的右界不能恰好到达队列的最后一架飞机的情况。对此,在算法的程序实现中,当排序窗的右界接近队列末尾时,采取动态改变窗体大小的措施来解决这个问题。

(4) 案例仿真分析

1) 排序窗移动的步长。

排序窗移动的步长与运算量和运算时间密切相关。步长越小,在窗体容量相同的情况下,排序窗移动的次数越多,运算量也越大。而且当步长较小时,等待排序飞机之间的连续性变差。例如,当步长等于1时,排序窗的第一次排序结束,一架飞机被分离作为最终优化队列的首架飞机。此时,被分离出的这架飞机与排序窗内其他飞机的顺序优化关系就消失了。随后,排序窗后移,组成新窗,当对其中的飞机产生的所有排列顺序进行最优选择时,必须重新考虑新窗的首架飞机与刚刚被分离出的那架飞机之间的间隔标准。当步长等于4时,每次排序窗对其内部飞机完成排序后,都有4架被分离,这4架飞机之间的顺序优化关系被保留到最终队列之中。

2) 飞机位置调整范围。

在滑动排序窗算法中,飞机位置调整范围的设置非常灵活,这是它优于其他排序算法的重要特点之一。对于那些排序顺序提前的飞机,由于飞机本身的速度和加速能力等多方面因素的制约,其到达参照点的时间不能过于提前。而对于那些排序顺序推后的飞机,其延迟到达参照点的时间可以很长。在本书提出的算法中,根据以上这种情况把飞机位置调整范围的约束和时间提前量的约束结合起来,在最大程度上满足实际要求的前提下寻求优化解。

3) 参数之间的约束关系。

在滑动排序窗算法中,虽然窗的大小、步长与位置交换约束的范围可以改变,但并不是说可以任意改变,它们之间有如下的约束关系,即

$$P_R + S_{step} \leqslant S_W \tag{9.8}$$

式中:P_R 为位置交换约束范围;S_{step} 为步长;S_W 为窗的大小。

排序窗算法的根据在于:优化排序的过程就是对原有的飞机队列进行重排,重新确定每架飞机在新队列中的位置。在确定新队列的某个或某些位置时,由于约束交换范围的限制,并不需要对由整个队列所有飞机所产生的所有可能的排序进行搜索,只需挑出那些与所要确定的位置相关的飞机,然后对它们产生的可能排序进行搜索,就可找到所需要的优化排序结果。

需要用式(9.8)进行约束的原因在于,在挑出那些与所要确定的位置相关的飞机时(即确定排序窗内的飞机),如果违反式(9.8)的约束,就会出现遗漏某些相关飞机的情况。

例如,假设现在对20架飞机进行排序,窗的大小为8,约束范围为5,如果选择步长值为4,则排序过程的第1步是对初始窗内原有队列的前8架飞机进行排序,优化后序列的前4架飞机就被分离出窗,并分别作为最终队列的第1~4架飞机。第2步,排序窗以4架飞机的步长向后移动,使其右边界到达初始队列的第12架飞机,加上刚才未被分离出窗体的4架飞机,重新构成新窗内的8架飞机。重复以上步骤,直至排序窗右边界到达待排飞机队列的末尾,排序过程全部结束。按照以上参数设置,在优化排序过程中存在以下问题:初始队列中的第9架有可能排在优化队列中第4架飞机的位置,而确定优化队列中前4架飞机位置的初始窗由于只容纳8架飞机,并没有包括初始队列中的第9架飞机,即排序算法对第9架飞机出现了遗漏现象,这样就不能保证排序算法对所有可能的排序队列都进行了遍历,排序结果的优化可信度就会降低。

(5) 仿真结果与分析

1) 仿真结果。

在滑动排序窗算法中,需要设定的参数主要有步长、调整范围和窗体大小。这些参数的不同设置对仿真结果必将产生不同的影响。特别是在对包含飞机架数很多的队列进行优化排序时,由于参数设置不同而产生的排列顺序不同将更加显著。

以下就是当选择不同的步长、调整范围和窗体大小时,得到的不同的仿真结果。其中主要考察:

a.队列中每架飞机的位置变化值(初始位置与优化后位置的差)的标准方差,它是衡量管制员工作负载的重要因素。

b.队列中每架飞机的等待时间和平均等待时间。它是考察优化结果的一个重要指标。对于平均等待时间的计算,如果出现提前预定时间到达的飞机,它的等待时间在数值上表现为负值,但是规定等待时间的最小值为0,所以在计算整个队列的平均延误/等待时间时,应将那些提前预定时间到达的飞机的等待时间置0后,再进行总的等待时间的累加计算。

c.优化后飞机队列的总时间长度。对于滑动排序窗算法,随着排序窗大小的变化,排序结果也将发生变化。所以必须对由不同的步长、调整范围和窗体大小的参数组合得到的仿真结果进行比较分析,才能找出较好的参数组合,为使用此优化算法进行实际优化排序时的参数设置提供参考。主要从队列中每架飞机的位置变化、每架飞机的等待时间和总的时间长度方面进行比较,以评价优化结果。

下面的仿真结果是运用滑动排序窗算法对由30架飞机组成的到达飞机队列进行排序的。

当步长为1,调整范围为4时,飞机位置调整范围保持不变,增加排序窗中的飞机数量。图9.26~图9.28为在不同窗体大小的情况下,每架飞机优化排序后的位置相对于其位置的变化情况以及变化的概率分布。

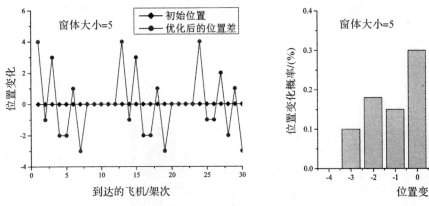

图9.26 窗体大小为5时,每架飞机的位置变化及其变化值的概率分布

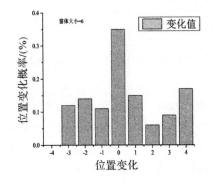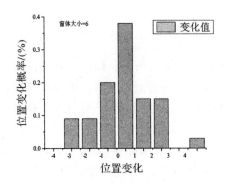

图9.27 窗体大小为6时,每架飞机的位置变化及其变化值的概率分布

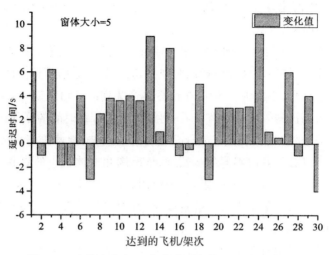

图9.28 窗体大小为5时,优化后每架飞机的延误时间

2)仿真分析。

综合9.4节中的数据,可以将由不同的参数组合获得的排序结果归纳为图9.29~图9.31,每幅图中的s1r4表示步长(Step Size)为1,调整范围(Shift-Range)为4,其余的情况依此类推。

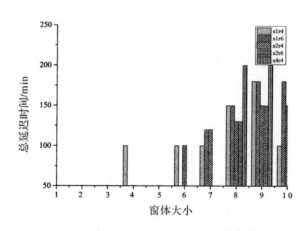

图9.29 不同参数组合时整个队列时间总长度

图9.29所示的飞机队列的总时间长度设定为优化队列中末机的STA与初始队列末机的ETA的差值。通过对以上数据的分析可以得出:

当排序窗的容量较小时,优化队列的总时间长度相对较短。但此时平均延误时间和位置交换值的标准方差较大。当排序窗的容量较大时,虽然对平均延误时间和位置交换值的标准方差能够获得较好的抑制,但是优化队列的总时间长度相对较长。因为位置交换值的标准方差越大,实际情况下,按照排序结果对飞机实施操作时,由于飞机本身的性能(速度、加速能力等)约束,实现难度越大。对于管制员而言,其工作负荷也越大。

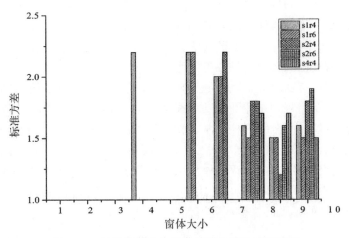

图 9.30　不同参数组合的位置变化值的标准方差

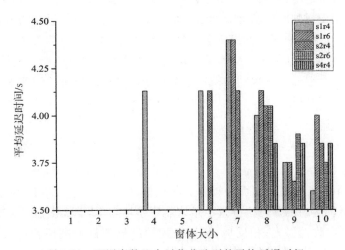

图 9.31　不同参数组合时优化队列的平均延误时间

在计算运行时间方面,排序窗内容纳的飞机越多,由此产生的飞机排列方式越多。最为关键的是,飞机数量的线性增加引起排列数目的指数级增加。当排序时间窗容量为 5 时,算法的实现程序的运行时间由原来窗体大小为 9 时的几十秒钟急剧增加到 7 min 左右,尤其是在步长较小时,排序窗容量为 5 的计算时间变得更长。

9.5　机队规划

9.5.1　机队规划概述

机队是航空公司运输生产最重要的资源,机队管理是航空公司的一项重要管理职能,而机队规划是机队管理的关键内容。狭义的机队规划只包含机队规模和机队结构的规划(飞机数量和不同型号飞机构成比例),从广义上讲,可以将狭义的机队规划、飞机选型与机队更新计划都归纳为机队规划。狭义的机队规划本质上可以分为宏观机队规划和微观机队规划两类。宏观机队规划法是从机队规模预测的角度进行分析的,且按"从上而下"的顺序进行分析预测。该方法虽然简单、易操作,但却无法准确反映特定机型飞机执飞航线/航班的特点,因此用于解决长期规划问题的宏观机队规划法只能粗糙地反映航空公司未来所需机队运力的规模与结构特点。微观机队规划法是在航班、航线机型选型的基础上,按照"从下而上"的顺序进行分析,得出航空公司机队中短期规划结果。该方法的优点在于可以直接给出机队的结构和在各航线/航班上的分布,但规划所需的信息量大,规划结果的精度不易把握,且模型比较复杂。飞机选型是指在给定航线,已知运输需求、航程、机场标高和环境以及航线气象条件等的基础上,根据技术要求、营运数据和经验,提出两三种较合适的备选机型,通过计算各机型飞机的有关经济指标,从备选机型中选择一种机型。机队更新计划是航空公司处理旧飞机和购置或租赁新飞机的活动,其中购进的新飞机总架数应当包括总量增加的飞机和因老龄飞机退役而补充的飞机。

航空公司机队规划是指通过模拟航空公司未来拟运营环境要素,如航线网络结构、航班计划、市场需求与收益水平等,从若干个预先设定的候选机型中确定航空公司所采用的各种机型的飞机数量,确保实现规划的机队运力能够满足航空公司未来市场运营的需要,并获取一种能够尽可能避免运力过剩且能够降低机队运营风险的机队构成,进而实现航空公司最佳的运营效益。本书所指的机队规划决策方法本质上均属于微观机队规划范畴。所谓的微观机队规划法,是指航空公司所采用的机队规划决策以更为详细的"航线/航班机型技术经济性匹配"参数为基本规划框架的一种决策方法。可以说,航班机型分配和航线运力分配是微观机队规划的两种最为基本的手段。

1. 航班机型分配机队规划方法

航班机型分配(Fleet Assignment)是指根据不同机型的舱位容量、运行成本和潜在收益能力,为航班计划中的所有航班指派一种合适的机型,以实现分配成本最小或分配利润最大的目的。如果分配给航班的机型舱位容量小于该航班市场需求,那么就会导致航班客座率偏高,甚至会引起旅客溢出收益损失;相反地,如果分配给航班的机型座位容量大于该航班市场需求,那么就会导致航班客座率偏低,并引起不必要的航班机型运营成本的支出。因此,航班机型分配是航空公司在经营决策过程中一个极为重要的内容。通过微观层面的航班机型分配技术去解决宏观层次的机队规划问题,首先需要模拟航空公司未来拟运营环境,如航线网络结构、航班计划、旅客需求与票价水平等要素,然后利用飞机选型方法,在所得出的候选机型集合的基础上,结合航班覆盖性约束、飞机流平衡条件以及机型飞机数约束,为模拟航班计划中的所有航班均指派一种机型飞机进行执飞,进而得出使得航班机型分配效益(如"机队运营利润")最大化的机队规模与结构。利用航空公司微观层面的航班机型分配技术测算航空公司未来拟运营市场所需的机型数量及其飞机数目,可以使航空公司清楚了解飞机未来的具体飞行路线,并确保得出的机队构成在未来运输市场的可行性。

然而,航空公司机队规划本质上是航空公司一个重要的战略决策问题。航空公司对于拟运营环境的假定将深刻影响未来运输市场所需机队的构成(规模与结构),尤其是航空公司对于自身未来发展战略定位及其落实这种发展战略定位所采用的航线网络运营模式,将深刻地影响机队决策过程。从客流组织形式来看,直达运输生产模式的航线网络结构在航班运输生产过程中,航班旅客全部是单一的本地旅客,与转运生产模式的航线网络结构相比,该航线网络结构很难产生有效的规模经济特性，因此所需的机型的舱位容量相对偏低。转运生产模式的航线网络结构由于在航班生产过程中航班旅客的多样性，因此很容易产生一定的规模经济性，并采用大舱位容量的机型执飞，这将导致上述两种航线网络结构下所需的机型的差异性，必然引起机队规划决策的不同。

就航空运输生产组织模式来看，单基地线形航线结构网络模式是大部分中小型航空公司，尤其是新兴航空公司所采用的网络结构。该网络运营模式对于航空公司航班运行管控要求较低，适合用于市场覆盖面小，市场份额不足或处于市场快速发展期的航空公司。随着航空公司市场规模的不断增加，市场覆盖面的扩大，以及提高生产服务质量的目的，航空公司将扩大生产经营的规模，并采用多基地线形航线网络运营模式。在该模式下，航空公司机队将产生飞机在外过夜的现象，同时机队也从一个基地机场执管演变为多个基地联合执管的运营模式，这一过程使得机队规划决策问题变得复杂。随着航空公司市场覆盖面的进一步扩大和市场规模的进一步发展，航空公司将采用枢纽轮辐式航线网络运营模式。在这一种运输转运模式下，航班节上的客流组合将不再是单一的本地旅客类型，大量多样化的旅客类型将直接产生规模经济性。与此同时，某一个航班节上溢出一个旅客可能会导致其他衔接航班节上旅客溢出的现象，这一过程将使机队规划决策问题变得更为复杂。

鉴于此，在一个机场和一段时间内，任意一种机型进出的飞机数目必须相同，从航班机型分配的角度出发，针对航空公司各个发展时期的航线网络运营模式特点构建相应的机队规划方法。分析不同航线网络运营模式下航班机型分配的特点，研究评估机队规划决策方案优劣的判断依据，抽象描述出不同航线网络运营模式下航班运行关系网络图，设计出在相应航线网络结构中符合航班机型分配特点的时空网络，并给出相应的构造方法。首先，探讨单基地线形航线网络结构下航空公司的机队规划问题，即构造航班时序网络图，在此基础上建立基于时序网络的机队规划数学模型，利用模拟退火算法为模型设计飞机有向路径的随机标号法；其次，探讨多基地线形航线网络机构下的机队规划问题，即在时序网络基础上增加空间维度，形成时空网络，在此基础上建立时空网络的机队规划数学模型，并综合考虑航空运输市场需求随机性特点，构造需求随机离散情景的方法，并设计基于拉格朗日松弛解法的机队规划两阶段算法；最后，研究枢纽轮辐式航线网络结构下的机队规划问题，即在点对点航线网络结构机队规划方法的基础上，将旅客收益网络优化问题合并入时空网络中，构建收益增强型的机队规划方法，并利用基于拉格朗日松弛解法为该机队规划问题设计两阶段算法。结合航空运输市场旅客需求的不确定性特点，为不同航线网络运营模式下的机队规划问题设计有针对性的高效求解算法，并验证算法的有效性。

(1) 基于"航班环"时序网络的机队规划方法

将针对单基地线形航线网络运营模式下的机队规划问题进行研究，构建能够准确反映单基地线形航线网络运营模式下航班衔接关系的时序网络图，在此基础之上，建立基于"航班环"时序网络的机队规划数学模型，并利用模拟退火算法为该模型设计相应的求解算法。

航班环是指通过对国内单基地线形航线网络运营模式下航空公司航班计划的分析发现，该类航线网络的运营模式下的航班任务设计都是围绕基地机场的点对点直飞航线（或是其延伸）。在这种生产组织模式下，某些航班之间存在一种天然的衔接关系，将这种有着衔接关系的有序航班集合视为一个整体，将其称为"航班环"，每个"航班环"均以基地机场为起点和终点，并在基地机场有着固定的出发和到达时刻，而且每个"航班环"内的所有航班由同一架飞机执行,这样不但缩小了航班机型分配问题的规模,而且还将"航班机型分配"问题转变为"航班环"机型分配问题。表 9-6 为一个典型的航班环的示例。

表 9-6 航班环示例

航班编号	离港		到达	
	机场	时刻	机场	时刻
AB3195	CAN	18:05	PEK	20:45
AB0355	PEK	23:40	SIN	05:40
AB0356	SIN	00:20	PEK	06:30
AB3196	PEK	08:05	CAN	11:00

(2)航班环的时序网络的构造方法

根据"航班环"在基地机场的出发时刻、最早完成时刻(到达时刻与最小过站时间之和),构造一个描述"航班环"间衔接关系的"航班环"时序网络图。该网络的构造方法可以描述为如下步骤:

1)以"航班环"的出发时刻、最早完成时刻为节点,以"航班环"为有向弧,形成如图 9.32 所示的初始"航班环"时序网络图。

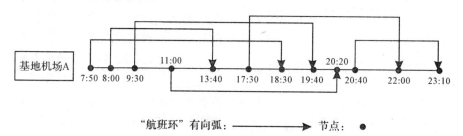

图 9.32 "航班环"时序网络图

2)将"航班环"的出发时刻和最早完成时刻分别视为"出发事件"和"最早完成事件"。根据每个"事件"所发生时间的先后顺序对事件进行排序,并依据"连续最早完成事件与紧随其后连续出发事件为一个阶段"的原则,将符合这一原则的"出发事件"和"最早完成事件"合并(汇聚)为同一个阶段,将每个阶段记为节点 t,并对每个"航班环"的开始事件和最早完成事件所在的节点 t、t' 以有向弧相连,形成"航班环"时序网络,如图 9.33 所示。其中,对于起始节点,只有出发弧而没有到达弧,而尾节点则相反。

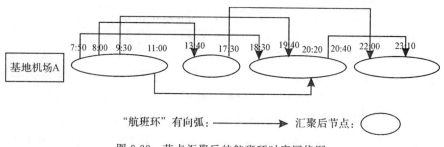

图 9.33 节点汇聚后的航班环时序网络图

3) 对于任意一个节点 t，若节点 t 的出、入度有 $\deg^-_{(t)} - \deg^+_{(t)} < d$ 的关系，则说明在当前阶段可用飞机数不足，则从首节点开始至节点 t 为止，在任意两个相邻节点之间增加 d 条（虚）弧，并令任何机型飞行这些虚弧的运营贡献函数值（航班机型分配收益减去相应的变动成本）为零，以此保证网络流平衡条件；

4) 对于任意一个节点 t，若节点 t 的出、入度有 $\deg^-_{(t)} - \deg^+_{(t)} > d$ 的关系，则说明在当前阶段有"飞机"未分配而空闲，则连接 t、$t+1$ 共 d 条（虚）弧，并令任何机型飞行这些虚弧的运营贡献函数值为零，以此表示空闲的飞机在后面阶段能够被选择，并保证网络流的平衡。得到含虚弧的时序网络图，如图 9.34 所示。

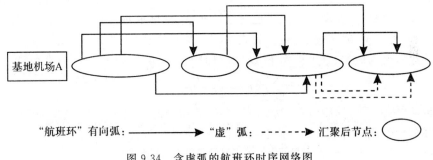

图 9.34 含虚弧的航班环时序网络图

(3) 符号说明

为了便于说明问题，对数学符号进行如下定义。

1) 集合。

I："航班环"集合，$i \in I$；

J：航班集合，$j \in J$；

K：候选机型集合，$k \in K$；

T：时序网络图节点集合，$t \in T$；

$IN(k,t)$：进入 (k,t) 的"航班环"集合；

$OUT(k,t)$：从 (k,t) 出发的"航班环"集合；

2) 参数。

a_k：在机队规划期内机型 $k(k \in K)$ 飞机的单位平均采购成本，单位为万元；

p_j：航班 $j(j \in J)$ 上旅客平均票价水平，单位为万元；

d_j：航班 $j(j \in J)$ 上旅客需求水平，单位为人次；

$f(d_j)$：航班 $j(j \in J)$ 上旅客需求概率密度函数；

R_{jk}：机型 $k(k \in K)$ 飞机执飞航班 $j(j \in J)$ 的期望收益，单位为万元；

RS_{ik}：机型 $k(k \in K)$ 飞机执行飞行"航班环"$i(i \in I)$ 的期望收益，单位为万元；

δ_{ij}：航班 $j(j \in J)$ 是否被包含在"航班环"$i(i \in I)$ 中，是则为 1，否则为 0；

c_{ik}：机型 $k(k \in K)$ 飞机执行飞行"航班环"$i(i \in I)$ 的运营变动成本，单位为万元/次；

Cap_{ik}：机型 $k(k \in K)$ 飞机执行飞行"航班环"$i(i \in I)$ 的实际可用座位数，单位为个；

M：罚成本，一个充分大的正数。

3) 决策变量。

x_{ik}：0-1型决策变量,表示是否用机型 $k(k \in K)$ 飞机执行飞行"航班环" $i(i \in I)$,是则为1,否则0；

z_k：决策变量,表示在机队规划期内所需机型 $k(k \in K)$ 飞机的架数,单位为架。

(4) 机队规划方案评估函数

从上述分析中可以发现,评价机队规划方案需要一个统一的评价指标,在充分考虑到"航班环"机型适航性、"航班环"机型运营变动成本、"航班环"机型期望收益与机队采购成本的基础上,构建评估机队规划方案的统一指标函数——机队期望运营利润,其包含以下四部分内容:

1) "航班环"机型运营变动成本,反映机型在"航班环"上运营所产生的航班运营变动费用之和,其中航班机型运营变动成本主要包含燃油成本、维修成本、机组小时成本、起降费、航路费、飞机地面服务成本、旅客餐食/机供品成本等。被包含在"航班环 i"内的航班 j 用机型 k 飞机执飞的运营变动成本 c_{ik} 可以用下式计算,即

$$c_{ik} = \sum_{j \in J} \delta_{ij} c_{jk}, \forall i \in I, k \in K \tag{9.9}$$

2) 航班环"机型运营期望收益,反映"航班环"机型分配后包含在该"航班环"内的航班上所捕获的旅客期望收益之和。考虑到旅客需求的随机特性,被包含在"航班环 i"内的航班 j 用机型 k 飞机执飞所产生的旅客期望收益 R_{jk} 可以用下式计算,即

$$R_{ij} = \begin{cases} p_j d_j, & d_j \leqslant \mathrm{Cap}_{jk} \\ p_j \mathrm{Cap}_{jk}, & d_j > \mathrm{Cap}_{jk} \end{cases}, \forall j \in J, k \in K \tag{9.10}$$

那么,"航班环 i"的期望收益 RS_{ik} 可以表示为

$$RS_{ik} = \sum_{j \in J} \delta_{ij} R_{jk} \tag{9.11}$$

3) 罚成本(M),反映机型在具体航班上的适航性限制。由于国内航班涉及高原、山区等复杂航线,为了能够反映机型在航班上的适航性限制,本章采用罚成本来表示,如果机型在航班上适航,则为零,否则为一个充分大的正数。

4) 机队采购成本,反映规划期内获取机队中所需机型飞机所支付的采购费用。

(5) 基于航班环时序网络的机队规划数学模型

在考虑航班环覆盖性限制、飞机流平衡限制以及各机型机队飞机数限制的基础上,建立在航班环时序网络图上以机队期望运营利润最大化为目标函数的机队规划数学模型,可以描述为

$$\max \sum_{i \in I} \sum_{k \in K} (RS_{ik} - c_{ik}) x_{ik} - \sum_{k \in K} a_k z_k \tag{9.12}$$

$$\sum_{k \in K} x_{ik} = 1, \forall i \in I \tag{9.13}$$

$$\sum_{i \in \mathrm{IN}(k,t)} x_{ik} - \sum_{i \in \mathrm{OUT}(k,t)} x_{ik} = 0, \forall k \in K, t \in T \tag{9.14}$$

$$z_k - \sum_{i \in \mathrm{IN}(k,1)} x_{ik} = 0, \forall k \in K \tag{9.15}$$

$$x_{ik} \in \{0,1\}, \forall i \in I, k \in K \tag{9.16}$$

$$z_k \geqslant 0, \mathrm{int} \forall k \in K \tag{9.17}$$

其中:式9.12表示目标函数机队期望运营利润最大化;式9.13表示任意一个"航班环"有且仅被分配一种机型飞机执飞;式9.14表示任意一种机型飞机进入任一节点的飞机数等于从

该节点出发的飞机数;式 9.15 表示从首节点出发的任意一种机型飞机数等于机队中拥有该机型的飞机数;式 9.16～式 9.17 表示决策变量的类型与取值范围。

(6)基于模拟退火的有向路径随机标号法

分析航班环时序网络图可以发现,航班环时序网络实质上给出了飞机执飞航班环的潜在衔接关系。将一架飞机指派给从首节点出发的航班环,根据该航班环所在的到达节点,可以选择该飞机执飞的下一个可行航班环,直至到达尾节点为止。这样由同一架飞机执飞的从首节点出发到达尾节点为止的连续有序的航班环集合就形成了一条有向路径。显然,具有不同座位容量的机型飞机执飞同一条有向路径所形成的飞机运营期望收益以及飞机执飞该有向路径的运行变动成本是不完全相同的,而且同一架机型飞机执飞不同的有向路径所形成的飞机运营期望收益以及飞机运行变动成本也是不尽相同的。另外,根据航班环时序网络的构造方法可以发现,在时序网络图中的任一非起止节点的出入度是完全相同的,因此有向路径的数目实质上就是完成执飞所有航班环任务所需的最少飞机数,记为 m。那么,此时基于航班环时序网络的机队规划问题就变成了优化有向路径及为其分配相应最佳座级机型飞机,以实现机队运营利润最大化的数学规划问题。

鉴于此,将设计基于模拟退火算法的有向路径随机标号法进行求解。该算法在每一次模拟退火过程中,均为航班环时序网络中的任一航班环进行标号(不超过有向路径数 m),以此表示各个航班环所属的有向路径标号,然后进一步为每一条有向路径指派合适的机型飞机进行执飞,以实现机队运营利润的最大化,最后为该迭代过程设置温度下降准则,可通过接受准则以及停止准则实现该算法。定义从节点 i 与 j 之间的第 $k(k \in K_{ij})$ 条航班环(有向弧)为 $a(i,j,k)$,其中:K_{ij} 为节点 i 与 j 之间"航班环"集合;$\overline{K_{ij}}$ 为节点 i 与 j 之间未被标号的航班环集合。那么,有向路径的随机标号过程可以描述为如下步骤:

1)初始化时序网络图中节点有向路径标号集 $L_{i-}=L_{i+}=\Phi, \forall i \in T, \overline{K_{ij}}=K_{ij}$,其中:$T$ 为节点集合。记 $\text{Route}[a(i^-,j,k)]=l$,表示航班环 $a(i^-,j,k)$ 在节点 i 与 j 之间,从节点 i 出发的第 $k(k \in K_{ij})$ 条航班环 $a(i,j,k)$ 分配获得的有向路径标号为 $l, \forall l \in L_{i+}, L_{i+}=\{\text{Route}[a(j,i^+,k)] | \forall j \in \text{adj}(i), k \in K_{ji}\}$,令 $i=1$,且初始节点的有向路径标号集 $L_{i+}=\{1,2,\cdots,m\}$,其中 i^+、i^- 分别表示从第 i 个节点的到达和出发;

2)根据下式将一个有向路径标号随机赋予节点 i 与 j 间,从节点 i 出发的第 $k(k \in \overline{K_{ij}})$ 条未被标号的"航班环(有向弧)" $a(i^-,j,k)$:

$$\text{Route}[a(i^-,j,k)]=l, \forall l \in \text{random}(l_{i+}) \tag{9.18}$$

3)更新有向路径标号集 $l, \forall l \in L_{i+}, L_{i+}=L_{i+}/\{l\}$ 与 $L_{j+}=L_{j+} \bigcup \{l\}$,令未被标号"航班环"集合 $\overline{K_{ij}}=\overline{K_{ij}}/\{k\}$,并判断有向路径标号集 L_{i+} 是否为空,若是,转 4),否则,转 2);

4)判断节点 i 是否为尾节点 $\|T\|+1$,若是,则输出有向路径标号方案集 P 然后停止,否则,令 $i=i+1$,转 2);

图 9.35 所示为一个航班计划"航班环"有向路径随机分解的过程。可以发现,在形成的有向路径标号方案集 P 中,被包含在任一有向路径 l 中的有向弧,必然存在下式所示的关系:

$$\text{Route}[a(i,j,k)]=\text{Route}[a(i,j,k')]=l, \forall i<j<n, n \in T, k \in K_{ij}, k' \in K_{jn} \tag{9.19}$$

式(9.19)表示有向路径 j 中的所有有向弧的路径标号都等于 j。

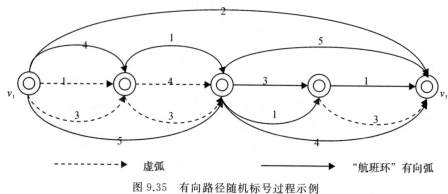

图 9.35　有向路径随机标号过程示例

用上述步骤给出有向路径标号后，接下来则用模拟退火算法设计整个迭代求解过程。在求解时可以把有向路径分解方案视作退火过程中物体的一个"能量状态"，寻找机队运营利润评估函数值最大状态的过程可被视作温度下降过程，能量状态的取舍也就是有向路径分解方案的取舍，能量最低的状态就是评估函数值最大的状态。通过模拟温度下降的过程可得到"航班环"机型分配的全局优化解。基于模拟退火的有向路径的随机标号求解算法可以描述为如下步骤：

步骤 1：在航班环时序网络图中，利用有向路径的随机标号算法，随机生成 m 条初始有向路径分解方案 P_0，并为每一条有向路径选择一种期望运营利润最大的机型飞机执飞，给出最优有向路径-机型分配方案 S_0，计算有向路径机型分配的机队期望运营总利润 TR_0，更新算法的最优方案，使 $P_{\mathrm{best}} = P_0$，$S_{\mathrm{best}} = S_0$，$\mathrm{TR}_{\mathrm{best}} = \mathrm{TR}_0$。

步骤 2：在航班环时序网络图中，利用有向路径的随机标号算法，随机生成新的 m 条有向路径的分解方案 P_i，给出最优有向路径-机型分配方案 S_i，计算有向路径机型分配的机队期望运营总利润 TR_i；

步骤 3：比较 TR_0、TR_i，若 $\mathrm{TR}_0 < \mathrm{TR}_i$，则接受有向路径的分解方案 P_i 与机型分配方案 S_i，并用 TR_i 更新 TR_0。进一步，如果 $\mathrm{TR}_{\mathrm{best}} = \mathrm{TR}_i$，则更新算法的最优方案 $P_{\mathrm{best}} = P_i$，$S_{\mathrm{best}} = S_i$，$\mathrm{TR}_{\mathrm{best}} = \mathrm{TR}_i$，并且此时最优方案计数器 count 清零，否则转步骤 5；

步骤 4：若 $\mathrm{TR}_0 > \mathrm{TR}_i$，则按照状态转移概率 $e - \dfrac{\mathrm{TR}_0 - \mathrm{TR}_i}{t_k} > \mathrm{random}(0,1)$，判断是否接受新状态 P_i、S_i、TR_i；

步骤 5：更新当前最优状态计数器 count＝count＋1，如果当前计数器未达到最优保持次数 C_{best}；

步骤 6：温度下降 $t_{k+1} = t_k(1+\beta t_k) - 1$，其中 $\beta = \dfrac{t_0 - t_f}{M_{\max} t_0 t_f}$，$t_0$ 为算法初始温度，t_f 为算法终止温度；

步骤 7：判断是否达到算法的停止准则（最低温度 t_f 或者最大迭代次数 $M_{\max}$），如果满足则停止，否则转步骤 2。

(7) 算例分析

1) 参数选取。

通过模拟退火的有向路径随机标号算法的设计过程可知,该算法是否能够稳定收敛取决于模拟退火的初始温度 t_0,算法终止温度 t_f,温度最大下降次数 M_{max} 以及最优解保持次数 C_{best}。按照起始温度应能保证平稳分布中每一状态的概率相等的原则,算法选取的终止温度为 $t_f=10$,初始温度 $t_0=K\delta$。K 是一个充分大的正数,在实际计算过程中,可以通过试验法选取;$\delta = \{\max\{c_{ij}\} - \min\{c_{ij}\}\}m$。其中:$\max\{c_{ij}\}$ 表示所形成的"候选机型-有向路径"最大利润函数值;$\min\{c_{ij}\}$ 表示所形成的候选机型-有向路径最小利润函数值;m 表示有向路径数。

针对 6 种候选机型、42 个航班环规模的问题,在操作系统 Windows 8.0,MATLAB 7.0 环境下,内存为 1GB,CPU 主频为 1.83 GHz,硬盘空间为 80 GB,利用仿真实验方式分别对温度最大下降次数 M_{max} 与最优解保持次数 C_{best} 进行仿真取值。从图 9.36 中可以看出,在最优解保持次数 $C_{best}=900$ 次时,对于 5 种机型,33 个航班环的问题,温度最大下降次数 M_{max} 在达到 60 000 次后对于解的影响已经趋于稳定;对于 10 种机型,68 个航班环的问题,温度最大下降次数 M_{max} 在达到 80 000 次后对于解的影响已经趋于稳定。即对于规模在 42 个航班环,6 种机型以下的问题,选取温度最大下降次数 $M_{max}=80\ 000$ 次足可达到相对稳定的收敛。类似地,由图 9.37 可以看出,在最大下降次数 $M_{max}=80\ 000$ 次时,对于规模在 68 个航班环,10 种机型以下的问题,最优解保持次数 C_{best} 选取 900 次即可保证算法达到相对稳定。

2) 结果计算与分析。

利用 2020 年 8 月成都基地的某航空公司实际运营数据为例,验证方法的可行性与有效性。该公司运营日航班为 40 个,按照航班环定义形成 20 个航班环。航班环旅客需求(变异系数 CV=0.3)与票价信息见表 9-7。需要说明的是,变异系数是指旅客需求标准差与均值之比。

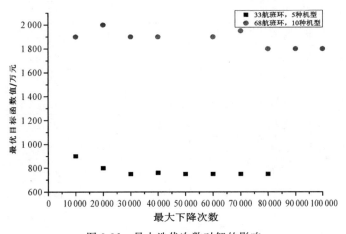

图 9.36　最大迭代次数对解的影响

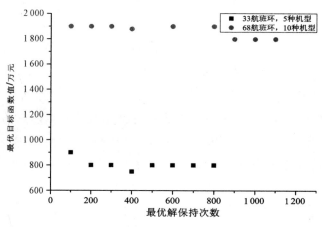

图 9.37 最优解保持次数对解的影响

表 9-7 航班环信息

"航班环"编号	路径构成	去 程			回 程		
		出发时刻	票价/元	需求/人	到达时刻	票价/元	需求/人
1	成都—北京—成都	07:30	997	163	13:25	1 311	148
2	成都—北京—成都	09:30	1 118	148	15:25	1 240	108
3	成都—北京—成都	11:30	1 294	236	17:40	1 253	218
4	成都—北京—成都	13:30	1 206	165	19:40	1 024	149
5	成都—北京—成都	14:30	1 376	118	20:40	1 089	128
6	成都—北京—成都	15:30	1 301	147	21:40	1 062	144
7	成都—北京—成都	16:30	1 212	166	22:40	977	163
8	成都—北京—成都	16:35	1 012	69	22:30	1 092	87
9	成都—大连—成都	08:10	1 239	68	15:40	1 267	117
10	成都—大连—成都	14:00	1 204	55	21:55	1 192	48
11	成都—广州—成都	07:20	754	137	12:50	872	161
12	成都—广州—成都	09:55	765	123	15:05	867	128
13	成都—广州—成都	13:55	802	115	19:20	860	129
14	成都—广州—成都	18:30	753	131	23:15	771	132
15	成都—桂林—成都	18:35	559	193	22:25	586	193
16	成都—贵阳—成都	07:20	620	128	18:10	623	131
17	成都—哈尔滨—成都	14:00	2 116	60	23:00	1 606	31
18	成都—杭州—成都	13:30	1 219	147	22:25	1 204	149
19	成都—呼和—成都	18:30	1 319	129	22:50	1 256	135
20	成都—济南—成都	08:10	1 274	101	16:30	1 317	54

另外,该航空公司选取6种机型作为候选机型,并假定所有机型在任一航班上均适航,且最小过站时间为40 min。各机型飞机运营信息见表9-8。需要说明的是,单架机型飞机平均采购成本为规划期内单架机型飞机平均采购成本的摊销量。

表9-8 候选机型运营信息

指 标	机 型					
	1	2	3	4	5	6
座位数/个	130	162	192	165	198	244
运行变动成本/(万元·小时$^{-1}$)	3.3	3.5	3.7	3.2	4.7	6.0
平均单位采购成本/万元	4.0	4.4	5.1	3.6	6.9	10.3

通过对参数选取的分析,可将6种候选机型、20个航班环规模的问题选取的参数分别确定为:$t_0=9\,000$,$t_f=10$,$M_{max}=80\,000$,$C_{best}=900$。航班环机型分配方案如图9.39所示。图9.39的横坐标代表航班环的出发和到达时刻,图中每一行代表了一个有向路径及其机型分配方案。算例中形成的机队构成:机型3飞机为2架、机型4飞机为20架,机队期望利润为87.32万元,算法具有较好的收敛性能,如图9.38所示。

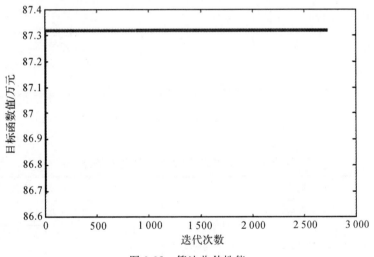

图9.38 算法收敛性能

利用Matlab环境下的randperm函数随机产生航班环的起飞和到达时刻,并根据表9-8中候选机型座级及其小时运行变动成本,构造10组6种候选机型、20个航班环规模案例,以此对算法的收敛性能进行测试。选取的模拟退火算法的参数分别为:$t_0=9\,000$,$t_f=10$,$M_{max}=80\,000$,$C_{best}=900$。10组案例的测试结果与两阶段算法(以完成"航班环"所需飞机数最少为第一阶段,以优化机队构成,实现机队运营利润最大化目标为第二阶段)的计算结果共同列于表9-9中,可以发现,两种算法得到的机队中各机型飞机数量以及机队期望运营利润水平基本完全相同。值得注意的是,两种算法在案例1和案例3中的机队中各机型飞机数量略有不同,两个案例中的机队飞机总数目则完全相同,其中模拟退火算法得到的目标函数值分别为239.1万元和343.9万元,比两阶段算法得出的目标函数值分别少了0.4万元和2.9万元,相对误差分别为0.17%和0.86%。因此,该算法完全能够满足6种候选机型、20个航班环规模问题,即本节所设计的基于模拟退火的有向路径随机分解算法完全能够满足中小型航空公司关于机队规划问题决策的要求,且是有效可行的。

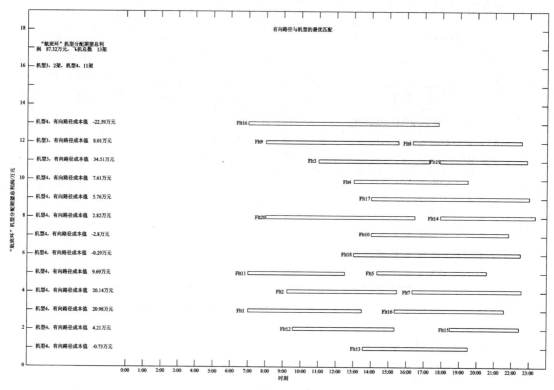

图 9.39 航班环机型分配方案

表 9-9 模拟退火算法收敛性能测试

案例	模拟退火算法							两阶段算法						
	机队中各机型飞机数量/架						目标值/万元	机队中各机型飞机数量/架						目标值/万元
	1	2	3	4	5	6		1	2	3	4	5	6	
1	0	0	5	5	0	1	239.1	0	0	4	6	0	1	239.5
2	0	0	3	7	0	2	309.4	0	0	3	7	0	2	309.4
3	0	0	3	4	0	4	343.9	0	0	3	5	0	3	346.8
4	0	0	4	10	0	1	42.8	0	0	4	10	0	1	42.8
5	0	0	5	8	0	1	63.9	0	0	5	8	0	1	63.9
6	0	0	4	6	0	1	190.5	0	0	4	6	0	1	190.5
7	0	0	4	6	0	2	166.7	0	0	4	6	0	2	166.7
8	0	0	3	7	0	2	109.8	0	0	3	7	0	2	109.8
9	0	0	4	7	0	1	117.8	0	0	4	7	0	1	117.8
10	0	0	4	7	0	2	195.4	0	0	4	7	0	2	195.4

9.5.2 机队配置规划

1.机队配置规划的概念

机队配置规划是指根据对航空运输市场的需求,对航空公司所拥有的各种资源(如机队的机型、数量、航线等)进行合理,有效的动态优化配置的决策过程。作为航空公司的战略决策手段,制定机队规划是航空公司最重要的任务之一,它要求航空公司在能够根据航线需求的不断变化而合理分配有限运力的条件下,既能满足航线市场的需求,又能使公司的经济效益实现最大化。

2.机队配置规划的原则及影响因素

在进行机队规划之前首先需要考虑公司的客观条件,分析机队规划的影响因素,其中各个因素和条件之间的关系是相互影响的。只有对各个因素进行分析后,才能更好地进行机队优化配置。此外,机队规划还必须遵循一定的原则。飞机选型是机队优化配置需要考虑的非常重要的方面,只有在满足了飞机所运行的机场、航线以及航空公司的资源等条件下,所做的机队规划与优化配置才是有效的、可行的。

(1)机队配置规划的原则

机队规划要遵循一定的原则,才能把规划制定得合理、科学。根据各个航空公司目前的操作情况以及西方国家航空公司的一些做法,机队规划的原则如下:

1)机队配置与航班安排要合理。机队配置比例应满足航班频率增长控制系数。例如,假定航班频率增长控制系数(就是指航班频率的增长要在一定的控制范围内)每年为10%,则要求机队进行大、中、小配置后,其总航班频率增长每年不超过10%。

2)满足航线上航班频率要求。例如,A、B城市间为干线航线,采用110座级飞机开航,如航班频率要求每天开3个航班,110座级飞机飞满3个航班可以完成所需运输量和运输周转量,则说明机型选择正确。如果不能完成,则应选择座位等级相对高的飞机(如160座)。航线上航班频率的要求又受到航站的总起飞降落频率的限制,起降频率比较频繁的机场对航班频率的制约条件会少一些,反之会多一些。

3)满足航线结构要求。确定机队配置比例时,首先要了解国际航线、国内航线和国内支线的定义以及飞机等级的属性,避免航线与机型不匹配。

4)飞机系列化。要充分考虑目前机队的机型,尽量使新配置的飞机与现有飞机是同一型号或同一系列,使飞机具有较强的通用性,这样可节约开支,并能充分利用现有的设施以及配套的附属设施。

5)满足机场条件要求。配置新飞机时,应考虑飞机起降的现有机场以及计划中的改建、扩建、新建机场的条件。

6)满足航线的特殊要求。如高温、高原性能、转场机场条件等。

7)满足维护条件要求。

8)单一机型机队越大越好。从成本角度看,机型越少越好。从国际上航空公司机队发展来看,减少飞机型号,扩大同型号飞机数量是一个趋势。目前,我国各航空公司的机型较为繁杂,同型号飞机较为分散,考虑到市场对机场要求的多样性,对于大型航空集团来说,应将机型进行适当组合。

(2) 机队配置规划的影响因素

1) 飞机供应状况。

理论上说，决策者应根据运输市场的需求确定所需机队规模和结构，市场上飞机的供应状况限制了决策者的自由决策，机队规划必然受到这一因素的制约。

2) 市场需求因素。

机队的规模和结构必须和市场需求的规模和结构相适应，市场需求是影响机队规划最重要的因素，它不仅从总量上影响机队的规模，而且从市场需求的结构上影响各吨位机型的数量及结构比例，影响机队规划的市场需求因素包括：客货运量及其结构特征、航线距离、航线网络布局状况等。

3) 航空运输业行业内环境因素。

行业内环境因素是指在机队规模确定的情况下，影响可供运力的各种行业内因素，衡量这些因素效能的最直接指标是"飞机日利用率"，即每架飞机的平均日利用时间。在同等机队规模的情况下，如果行业内各种资源配置合理，飞机的日利用率就有可能提高，从而向社会、向市场提供更多的运力。

行业内环境因素包括：人力资源状况，特别是与飞行直接相关的空勤人员、机务维修人员、空管人员的状况；飞机维修维护能力；航材保障能力；机场服务能力；空中交通管制能力；行业内管理水平；等等。任何一种因素或资源的欠缺，都会成为提高飞机日利用率的制约因素，从而影响机队的规模和结构。

4) 技术因素。

技术因素是指飞机本身的技术性能，飞机的航程适应性是否和市场需求相匹配，机型的经济性如何，都会影响决策者对它的取舍，以及影响机队构成。飞机的航速、最大业载等则决定了一架飞机所能提供的最大运力，最终影响机队规模。

5) 管理因素。

管理因素对机队规划的影响体现在两个方面：若管理水平较高，则可以通过降低成本水平，从而降低盈亏平衡载运率，使航空公司在较低的载运率水平上能够盈利。通过高水平的管理，能够在制定机队规划时引进较多飞机，以获得较多优惠，而不至于因为运力过大影响公司效益，可以为行业发展积蓄后劲；若管理水平较高，在载运率过高时，航空公司不仅能够获得较好的盈利，也能为旅客提供很好的服务，而不至于使旅客怨声载道。总之，通过高水平的管理，可以增大载运率的范围，提高机队决策的灵活性。

6) 政策取向因素。

在市场总需求确定、飞机日利用率可以估计的情况下，对某一特定航速和最高业载的机队进行规划的问题可转化为对载运率的决策和对适合于某类飞机的市场份额的分配问题。若决策者鼓励某类航空市场的发展，则会考虑为这类市场提供较多运力，为适合于这类市场的飞机分配更大的市场份额。

在载运率的决策过程中：若期望载运率高，则机队数量少；若期望载运率低，则机队数量多。期望载运率的可能幅度则受到上述管理水平因素的制约，作为决策者，应该明确期望载运率的取值范围：

a. 期望载运率应该大于最低载运率，只有如此，行业才能健康发展。最低载运率取值可以参照盈亏平衡载运率确定：如果政策取向为每种座级的机队在平均水平上应该盈利，则每种座级的最低载运率＝盈亏平衡载运率；若政策取向为各种座级的机队在整体上达到盈亏平衡，而个别座级的机队可以亏损，则每种座级的最低载运率可以自由确定，但机队总体的最低载运率＝总体盈亏平衡载运率。

b.期望载运率应小于载运率的高限，若超过这一限制，则会因为市场需求得不到满足而违背机队规划的基本原则。决策者应该明确这一高限为多少，当载运率达到或接近这一高限时，不至于影响市场需求的满足。

(3)飞机选型影响因素分析

飞机选型是指确定机队的等级、规模，并根据航线、机场等情况，对预选的若干型号、相同等级的飞机进行综合评估，选择出最适合的机型。飞机选型是一项比较复杂的技术经济工作，主要内容有：环境和市场因素分析；飞机的性能分析，如飞机、发动机的安全性分析、先进性分析、可靠性分析、客舱布局及舒适性分析、机场适应性分析和航线分析；飞机经济性分析，如直接使用成本分析、财务分析。

1)环境和市场因素分析。

在飞机选型过程中，需要考虑飞机噪声和二氧化碳的排放，相关环境法规的出台，迫使航空公司退役一部分不能满足法规的旧飞机。另外，对航空市场进行分析是飞机选型和确定飞机数量过程中必不可少的一步。环境因素迫使较早的一些噪声比较大的老机型，由于超过法规限制的额度而退役，有些国家，特别是欧美一些发达国家对飞机噪声和二氧化碳排放的限制很严格。所以，飞机选型的时候必须考虑国家的发展战略，结合航线网络考虑飞机选型。

空气污染已成为温室气体排放量增长的一个主要原因，目前，欧洲航空温室气体（CO_2、NO_x）排放约占欧盟排放总量的 5%，较 1990 年增长了 78%，远远高于其他行业。例如：一架飞机从布鲁塞尔到纽约的单程飞行中，平均每个乘客带来的废气排放量，等于一个人开车行驶约 45 万千米路程所造成的空气污染。

噪声污染作为环境污染之一，不仅影响人们的工作、学习和休息，而且还会损害听觉，引起或诱发神经系统和心血管方面的许多疾病，甚至会导致飞机产生结构疲劳，影响飞机机载仪表设备的正常工作。随着我国民航事业的迅速发展和机队的不断扩大，飞机噪声扰民问题日益严重。

市场因素是指，机队规划需要针对市场需求的特点，将整个市场分成很多子系统，并尽可能全面掌握各个细分子市场系统的情况。所谓市场细分，就是根据消费者需求，把航空运输市场划分为若干个有意义的顾客群的过程，形成整体市场中的若干个细分市场。不同细分市场之间的需求差别比较明显，而在每一个细分市场内部，需求的差别明显小于与其他细分市场的差别，基本倾向一致。

2)飞机性能分析。

在飞机选型过程中，飞机的性能分析是必需考虑的，飞机性能分析的根本目的在于，针对一系列固有制约和环境条件限制，优化飞机业务载重量和航程能力。在机队规划中需要着重分析的是飞机的起降性能和航线性能两大部分，下面分别从这两个方面来分析飞机的性能。

飞机运营的安全性很大程度上依赖于航空器本身的各种质量控制及性能使用限制，只有控制好各种质量及性能的限制才能提高飞机的运营经济性。涉及的飞机质量主要有：空机质量、结构质量、基本运营质量、最大起飞质量和最大着陆质量等。以上质量是限制飞机业务载量和起飞油量的重要因素，飞机的载量-航程图，如图 9.40 所示。

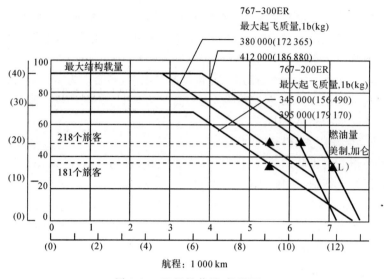

图9.40 飞机的载量-航程图

在图9.40中,每种机型在最大起飞质量限制的条件下,载量-航程都有三个航程范围距离。这三个航程范围距离将在图9.41和对其的分析中介绍。从图9.40中可以看出,同一种机型的最大起飞质量不同,最大起飞质量越小,最大商载时的可飞行距离越短。但是同机型的最大结构载量相同,所以它们的最大航程基本上相同。飞机的航程可根据商载、载油量和飞机起飞质量的不同,分为三个范围,如图9.41所示。

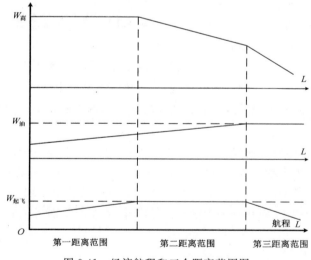

图9.41 经济航程和三个距离范围图

a. 第一距离范围是指飞机距离小于或等于经济航程的范围。经济航程是指飞机在最大商载条件下可获得的最大航程。在该范围飞行,可以保持最大商载(最大商载由飞机的最大无燃油质量限制)。随着航程的增加,需增大载油量,这样会致使起飞质量增大,但此时仍未达到最大起飞质量。当航程等于经济航程时,起飞质量达到最大允许起飞质量。在这个距离范围内飞行,航程增加使耗油量增加,可以通过增加载油量来满足,不必减少商载,只需增大起飞质量。

b. 第二距离范围是指距离大于经济航程，而且可以保持在最大起飞质量的距离范围内。在这个范围内，起飞质量已达到最大值，增大耗油只能通过减少商载来加以调节。

c. 第三距离范围是指载油量已达到最大值，如果想继续增加航程，只有依靠进一步减少商载以减少最大起飞质量。

可见，在第一距离范围内，采用比远航速度大的经济速度飞行，航程的增加可以用增大加油量、增大起飞质量的方法来解决，不必减少商载。如果是在第二距离范围，采用比远航速度大的速度飞行，耗油量增加也需要增加加油量，但由于飞机起飞质量已达到最大允许值，多加油，就必须相应地减少商载。所以在第二距离范围，多耗油对飞机经济性的影响是双重的，好像在这种情况下油价"上涨了"，所以大型运输机如果航程超过经济航程，就不能再用成本指数来确定经济速度，这时常以最大航程巡航的远航速度作为经济速度。

业载-航程图描述的是理想状态下的飞机业载与航程之间的关系，但是由于受到风、温度、湿度、跑道、航线等的影响，实际日常的运营情况往往与图9.40的描述有偏差。

飞机速度有两个重要指标，即最大平飞速度和经济巡航速度。最大平飞速度顾名思义是飞机平飞时的最大速度，经济巡航速度则是飞机进入巡航时的对飞机营运经济性最有利的平飞速度。在飞机选型时一般更注重经济巡航速度。

飞行高度有两个重要指标，即巡航高度和单发停车高度。巡航高度是指飞机以最大起飞质量起飞后立即进入爬升所能达到的具备规定机动能力的最高巡航高度，它也是飞机按规定飞行剖面进行飞行所必须具备的高度。单发停车高度是指双发动机短程客机在巡航时，一台发动机停车时飞机所能达到的且具备规定机动能力的高度，该指标反映了飞机的生存能力及其航线适应能力。有些双发飞机之所以不能飞我国的拉萨航线，就是由于受单发停车高度的限制。

飞机在起飞或降落时的质量会受机场的布局、飞机的设计、跑道的承载能力、运行环境和气象条件等多方面的限制。飞机的最大起飞质量是影响运输飞行经济性的重要因素，同时也是影响飞行安全的因素之一。

起飞性能的计算是以起飞过程中发动机失效为前提的。如果在关键决策点之前发动机出现故障，飞机要立即减速和停止；如果在关键点之后发动机发生故障，飞机要能够继续完成起飞程序。适航管理当局对飞机的最小爬升梯度和越障高度作出了规定。根据这些要求，分析人员可以计算出飞机在某条跑道上起飞所允许的最大质量以及相关的速度。

影响飞机起飞性能的因素有跑道长度、起飞航道第二阶段最大爬升梯度、轮胎速度、最大刹车能量、障碍物、最大着陆质量等。飞机的起飞质量必须是满足上述所有条件后的最低值，并且还需要根据飞机的起飞速度和襟翼位置进行优化。风、跑道坡度、温度、跑道标高以及气压高度等均会对飞机起飞性能造成影响。

(4) 机队优化配置方法与过程

机队规划的目的是合理配置航空公司的各种资源，使各条航线上所提供的机型与航班能更好地满足市场需要，更好地满足旅客和货物需求，更好地吸引客、货源，并可以避免机型与市场需求脱节，使大、中、小机型合理配置，并保证资源的合理利用，给航空公司创造最大的经济效益。本章主要讨论合理配置机队的模型，介绍模型中涉及的载运率和市场需求季节性变动情况的分析方法，本书主要建立以利润最大化为目标函数的机队优化配置模型，并建立成本最小化模型，用来和利润最大化模型作比较，分析仿真结果。

1)机队规划的方法。

机队规划是优化配置资源,满足航空运输需求的重要手段。机队优化配置的依据是机队规划的方法。机队规划是根据航空运输市场研究的结果,依据一定的原则和方法,对规划期内机队的结构及其数量做出系统的动态安排,其主要目的是确定航空公司的运营对运力的要求,使机队适应生产经营的变化,减少航空公司的风险。良好的机队规划应具备良好的市场适应性、灵活性和连续性,即满足运力与市场需求的最佳吻合。

机队规划的适应性可以体现在三个方面:一是飞机大小是否适合,是否具有市场号召力;二是飞机是否能够满足性能要求;三是飞机的经济性是否最佳。机队规划的灵活性是指快速适应各种变化的能力主要体现在:飞机的设计是否有足够的业载量;机型系列是否提供了足够的运营灵活性;机队规划是否能够轻松实现运力的增减。机队规划的连续性是指机队规划的过程应当尽量将对公司日常运营的影响减小到最低程度。

按照机队规划所采用的分析方法,航空司的机队规划可分为宏观机队规划和微观机队规划。宏观机队规划采用宏观分析方法,按"从上到下"的顺序进行预测,先求出总的飞机需求量,再求出各座级飞机的净需求量。微观机队规划采用微观分析方法,按"从下到上"的顺序进行预测,先求出各座级飞机的需求量,再累加求出总的飞机需求量。

2)机队规划评估过程。

机队规划过程是一个动态的过程,需要提供大量详细的航空公司相关信息,机队规划是航空公司长期发展的一个战略问题。航空公司的机队规划需要一个科学的评估过程来评定新引进飞机所带来的影响,包括:

a.通过交通市场的需求及预测评估收入;

b.合理安排载量是决定航空销售代办管理系统和所需飞机数量的主要因素;

c.飞机的购置对投资和运营折旧等都存在经济影响;

d.利润的评估需要对运营成本和收入进行准确的预测;

e.飞机的购置对公司的现金流和公司的债务情况产生的影响。

图9.42所示为公司的收支平衡、资金流动、债务预算问题的评估过程。

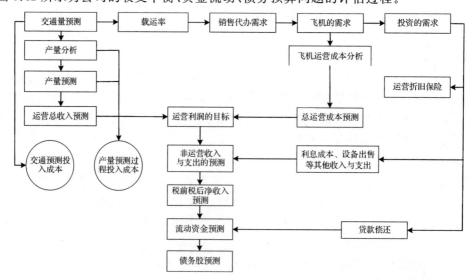

图9.42 机队规划评估过程

(5) 机队优化配置模型

机队规划需要考虑公司的航线网络规划、航班计划、飞行实力等限制因素。此外,旅客流量随着市场、季节等的变化情况是不同的,所以需要分析旅客季节的变化情况,机队优化的结果既要能满足最大月份的客流量,又要能在客流量少的时候减少或避免运力的浪费。航空公司机队优化的主要目的是获得更多的利润并使运行成本最小。本节分别以利润最大化和成本最小化为主要的目标,建立机队优化的模型,利用蚁群算法对模型进行仿真。分别按照利润最大化和成本最小化的原则来建立机队规划配置模型。

1) 利润最大化的机队优化配置模型。

航空公司和其他商业机构一样,运营的主要目的就是盈利。当公司以追求利润最大化优化配置机队的时候,考虑公司现有的各机型的飞行实力、管制条件下对航班频率的限制因素等,已知有 n 条航线,m 种候选机型,建立机队优化配置模型为

$$\max \sum_{i=1}^{m} \sum_{j=1}^{n} x_{ij} (\text{cap}_i \times \text{LF}_{ij} \times p_j - \text{cost}_{ij}) \tag{9.20}$$

$$\left.\begin{array}{l} \sum_{i=1}^{m} x_{ij} \leqslant F_j, \forall j = 1, 2, \cdots, n \\ \text{DMIN}_j \leqslant \sum_{i=1}^{m} x_{ij} \text{cap}_i \text{LF}_j \leqslant \text{DMAX}_j, \forall j = 1, \cdots, n \\ \sum_{j=1}^{n} x_{ij} \text{EET}_{ij} \leqslant \text{FH}_i, \forall i = 1, \cdots, m \\ x_{ij} \geqslant 0, \forall i = 1, \cdots, m, \forall j = 1, \cdots, n \end{array}\right\} \tag{9.21}$$

按式(9.22)可求出每种机型的计划数量 NUM_i 为

$$\text{NUM}_i = \frac{\sum_{j=1}^{n} x_{ij} \text{EET}_{ij}}{\text{AFH}_i} \tag{9.22}$$

式(9.22)中各项的意义为:x_{ij} 为某机型 i 在航线 j 上每月的航班数量,所建模型的目标函数是使总收益最大;某机型 i 的座位数为 cap_i,平均日利用率为 AFH_i,可用于机型 i 的飞行实力 FH_i;某航线 j 上每月允许安排的最多航班数量为 F_j,每月度每条航线上的预计最大的客流量为 DMAX_j,最小的客流量为 DMIN_j;某机型 i 在航线 j 上的运行成本为 cost_{ij},航路飞行时间为 EET_{ij};某机型 i 在航线 j 上的平均载运率为 LF_{ij};航线 j 上的平均票价为 p_j。

约束条件含义为:在所飞航线 j 上的月航班总量不大于所飞航线 j 上每月允许安排的最多航班数量,在所飞航线 j 上的月客流总量应在范围 $(\text{DMIN}_j, \text{DMAX}_j)$ 内,机型 i 的每月总飞行时间不大于未来能用于机型 i 的飞行实力。模型求解的结果得到的是每种机型的最佳数量 NUM_i 构成以及每种机型在各条航线上的分配情况。

2) 成本最小化的机队优化配置模型。

当航空公司以追求成本最小化为目标时,分析限制的因素和考虑利润最大化的因素一样,同样考虑飞行实力、航班频率限制等因素,设定平均载运率等条件,已知有 n 条航线,m 种机型,建立的优化模型为

$$\min \sum_{i=1}^{m} \sum_{j=1}^{n} x_{ij} \text{cost}_{ij} \tag{9.23}$$

约束条件为：

$$\left.\begin{array}{l}\sum_{i=1}^{m} x_{ij} \leqslant F_j, \forall j=1,2,\cdots,n \\ \sum_{i=1}^{m} x_{ij}\, \mathrm{cap}_i\, \mathrm{LF}_j \geqslant \mathrm{DMAX}_j, \forall j=1,\cdots,n \\ \sum_{j=1}^{n} x_{ij}\, \mathrm{EET}_{ij} \leqslant \mathrm{FH}_i, \forall i=1,\cdots,m \\ x_{ij} \geqslant 0, \forall i=1,\cdots,m, \forall j=1,\cdots,n \end{array}\right\} \quad (9.24)$$

按下式可求出每种机型的计划数量 NUM_i，则有

$$\mathrm{NUM}_i = \frac{\sum_{j=1}^{n} x_{ij}\, \mathrm{EET}_{ij}}{\mathrm{AFH}_i} \quad (9.25)$$

式中：某机型 i 的座位数为 cap_{ij}，平均日利用率为 AFH_i，可用于机型 i 的飞行实力 FH_i；某航线 j 上每月允许安排的最多航班数量为 F_j，每月每条航线上的预计最大的客流量为 DMAX_j；某机型 i 在航线 j 上的运行成本为 cost_{ij}，航路飞行时间为 EET_{ij}；某机型 i 在航线 j 上的平均载运率为 LF_{ij}。

约束条件为：在所飞航线 j 上的月航班总量不大于所飞航线 j 上每月允许安排的最多航班数量，提供的运力要至少能满足最大客流量的需求，机型 i 的每月总飞行时间不大于未来能用于机型 i 的飞行实力。这样依据模型求解的结果可以得到每种机型的最佳数量 NUM_i 构成以及每种机型在各条航线上的分配情况。

3）案例数据来源。

旅客周转量数据见表 9-10。

表 9-10　旅客周转量数据　　（单位：亿客公里）

2006 年	旅客周转量	2007 年	旅客周转量	2008 年	旅客周转量
一月	169.4	一月	189.4	一月	231.83
二月	166.5	二月	206.09	二月	232.4
三月	181	三月	221.43	三月	237.22
四月	197.8	四月	229.9	四月	245.58
五月	190.2	五月	225.4	五月	227.63
六月	183.3	六月	218.9	六月	212
七月	223.6	七月	258.41	七月	251.8
八月	232.5	八月	271.3	八月	234.6
九月	213	九月	245.67	九月	241
十月	215	十月	250.06	十月	268.95
十一月	195.9	十一月	231.04	十一月	245.42
十二月	187.3	十二月	223.53	十二月	237.28

4)模型求解与分析。

根据成本最小化和利润最大化为目标的机队优化模型,采用 2006 年六、七、八月从成都进出口的历史航班数据取得旅客流量,按照各航空公司目前普遍的飞机使用情况设定飞机的日利用率、飞行实力、载运率、某种机型在某条航线上的轮档时间、某机型在某航线上的运行成本、某航线上的航班频率限制和票价。下面将对两个模型进行求解,说明模型的可行性,并对不同的目标函数的结果进行比较分析。

a.模型求解。

利用蚁群算法对成本最小化和利润最大化的机队优化模型进行求解,见表 9-11。

表 9-11 机队优化模型求航班频率结果(部分)

航线	成本最小化					利润最大化				
	$i=1$	$i=2$	$i=3$	$i=4$	$i=5$	$i=1$	$i=2$	$i=3$	$i=4$	$i=5$
成都—北京	0	0	0	142	0	0	0	0	140	1
成都—大连	0	4	8	0	0	0	0	3	0	0
成都—广州	0	89	0	0	0	0	87	0	0	2
成都—桂林	0	4	0	0	0	0	0	2	1	0
成都—贵阳	3	0	40	0	0	0	0	42	0	0
成都—哈尔滨	0	1	0	0	0	1	0	0	0	0
成都—杭州	3	0	24	0	0	0	0	26	0	0
成都—呼和	0	3	6	0	0	0	1	6	1	0
成都—济南	0	6	0	0	0	0	0	1	1	0
成都—九寨沟	4	1	0	0	0	5	0	0	0	0
成都—昆明	0	0	0	0	2	0	13	0	0	1
成都—拉萨	27	0	8	0	0	80	0	0	0	0
成都—兰州	1	1	3	0	0	0	0	4	0	0
成都—丽江	27	0	0	0	0	30	0	0	0	0

目标函数是成本最小化的机型数量见表 9-12,共需 13 架飞机。

表 9-12 目标函数是成本最小化的机型数量结果

机型	$i=1$(A319)	$i=2$(A320)	$i=3$(A321)	$i=4$(M321)	$i=5$(M320)
架数	2	2	5	3	1

目标函数是利润最大化的机型及其数量见表 9-13,共需 10 架飞机。

表 9-13 目标函数是利润最大化的机型数量结果

机型	$i=1$(A319)	$i=2$(A320)	$i=3$(A321)	$i=4$(M321)	$i=5$(M320)
架数	2	2	3	2	1

b.模型求解结果分析。

x_{ij} 为机型 i 在航线 j 上的最佳航线频率,在不同的目标函数条件下得到的结果不同,根据成本最小化机队优化模型所得到的飞机数量比基于利润最大化的机队优化模型求得的飞机数量多3架。这是因为在成本最小化机队优化模型的约束条件里,所提供的运力要求至少要满足最大客运量需求,而利润最大化机队优化模型的约束条件是,提供的运力在最大客流量与最小客流量之间即可。另外,利润最大化的目标函数涉及票价,这也是导致结果不同的原因之一。

9.6 航材备件需求预测与库存控制

9.6.1 航材备件需求预测

1. 航材备件需求预测的定义

航材备件需求预测是航材库存优化模型建立的前提,建立航材备件需求预测的主要目的是合理、准确地预测出在一定时间段内各类航材的需求量,然后才可以确定航材备件的存储、配置以及建立航材的库存控制优化模型。飞机投入使用初期,由于没有部件系统的使用和故障数据,所以一般都参考飞机制造厂商提供的首期设备清单(Recommended Spare Parts List, RSPL)确定初期航材备件的数量。飞机运行一段时间后,航空公司可以依据航材部件的故障数据,建立航材备件的需求预测模型,进而预测此后的一段时间内航材备件的需求数目。

2. 航材备件寿命预测模型

(1) 泊松预测模型

航材部件的消耗不同于其他零部件的消耗,由于航材的消耗受到诸多因素的影响,如天气原因、机队的规模、机组水平以及飞机的飞行小时和飞行次数等,故航材的消耗量是一个随机的变量,当飞机初投入使用或航材的消耗量较少的时候,该随机变量一般服从泊松分布,同时泊松分布也是波音公司推荐各航空公司在缺少历史数据的时候使用的预测模型。

设某类航材部件的故障率为 λ,即该类航材部件的需求率,则对于修复如新的航材部件在 $(0,t)$ 的时间段内发生的故障次数服从参数为 λt 的指数分布,即

$$F(t) = 1 - e^{-\lambda t} \tag{9.26}$$

该航材部件在 $(0,t)$ 时间段内部件发生故障的次数服从泊松分布,即

$$P\{N(t) = k\} = \frac{(\lambda t)^k}{k!} e^{-\lambda t} \tag{9.27}$$

部件的故障率虽然不一定都为常数,但是在某一时间段内,其故障率可以看作常数,而且在机队稳定使用后,随机拆换基本上都保持在一个稳定的水平,故其中参数的 λt 计算为

$$\lambda t = \text{FL} \times \text{FH} \times \text{AT} \times N / \text{MTBR} \tag{9.28}$$

式中:FL 为机队规模;FH 为每天每架飞机的平均飞行小时数;MTBR 为部件的平均故障拆换时间;N 为每架飞机的部件装机数;AT 为预测时间段,对于周转件 AT 就是它的修理周期。

对于给定保障率 R,备件数量 n 应同时满足:

$$\sum_{i=0}^{n-1} (\text{FL} \times \text{FH} \times N \times \text{AT}/\text{MTBR})^i e^{-(\text{FL} \times \text{FH} \times N \times \text{AT}/\text{MTBR})} / i! < R \tag{9.29}$$

$$\sum_{i=0}^{n}(\mathrm{FL}\times\mathrm{FH}\times N\times\mathrm{AT}/\mathrm{MTBR})^{i}\,\mathrm{e}^{-(\mathrm{FL}\times\mathrm{FH}\times N\times\mathrm{AT}/\mathrm{MTBR})}/i! \geqslant R \tag{9.30}$$

(2)渐近正态分布预测模型

在实际应用中,影响航材部件发生故障的因素有很多,综合各种可能的因素,机队运行一段时间后,航材部件相邻两次的拆换时间间隔往往不再服从指数分布,即一定时间间隔内航材部件的更换次数不再服从泊松分布。由于泊松分布是单参数分布,拟合数据的效果较差。因此,飞机机队运行一段时间后,依据历史数据,采用更新过程理论的方法提出一种基于渐近正态分布的预测模型对航材部件需求进行预测。

设某航材部件相邻两次拆换的时间间隔 T 服从一般分布,t 为时间,寿命函数为 $F(t)$,密度为 $f(t)$,数学期望为 μ,该航材部件更换的平均更新次数为 $M(t)$,由更新方程确定,可得

$$M(t) = F(t) + \int_0^1 M(t-\tau)\,\mathrm{d}F(\tau)$$

航材部件更新次数 $N(t)$ 的渐近正态分布公式为

$$\lim_{t\to\infty}P\left\{\frac{N(t)-t/\mu}{\sqrt{\sigma^2 t/\mu}} < x\right\} = \frac{1}{\sqrt{2\pi}}\int_{-\infty}^{x}\mathrm{e}^{-\mu/2}\mathrm{d}\mu \tag{9.31}$$

式中:$\mu = E(T)$;$\sigma^2 = D(T)$。

则部件需求数 n 为

$$n = t/\mu + x_\alpha\sqrt{\sigma^2 t/\mu^3} \tag{9.32}$$

式中:x_α 是使标准正态分布 $\Phi(x_\alpha)=1-\alpha$ 成立的 x 值。航材的部件保障率为 $1-\alpha$。

更新过程有以下的渐近性质:

$$\lim_{t\to\infty}\{M(t) - t/\mu + 1\} = \frac{\sigma^2 + \mu^2}{2\mu^2} \tag{9.33}$$

从而可得到

$$M(t) \approx \frac{t}{\mu} + \frac{\sigma^2 - \mu^2}{2\mu^2} \tag{9.34}$$

实际情况中,用 $t/\mu + (\sigma^2 - \mu^2)/(2\mu^2)$ 来代替 $M(t)$ 的估计效果会更好。

式(9.31)可改写成

$$\lim_{t\to\infty}P\left\{\frac{N(t)-E[N(t)]}{\sqrt{D[N(t)]}} < x\right\} = \frac{1}{\sqrt{2\pi}}\int_{-\infty}^{x}\mathrm{e}^{-\mu/2}\mathrm{d}\mu = \Phi(x) \tag{9.35}$$

取 $E[N(t)] = M(t) \approx \dfrac{t}{\mu} + \dfrac{\sigma^2 - \mu^2}{2\mu^2}$,而方差仍为 t/μ,于是有

$$\lim_{t\to\infty}P\left\{\frac{N(t)-t/\mu+(\sigma^2-\mu^2)/(2\mu^2)}{\sqrt{D[N(t)]}} < x\right\} = \frac{1}{\sqrt{2\pi}}\int_{-\infty}^{x}\mathrm{e}^{-\mu/2}\mathrm{d}\mu = \Phi(x) \tag{9.36}$$

故航材需求预测公式为

$$n \approx \frac{t}{\mu} + \frac{\sigma^2-\mu^2}{2\mu^2} + x_\alpha\sqrt{\sigma^2 t/\mu^3} \tag{9.37}$$

故当已知航材消耗件所需的均值和方差的时候,采用此公式对航材的需求进行预测是十分方便和准确的。

3. 基于时间序列的航材备件预测模型

时间序列预测模型是根据某一时间点之前一段时间内的历史数据所呈现出来的规律,对此时间点之后一段时间的需求进行预测。时间序列大致有四大类的数据变化趋势,即长期趋势、季节变动、循环变动和不规则变动。对于前3种数据趋势预测问题,由于数据均呈现出某种规律性,因此能够将数据进行简化、分析,从而使预测成为可能;不规则变动是指由一些偶然因素造成的,如战争的发生、政权的更迭、重大自然灾害的发生等,故不规则变动没有周期性。基于时间序列的预测模型的预测期限主要分为中、短期,不适用于有拐点的长期预测。下述着重介绍3种常见的时间序列预测方法。

(1)移动平均预测法

移动平均预测法是将时间序列数据逐项推移,依次计算包含一定项数的时序平均数,以反映长期趋势的方法。当时间序列的数值受周期变动和不规则变动的影响起伏较大,不易显示出发展趋势时,可采用移动平均法消除这些因素的影响,以分析和预测序列的长期趋势。移动平均法有简单移动平均法、二次移动平均法等。

1)简单移动平均法。

简单移动平均法,又称一次移动平均法。其基本方法是,选一个固定的周期 N,对数据进行平均,每递推一个周期就加上后一个数据,舍去初始数据,依次类推,直至把数据处理完毕。移动平均法的公式为

$$M_t^{(1)} = \frac{y_t + y_{t-1} + y_{t-2} + \cdots + y_{t-(N-1)}}{N} \tag{9.38}$$

式中: $M_t^{(1)}$ 为第 t 期的一次移动平均值; y_t 为第 t 期的实测值。用第 t 期的移动平均值作为 $t+1$ 期的预测值,即 $y_{t+1} = M_t^{(1)}$。

简单移动平均法只能用来对下一期进行预测,不能用于长期预测。使用移动平均法,最重要的是选择移动周期 N。由于移动平均修匀后的方差随着周期 N 的增加而减少。即 N 越大,对原始数据修匀能力越强。因此,必须选择合理的移动跨期,跨期越大对预测的平滑影响也越大,移动平均数滞后于实际数据的偏差也越大。跨期太小则不能有效消除偶然因素的影响。跨期取值可在3~20间选取。

2)二次移动平均法。

二次移动平均法就是以一项移动平均值为原始数据,再进行一次移动平均。二次移动平均的公式为

$$M_t^{(2)} = \frac{M_t^{(1)} + M_{t-1}^{(1)} + M_{t-2}^{(1)} + \cdots + M_{t-(N-1)}^{(1)}}{N} \tag{9.39}$$

式中: $M_t^{(1)}$ 为第 t 期的一次移动平均值; $M_t^{(2)}$ 为第 t 期的二次移动平均值。

二次移动平均使原始数据得到了进一步修匀,使其显现先行趋势。在二次移动平均的基础上,可建立线性模型为

$$y_{t+\tau} = a_t + b_t \tau \tag{9.40}$$

式中: $a_t = 2M_t^{(1)} - M_t^{(2)}$; $b_t = \frac{2}{N-1}(M_t^{(1)} - M_t^{(2)})$; t 为最后一个已知数据所在周期数; τ 为需要预测的周期与周期 t 的时间间隔数。

二次移动平均法与一次平均法相比,其优点是大大减少了滞后偏差,使预测准确性提高。

但它只适用于短期预测。

(2) 指数平滑预测法

指数平滑法是指通过对加权移动平均权数加以改进,其基本思想是,一般来说,最新的时间序列的观察值往往包含最多的关于未来情况的信息。预测值是以前观察值的加权和,近期数据的权数较大,远期数据的权数较小。指数平滑法可分为一次指数平滑、二次指数平滑、三次指数平滑以及高次指数平滑,但是高次指数平滑很少用到。

1) 一次指数平滑法。

$$S_t^1 = a y_t + (1-a) S_{t-1}^1 \tag{9.41}$$

式中:S_t^1 为第 t 周期的一次指数平滑值,可设 $S_0^1 = y_1$;y_t 是第 t 周期实测值;a 是加权系数,是正的小数。式(9.41)表明一次指数平滑值的新估计值为新数据与原始估计值的不同比例之和。

平滑系数 a 值大小的选取与预测结果的好坏有直接的关系,a 值越大,表明近期数据对预测结果影响越大。一般来讲,当时间序列的数据波动不大,比较平稳时,a 取值较小,相反地,取值应大一些。

2) 二次指数平滑法。

$$S_t^2 = a S_t^1 + (1-a) S_{t-1}^2 \tag{9.42}$$

式中:S_t^2 为第 t 周期的二次指数平滑值;S_{t-1}^2 为第 $t-1$ 周期的二次指数平滑值,S_t^1 为第 t 周期的一次指数平滑值。

二次指数平滑法的预测模型为

$$y_{t+l} = a_t + b_t l \tag{9.43}$$

式中:t 为最后一个已知数据所在周期数;l 为需要预测的周期与周期 t 的时间间隔数;y_{t+l} 为第 $t+l$ 周期的预测值;a_t,b_t 为平滑系数,则有

$$a_t = 2 S_t^1 - S_t^2 \tag{9.44}$$

$$b_t = \frac{a}{1-a}(S_t^1 - S_t^2) \tag{9.45}$$

一次指数平滑法通常用来进行短期预测,并且应用于时间序列呈现水平变化的趋势中,对于中长期的预测,尤其是呈现明显的线性趋势的时间序列,通常采用二次指数平滑法进行预测,因为这样可以在一定程度上消除预测的滞后偏差。

(3) 灰色预测法

灰色预测是对在一定范围内变化的,且含有不确定因素与确定因素的系统进行预测。由于原始时间序列的随机性较强,故在建立灰色预测模型之前,需先对原始时间序列数据进行处理。对于灰色系统,常用的数据处理方式有累加和累减两种。本文选用累加的方式。以下介绍单变量的灰色预测模型 GM(1,1)。

记原始时间序列为 $x^0 = \{x^0(1), x^0(2), x^0(3), x^0(4), \cdots, x^0(n)\}$,其生成列为 $x^1 = \{x^1(1), x^1(2), x^1(3), x^1(4), \cdots, x^1(n)\}$,上标表示一次累加,同理,可作 m 次累加,$x(k) = \sum_{i=1}^{k} x(m-1)(i)$,则 GM(1,1) 模型相应的微分方程为

$$\frac{\mathrm{d} x^{(1)}}{\mathrm{d} t} + a x^{(1)} = \boldsymbol{\mu} \tag{9.46}$$

式中：a 为发展灰数；μ 为内控灰数。

设 a 为待估参数向量，$a = \begin{pmatrix} a \\ \mu \end{pmatrix}$，用最小二乘法来求解。可得：$a = (B^T B) B^T Y_n$。

式中，$B = \begin{bmatrix} -\frac{1}{2}[x^1(1) + x^1(2)] & 1 \\ -\frac{1}{2}[x^2(1) + x^2(2)] & 1 \\ \cdots & \cdots \\ -\frac{1}{2}[x^1(1) + x^1(2)] & 1 \end{bmatrix}$, $Y_n = \begin{bmatrix} x^0(2) \\ x^0(3) \\ \cdots \\ x^0(n) \end{bmatrix}$

求解微分方程，即可得 GM(1,1) 预测模型为

$$x^1(k+1) = \left[x^0(1) - \frac{\mu}{a}\right] e^{-ak} + \frac{\mu}{a}, k = 0, 1, 2, \cdots, n \tag{9.47}$$

接下来需要检验模型是否合格，如合格，则采用此模型进行预测。采用灰色预测法进行预测不需要大量的数据，但是如果数据的摆动幅度较大，则灰色预测误差将会很大，除此之外，灰色预测常用于中、长期的预测。

（4）实验分析

1）备件寿命预测模型的算例分析。

已知有 20 个航材部件，飞机每天飞行 9 h，每年飞行 300 天，每个部件的保障率不低于 0.95，每个部件的拆换时间服从 $\Gamma(2,1000)$ 的分布，分别用泊松分布、渐近正态分布以及修正正态分布拟合前两年的数据，以预测第三年的部件拆换情况，结果见表 9-14。

表 9-14 各模型预测结果以及与实际拆换情况对比

部件号	实际拆换数	泊松分布预测数	渐近正态分布预测数	修正正态分布预测数
1	2	2	2	2
2	2	2	2	2
3	1	2	1	1
4	0	1	1	0
5	1	1	1	1
6	1	1	1	1
7	2	2	2	2
8	3	3	3	2
9	2	2	2	2
10	1	2	1	1
11	1	1	1	1
12	1	1	2	1
13	2	2	2	3
14	3	3	3	3

续　表

部件号	实际拆换数	泊松分布预测数	渐近正态分布预测数	修正正态分布预测数
15	3	4	3	2
16	1	2	1	2
17	2	2	2	2
18	3	4	3	3
19	1	2	1	1
20	1	2	1	1

由表9-14可以看出,实际的部件拆换数为33件,泊松分布预测数为41件,渐近正态分布预测数为35件,修正渐近正态分布预测数为31,表明渐近正态分布的预测效果和修正渐近正态分布的的预测效果更好。

为了进一步验证三个预测模型预测的效果,在相同条件下进行15次试验,对比结果见表9-15。

表9-15　15次试验后各模型预测结果对比

试验次数	模拟实用数	泊松分布预测数	渐近正态分布预测数	修正正态分布预测数
1	33	46	40	40
2	26	40	35	34
3	28	39	33	33
4	21	46	40	31
5	23	42	40	38
6	24	40	38	37
7	29	40	34	34
8	31	37	28	27
9	33	42	35	34
10	31	43	41	40
11	34	46	40	39
12	31	44	42	40
13	33	41	39	42
14	30	43	42	35
15	27	37	35	42

由表9-14和表9-15可以看出,修正的正态分布的预测效果是最好的,其次是渐近正态分布,相比之下,泊松分布预测效果较差。

2)基于时间序列的航材备件预测模型的算例分析。

某型航材在2011—2013年各季度的消耗量见表9-16。

表 9-16　某型航材在 2011—2013 年各季度的消耗量

季　度	11/1	11/2	11/3	11/4	12/1	12/2	12/3	12/4	13/1	13/2	13/3
消耗量	25	26	24	26	25	25	26	20	24	26	30

一次移动平均法与二次移动平均法预测结果见表 9-17。

表 9-17　一次移动平均法与二次移动平均法预测结果

季　度	需求量	一次移动平均值	一次移动平均预测值	二次移动平均值	a_t	b_t	一次移动平均预测值
11/1	25						
11/2	26						
11/3	24						
11/4	26	25.0	25.0				
12/1	25	25.3	25.0	25.1	25.6	0.75	
12/2	25	25.0	25.0	25.2	24.9	0.02	25
12/3	26	25.3	25.0	25.2	25.4	0.33	25
12/4	20	25.3	25.0	24.8	22.6	0.25	26
13/1	24	23.7	24.0	24.1	22.5	0.2	22
13/2	26	23.3	23.0	23.4	23.2	−0.02	23
13/3	30	26.7	23.0	24.4	29	5.40	23
13/4			27.0				34

从表 9-17 可以看出，一次平均预测法与二次平均预测法预测的结果接近。这是因为给定的训练数据基本稳定。

一次指数平滑法与二次指数平滑预测结果见表 9-18。

表 9-18　一次指数平滑法与二次指数平滑预测结果

季　度	需求量	一次指数平滑值	一次预测值	二次指数平滑值	a_t	b_t	二次预测值
11/1	25		26	25.7			
11/2	26	25.5	25	25.7	25.9	0.1	
11/3	24	25.8	25	25.1	24.3	−0.6	26
11/4	26	24.7	26	25.3	25.6	0.2	24
12/1	25	25.5	25	25.3	25.1	−0.1	26
12/2	25	25.3	25	25.1	25.0	−0.1	25
12/3	26	25.1	25	25.4	25.8	0.3	25
12/4	20	25.6	25	23.8	21.0	−0.19	26
13/1	24	23.3	24	24.3	23.2	−0.1	19
13/2	26	23.3	23	23.4	25.5	0.9	23
13/3	30	24.9	23	26.5	29.4	2.2	26
13/4		28.0	27				34

其中,指数平滑系数 α 为 0.6。

由表 9-18 同样可以看出,一次指数平滑法与二次指数平滑法预测的结果接近。这是因为给定的训练数据基本稳定。同样可以看出,预测的结果变化趋势与实际数据的变化趋势相同。

灰色预测法计算结果如下:先利用 2013 年第 2 季度以前的数据分别建立不同维数子序列的模型进行预测,然后使用 2013 年第 3 季度的数据进行检验,将误差最小的序列的维数作为预测的维数,最后通过确定的子序列的维数对 2013 年第 4 季度该型航材的消耗进行预测。选用不同维数子序列进行预测的误差对比见表 9-19。

表 9-19 选用不同维数子序列进行预测的误差对比

维 度	预测消耗量	相对误差/(%)
6 维(12/1—13/2)	24	20
7 维(11/4—13/2)	25.8	14.0
8 维(11/3—13/2)	25.1	16.3
9 维(11/2—13/2)	25.9	13.6
10 维(11/1—13/2)	25.8	14.0

故选用 2011 年第 2 季度到 2013 年第 2 季度的数据作为 9 维子序列确定单变量的 GM(1,1) 模型对 2013 年第 4 季度该航材的需求进行预测。确定该航材的消耗量为 25 件。

由表 9-17 和表 9-18 可以看出,移动平均法和指数平滑法这两种方法的预测结果出现明显的滞后效应,从灰度预测法的计算过程可知,当数据出现明显的波动时,灰度预测法的预测效果较差。可知,当数据趋于稳定的时候采用灰色预测法的预测效果较好,当数据序列呈现明显的线性趋势的时候,二次移动平均法和二次指数平滑法的预测效果较好。航材部件不同于其他部件,航材部件的特殊性造成航材需求也具有一定的特殊性,因此在采用基于时间序列的预测模型对航材备件需求进行预测的时候,应考虑到对于不同的数据序列规律,采用不同的预测模型。

9.6.2 航材库存控制

1.航材库存的相关定义

航材按其使用特点可以分为消耗件和周转件,消耗件是指使用后再无法使用的航材,或不值得修理的航材,周转件是指经修理后还能继续使用的航材。航空维修中的周转件,大多为高价件,高价周转件的种类虽然不多,但却占用大量资金,所以航材备件的优化主要以周转件为主。

航材保障率是指当有了航材部件的申请时,能够及时得到航材供应的概率。

2.建立航材保障模型

(1)航材保障率的总费用最小优化模型

总的航材保障率为所有申请的航材部件能够及时得到供应的概率,故可以构造出航材备件系统库存控制优化模型。

目标函数为

$$\min \sum_{i=1}^{n} \left\{ C = \sum_{i=1}^{n} c_i x_i \right\} \tag{9.48}$$

约束条件为

$$P\left\{ \sum_{i=1}^{n} N_t(t) \leqslant \sum_{i=1}^{n} x_i \right\} \geqslant R \tag{9.49}$$

$$P\{N_t(t) \leqslant x_i\} \geqslant R_i, i=1,2,\cdots n \tag{9.50}$$

式中：C 表示系统的总费用；c_i 表示第 i 种航材的单价；x_i 表示第 i 种航材的备件数；R 表示航材系统总的航材保障率；R_i 表示第 i 种航材的保障率。

(2)航材部件故障率的优化模型

从航材保障率的基本定义出发推导它的扩展形式。假如第 i 种航材的保障率为 R_i，则

$$R_i = P\{N_i(t) \leqslant x_i\} \tag{9.51}$$

通常用统计量 $R_i = x_i^0 / N_i(t)$ 的观察值作为 R_i 的估计。式中

$$x_i^0 = \begin{cases} x_i, & N_i(t) \geqslant x_i \\ N_i(t), & N_i(t) < x_i \end{cases} \tag{9.52}$$

航材系统总的保障率为

$$R = P\{N_1(t) + N_2(t) + \cdots + N_n(t) \leqslant (x_1 + x_2 + \cdots + x_n)\} \tag{9.53}$$

通常有统计量为

$$\hat{R} = \frac{\sum_{i=1}^{n} x_i^0}{\sum_{i=1}^{n} N_i(t)} \tag{9.54}$$

将 $\hat{R}$ 的观察值作为总保障率 R 的估计值。设 λ_i 是第 i 种部件的故障率。根据更新过程理论，有 $\lambda_1 : \lambda_2 : \cdots : \lambda_n = N_1(t) : N_2(t) : \cdots : N_n(t)$，对于部件寿命均服从指数分布的情况，上式是完全成立的；对于部件寿命是非指数分布的情况，上式是渐近成立的，则

$$R = \sum_{i=1}^{n} \frac{\lambda_i}{\sum_{j=1}^{n} \lambda_j} R_i \tag{9.55}$$

令

$$\frac{\lambda_i}{\sum_{j=1}^{n} \lambda_j}, i = 1, 2, \cdots, n$$

则

$$R = \sum_{i=1}^{n} \rho_i R_i \tag{9.56}$$

式中，ρ_i 表示第 i 种部件的保障率对航材系统总保障率影响的权重。显然，在每种部件相同的保障率条件下，故障率高的部件的 ρ_i 值就高，即故障率高的部件对航材系统总保障率的影响更大，这与实际情况是相符的。故考虑航材部件故障率的优化模型如下：

目标函数为

$$\min \sum_{i=1}^{n} \left\{ C = \sum_{i=1}^{n} c_i x_i \right\} \tag{9.57}$$

约束条件为

$$\sum_{i=1}^{n} \rho_i R_i \geqslant R \tag{9.58}$$

$$P\{N_i(t) \leqslant x_i\} \geqslant R_i, i=1,2,\cdots n \tag{9.59}$$

式中：C 表示系统的总费用；c_i 表示第 i 种航材的单价；x_i 表示第 i 种航材的备件数；R 表示航材系统总的航材保障率；R_i 表示第 i 种航材的保障率；ρ_i 表示第 i 种航材的故障率对航材系统总保障率影响的权重。

3.库存优化问题的遗传算法

(1)编码

采用二进制编码方式，种群的初始规模为 N，编码结构为 $s=(S_1,S_2,\cdots,S_n)$，S_i 表示航材 i 的库存量，每个 S_i 用二进制表示，n 为航材种类数。

(2)初始群体

将结构 s 作为算法的染色体，通过随机函数随机产生 N 个染色体作为初始种群。

(3)适应度函数的评估

$$f = \begin{cases} C \\ (1+a)C \end{cases} \tag{9.60}$$

式中，a 是惩罚系数，a 的取值范围为 $0\sim1$。

(4)遗传算子

1)选择。

采用轮盘赌法进行选择，选择 N 个较优个体作为新一代的种群。

2)交叉。

根据交叉概率进行单点交叉，增强遗传算法的全局搜索能力。交叉概率取值范围一般为 $0.4\sim0.99$。

3)变异。

根据变异概率进行位点变异，增强遗传算法的局部搜索能力，变异概率取值范围为 $0.0001\sim0.1$。

4.算法的迭代步骤

1)设定种群的规模 N，交叉概率 P_c 和变异概率 P_m，迭代次数 K；

2)生成初始种群 $S(0)=\{s_1,s_2,\cdots,s_N\}$，设置迭代次数计数器 $k=1$；

3)计算 $S(0)$ 中的每一个个体 s_i 的适应度函数 $f_i=f(s_i)$；

4)若满足算法终止规则，则算法停止，取 $S(0)$ 中适应度最优的个体作为所求的结果，否则，计算概率：

$$P(s_i) = f_i / \sum_{j=1}^{N} f_j, i=1,2,\cdots,N \tag{9.61}$$

5)按照上述选择概率分布所决定的选中机会，每次从 $S(0)$ 中随机选定 1 个个体并将其染色体复制，共做 N 次，然后将复制得到的 N 个染色体组成群体 $S(1)$；

6)按交叉概率 P_c 所决定的参加交叉的染色体数为 c，从 $S(1)$ 中随机确定 c 个染色体进行交叉操作，并用产生的新染色体代替原染色体，得到群体 $S(2)$；

7)按变异概率 P_m 所决定的变异次数为 m，从 $S(2)$ 中随机确定 m 个染色体，分别进行变

异操作,并用产生的新染色体代替原染色体,得到群体 $S(3)$;

8)将群体 $S(3)$ 作为新一代的种群,即用 $S(3)$ 代替 $S(0)$,$k=k+1$,转到步骤3)。

5. 实验分析

(1) 费用最小优化实例

在本例中,将基于航材保障率的总费用最小优化模型与波音公司提供的首期备件清单所推荐的备件数进行对比分析。由于航材的件号极多,如果将所有的航材作为整体进行优化则会很烦琐,而且是没有必要的。由于周转件的价格较高,占据了航材费用的很大一部分,故本书主要将周转件作为优化对象。

在本例中,将某特定分类号的 55 种航材周转件筛选出来进行优化,已知总的航材保障率 $R<0.95$,单个部件的航材保障率 $R_i<0.8$,航材的修理周期 AT 为 450 h。优化结果见表 9-20。总备件数和成本的比较见表 9-21。

其中,c_i 为航材备件的单价,R_i 为各航材备件的保障率,S_{m1} 为基于航材保障率的总费用最小优化模型优化后的备件数,S_{RSPL} 为波音公司首期备件清单推荐的备件数。

由表 9-20 可以看出,在保证航材最低保障率的情况下,基于航材保障率的总费用最小优化模型对首期备件清单 RSPL 的备件推荐数进行了优化,使得某些备件的数目较首期备件清单推荐的数目明显减少,例如,备件号为 1、3、7、10 等的备件。还有一部分航材备件量从一个备件变为零个备件,即不再需要储备这些备件,但是这些备件的保障率却依然很高,例如,备件号为 2、16、17 的备件。波音公司提供的首期备件清单之所以推荐储备一个备件,是考虑到安全性的问题。但是这些航材部件大多数价格高,占用大量的资金,且使用寿命极长,很可能在很长的时间内不会被使用到。这在很大程度上造成了航空公司的资金积压。故对于这一类航材部件,航空公司可以对故障率高的航材部件进行储备,对于故障率相对较低的部件可以通过飞机停场待用航材(Aircraft On Ground,AOG)订货、AOG 维修、租赁、借件、串件及各航空公司之间的相互协作来解决。

表 9-20 优化前后各航材备件数的比较(部分)

件 号	c_i/ 美元	R_i	S_{m1}	S_{RSPL}
1	96 552	0.883 0	2	4
2	14 102	0.895 6	0	1
3	17 325	0.940 1	2	3
4	6157	0.952 5	3	4
5	5 822	0.950 6	1	1
6	8 962	0.979 0	1	1
7	8 314	0.927 1	2	3
8	12 902	0.851 8	2	4
9	12 888	0.970 6	1	1
10	19 902	0.899 9	2	4
11	17 943	0.956 9	0	0

续表

件 号	c_i/美元	R_i	S_{m1}	S_{RSPL}
...	...	...	...	...
53	38 339	0.927 1	1	0.2
54	8 703	0.979 0	1	1
55	8 352	0.979 0	1	1

其中,模型-为基于航材保障率的总费用最小优化模型。

从表9-21可以看出,采用基于航材保障率的总费用最小优化模型优化后的备件总数只是首期备件清单推荐备件的50%,优化后的成本只是原来的32%,大大降低了购买航材备件的成本。

表9-21 总备件数和成本的比较

目标	模型1	首期备件清单 RSPL
总备件数/个	41	82
总成本/美元	803 586	2 492 341

(2)考虑航材部件故障率的优化实例

在此实例中,将对9.6.2节建立的两个优化模型的优化结果以及波音公司提供的首期备件清单推荐备件数进行对比分析。

本节选取了115种的航材周转件,已知航材备件系统总的航材保障率 $R<0.95$,单个部件的航材保障率 $R_i<0.8$,航材的修理周期 AT 为450 h。优化结果见表9-22。总备件数和成本的比较见表9-23。

表9-22 两个模型优化结果与首期备件清单 RSPL 推荐备件数的比较

件号	c_i/美元	m1_R_i	S_{m1}	m2_R_i	S_{m2}	S_{RSPL}
1	1 963	8 476	0	8 477	0	1
2	1 846	9 464	0	9 464	0	0
3	1 358	9 546	3	9 886	4	4
4	2 932	9 333	1	9 333	1	2
5	2 914	9 724	1	9 724	1	1
6	6 552	8 830	2	8 830	2	4
7	1 779	9 271	1	9 271	1	2
8	1 412	8 956	0	8 956	0	1
9	204	9 862	1	9 862	1	1
10	1 410	0.970 6	1	0.970 6	1	1
11	17 325	0.940 1	2	0.940 1	2	3

续 表

件号	c_i/美元	m1_R_i	S_{m1}	m2_R_i	S_{m2}	S_{RSPL}
12	1 411	0.851 8	2	0.954 6	3	4
13	4 331	0.940 1	2	0.940 1	2	3
14	4 331	0.940 1	2	0.940 1	2	3
15	6 157	0.847 1	2	0.847 1	2	4
16	5 822	0.950 6	1	0.950 6	1	1
…	…	…	…	…	…	…
113	1 616	0.897 0	3	0.897 0	3	5
114	2 266	0.931 8	0	0.931 8	3	5
115	2 636	0.882 0	5	0.948 5	6	7

其中：c_i 为各航材备件的单价；m1_R_i 为基于航材保障率的总费用最小优化模型的单件保障率；S_{m1} 为基于航材保障率的总费用最小优化模型优化备件数；m2_R_i 为考虑航材部件故障率的优化模型的单件保障率；S_{m2} 为考虑航材部件故障率的优化模型优化备件数；S_{RSPL} 为波音公司首期备件清单推荐的备件数。

表 9-23 总备件数和成本的比较

目标	模型 1	模型 2	首期备件清单 RSPL
总备件数/个	149	165	250
总成本/美元	847 458	859 725	2 769 046

其中：模型 1 为基于航材保障率的总费用最小优化模型；模型 2 为考虑航材部件故障率的优化模型。

由表 9-22 与表 9-23 可以看出，本书采用新建立的两个优化模型，对首期备件清单 RSPL 所推荐航材备件数进行了很好的优化。在保证航材各备件的最低保障率以及航材库存系统总的保障率的前提下，使用基于航材保障率的总费用最小优化模型和考虑航材部件故障率的优化模型优化后的总备件数分别占 RSPL 推荐的总备件数的 59.6%、66.0%，而总成本只占首期备件清单 RSPL 推荐的总成本的 30.6%、31.9%。这样就大大降低了航材部门的库存，节约了航材的管理成本和购买航材备件的成本。其中，考虑航材部件故障率的优化模型的优化效果要比基于航材保障率的总费用最小优化模型的优化效果要好，这是因为前者不仅考虑到单件的可靠度增长因素的影响，而且考虑到单件故障率的影响，故障率越大，对整个系统的影响系数就大。因此，考虑航材部件故障率的优化模型优化后总的备件数和总成本，相较基于航材保障率的总费用最小优化模型大一些。

接下来主要研究采用两个优化模型的优化结果随系统部件数量的变化趋势，图 9.43 所示为两个优化模型优化后的备件总数以及首期备件清单 RSPL 推荐的备件总数随选取的航材部件件号数变化的曲线。其中横坐标为选取的件号数，纵坐标为备件总数。

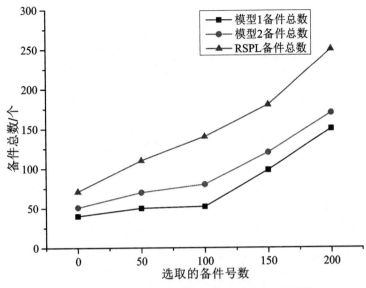

图 9.43　备件总数随系统部件数量变化的变化趋势

其中：模型 1 为基于航材保障率的总费用最小优化模型；模型 2 为考虑航材部件故障率的优化模型。

由图 9.43 所示的 3 条曲线可以看出，备件总数随着选取的航材部件件号数的增加而增加且曲线的斜率变大，这是因为本书采用的件号筛选顺序是以价格为依据的。后面加进来的件号大多是那些价格较低的件号，这些件号的部件使用量大，占用资金较低，因此备件数量可以大一些。同时可以看到采用考虑航材部件故障率的优化型优化的备件总数介于基于航材保障率的总费用最小优化模型和 RSPL 推荐备件数之间，这是因为这个优化模型考虑了航材部件故障率的因素对航材系统保障率的影响，比较符合实际情况。

图 9.44 所示为采用两个模型优化后的备件总成本以及首期备件清单 RSPL 推荐的备件总成本随选取的航材部件件号数变化的曲线。其中横坐标为选取件号数，纵坐标为备件总成本，单位为美元。

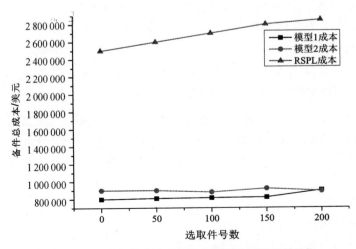

图 9.44　航材备件总成本随系统部件数量的变化趋势

其中:模型 1 为基于航材保障率的总费用最小优化模型;模型 2 为考虑航材部件故障率的优化模型。

从图 9.44 可以看出,RSPL 推荐的备件成本随着件号的增加而增加。采用两个优化模型优化后的航材备件总成本比 RSPL 推荐值低很多,这说明本章提出的优化模型的优化效果较好,而且采用两个优化模型优化后的航材备件总成本增加幅度要比 RSPL 推荐值的总成本的增加幅度低,这同样说明随着航材部件号的增多,新模型的优化效果更好。

9.7 航线网络规划

航线网络向来是航空公司经营战略的核心,直接影响公司的竞争力与盈利能力,因此有关航线网络的研究也一直是民航运输领域重点研究内容之一。为了更好地探讨航空公司航线网络的规划思路与方法,有必要先对有关航线网络规划的基本概念简单阐述。

9.7.1 航线与航线网络结构

1. 航线的定义

航线指飞机的飞行路线,不仅确定了飞机飞行的具体方向、起止和经停地点,还根据空中交通管制的需要,规定了航线的宽度和飞行高度,以维护空中交通管制秩序,保证飞行安全。对航线定义的把握必须注意与航段区分。

航段指从起飞到下次着陆之间的飞行距离,而航线可以包括一个或多个航段。从经营角度看,航线应具备以下 3 个条件:

1)有运输机定期飞行;
2)有足以保证运输飞行和起降所需要的机场及地面设备;
3)经过批准,现民航航线除由民航局运输司和空管局审查批准外,还需要报请空军和总参批准,这主要涉及空域管制权。

2. 航线的分类

习惯上可以从不同角度对航线进行分类:
1)根据起止点归属来分:可分为国内航线、地区航线和国际航线。
2)根据航线经停点及来回程形式来分:可分为没有经停点的直达航线、含有经停点的间接对流航线和环形航线。
3)根据经营特色来分:可分为旅游航线、精品航线、代码共享航线等。

3. 航线网络结构模式

航线网络是由在空间上不同的机场点根据某种特定的网络模式规则连接而构成的统一的网络结构。旅客的出发地机场和目的地机场构成了网络上的节点,节点之间通过航线连接构成了网络结构。根据航线资源的组织方式,现有的航线网络结构可以分为点对点式航线网络和中枢辐射式航线网络。

(1)点对点式航线网络

1)点对点式航线网络的概念。

点对点式航线网络是由点对点式航线以及由其衍生出的甩鞭子航线和环飞航线两种改进

形式组合而成的航线网络结构。点对点式航线指在两个通航点之间开辟直达航线,甩鞭子航线则是在两个直达通航点间增加经停点,或在城市对航线延长线上增加经停点的航线,如图9.45所示。环飞航线的产生则主要是由民航运输中客货需求的单向性所决定的,指经其他通航点经停最终回到原始出发点的航线。点对点式航线网络的本质特征在于网络中运营的航班之间没有时间上的相互衔接,航班之间不产生相互影响。虽然甩鞭子航线和环飞航线的出现丰富了点对点式航线结构,使之有了一定程度上的灵活性,但点对点式航线网络的本质特征没有发生变化。

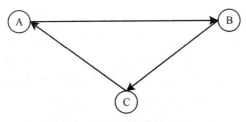

图 9.45 点对点式航线网络

2)点对点式航线网络的优缺点。

点对点式航线网络中航线为直达航线,因此对旅客而言,在不考虑运输成本的情况下,这是最理想的航空运输方式,因为旅客可以以最短的飞行时间到达目的地。同时对于航空公司而言,航班间的运营没有任何相互关联,航班排班比较容易进行。但也正是由于网络中各航班之间没有时间上的联系,一条航线承载的旅客往往仅限于该航线所衔接城市之间,而仅限于一个航空市场的需求又往往有限,因此这种航线网络从根本上抑制了航班客座率和载运率水平。此外,由于单独存在的一条航线仅能完成两个城市的衔接,无法实现航线网络 $1+1>2$ 的整体效果,因此这种航线网络不能完成对航空运输市场的深入挖掘,无论是通达城市还是航班频率都难以满足旅客日益增长的运输需求。

(2)中枢辐射式航线网络

1)中枢辐射式航线网络的概念。

中枢辐射航线网络(Hub-and-Spoke System)指航空公司将一个或几个适当的机场作为中枢,中枢周边较小的城市间不直接通航,而是通过在中枢进行有效中转完成衔接的一种航线网络布局模式。网络中的中枢称作"枢纽机场",一般是位于经济发达地区的规模相对较大的民用运输机场,是整个航线网络的核心。由于这种航线网络中各非枢纽机场间没有航线直接衔接,网络布局呈现出以枢纽机场为轴心向其他机场辐射的特点,因此称作"中枢辐射式"航线网络。在这种航线网络结构的基础上,枢纽机场的航班多以"航班波"形式进行运营,即在一定时间段内集中安排枢纽机场航班进港,紧接着在另一时间段安排航班出港,将抵达枢纽机场的客货进行重新组合、分流,通过联程等服务手段帮助旅客换乘下一航班,并将货邮、行李同时运抵下一目的地机场,在时间和空间上使进、出港航班进行有效衔接。

按照旅客流向的集中和分散特征,中枢辐射式航线网络又可分为"沙漏"式和"内地馈运"式两类,如图 9.46 所示。

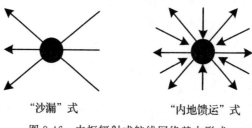

"沙漏"式　　　　　"内地馈运"式

图 9.46　中枢辐射式航线网络基本形式

"沙漏"式是一种定向式的中枢辐射式航线网络,航线通过枢纽机场的方向大致相同,各航班在某一时间段内先后在枢纽机场经停,需要转机的旅客可很快衔接到经停的其他航班上。在这种中枢辐射航线网络结构中,飞机从一个地方飞入中枢机场,然后再以相反的方向飞出中枢机场,在枢纽机场通常只提供"出去"和"返回"两个方向的连接,相互衔接的两个航班通常也是同一架飞机。"内地馈运"式结构则可为多方向旅行提供衔接服务,运输不存在明显的方向性。短程支线航班和远程干线航班在大致相同的时间到达和离开枢纽机场,通过支线与支线、干线与干线、支线与干线之间的衔接完成旅客的中转运输。航班衔接过程中旅客通常需要换乘飞机。

2) 中枢辐射式航线网络结构的优越性。

a. 中枢辐射式航线网络可为航空公司带来明显的规模经济性和范围经济性。

开发运营一个由多个转机组合构成的中枢辐射式航线网络可大幅提高航线网络城市对服务数量,充分体现出了航线网络的范围经济性。此外,中枢辐射式航线网络可通过"合零为整"将各市场需求融为一体,使航空公司在枢纽机场提供高密度航班服务成为可能。从 O-D (Origin - Destination)需求角度看,大量分散的市场通过支线飞机汇聚至枢纽,这些旅客在枢纽机场进行重组,换乘下一航班继续旅行。经过这一整合过程,网络中某些辐条上的旅客数量大幅增加,航空公司可以提供较高频率的航班服务。这样航空公司不仅可以凭借中枢辐射式航线网络刺激客流的增加,还可以依靠航班频率和飞机起降时刻的优势增强自身竞争实力,使发挥航线网络规模经济性成为可能。

b. 中枢辐射式航线网络给旅客带来更多出行选择。

在通航城市数量相同的前提下,中枢辐射式航线网络可以增加航空公司的网络覆盖率,提高网络连通性,提高航班飞行频率。对于旅客而言,这些变化意味着旅客可以搭乘该航空公司航班飞往更多的城市,完成更多城市间的旅行,同时航班频率的增加也使旅客的出行时间有了更多的选择。

c. 中枢辐射式航线网络的运营使枢纽机场受益颇丰。

中枢辐射式航线网络结构的固有特性使机场自然而然划分成枢纽机场和非枢纽机场,有利于机场结构体系的合理化,能够正确引导投资方向,提高机场投资效益,避免无谓的浪费。此外,由于运营中枢辐射式航线网络需要枢纽机场在运营高峰期为航空公司提供各种充足的资源,如跑道、候机楼、登机口、停机位等基础设施,因此中枢辐射式航线网络还能够促进机场自身的发展。

3) 中枢辐射式航线网络结构的不足。

a. 对于乘客而言,中枢辐射航线网络使旅客要接受更长的旅行时间以及中转带来的种种不便；
　　b.对航空公司而言，航班时刻的安排、运力的调配和人力的安排都变得更加复杂，使运营管理成本有所增加；
　　c.对机场而言，"航班波"带来客货流量的高峰极易造成枢纽机场和航路的拥塞，增加枢纽机场运营压力；
　　d.由于航班编排紧凑，当一个航班遇到突发事件（如天气原因）导致航班不正常时，会对其他航班造成很大的影响。
　　4.航线网络规划
　　(1)航线网络规划的涵义
　　航线网络规划是航空公司战略规划的核心内容，是在对航线网络现状进行完整的数据分析、对未来的科学预测的基础之上，合理地建立相关的数学模型、恰当选择和利用战略工具、严格地进行逻辑推理，并与经验判断相结合，开展创造性工作的过程。
　　航线网络规划的本质是航空公司对未来航线网络结构、布局和规模的战略性思考。它是航空公司制定未来航线航班决策、明确经营方向的不可或缺的一种规划方式，其目的就是要实现市场机会与企业资源的有效匹配。
　　航线网络规划是一项系统性非常强的工作。它需要告诉我们的是：目前的航线网络是什么样的？未来的航线网络应该是什么样的？如何从目前的航线网络转变到未来所需要的航线网络？
　　(2)航线网络规划的基本步骤
　　具体来说，航线网络规划包括以下3个步骤：
　　步骤1：航空公司航线网络的内外环境分析。
　　这主要是对现有网络运营的内外环境进行战略分析，总结现有航线网络的结构特征、分析航空运输市场的整体特征和趋势。其中，对民航行业的整体特征和趋势分析尤为重要，因为只有对全行业的发展趋势和发展规律有了全面、深刻的认识，才能对局部的航空公司运量作出比较准确的预测和制定战略决策。
　　步骤2：航线网络结构模式的确定。
　　这需要在对网络现状进行充分分析以及对未来民航市场需求的科学预测的基础上，根据目标航空公司未来的战略定位来确定航线网络的结构模式，具体包括归纳现在和未来网络结构的特点、研究未来网络模式的发展趋势等。
　　步骤3：既定模式下航线网络的构建。
　　航线网络规划的基础是对现实航线网络的评价和分析，网络的构建是以抓住有吸引力的市场为目标的，它包括拟订新的目标市场、明确网络构建的约束条件、拟订网络拓展的方向和重点城市、根据拟订的增长目标确定资源配置的优先顺序。具体包括枢纽基地的选择和定位、航线的选择和航班的设计。这其中的重点和难点是如何对枢纽基地进行选择和定位，继而才能确定出整个航线网络的核心框架。航线航班的设计包括目前城市对的收益分析、市场规模和增长率状况分析以及航线竞争状况分析等。
　　(3)航线网络规划的基本原则
　　航线网络规划的基本原则是航线规划工作必须遵循的指导思想，具体原则如下。
　　1)以市场需求为依据。

航线网络规划是航空公司选择航空运输市场,安排生产格局的过程,它必须以市场需求为依据。航线网络规划的最终目的就是通过合理地优化和开拓航线网络以满足市场的需求。可以说在航线网络规划中,对市场需求的掌握是航线网络能够成功的关键,不符合市场需求的航线,就是没有市场的产品,而没有市场的产品就不会有生命力和竞争力。因此,制定航线网络规划必须充分地对现有的市场情况进行评估并且对未来的市场需求进行动态预测,力争最大限度地适应市场需求。

2)以航空公司的资源条件为基础。

航线网络规划的目的是寻求市场机会与公司资源的有效匹配,经营特定的航线要求航空公司必须具备相关的资源条件,包括符合航线要求的机队、机组、机务、签派人员、地面服务人员、市场营销人员等,以及航线经营权的获取等,同时还要求航空公司具有一定的能力,包括开发航线的能力、培育航线的能力以及创造和保持竞争优势的能力等。因此航空公司必须以企业自身条件为基础,充分考虑航空公司现有的航线网络资源以及规划期内可能达到的人力、物力、财力等其他各种资源条件,制定符合实际的航线网络规划。

3)航线网络规划的整体性和阶段性。

航线网络规划的主要内容之一是进行航线选择,在决定对具体的某条航线的取舍或投资力度时,必须从整个航线网络的全局着眼,使各条航线之间功能互补、互相输送运量。

航线网络具有范围经济性(体现在幅员经济型)和规模经济性(体现在密度经济型),航线网络的固有的经济特性就要求航空公司在规划和设计航线网络时注意发挥航线网络的经济特性,必须从航空公司的发展阶段入手,从整个航线网络的全局着眼,充分利用航线之间的互补性,实现整体大于部分之和的目的。

4)航线网络规划必须注重经济效益与竞争优势的结合。

航空公司提供航空运输产品的根本目的在于实现公司的盈利,从长远来看是为了应对激烈的市场竞争以保持自身优势。因此,航空公司必须紧紧抓住盈利航线,同时积极开拓有潜在吸引力的航线,以应对将来的竞争,保持和创建自身的竞争优势。

9.7.2 航线网络优化模型

1.航线网络结构类型

航线网络结构的合理性对航空运输的生产和效率极为重要。不同区域内各机场隶属不同的政府管理部门,地方政府部门出于本地经济社会发展的需要,用补贴航线的方式说服航空公司在当地开通国内热门航线。例如,江苏省内9个机场全部开通了通往北京的航线,而其中不少客流都是不充足的,这造成了资源浪费,航空公司的航线规划不能完全以市场为导向,有一定的盲目性,也带来潜在风险。

枢纽式航线网络的研究较多,其理论涵盖面也较为全面,知识体系也相对成熟。优化枢纽式航线网络的问题被广泛应用于电信网络以及交通运输领域的网络构建中。有两种常用的方法用于解决此类问题,分别是基于枢纽点和基于枢纽边的航线网络设计方法。在这两种方法中,基于枢纽点的方法更为普遍。中枢辐射的航线网络有多种类型:

1)根据是否给定枢纽个数可分为两种:一种是给定枢纽个数的枢纽式航线网络设计问题,该问题也被称为枢纽选址问题;另一种则是不给定个数的枢纽式航线网络设计问题。

2)根据是否确定枢纽位置可分为连续型和离散型枢纽选址问题。连续型枢纽选址即枢纽点在网络中任意位置,而离散型选址即枢纽点是从网络中已有节点中选择枢纽点。本节讨论的航线网络中的点必为已有的机场,属于离散型枢纽选址。

3)根据非枢纽点与枢纽点的连接个数是否唯一可分为单分配和多分配的枢纽航线网络设计问题。单分配是指枢纽之间直接相连,但每个非枢纽点只能和单个枢纽点相连接,多分配不同之处在于每个非枢纽点可以和多个枢纽点相连接。连接方式如图9.47所示,其中A、B、C分别是枢纽点,1、2、3是非枢纽点。

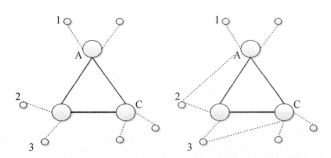

图 9.47　单分配(左)和多分配(右)枢纽式航线网络示意图

4)根据枢纽点或枢纽边是否有容量限制,可分为有容量限制和无容量限制的枢纽式航线网络优化问题。有容量限制是指某时间内的枢纽边或枢纽点必须设定容量的上限。在实际问题中,这确实是应当考虑的。但在理论研究中,若考虑容量限制将使航线设置变得异常复杂,这也一直是航线网络设计中的难点。

5)根据枢纽点是否完全连接可分为完全连接的和不完全连接的中枢辐射航线网络优化问题。完全连接的中枢辐射航线网络即枢纽点之间完全连接,只要枢纽点确定,连接枢纽点的干线就可确定。如果枢纽点之间不完全连接,则需要确定枢纽边即干线的位置,干线连接的点就是枢纽点。

6)根据非枢纽点是否可以直接连接可分为严格和非严格的中枢辐射航线网络优化问题。严格即不允许非枢纽点之间直接相连,非枢纽之间的客货流必须通过枢纽点中转;非严格的中枢辐射航线网络允许航线直接连接两个非枢纽点,无需中转。连接方式如图9.48所示,其中A、B、C分别是枢纽点,1、2、3是非枢纽点。

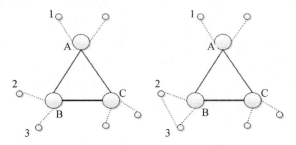

图 9.48　严格(左)和非严格(右)的中枢辐射航线网络

对航空公司而言,枢纽航线网络能够扩展市场范围,扩大市场份额。世界上排名靠前的航空公司很早就意识到枢纽式航线网络的优势,并逐步建立起与本公司规模相匹配的枢纽式航线网络系统。他们的航线网络覆盖了全球多个大型国际化枢纽机场,并使用大飞机将这些枢纽相连。形成枢纽后,通过大量中转机会来吸引旅客,从而增大收益机会。在保证收益的同时推出折扣票价又能再次吸引旅客,增强了航空公司在市场上的竞争力。对于旅客、尤其是小城市的旅客而言,表面上看,枢纽航线网络由于增加了中转,从而增加了旅行时间,但对于客流量较小的中小城市,如果不与枢纽机场相连,必定导致较低的班次和客座率,反而不利于出行。枢纽航线网络中的枢纽城市对聚集的大量旅客和货物进行中转,有助于提高运输的效率。因此枢纽航线网络普遍被认为是较理想的航线连接形式。目前,欧美航空的大型航空公司都采用此网络形式并取得了良好的经济效益。

2.多机场系统的航线网络模型

目前,关于区域多机场系统的航线网络设计的研究较少。国内外对区域多机场的研究主要涉及多机场系统中旅客选择、多机场系统放行策略、机场选址以及多机场运营管理等问题。

从我国现有的多机场系统的发展情况来看,系统内的各机场都是根据各自所属行政区域的经济情况和需求建立的,并未从全局的角度来考虑,造成了无序竞争的局面。从国外成功的经验可知,想要发展多机场系统,必须充分协调地方政府、航空公司、机场三方,打破常规思维,充分借鉴经验,结合我国的实际情况,探索与我国国情相适应的多机场系统发展的综合思路。多机场系统中的航线网络构建是其中的重要组成部分。合理的航线网络设置能充分调动区域内的航空运输资源,提高航空公司运营收益,方便地区居民的出行,开发地方经济潜力。目前对多机场系统的航线网络构建的研究较少,在较少的研究资料中,也多是从全局角度定性分析的,对多机场系统的航线建设缺乏实际指导意义。

(1)多机场系统航线网络模型的特点

与传统构建航线网络不同的是,多机场系统中要同时考虑系统内和系统外的城市。系统外的城市是根据现有航线网络中与系统内各机场相连并且重合度较高的城市确立的。多机场系统航线网络模型特点如下:

1)系统外部有 M 个城市,预先给定确定的 P_1 个枢纽点;系统内部有 N 个城市,预先给定确定的 P_2 个枢纽点;

2)多机场系统外部枢纽与多机场系统内部枢纽必须直接相连,外部枢纽与内部非枢纽可以直达或通过内部枢纽中转;

3)多机场系统外部非枢纽与系统内部枢纽可以直达或通过外部枢纽中转,多机场系统外部非枢纽与内部非枢纽城市只能通过外部枢纽或内部枢纽中转;

4)区域多机场系统内距离小于 200 km 的机场不能通航;

5)旅客运输有其自身的特殊性,假设旅客经过枢纽城市的中转次数只能有一次;

6)一个非枢纽城市只与单个枢纽城市(包含系统内部和外部)相连;

7)枢纽城市之间的运输必须考虑其间的成本折扣 ρ;

8)在机场和航线上无容量限制。

(2)多机场系统航线网络模型构建

模型定义的变量如下:

$M=\{1,2,\cdots,m\}$ 表示多机场系统外的 m 个城市构成的集合;$N=\{1,2,\cdots,n\}$ 表示多机场系统内的 n 个城市的集合;w_{ij} 为城市 i 到城市 j 的 O-D 流;C_{ij} 为城市 i 到城市 j 的单位运输成本；C_{ijk} 为从城市 i 流经枢纽城市 k 再到终止城市 j 的单位运输成本，其中如果城市 j 也是枢纽城市，则 $C_{ijk}=c_{ik}+\rho c_{kj}$；$C_{ijl}$ 为从城市 i 流经枢纽城市 l 再到终止城市 j 的单位运输成本，其中如果 i 也是枢纽城市，则 $C_{ijl}=\rho c_{il}+c_{lj}$；$H_k$ 和 H_l 是 0-1 变量，当 k 或 l 为枢纽城市时，H_k 或 H_l 为 1，否则为 0。本节所述的多机场系统外的枢纽机场并非一般意义的枢纽机场，而是只针对多机场系统问题讨论的具有中转优势的机场，则有

$$\min\left[\sum_{i\in M}\sum_{j\in N}\sum_{k\in M\cup\emptyset}(w_{ik}C_{ik}+w_{kj}C_{kj})\right]+\sum_{i\in M}\sum_{j\in N}\sum_{l\in N\cup\emptyset}(w_{il}C_{il}+w_{lj}C_{lj}) \qquad(9.53)$$

$$\left.\begin{array}{l}\sum_{l\in N}H_l=P_2\\H_k\in\{0,1\},\forall k\in M\\H_l\in\{0,1\},\forall l\in N\end{array}\right\} \qquad(9.54)$$

式(9.53)为目标函数，前半部分表示通过多机场系统外部枢纽机场中转，后半部分表示通过内部枢纽机场中转；式(9.54)表示多机场系统内外有 P_1 和 P_2 个枢纽，H_k 和 H_l 是 0-1 变量。

(3)多机场系统航线网络模型求解

1)模型的求解思路。

针对上述模型，拟用禁忌搜索算法和只经过一次中转的最短路算法结合的方法求解，并用 Matlab 编程实现。该算法的实现有两大特点，第一是通过不断更新禁忌表避免迂回搜索，第二是设定特赦准则来释放一些较优的解。这两点能够有效保证搜索的广泛性并最终获得满足全局优化的解。禁忌搜索算法运用于多机场系统的航线网络的规划的思路就是预先设定一个一定长度的禁忌列表，给定初始解后，将多机场系统外的任意两个机场交换，得到领域范围（这其中也包含枢纽机场和非枢纽机场的交换），显然领域范围中有 C_m^2 个候选解。在每一轮搜索过程中找寻最优解，如果该次循环的最优解优于之前的解，就将该解保存到当前解和最优解(Best So Far)并存入禁忌列表；如果该次循环的最优解次于之前的解，则不将该解放入最优解(Best So Far)，但将其作为当前解并放入禁忌列表中。每一个放入禁忌列表中的解在禁忌长度循环次数后可以解禁。设置特赦准则：若某个禁忌候选解优于当前最优解，则将此候选解释放并且将其作为当前解和最优解。这样随着迭代的进行，禁忌表不断更新，最早进入禁忌表的解从禁忌表中解禁、退后，直到满足停止条件，得到最优解。

2)禁忌表长度。

多机场系统外任意两个机场经过指定次数的交换，得到此轮最优解，并与禁忌表中已存入的解比较，如果原禁忌表已存入的解中无此解，则将该解放入禁忌表，如果原禁忌表中已有此解，则选择一轮循环中的次优解。该禁忌列表遵循先进先出的原则，并设置禁忌表长度为固定值。

3)停止准则。

停止准则包括以下两点：

a.连续 3 轮循环得到相同的解。

b.次数达到了设定的迭代次数的上限。

利用禁忌搜索算法求解的多机场系统的航线网络规划求解步骤如下，流程图如图 9.49 所示：

步骤 1：自定义多机场内外部的枢纽机场；

步骤 2：按照约束的要求，采用最短路算法，得到初始解；

步骤 3：随机产生一组数列，将多机场系统外的机场按照随机数列给出的数字任意交换；

步骤 4：每次交换之后，按照约束要求，找出此轮交换之后得到的最优解；

步骤 5：将该最优解与禁忌表中已有的解对照，若表中无此解，则更新禁忌表，若表中有此解，则选择次优解。

步骤 6：确定了这个不在禁忌表中的最优解后，将该解与之前的最优解（Best L）比较，如果优于 Best L，则更新 Best L，并将此解保存至 BSF（Best So Far）。如果该解不优于 Best L，仍更新 Best L，但不将该解保存至 BSF；

步骤 7：看是否满足停止条件，若满足则输出结果，若不满足则转至步骤 3。

(4) 实例应用与分析

通过选取江苏省多机场系统的 9 个机场以及现有航线网络进行研究。这些机场航线重合度较高，例如江苏省的无锡硕放机场与常州奔牛机场，这两个机场之间的距离只有 86 km，共有通航点 46 个，相同的却高达 32 个。无锡硕放机场有 6 条国际和地区航线，常州奔牛机场只有国内航线，如果再去除这些航线的差异，那么只从国内航班的差异性看，两个机场相差的通航点只有 8 个，占国内总通航点的 20%。

根据江苏各机场的通航点可知，全省有 8 个机场通往北京、广州、沈阳，有 7 个机场通往深圳、大连、厦门等，通往重合度大于 5 的城市有 15 个，选取这 15 个城市作为多机场系统外的城市，见表 9-24。

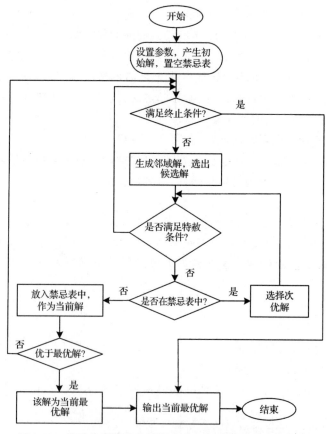

图 9.49 禁忌搜索算法流程解决多机场系统航线网络流程

表 9-24 案例选取的多机场系统内外的城市

	城　　市
多机场系统外	北京　上海　广州　沈阳　深圳　大连　厦门　哈尔滨　成都　重庆　昆明　长沙　西安　三亚　武汉
多机场系统内	南京　无锡　常州　扬州（扬泰机场）　徐州　连云港　盐城　淮安　南通

为了方便描述，采用给城市编号的方法以清晰表示出航线连接方式，见表 9-25。

表 9-25 案例选取的城市及编号

编号	城市	编号	城市	编号	城市
1	北京	9	成都	17	无锡
2	上海	10	重庆	18	常州
3	广州	11	昆明	19	扬州
4	沈阳	12	长沙	20	徐州
5	深圳	13	西安	21	连云港
6	大连	14	三亚	22	盐城
7	厦门	15	武汉	23	淮安
8	哈尔滨	16	南京	24	南通

现有航线网络中得到的目标函数值为 930 840。采用禁忌搜索和只有一个中转的最短路算法结合的方法。设 $P_1=3, P_2=3$，在江苏省内取南京、无锡、常州为枢纽城市。再分别取 $\rho=0.4,0.6,0.8$。在此基础上，禁忌长度分别取 5,7,9。一共有 9 组解，运行后均小于原目标函数值，取 $\rho=0.6$，禁忌长度取 5 时，得到的最小函数值 697 100，并选出西安、长沙、北京为多机场系统外的枢纽点。但这里的枢纽并非严格意义上的枢纽机场，只是在本多机场系统中被认为是"枢纽"。在内存为 4 GB，主频 2.2 GHz 的笔记本电脑上运行，耗时 33.3 s。具体结果如下：

需要连接的城市：

1）多机场系统外相连的城市：6—13；

2）多机场系统内外相连的城市：13—16,13—17,13—18,13—19,12—16,12—17,12—18,1—16,1—17,1—18,6—16,6—17,6—18,9—16,9—17,9—18,15—16,15—17,15—18,7—16,7—17,7—18,2—16,2—17,2—18,4—16,4—17,4—18,3—16,3—17,3—18,10—16,10—17,10—18,8—16,8—17,8—18,11—16,11—17,11—18,14—16,14—17,14—18,5—16,5—17,5—18；

3）多机场系统内相连的城市：16—20,16—21,17—20,17—21,18—20,18—21,17—23,18—23。

江苏省多机场系统的航线连接网络，如图 9.50 所示。

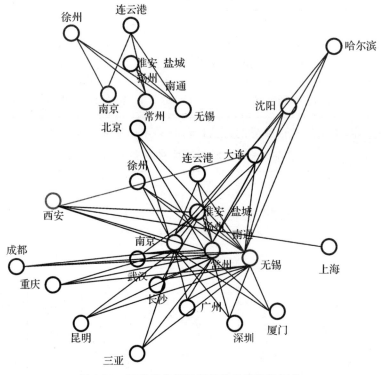

图 9.50 江苏省多机场系统的航线连接网络

9.7.3 航班计划

1. 航班计划的概念

航班计划是保证航空公司正常运营活动的基础和核心,直接影响航空公司运营的安全性和经济性。因此需要在航班计划和飞机排班的编制上投入更多时间和精力,以使得航空公司获得更大的收益。

航班计划有广义和狭义之分,狭义的航班计划主要包括三个方面:市场预测、航班频率和时刻、机型指派。广义的航班计划是围绕着与航空公司正常运营相关的一切计划和活动,是围绕着航空公司的产品而制订的一系列运营计划,包括狭义的航班计划编制、飞机维修计划编制、航班环的编制、飞机指派、机组指派等过程。

2. 航班计划基本要素

航空运输生产飞行包括正班飞行、加班飞行、专机飞行、包机飞行和其他飞行等五种类型,其中,正班飞行是一种最主要的运输飞行方式,它每年完成的任务量占全部运输飞行任务量的90%以上。航班计划的制订就是确定正班飞行的航线、机型、班次、班期和航班时刻等。完整的航班计划至少包括以下基本要素:

航线(Route/Air Route):民航运输飞机的飞行路线称为航空交通线,即航空公司开展运营的路线,由飞行的起点、经停点、终点、航路等要素组成。航线按起讫地点的归属不同分为国内航线、地区航线和国际航线。航线又可分为干线航线(干线)和支线航线(支线)。

航线网络(Airline Network/Route Network):航线网络是指某一地域内的航线按一定方式连接而成的构造系统,是航空公司航班计划和机组安排等运行计划的先决条件,对航空公司的运行效率和客户的服务质量有着直接影响,是航空公司生存和发展的基础。民航运输航线网络根据网络中的航线结构形式可分为两种:一种是城市对航线网络(City-to-City Network),另一种是枢纽辐射式航线网络(Hub-and-Spoke Network)。国内航线网络主要是城市对航线网络。

航班(Flight):航班指一架飞机在两个城市之间的一次单向飞行。航班包括航班号、航班的出发机场和到达机场、出发时刻和到达时刻等要素,同航线一样,航班资源也是航空公司的宝贵资源。

航班段(Flight Leg):简称"航段",有时也称为"航节",指完成一次起降所执行的飞行任务。是航班的最小组成单位,国内主要是点到点航班,一个航班只包含一个航班段,或者一次经停航班,即一个航班包括两个航班段。

班次(Frequency):即航班频率,指航空公司一天(或一个星期)在同一条航线市场上有多少个航班。

班期(Shift):指某一航班在一周中的哪几天执行。

机型(Fleet):指执行航班所使用的飞机类型,不同的机型有不同的飞行性能(如小时耗油量、航程、升限、最大起飞全重、爬升能力等),因此不是所有的机型都能用来执行某一航线任务。此外,不同机型对应不同的飞机座位数、不同座舱布局,当然运营成本也不相同,如B737-300型飞机的座位数一般为144座,直接运营成本在3~5万元/h之间,而A340-200型飞机的座位数达到380座,直接运营成本在10万元/h以上。

最小过站时间(Minimun Turn-time):指从飞机着陆到下次起飞的必要准备时间。包括飞机仪表检查、添加燃料、旅客下飞机及登机等。不同的飞机的机场最小过站时间会有所不同,国内航班通常是30~40 min,国际航班一般50 min到1 h。

O-D流:指在一定时期内计算的由某起始城市到目的地城市需要运输的旅客数量。

3.航班计划流程

编制合理的航班计划的前提是对市场的准确预测,首先航空公司的市场部需要针对开辟的航线准确预测出该线路上的旅客数量,其中牵涉诸多因素,需要同时考虑航线的起始机场的经济发展、地理以及其他运输工具的竞争等因素,其次需要结合航空公司自身的影响力和运力以及其他航空公司的竞争情况,预测出航空公司自身在本地区的市场份额。此时得出的旅客数量即是制订初始航班计划的原始依据。

在获得自身航空公司的市场份额之后,下一步的工作是确定航班频率(班次)和航班时刻。确定航班频率即是确定在一天计划中航空公司在该条航线上安排几个航班。时刻的确定即是确定每个航班出发和到达的时刻,方便旅客选择。航班频率和时刻的确定需要分析上述过程得出的市场份额,分析该航线在一天中的旅客的集中时间和数量,同时需要考虑飞机资源和机场时刻(Slot)资源等约束条件,尤其对于某些航线来说,机场时刻资源非常紧张,需要与其他航空公司进行竞争,综合考虑这些因素后得出频率和时刻信息。需要注意的是,确定频率和时刻是个动态变化的过程,比如,在确定的旅客数量条件下如果增加航班频率,旅客在一天中便有更多的选择,从而会吸引到更多的旅客,但同时也会增加运营成本。同样,航班时刻也会直接影响航空公司在该地区的市场份额,这是个组合优化的问题,需要统筹考虑和平衡各方因素,从而达到航空公司的收益最大化。

上述三个步骤描述的是狭义航班计划,是由市场部负责完成的。狭义航班计划得出的是一张初步的包含机型指派方案的航班时刻表。后续的主要工作是进行飞机排班的工作,笔者认为可将飞机排班分为狭义的飞机排班和广义的飞机排班,广义的飞机排班工作包含五个子问题:机型指派、航班环编制、飞机维修计划、飞机指派、机组指派。狭义的飞机排班包含航班环编制、飞机维修计划、飞机指派三个问题,是由机务工程部和其他部分合作完成的。机组排班计划是由飞行部负责完成的。需要指明的是,在航班计划编制过程中各个部门不能独立于其他部门单独地进行相关工作,各个部门有各自主要的负责区域,但是几个部门必须相互合作,相互协调,相互配合才能够保证制订出的航班计划能够正常运行并为航空公司产生最大的收益。同时编制的航班计划不是固定不变的,需要兼顾各部门的利益和市场需求,不断地进行调整和优化,即使最终的航班计划编制完成后,仍有可能因为不正常的因素而需要调整。航班计划编制基本流程如图 9.51 所示。

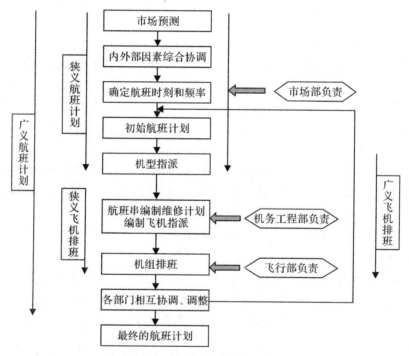

图 9.51 航班计划编制基本流程

4.航班计划编制

(1)欧美国家的航班计划编制过程

1)航班计划构建阶段。

根据预计的市场总体旅客流量、市场份额以及机场时槽(Slot)等资源构建航班初始时刻表,在构建好初始航班时刻表后,进入第二阶段。

2)航班计划评审阶段。

根据运行可行性和经济性等指标评审航班初始时刻表,可行性包括:考虑机型是否合理、航班衔接、飞机维修路径等约束条件;降低航空公司运营成本,尽可能增加收益;任何对航班初始时刻表的修正和改善必须反馈给第一阶段；两阶段反复迭代，直到制定出满意的航班时刻表。

(2)国内航班计划的编制步骤

1)调查研究和预测，掌握航空公司的外部条件。包括市场需求情况、有关地区的政治、经济和文化活动情况、竞争对手的情况、有关机场的情况。对这些影响航班计划编制的外部条件，都要进行认真细致的调查和预测，切实掌握它们的现状和发展变化趋势。

2)明确航空公司自身条件，提出任务目标和市场。包括本航空公司现有航线，机型的经济效益情况(如航班客座率，在册飞机平均日利用率、座公里收益等)，航空公司现有人力、财力、物力情况，未来一定时期内航空运输产量，市场份额等目标。

3)草拟方案，比较选择。根据已掌握的内外条件和已定计划目标，提出航班计划的初步方案并对多种方案加以比较和选择。草拟航班计划方案时，要对每条航线进行具体分析，提出对航线、机型、班次、班期、时刻的安排意见等。

4)综合平衡，确定航班计划。航班计划初步方案确定以后，综合考虑，最终确定航班计划，主要包括飞行小时、起落架次等均衡、航线班期密度平衡、航站工作量平衡等。

(3)航班计划的时空特征

从时间上看，国内航班计划是每周编排的，有班期的概念，即指某一航班在一周中的哪几天执行，某些航班并不是每天都有。

从空间上看，即从航线的角度，主要分为以下三大类航班：

1)没有经停点的直接对流航班，简称"直达航班"或"直飞航班"，即从A点到B点，再从B点回到A点，A—B—A，如北京—长沙—北京，这是国内航班的最主要形式。这类航班没有经停，节约时间、节约成本、管理方便，是航空公司效益比较好的航班形式，同时也是最受旅客欢迎的航班形式。

2)含有经停点的间接对流航班，这类航班通常是基于以下情况而编排的：A，B间没有足够的对流运量或A，B间的对流运量有富裕量，而这部分余量又不足以再组成一个直接对流运量，所以只能借助于A，B中的某一点C点的运量来凑足对流运量，组成这类有经停点的间接对流航班，即从A点出发经停C点到达B点，再从B点经停C点返回A点：A—C—B—C—A；如南京—北京—沈阳—北京—南京。与这种情况相类似的还有一种情况：在A—B线的延长线上(或附近)有一个D点，而B—D和A—D之间有不足批量的对流量，则可以合并组成A—B—D航班：A—B—D—B—A；如北京—广州—三亚—广州—北京，这种一次经停航班在国内也非常常见。

3)环行航班：相对于直达对流航班来说，不在一条直线上的三点或三点以上的航班称为环行航班，这类情况主要是基于以下原因而编排的：A—B间的直达运量不均衡，即出现单向性运输的情况，例如，A点到B点有充足的运量，而B点到A点没有充足的运量甚至没有运量，这样，只能通过寻找第三点E点来满足航班的编排。显而易见，在环形航班中，E点的寻找非常关键。当然不排除在环形航班上某一段上增加一点，例如在E—A段中增加一个经停点F点，把F—A的单向流量也顺带完成。这种航班在国内并不很常见。

9.7.4 航班机型指派

(1)机型指派基本概念

机型指派问题(Fleet Assignment Problem,FAP),有时也称为机型分配问题,是指根据不同机型具有不同的舱位数量,运行成本和潜在收益,指派不同的飞机类型给设计好的定期航班。飞机座位是航空公司的产品,就如同任何其他产品一样,大量的存货在支持大规模销售的同时会导致浪费。对航空公司而言,提高运输能力必然依赖于高的运行成本。另外,航空公司的座位是"易腐的",也就是说在航班离港前没有销售出去的座位就会虚耗掉。因此,理想的策略就是将"合适的座位数"以"合适的价格"提供给旅客。

周机型指派即为一个星期的定期航班进行机型指派。由于每周航班量巨大,在国内即使是一家中等的航空公司,每周航班量也可达到数千,因此,周机型指派问题是一个大规模组合问题。

(2)周机型指派时空网络

在构建机型指派模型时,主要有两种方法,即连接网络和时空网络。因为时空网络更方便在航班段之间建立连接,而且航班段数量远小于航班段之间的可能连接,能大大减少决策变量数量,因此选择时空网络构建机型指派模型。基本时空网络如图9.52所示。

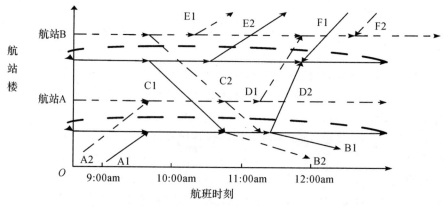

图9.52 基本时空网络示意图

在建立周机型指派时,应对基本时空网络进行拓展,即对时间轴拓展,如图9.53所示。同时,在周机型指派时空网络中增加一个源节点(Source)和一个终节点(Sink)。在每周的开始,飞机从源节点出发,通过出发伪航班弧与各航站连接,每周末各航站又通过到达伪航班弧与终节点连接,从而使一个周期内各机型飞机数在各航站保持守恒。实质上,源节点和终节点可以看成是一个节点,因为这个周期的终节点,就是下个周期的源节点。周机型指派时空网络图中的航班弧、地面弧以及环绕弧都与基本时空网络相同,下面具体介绍出发伪航班弧和到达伪航班弧。

在时空网络中,航班弧表示一个实际航班段。伪航班弧是相对航班弧提出的,与此相应地,提出伪航班的概念。一个实际航班段包括的具体信息有航班段的航班号、出发机场、出发时刻、到达机场、到达时刻、平均票价以及预计的旅客量等。其中出发机场、出发时刻、到达机场、到达时刻可以从时空网络中看出。伪航班并非实际意义上的航班段,但是为了与实际航班段相对应,下面分别从航班号、出发机场、出发时刻、到达机场、到达时刻、平均票价以及预计的旅客量等方面介绍伪航班的具体信息。

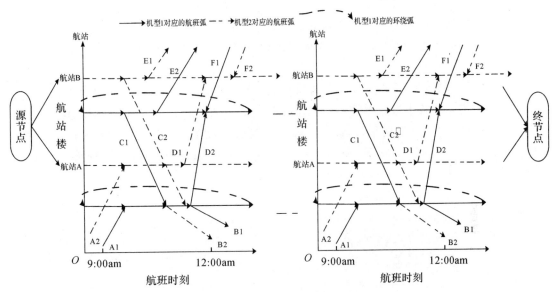

图 9.53 周机型指派问题时空网络

航班号。伪航班并不是实际意义上的航班段,因此没有具体的航班号,可以设置一个虚拟航班号,此航班号没有实际意义,而且所有伪航班可以设置相同的航班号。

出发机场。伪航班的出发机场可以从周机型指派时空网络中看出,它分为两类:第一类是出发伪航班,出发机场为源节点,即 Source 节点;第二类是到达伪航班,出发机场为各航站。图 9.53 示出了两条出发伪航班弧和两条到达伪航班弧。

到达机场。伪航班的到达机场也可以从周机型指派时空网络中看出:对于出发伪航班,到达机场为各航站;对于到达伪航班,到达机场为终节点,即 Sink 节点。

出发时刻与到达时刻。以出发伪航班和到达伪航班来说明:

对于出发伪航班,其出发时刻为与之相连接航站的始发航班的出发时间减去必要过站准备时间(即最小过站时间),因为伪航班为虚拟航班,不存在轮挡时间,因此,到达时刻与出发时刻相同。见图 9.53,假如出发伪航班是从 Source 节点到航站 A,在航站 A,某一始发航班的出发时刻为早上 8 点(480 min),最小过站时间为 50 min,则该出发伪航班的出发时刻应为 430 min,到达时刻也为 430 min。

对于到达伪航班,其到达时刻为周期末完成最后一个航班任务后的达到时刻,同样,其出发时刻等于到达时刻。见图 9.53,假如在航站 B,周期末最后一个到达航班为星期天晚上 10 点 50(相应时间为 10010),由此得到一个从航站 B 到终节点的到达伪航班,该到达伪航班的出发时刻、到达时刻都为 10010。

平均票价及预计旅客量。不管是出发伪航班还是到达伪航班,轮挡时间均为 0,也不存在旅客运送,所以平均票价及预计旅客量都为 0。

从伪航班指派结果可以得出各机型在各航站的具体分布情况:假如某个出发伪航班从源节点到航站 A,指派机型 k1 给该伪航班,则说明从周期开始,有一架 k1 型飞机在航站 A。通过对相关伪航班的统计,可以知道各机型在各航站的具体分布情况。

(3) 周机型指派模型

针对国内航线网络及航班计划特点,建立以一个星期为单位周期的机型指派 0-1 整数规划模型。将时空网络扩展为周机型指派时空网络,如图 9.53 所示,设周机型指派时空网络为 $G(N^k, A^k)$,节点 N^k 表示机场与时间轴的二维时空点,弧 A^k 表示航班段。模型符号和参数具体说明如下:

K 表示机型集合,$k \in K$;n_k 表示机型 k 的飞机架次;s_k 表示机型 k 的座位数。

t_k 表示机型 k 的最小过站时间;u_k 表示机型 k 的最大日利用率;S 表示航站集合,$s \in S$;S^k 表示机型 k 能飞的航站集合,且 $S^k \subseteq S$;F 表示实际航班段集合,一个航班段($i \in F$)包含的信息有出发时间($i.\text{dep}T$)和到达时间($i.\text{arr}T$)、出发航站($i.\text{dep}A$)和到达航站($i.\text{arr}A$),预计旅客量($i.\text{pax}$)和平均票价($i.\text{price}$)等。

F^k 表示机型 k 能飞的航班段集合,且 $F^k \subseteq F$。

K^i 表示能飞航班段 $i(i \in F)$ 的机型集合,且 $K^i \subseteq K$。

O 表示经停航班集合,且 $O \subset F$。

针对目前国内实际情况,只考虑一次经停,用 o 表示一个经停航班,$o \in O$,它包含两个航节 $o_1, o_2 \in o$。

F^- 表示与源节点 Source 连接的伪出发航班段集。

F^+ 表示与终节点 Sink 连接的伪到达航班段集。

P_i^k 表示机型 k 执行航节 i 的收益,它是航班段 i 的旅客量($i.\text{pax}$)、平均票价($i.\text{price}$)以及机型 k 座位数(s_k)的函数。当航班段 i 的旅客量大于机型 k 的座位数时,表示有旅客溢出,则机型 k 执行航班段 i 的收益为机型 k 座位数与航班段 i 平均票价的乘积;当航班段 i 的旅客量小于等于机型 k 的座位数时,没有旅客溢出,则机型 k 执行航班段 i 的收益为航班段 i 旅客量与航班段 i 平均票价的乘积。

C_i^k 表示机型 k 执行航班段 i 的总成本。

OC_i^k 表示机型 k 执行航班段 i 的运行成本,有 $OC_i^k = a_k + b_k \times T_i \times s_k$,其中 a_k,b_k 分别为机型 k 的固定成本和可变成本系数,T_i 为航节 i 的轮档时间。

SC_i^k 表示机型 k 执行航班段 i 的旅客溢出成本,它也是航班段 i 旅客量($i.\text{pax}$)、平均票价($i.\text{price}$)以及机型 k 座位数(ks)的函数。当航班段 i 的旅客量小于等于机型 k 的座位数时,没有旅客溢出,则机型 k 执行航班段 i 的旅客溢出成本为 0,即 $SC_i^k = 0$;当航班段 i 的旅客量大于机型 k 的座位数时,有旅客溢出,则机型 k 执行航班段 i 的旅客溢出成本为旅客溢出量与航班段 i 平均票价的乘积。机型 k 执行航班段 i 的总成本包括运行成本 OC_i^k 和旅客溢出成本 SC_i^k,即 $C_i^k = OC_i^k + SC_i^k$。

X_i^k 表示决策变量,当指派机型 k 给航班段 i 时取值 1,否则为 0。

根据上述参数及变量描述,以利润最大化为目标函数建立周机型指派模型,即

$$\max \sum_{i \in F} \sum_{k \in K} P_i^k X_i^k - \sum_{i \in F} \sum_{k \in K} C_i^k X_i^k \tag{9.55}$$

$$\sum_{k \in K^i} X_i^k = 1, \forall i \in F \tag{9.56}$$

$$\sum_{e \in F^-} X_e^k - \sum_{v \in F^+} X_v^k = 0, \forall k \in K \tag{9.57}$$

$$\sum_{i \in F^-} X_i^k \leqslant n_k, \sum_{i \in F^+} X_i^k \leqslant n_k, \forall k \in K \tag{9.58}$$

$$\sum_{i \in G} X_i^k - \sum_{i \in H} X_i^k \geqslant X_j^k, \ \forall k \in K, j \in F^k \bigcup F^+ \quad (9.59)$$

其中，$G = \{i \setminus i.\text{arrA} = j.\text{depA} \& i.\text{arrT} + t_k \leqslant j.\text{depT}, \forall i, j \in F^k\}$，

$H = \{i \setminus i.\text{depA} = j.\text{depA} \& i.\text{depT} \leqslant j.\text{depT}, i \neq j, \forall i, j \in F^k\}$

$$\sum_{i \in F^k} T_i * X_i^k \leqslant 7 * u_k * n_k \ \forall k \in K \quad (9.60)$$

$$\sum_{k \in ki} s_k * X_i^k \geqslant i.\text{pax} * (1 - i.\text{spill}), \ \forall k \in K \quad (9.61)$$

$$\sum_{o1 \in o} X_{o1}^k - \sum_{o2 \in o} X_{o2}^k = 0, \ \forall k \in K, o \in O \quad (9.62)$$

式(9.55)为利润最大化目标函数，即收益减去总成本；式(9.56)为航班覆盖约束，要求每个航班段指派一种且只有一种机型；式(9.57)为飞机守恒约束，要求周期结束时各机型在各航站飞机数分布与周期开始时一样；式(9.58)为机队规模约束，即飞机架次限制；式(9.59)表示飞机可用性约束，即如果 $X_j^k = 1$，则保证在航班段 j 离港时至少有一架 k 机型飞机在机场待命；式(9.60)为飞机利用率约束；式(9.61)为飞机的座位数约束，即如果航班段 i 的旅客量 $i.\text{pax} = 100$，最大旅客溢出量 $i.\text{spill} = 0.1$，则要求指派给航班段 i 的机型座位数 $s_k \geqslant 90$；式(9.62)表示经停航班约束，即要求一次经停航班的两个航班段指派相同机型。

(4) 分枝定界算法

对大规模的机型指派问题，大都采用节点缩减和孤岛技术进行预处理，但是这种预处理技术只针对枢纽航线网络(Hub-and-Spoke)有很好的效果，因为只有在枢纽机场(Hub)才能形成有效的节点缩减以及在非枢纽机场(Spoke)形成孤岛。本节所建立的模型是针对国内城市对航线网络及以周为排班周期的机型指派模型，那些预处理技术对该模型处理效果不是很明显。

通过分析上述模型，由航班覆盖约束[见式(9.62)]可知，对任何一组可行解，在决策变量矩阵中，每一行向量有且仅有一个元素为1，其余元素均为0，对应于每个航班段有且只有一种指派机型，而且各种机型都有不同的座舱能力(座位数)，可以根据机型的座舱能力对机型排序。因此，本书提出了求解该问题的特殊有序集分枝定界算法(Special Ordered Set Branch and Bound)。

分枝定界算法广泛应用于求解有约束条件的组合最优化问题(其可行解为有限数)，能有效地、系统地搜索解空间。它包括三个基本步骤：节点选择、分枝、定界。通常把目前的最优界当作定界函数(求解最大化问题时，以当前最优界为下界，继续搜索并动态更新下界)。本书提出的特殊有序集分枝定界算法主要是对分枝策略进行改进。

分枝定界算法通常是以变量分枝的，在上述模型中，将每节点分为 $X_i^k = 0$ 和 $X_i^k = 1$ 两枝，这种分枝策略通常要求解大量的线性松弛问题。根据上述模型特征，设有 m 种机型，按座舱能力排序可得 $k_1, k_2, \cdots, k_m$，对任何一个航班段 i 有 $X_i^{k1} + X_i^{k2} + \cdots + X_i^{km} = 1$，这对应决策变量矩阵中的一行。在进行分枝时，可按顺序先分为 $X_i^{k1} = 1$ 和 $X_i^{k2} + \cdots + X_i^{km} = 0$ 两枝，然后指派 $X_i^{k2} = 1$ 和其他变量均为 0 两枝，直到 $X_i^{km} = 1$ 和其他变量均为 0 两枝。采用这种分枝策略，能大大减少需要求解的线性松弛问题。

(5) 案例应用与分析

以国内某航空公司国内干线网络为例，对周机型指派模型进行算例计算并分析。该航空公司有50架干线飞机，其中有两架飞机有特殊要求，即某两条航线必须由这两架飞行执行航

班任务。因此，本案例包括48架飞机，按飞机座位数分为5种机型，各机型的具体属性见表9-26。为了满足机型与航班之间的匹配，即哪些机型可以指派给哪些航班段，分别对航班段和机型进行分类。根据航线距离对航班段进行分类：航线距离大于或等于2 000 km的航班段为长距离航班段，小于或等于600 km的航班段为短距离航班段，航线距离为600~2 000 km的航班段为中距离航班段。根据飞机的最大航程对机型进行分类：最大航程超过8 000 km的机型为长距离机型，最大航程小于或等于3 500 km的机型为短距离机型，最大航程为3 500~8 000 km的机型为中距离机型。我们规定：长距离的航班段必须指派长距离的机型；中距离的航班段可以指派长、中距离的机型；短距离的航班段可以指派长、中、短距离的机型。由于这48架飞机均为干线飞机，因此，只有长距离和中距离的机型，没有短距离的机型。机型成本数据由各机型实际总运行成本估算得出。

表9-26 各机型的具体属性

机型	架次/架	类型	座位数/座	过站时间/min	固定成本/元	可变成本系数	飞机日最大利用率/min
M1	4	长距离	248	50	40 000	4	720
M2	6	长距离	184	40	32 500	3	720
M3	13	长距离	164	40	30 000	3	690
M4	24	长距离	148	40	22 500	2	690
M5	1	中距离	121	40	20 000	2	690

该航空公司航班网络覆盖54个航站（机场），一个星期的1 786个航班段，其中包括544个一次经停航班段。各航班段出发时刻、到达时刻和出发机场、到达机场由该航空公司航班时刻表读取。各航班段最大旅客溢出量均取$i.\text{spill}=0.1$，航班段旅客量由预估得出，机票价格由航线市场年总收入除以实际运输旅客量，经计算得到平均票价。

为便于比较，首先根据机型成本数据及各航班段轮挡时间、平均票价等信息，计算出航空公司实际机型指派利润为82 830 776元。

编写OPL（Optimization Programming Language）程序，由OPL Studio运行程序，运行结果见表9-27、表9-28、表9-29。

由表9-27可以看出，实例共包含15 094个约束，17 990个变量，最优目标值比航空公司实际机型指派的利润82 830 776元要多出1 591 276元，利润增加了1.92%，依此推算，一年的利润增加量超过8千万元。运行时间为154.59 s（2×CPU，1.73GB，内存512MB）。

由表9-28可以看出，机型M1、M5的航段数及飞机平均日利用率没变，这是因为机型M1座位数远大于其他机型，因此用其他机型代替，会造成旅客溢出严重。而机型M5只有一架飞机，它是中距离机型，只能指派给中、短距离航班段。主要差别在于机型M3、M4，因为这两种机型座位数相差不大。机型M3比实际少执行46个航班段，飞机平均日利用率也由10.65降至9.36，而机型M4比实际多执行55个航班段，飞机平均日利用率也由9.85上升到10.58，这说明了机型M4具有更好的经济性。

表9-27 周机型指派运行结果

变量	约束	求解时间/s	最优目标值/元	利润增加比例/(%)
17 990	15 094	154.59	84 422 052	1.92%

表 9-28 各机型指派航班段比较表

项 目		机 型					合 计
		M1	M2	M3	M4	M5	
航空公司实际	航段数	112	250	472	910	42	1 786
	飞机平均日利用率/h	11.02	10.54	10.65	10.65	9.85	—
机型指派结果	航段数	112	241	426	965	42	1 786
	飞机平均日利用率/h	11.02	10.38	9.36	10.58	9.5	—

表 9-29 各航站各机型飞机分布表

航 站	机 型					合 计
	M1	M2	M3	M4	M5	
A1	3	0	5	7	0	15
A2	1	4	3	6	1	15
A5	0	0	0	1	0	1
A6	0	0	0	1	0	1
A7	0	1	1	1	0	3
A9	0	0	1	0	0	1
A10	0	1	0	0	0	1
A11	0	0	2	0	0	2
A14	0	0	1	0	0	1
A19	0	0	0	1	0	1
A21	0	0	0	1	0	1
A25	0	0	0	1	0	1
A31	0	0	0	1	0	1
A34	0	0	0	1	0	1
A35	0	0	0	1	0	1
A39	0	0	0	2	0	2
合计	4	6	13	24	1	48

表 9-29 列出了各航站各机型飞机的分布,航站 A1、A2 是该航空公司的两个主要基地,其中:航站 A1 停放 3 架 M1、5 架 M3、7 架 M4 型飞机,共 15 架;航站 A2 也停放 15 架飞机,包括 1 架 M1、4 架 M2、3 架 M3、6 架 M4、1 架 M5 型飞机。这两个主要基地总共停放 30 架飞机,占总飞机数的 62.5%。

9.8 机组排班

9.8.1 机组排班的概念

机组排班是指对航班计划中的航班，根据其机型属性，为每个航班指派相应的飞行人员（包括正、副驾驶、领航员等）、乘务员和空中保安，以承担航班的飞行和机上作业。也可以说，机组排班是在一定周期（如一个月）内，为每个机组人员（包括驾驶舱、乘务舱等人员）制订一个活动安排计划，包括飞行人员的训练、休假等地面活动的安排。机组排班依次包括机组任务配对（Crew Pairing Problem）和机组任务指派（Crew Assignment Problem）。对机组排班计划的主要术语说明如下：

航段（Flight Segment）：飞机一次起飞、降落的飞行任务。若航班无经停，一个航班仅包含一个航段，若存在经停情况，则一个航班由多个航段构成。航段是机组排班计划的基本任务单位。

置位（Deadhead）：置位有狭义和广义之分。狭义上的置位也称搭机（本书仅考虑狭义上的置位情况，后文中均称为搭机），指机组人员在某飞行航段中并不执行飞行任务，而是以旅客的身份搭乘航班到达目的机场，然后执行从该机场出发的另一飞行任务。广义的置位指借助任意其他交通方式（如出租车、城市公共交通等）前往目的地。置位情况的出现多是由于外段休息、间休等，导致机组人员无法在其当前所在机场完成规定飞行任务。置位情况会增加航空公司的人力支出成本，航空公司一般会对置位的数量（如一个任务中置位数量不得大于两次）或出现条件（如只允许出现在每天的第一趟或最后一趟飞行任务中）进行限制。

任务（Duty）：多个航段在空间和时间上连接的有序序列，一般指一天内的航班序列，它规定了机组人员一天的工作内容。任务必须遵守很多限制。最直接的限制是任务包含的航班在时间和空间上必须是连续的。另外，两个连续航班之间的最小间隔时间和最大间隔时间也有限制，称为最小接续时间和最大接续时间。最后，存在对任务的最大持续时间的限制，并且，在此期间的总飞行时间也有一个明确的上限。

任务环（Pairing）：任务环是由多个任务组成的任务序列，其起始地和终到地是同一机组基地（也称乘务基地）。一个可行的任务环需要满足多方面的限制条件。任务环首个任务的出发地必须是乘务基地，一般是机组人员的住宅所在地，最后一个任务的到达地也必须是乘务基地。另外，每个任务必须从上一个任务的到达机场出发。除了这些空间上的限制，任务环面临更复杂的时间上的规定，包括任务环的最大任务数量、最长持续时间、最大休息时间等。任务环的概念是基于分步顺序编制机组排班计划而产生的，它是第一阶段航班配对计划的输出，第二阶段人员指派计划的输入。

活动串（Rostering）：活动串是由多个任务环和其他活动（如休假、驻外休息、大休等）共同组成的活动序列，代表机组人员在一段较长时期内（一周或一月）的工作计划。对于飞行任务而言，需要一组机组人员来完成，这一组人员在飞行任务期间的计划安排是一致的，从这一角度看，活动串需要从一组人员的角度考虑计划安排，但对于其他活动（如休假、教学任务等）而言，每个人员之间存在差异，需要单独安排每个人的任务。与任务和任务环类似，活动串也存在一些限制。包括最大总飞行时间、最大值勤时间、最大和最小大休时间等。

9.8.2 机组排班计划影响因素

机组排班计划的主要任务是在满足一定限制条件(如时空限制、劳动法规等)的前提下,将分布在时空中的若干航班任务分配给具备不同状态属性的机组人员。在机组排班计划的编制过程中,需要对多种资源进行优化配置,受到诸多因素的影响,主要影响因素如下。

1. 机队结构

机队结构是指在机队中不同机型的飞机所占的比例。由于飞行员只能按照自身所持有的驾驶执照去执行特定机型飞机的飞行任务,若某些机型的飞机数量较多,相应的飞行员存在短缺,即使可执行其他机型飞机的飞行员数量富余,也不能安排这些人员执行短缺机型的飞行任务。一般而言,机队结构与航班任务、人员结构相匹配。

2. 机组资源结构

机组资源结构指机组内部不同类别工作人员的比例结构,包括各机型飞行员的比例、机长与副驾驶的比例以及机组人员在各基地的配属比例。机组基地的人员配置情况会直接影响该基地可执行的飞行任务数量和种类,从而影响整个机组排班计划的资源协调。通常,各个基地的人员结构及规模和基地所负责的航班任务规模相匹配。

3. 航班计划

航班计划包括航班频率和航班时刻的确定,是航空运输运营计划的基础,是整个运输计划的核心。航班计划基于对市场需求和自身持有资源的分析,确定每条航线的航班频率,并进一步结合机场资源配置情况以及民航局规定的诸多因素,确定每个航班的时刻表。机组排班计划的基本任务单元为单个航班,因此航班计划的编制效果直接影响航班飞行任务在时空维度上的分布,进而影响机组排班计划的编制规模和编制的复杂度。除此之外,不同飞机机型和航线类型也会对机组人员的技能和资质有不同的要求,造成在机组人员与航班任务匹配过程中存在差异。由此可知,航班计划的结构在底层资源分布方面影响机组排班计划的编制。

4. 适航规定

在对机组人员和各项任务进行匹配时,需要依据适航规定来判断机组人员和任务的组合是否可行。这些规定主要由中国民用航空局制定,有的也属于各个航空公司内部的规定。

在机组排班计划中,每个机组人员在整个计划周期内的工作计划为一行,因此仅对单行作出限制的规则称为水平规则,而涉及多行的规则称为垂直规则。

(以下规定的详细内容可参考《大型飞机公共航空运输承运人运行合格审定规则》CCAR-121第四次修订,即CCAR-121-4)

(1)水平规则

水平规则规定了单个机组人员的工作计划需要遵守的约束。

1)累计工作时间的限制:任何连续7个日历日内的总飞行时间不能超过40 h;任一日历月飞行时间不超过100 h;任一日历年飞行时间不超过1 000 h。

2)休息时间的限制:两个飞行值勤期之间必须间隔至少连续10 h的休息期。任何连续7个日历日内,对被安排了一次或一次以上值勤期的机组成员,应当为其安排一个至少连续48 h的休息期。

3)其他水平规则:例如某些航空公司规定远途航班当天开始时间之前,不得安排其他航班。一些特殊航班的连续安排次数等。

(2) 垂直规则

垂直规则涉及多个机组人员的任务安排。

1) 机组人员组成：对于不同任务，需要不同的机组人员组成，通常称为配比。例如，对于机型较小的航班来说，通常只需要一个机长和一个副驾驶，而对于较大机型的航班，可能需要两个机长和一个副驾驶。另外，机组人员的数量也会受到任务长度的影响，超长的任务需要更多的机组人员，以便在长时间的执飞中进行轮换。因此，排班计划需要满足不同任务对各职位级别人员数量的差异化需求。

2) 机组人员资质限制：机组人员具备某些资质认证，只能执行在自己规定资质范围内的任务。如机组人员都有自己所能执飞的机型，某些经验较为欠缺的人员能执飞的机型类别数较少，不能执飞一些特定机型的飞机。某些航班的起飞或降落机场为高原机场，则执行该航班飞行任务的机组人员必须具备高原资质。

另外，某些航班并不要求其上所有机组人员均具备某些资质，只需满足规定数量的人员具备即可，如某些国际航班需要配备熟悉相应语言的人员。

3) 降级规则：在一些情况下，高级别的人员能够以低级别人员的身份来满足任务对低级别人员的需求。例如，机长可以降级为副驾驶，负责副驾驶的职责任务。降级可以增加排班计划的灵活性，提高人员运用效率。然而，由于机组人员的薪酬是根据其所承担的任务来分配的，且不同级别人员具有不同的薪酬标准，所以降级会降低高级别人员的满意度，因而在制订计划时需要限制降级情况出现的次数，且降级的跨度尽量小。

4) 机组人员搭配飞行原则：航班计划中的每个航班任务都需要由包含各职位级别的一组人员来完成，这需要协调不同级别人员之间的搭配。比如将不同经验水平的人员进行互补搭配，如经验丰富的机长搭配经验较欠缺的副驾驶，或者经验稍欠缺的机长搭配经验丰富的副驾驶。本书考虑的人员搭配规则与既有研究所考虑的人员搭配规则有很大差异。既有研究中，人员搭配的不兼容性多是两两级别之间。但在中国的航空公司中，搭配规则更复杂，普遍情况是人员的不兼容性存在于多个子级别之间，且互相关联。这一限制将在后面进行详细分析。

(3) 其他有关规定

一些经验规则或各个航空公司特有的规则。经验规则的含义是：通常情况下，航空公司有一些额外的限制，这些限制并不是法律或合同协议所要求的，但是会影响排班计划的质量。顾名思义，经验规则通常基于排班调度员的经验，提供对排班方案的进一步限制，以避免在一些不可能产生好方案的空间进行搜索。例如，即使两个任务环之间安排一个5天甚至更久的大休是合法的，但是实际运营管理中，不可接受这样的安排，应该禁止此类安排的发生。

9.8.3 机组排班计划的目标

结合现有的相关研究和实际情况，在机组人员排班计划编制过程中，航空公司主要关注以下几个方面。

(1) 排班广义成本

机组排班涉及包括人员的工资、奖金、补贴、差旅费等费用。其中，占主要部分的是飞行津贴。飞行津贴是由航班属性和人员属性共同决定的。国际航班所需支付给机组人员的费用一般远高于国内航班，过夜航班的工资支出也高于非过夜航班，另外，若机组人员在航班上执行的是搭机任务而非飞行任务,则其应得的薪资会乘以相应的折扣系数。而对于同一航班,高级别的机组人员所得到的薪酬也比较低级别的人员要高。

(2)航班任务完成情况

航班任务的完成情况反映了飞机和人员的运用效率,其主要衡量指标为航班的覆盖率,即可正常安排的航班数量与总计划安排航班数量的比值。由于复杂繁多的限制条件和有限的资源供给,可能无法在满足所有规定的条件下完成某些航班任务(如某些航班所需的机组人员数量不足,则需要安排备份人员担当甚至取消该航班),所以在最终得到的机组排班计划中,这些航班需要另外进行安排。显然,这种情况会增加航空公司的成本,因此航空公司希望机组排班计划的覆盖率越高越好。

(3)机组人员的公平性

国内航空公司机组人员的薪酬结构较为固定,相对于人员成本支出的优化,航空公司更关注机组排班计划的公平性。机组排班计划的公平性是指机组人员之间的一些工作指标在一定时间段内的均衡,并且这些工作指标之间存在优先级。值得注意的是,一般只关注同一级别人员之间的公平性。机组排班计划可量化的工作指标有以下几种:

1)工作时间的均衡。该指标主要考虑飞行时间的均衡,也包括值勤时间的均衡。

飞行时间是指航班在空中的飞行时间,即从飞机起落架完全收起起飞到飞机起落架完全放下降落之间的持续时间。值勤时间包括飞行时间、签入和签出时间。

2)过夜天数的均衡。过夜可分为国内过夜和国外过夜。机组人员普遍认为国外过夜是一项好任务,而对于国内过夜则希望尽可能避免。

3)休息时间的均衡。机组人员普遍希望得到一段连贯的休息时间,或者休息时间处于周末。对机组人员休息时间的安排需要做到同等级别之间的均衡。

4)好坏班数量的均衡。好坏班是指安排给机组人员的一些具备特殊性质的航班如高原航班、早晚班、国外过夜航班等,在数量上要相对均衡。

9.8.4 机组排班模型

1.机组排班的目标函数

机组排班计划一体化优化问题(Integrated Crew Scheduling,ICS)需要综合规划航班和机组人员两类资源,考虑航班配对和人员指派两个子问题相关的所有优化目标和限制条件,类别繁多且内容复杂,在尽量贴合实际的同时,将这些复杂的实际业务需求用简明清晰的数学语言刻画,是保证高效优化的前提。

基于任务集合和机组人员集合,结合对求解策略的研究,定义与任务-机组的匹配相关联的 0-1 决策变量,表示该匹配是否出现在解中。进一步地,以最小化匹配总成本为优化目标,考虑多个层面的约束,建立下述机组排班一体化优化问题的数学模型:

$$\min \sum_{a \in A} c_a x_a + \sum_{f \in F} p_f y_f \tag{9.63}$$

$$\text{s.t.} \sum_{a \in A} b_{af} x_a + y_f = 1, \forall f \in F \tag{9.64}$$

$$\sum_{a \in A} d_{am} x_a \leqslant 1, \forall m \in M \tag{9.65}$$

$$x_a \in \{0,1\}, \forall a \in A \tag{9.66}$$

$$y_f \in \{0,1\}, \forall f \in F \tag{9.67}$$

式中：A 表示所有匹配的集合；F 表示所有需要安排的航班任务集合；F 表示所有机组人员的集合；x_a 表示 0-1 变量，若匹配 a 被解选择，则取值为 1，否则为 0；c_a 表示匹配 a 的成本；y_f 表示 0-1 变量，若航班 f 被取消，则取值为 1，否则为 0；p_f 表示航班 f 被取消的惩罚成本；b_{af} 表示指示变量，若匹配 a 中包含航班 f，则取值为 1，否则为 0；d_{am} 表示指示变量，若匹配 a 中包含人员 m，则取值为 1，否则为 0。

式(9.63)为目标函数，表示最小化匹配总成本。式(9.64)～式(9.65)为约束条件。其中：式(9.64)表示每个航班任务(不包括搭机)要么被完成一次，要么被取消；式(9.65)表示每个机组人员必须被分配且只能被分配一个任务；式(9.66)和式(9.67)表示决策变量为 0-1 变量。

2.机组排班的约束条件

机组排班计划问题需要对航班、机组人员进行匹配，航班和人员都具备时间属性和空间属性，因此在进行人员与任务的匹配时，需要满足相应的约束条件。此外，相关的民航局乘务法规和航空公司的乘务规则也将影响机组排班计划的编制。构建基础航班时空接续网络时已考虑了部分时空约束(包括过站衔接、过站时间衔接、机型衔接等)，故在此仅阐述基础时空接续网络构建完成之后的其余阶段需要考虑的约束，主要包括以下几个方面。

(1)航班任务完成约束

机组排班计划的核心目的是完成航班任务，因此存在约束：每个航班任务都必须被完成。然而，实际运营过程中的复杂情况可能使得"所有航班都被完成"这一约束过于苛刻，有必要稍微松弛该约束，将其转化为柔性约束，并放入目标函数中，目标含义是最小化原约束的违反程度。

(2)机组人员任务唯一约束

一天内，机组人员只允许分配唯一的一项任务。

(3)任务构建时的约束

1)任务长度限制。

为了保证机组人员的合理工作强度，避免超劳情况的发生，民航局对机组人员每天的工作时间长度(即任务的时间长度)有着严格的限制，不得超过规定的最大上限。

2)搭机位置约束。

搭机情况虽然可以在一定程度上提高机组排班计划的可行性和有效性，但搭机需要支付额外的搭机费用，占用机组人员的有效工作时间，降低机组人员的工作效率。理论上，一个理想的排班计划应该避免出现搭机情况，但在航空公司实际运营生产中，很难避免搭机情况的发生。为了对机组人员进行有效的管理，需要对搭机情况发生的位置进行合理的规定。一般地，机组人员希望自己的工作能够较为连续，若搭机情况出现在任务的中间，则意味着一个机组执行的某两个航班任务之间存在了"中断"，这在降低机组人员工作满意度的同时也增加了航空公司的管理难度。所以在绝大多数情况下，编制排班计划时都只考虑在一天工作开始的首个航班或一天工作结束的末尾航班进行搭机，本节研究仅允许搭机情况发生在任务的首末航班任务。

(4)任务-人员匹配时的约束

1)人员与任务的时空约束。

一个任务具备时空属性,分配给一个任务的机组人员必须在空间上与任务的出发地点一致,必须在该任务开始时间前处于空闲状态。

2)人员资质约束。

一趟航班涉及执行该航班任务的飞机实体,执飞一趟航班的机组人员必须满足各类资质。因此,由航班组成的任务也必须满足各类资质。例如,对于不同的飞机型号,由于机组人员飞行经验的差异,每个机组人员有自己当前所能驾驶的机型,在匹配任务与人员时,相应的机组人员必须具备任务内所有机型的资质。若航班经过高原机场,则执飞该趟航班的机组人员必须具备能执飞高原机场的资质(或者至少某个级别需要满足该资质),而对于任务而言,只要该任务包含至少一个起飞或降落机场为高原机场的航班,则整个任务必须由可执飞高原机场的机组人员完成。

3)各级别人员数量约束。

一趟航班有多种任务需求,需要多个级别的机组人员各司其职,共同完成该趟航班任务。需要注意的是,一个任务中的多个航班各自对各级别人员的数量需求并不一致(但级别的种类必须一致)。例如,假设在任务[F1,F2]中,航班 F1 分别需要级别 A、B 各 1 人,而 F1 的接续航班 F2 分别需要 A 级别 2 人,B 级别 1 人,那么为该任务匹配 2 个级别 A 的机组人员和 1 个级别 B 的机组人员,当在执飞航班 F1 时,级别 A 的其中一个机组人员处于备用状态。

4)人员搭配约束。

一趟航班对多个级别的机组人员数量有明确要求,这些人员之间必须满足搭配规则,因此,对于一个任务来说,执行该任务的各个机组必须是可行人员搭配组合。

3.机组排班一体化编制问题的限制主问题

机组排班一体化编制问题的限制主问题 RMP 的形式为

$$\min \sum_{a \in A} c_a x_a + \sum_{f \in F} p_f y_f \tag{9.68}$$

$$\text{s.t.} \quad \sum_{a \in A} b_{af} x_a + y_f = 1, \ \forall f \in F \tag{9.69}$$

$$\sum_{a \in A} d_{am} x_a \leqslant 1, \ \forall m \in M \tag{9.70}$$

$$x_a \in \{0,1\}, \ \forall a \in \overline{A} \tag{9.71}$$

$$y_f \in \{0,1\}, \ \forall f \in F \tag{9.72}$$

式中,$\overline{A} \subseteq A$,$\overline{A}$ 为初始的可行列集合,一般可通过启发式算法搜索得到,在列生成迭代过程中,子问题不断生成新列,添加至 $\overline{A}$ 中,直至问题收敛。

4.机组排班一体化编制问题的子问题

在本书的机组排班计划一体化优化问题中,一个匹配必须包含一组可行人员,故采用列生成算法 CAF 模型时,价格子问题应该以一组人员为单位进行搜索,或者说求解价格子问题完成时,匹配中任务的所有级别人员要求均需要得到满足,否则将无法获得负检验数的列,从而无法验证主问题的最优性。本书中的 CAF 模型对应的价格子问题的目标函数为

$$\min Z = c_a - \sum_{f \in F_a} \pi_f - \sum_{m \in M_a} \pi_m \tag{9.73}$$

约束条件与式(9.63)一致。

5.机组排班的优化方法

(1)时间分解策略

一般来说，机组人员在一个白天内的工作内容是确定的，不会出现一天内执行多个不同类型的活动(如任务或休息)的情况。并且，从人员管理的角度来说，将人员一天内的工作内容固定更加人性化，也更容易进行人员监控、疲劳管理等工作。即使是大休这样持续时间为2~3天的活动，在优化过程中也可以拆分为多个单天的活动。由此可见，将各类活动按天为单位对人员进行指派，人员在每一天所处的状态十分清晰，能够准确描述我国航空公司在实际生产运营中机组人员排班计划的具体编制情况。

在计划周期内，待安排任务的机组人员数量固定，则CAF模型中关于人员的约束数量也固定，这意味着列的密度主要取决于列包含任务的数量。直接将整个计划周期内人员的工作安排作为一个列进行决策的做法，单个列包含的任务数量将远大于1(等于计划周期内人员的工作天数)，而在以天为单位对任务和人员进行指派的滚动优化框架下，CAF模型单个列包含的任务数量仅为1。据此，降低了列的密度。

(2)列生成算法

列生成算法是一种算法框架，常用于解决拥有大量决策变量的组合优化问题。列生成算法将问题分解为限制主问题(Restricted Master Problem，RMP)和价格子问题(Pricing Problem，PP)两个部分，并通过在限制主问题和价格子问题之间不断迭代来获得原问题线性松弛解的最优解。

设原问题所有决策变量的集合为 X，限制主问题RMP的决策变量集合为 X_{RMP}，则有 $X_{RMP} \subseteq X$。RMP的意义在于两方面：一是求得当前列集 X_{RMP} 下的线性最优解，即获得原问题的一个原始松弛解；二是获得对偶乘子，为价格子问题提供对偶信息。价格子问题PP根据原问题的不同而具有不同的形式，如钢材切割问题(Cutting Stock Problem)和广义分配问题(Generalized Assignment Problem)的PP是背包问题，车辆路径问题(Vehicle Routing Problem)和航班配对问题(Crew Pairing Problem)的PP是资源约束最短路问题。一般来说，列生成的价格子问题是一个具有复杂约束限制的问题，且多数时候也是一个NP-hard问题。价格子问题的作用在于利用当前RMP提供的对偶信息，在集合 $\{i \mid i \in X, i \notin X_{RMP}\}$ 中搜索检验数为负(假设原问题为最小化问题)的决策变量。

从启发式算法的角度来看，列生成算法的核心是邻域搜索，属于改进型的算法。列生成算法从一个可行解开始，不断迭代寻找更好的解，每一步迭代根据主问题提供的对偶信息，搜索有希望的邻域，从而获得比当前解更优的解。在构建型的启发式算法中，决定算法效果的关键点在于两方面：一是保证邻域的多样性，以增加搜索到最优解的可能，避免陷入局部最优；二是搜索的精准性，以避免在无效的空间内进行搜索。而列生成算法相对于纯启发式算法的优势在于其搜索方向能够依靠对偶理论进行计算，避免了盲目地或人工地设计搜索方向。

(3)局部搜索策略和精确搜索策略混合算法

在列生成算法中，价格子问题的意义主要有两方面：一是判断问题是否已经收敛，即检验主问题是否达到最优；二是产生检验数为负的新列添加至主问题中。检验主问题的最优性必然需要求解获得价格子问题的最优解,但对于第二个方面,并不需要将价格子问题求至最优。事实上,很多既有研究都采用两阶段策略来求解价格子问题。在第一阶段,利用一些启发式策略替代精确最优算法,在算法迭代初期快速获得具有负检验数的列,当启发式策略无法获得负检验数的列时,再运用精确最优算法求解。显然,两阶段策略能够在算法迭代早期快速获得一些足够好的基列,使问题快速收敛到最优解附近。本节采用启发式算法与精确算法的混合策略来求解子问题。子问题求解流程如图 9.54 所示。

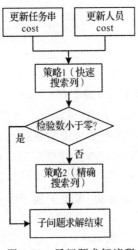

图 9.54 子问题求解流程

1)局部搜索策略。

基于贪心算法的思想,根据对偶价格降序排序机组人员,为每种人员配比类型搜索设定数量的机组,然后与对应配比的任务进行匹配。具体流程如下:

算法 Local Search
输入:任务集合 H、机组人员集合 M、乘务法规 Rules
输出:检验数为负的匹配集合 A
(1)   groups $= \emptyset, A = \emptyset$
(2)   Sort M by dual price descending
(3)   for mode in θ do
(4)   groups[mode] $= \emptyset$
(5)   if $|$groups[mode]$| <$ maxNbr do
(6)   group $= \emptyset$
(7)   for m in M do
(8)   if $|$group$| <$ required number of crew of mode do
(9)   group $=$ groups $\cup \{m\}$
(10)   if group violate combination rule do
(11)   group $=$ group$\backslash\{m\}$
(12)   else do
(13)   groups[mode] $=$ groups[mode]$\cup$ group
(14)   end line 7

```
(15) end line 3
(16) for h in H do
(17)     for g in groups [mode of h] do
(18)         if (h, g) valid do
(19)             calculate reduced cost of (h, g)
(20)             if reduced cost < 0 do
(21)                 A = A ∪ {(h, g)}
(22)     end line 17
(23) end line 16
(24) return A
```

2)精确搜索策略。

在任务与机组的匹配的搜索过程中,需要进行大量的可行性检查以及匹配成本的计算。对于局部搜索来说,由于按照配比来搜索,直接保证了人员搭配的可行性,因此不需要进行人员搭配约束的检查,同时由于该策略以整个机组为单位与任务进行匹配,不需要单独检查每个人员与任务搭配是否可行,这些操作不会消耗过多时间。但采用精确策略时,由任务出发,不断搜索可行人员,需要搜索的空间更大。因此,这些操作占据大量的计算时间。为了加速求解,缩减无效的搜索空间,提出预处理方法,本质上属于以空间换时间的策略。

预处理:

a.更新对偶价格,$\forall h \in H, \pi_h = \sum_{f \in F_h} \pi_f, \forall m \in M, \pi_m = \pi_h$。

b.依据时空约束和配比,对任务和人员构建任务-人员候选集合。具体做法为:

先对任务分组,$H_{s,\theta} = \{h \mid h \in H, s_h^a = s, \theta_h = \theta\}$,然后为每组 $H_{s,\theta}$ 搜索可能的机组人员,得到集合 $HM = \{(H_{s,\theta}, M_{s,\theta}) \mid s_m^a = s_h^a, t_m^a \leqslant t_h^a + T_{brief}^{min}, r_m = \theta_h, \forall h \in H_{s,\theta}, \forall m \in M\}$;

c.求机组人员的成本 $c_q \delta_{hm}^2$:$\forall hm \in HM, \delta_{hm}^2 = (t_m - \overline{q_r^{target}})^2$。

d.$\forall hm \in HM, \forall h \in hm, \forall m \in hm$,均依据成本与对偶价格之差的大小降序排序。

经过预处理后得到的任务-人员候选集合,减小了每个任务的搜索空间,有利于提升搜索的质量,但不同任务搜索得到的匹配之间并不存在明显的优劣关系,仍然难以提高效率。精确策略的具体流程如下。

```
算法 Search Matches
输入:任务集合 H、机组人员集合 M、乘务法规 Rules
输出:检验数为负的匹配集合 A
(1) HM = Preprocessing (H, M, Rules)
(2) nbCols=0, θ = 0, k = 0, A = ∅
(3) for hm in HM do
(4) A = A ∪ Search Matches For Candidate Set(hm, Rules, nbCols, max NbCols)
(5) if nbCols ⩾ maxNbCols do
(6) goto line 8
(7) end line 3
(8) returen A
```

```
算法 Search Matches For Candidate Set
输入:任务-人员候选集 hm,乘务规则 Rules,生成列数 nbCols,最大设定生成列
数 maxNbCols
输出:候选集 hm 可生成的检验数为负的匹配集合 A
(1) A = ∅
(2) for each [h, m] > in hm do
(3)     crews = ∅, nbCrew = 0, feasible = false
(4)     for each rank in rank_require(h) do
(5)         if nbCols < maxNbCols do
(6)             for each crew in m do
(7) if check Normal Rules(Rules) = true do
(8)                 if nbCrew > 0 do
(9) if check Combination Rule(Rules) = false do
(10)                        goto line 6
(11)                    crews = crews ∪ {crew}, nbCols = nbCols + 1
(12)            end line 6
(13)        end line 4
(14)    calculate reduced cost of {(h, crews)}
(15)    if reduced cost of {(h, crews)} < 0 do
(16)        A = A ∪ {(h, crews)}
(17)    end line 2
(18) return A
```

3) 无初始解的惩罚策略。

一般地,列生成算法需要从一个可行原始解出发,该原始解构成 RMP 问题的基变量,多数情况下可以通过设计一些启发式算法来构建得到。然而,机组排班计划一体化编制问题需要考虑的法规约束相比于航班配对问题要复杂得多,要获得一个严格满足各方面限制的可行解并不容易。因此,本书设计基于惩罚参数的策略,通过引入人工变量的方式来构建 CAF 的初始基。具体做法是针对每个需要完成的航班任务,引入对应的未覆盖变量,并设置该变量的成本为一极大的值,用于惩罚航班任务未得到安排的情况。

运用惩罚参数的策略,在列生成迭代的初期,多数航班任务需求没有得到满足,由于航班任务未覆盖产生的成本极大,根据对偶理论可知其属于稀缺资源,具有极大的影子价格,在价格子问题求解过程中,将会尽量选择这些航班,以获得检验数最小的可行列。

另外,考虑在算法迭代过程中采用"广加列"的策略——求解价格子问题后,并不是仅将检验数最负的一列添加至 RMP 中,而是将较多数量的检验数为负的列添加到 RMP 中,以期尽快获得每个航班任务都被覆盖的解,从而加快算法收敛速度。

4) 可行解生成策略。

列生成算法仅能获得原问题线性松弛问题的最优解,并不能保证解的整数性,多数情况下都需要将所得的最优解施加整数性要求,以得到原问题的最优解。通常采用分支定界算法将分数解化为整数解。列生成算法与分支定界相结合,称为分支定价算法,即在分支定界的框架下,在每个分支树节点上执行列生成算法,以期能产生更优的列。

尽管通过分支定价算法能够保证获得最优解，但在实际生产过程中面临的问题几乎均为 NP-hard 问题，随着问题规模的增大，该算法求得最优解所需的时间将急剧增加。其中，大量的时间将耗费在分支树的搜索过程中。

对于实际问题而言，在计划的执行期间存在很多不稳定因素，这些因素的变化将对计划的执行造成扰动，所以很多情况下调度者并不苛求获得最优解。

CAF 模型考虑了机组排班计划编制问题的主要优化目标和约束，且结合连续时间片段滚动优化的策略，在较为准确合理地刻画机组排班问题的同时，缩小了问题的规模。然而，几乎不可能将所有的民航法规和各个航空公司内部规定要求都通过数学模型来逐一刻画，一方面是由于很多约束或目标本身难以用数学语言尤其是线性约束描述，例如，在某些特定时段希望安排特定人员去执行特定航班，执行完毕后又即刻恢复到备用状态等。同时，即使利用各种手段将这些难约束或优化目标转化为数学形式，其性价比也并不高，因为排班规则可能变化，排班过程中多个优化目标的侧重性也可能变化，同时加上在实际计划执行过程中有延误这一频繁突发情况的扰动，过于追求最优解而带来求解时间的急剧增加，这在实际管理中难以接受。因而对于航空公司而言，相比于获得一个达成条件苛刻的理论最优解，他们更希望的是存在一套高效、能够依据结果来对算法反馈改进、便于人机交互的排班方法。因此，舍弃对最优解的追求，转而采用别的方法在可接受的计算时间内获得次优或较优解是一个更切合实际的替代策略。本节考虑在列生成算法首次收敛得到 RMP 的线性松弛解，得到分支树的根节点后，在根节点所包含的列集中搜索最优解。

5）基于下界估值的剪枝策略。

在求解价格子问题、搜索任务与机组匹配的过程中，可以通过对价格子问题的目标函数进行预估得到一个下界，通过该下界来识别不可能产生负列的部分解，将其尽早排除，从而避免搜索无效的解空间，缩短计算时间。下面分析如何获得价格子问题目标函数的下界。

价格子问题的目标函数为

$$\min Z = c_a - \sum_{f \in F_a} \pi_f - \sum_{m \in M_a} \pi_m \tag{9.74}$$

更详细地，可以拆分为

$$\min Z = c_h - \sum_{m \in M_a} c_m - \sum_{f \in F_a} \pi_f - \sum_{m \in M_a} \pi_m \tag{9.75}$$

$$= c_h - \sum_{f \in F_a} \pi_f - \sum_{m \in M_a} \pi_m + \sum_{m \in M_a} c_m$$

为便于叙述，令 $CMD_h = c_h - \sum_{f \in F_a} \pi_f$，$\pi_g = \sum_{m \in M_a} \pi_m$，$c_{hg} = \sum_{m \in M_a} c_m$。

CMD_h（Cost Minus Dual Price）代表匹配中任务 h 的成本和对偶价格的差值。一旦任务生成，其成本便可直接计算得到，而任务的生成每天只需要执行一次。相似地，其对偶价格也可在每次列生成迭代过程中通过求解 RMP 更新。因此，该差值的计算过程相当于预处理，并不复杂，且消耗的计算时间较短。事实上，在任务固定的情况下，求解价格子问题的主要难点在于找到合适的机组，π_g 和 c_{hg} 的计算都必须在搜索过程中才能完成，占据大量的计算时间。其中，c_{hg} 更是需要对每个任务-人员配对进行计算，然后求当前整个机组的总飞时标准差形式的均衡成本，计算量很大。对于每个任务-机组候选集合 HM，搜索匹配的过程可以按以下步骤进行剪枝。

步骤 1：$\forall h \in H$，更新 CMD_h。按 CMD_h 降序排序任务，获得任务集合全局 CMD_h 最小

值 CMD_h^{lb}。

步骤 2：$\forall m \in M$，更新对偶价格。按对偶价格升序排序机组人员，获得人员集合全局 π_G^{ub}。（注意，因为对于属于同一候选集合的任务，其配比相同，所以 π_G^{ub} 可作为该候选集合的全局 π_G 上界。）

步骤 3：剪枝。可分为两类：一类是判断 $CMD_h^{lb} - \pi_G^{ub} \geqslant 0$ 是否成立，可作为候选集合全局的剪枝；另一类是 $\forall h \in H$，某一确定任务 h 在按级别搜索机组的过程中，若当前搜索的人员数为 $k, k \leqslant N_h$，N_h 代表任务 h 需要的人员总数，$CMD_h - \sum_{m=1}^{k} \pi_m \geqslant 0$，则可判定该任务与暂未搜索到的任何机组匹配都不可能产生负列，直接跳转到下一个任务的匹配搜索过程。

6. 实例应用与分析

为了验证本书设计的机组排班计划一体化优化模型和求解算法的有效性，实例选用的基础数据为航司 A 的实际运营生产数据，包括航班计划表、人员基础信息。对于乘务法规信息，由于实际生产运营涉及的乘务法规十分繁多且复杂，部分数据很难获得，本节用乘务法规信息进行脱敏后的真实数据对上述方法进行测试和分析。

本节的算法求解程序在 release 版本下运行，硬件环境为 AMD Ryzen 5 3500U 2.10GHz，8GB 的计算机。利用商业求解器 CPLEX12.60 求解 RMP 和 IP，航班接续网络的创建、任务生成的 DFS 算法和滚动优化策略及列生成算法框架均利用 C++编程语言实现。

(1) 实验数据

本实验测试数据的基本信息见表 9-30 和表 9-31。其中，表 9-30 统计了航班数据的基本信息，包括计划周期内的总航班数量、计划周期的长度、机场总数以及基地数量。表 9-31 为机组人员的基本信息，包括机组人员总数、各基地机组人员的数量以及机长、副驾驶的数量。注意，计划周期长度为 13 天，但中间 4 天没有航班任务。

表 9-30 航班数据基本信息

数据名称	值
总航班数/个	916
计划周期长度/天	13
机场总数/个	49
基地数量/个	4

表 9-31 机组人员数据基本信息

数据名称	值
机组人员总数/个	261
各基地机组人员数量/个	183/52/26/0
机长、副驾驶总人数/个	94/167

(2) 参数设置

在编制机组排班计划时，采用的乘务法规参数设置见表 9-32。该乘务法规参数为实验参数，在实际应用中可根据具体的乘务法规对相应参数进行调整。

表 9-32 乘务法规参数设置

参数名称	值/min
航班接续时间上下限	[15, 600]
任务飞时上下限	[80, 400]
任务时间上下限	[80, 600]
休息时间上下限	[100, 720]
最大值勤时间	7 200
周最大总飞行时间	1 200
大休时间上下限	[2 160, 4 320]

(3) 结果及分析

基于各项输入,利用本节设计的机组排班计划一体化优化方法进行机组排班计划的编制,得到的计算结果及分析如下。

本节提出的优化方法基于单天指派、滚动优化的框架,整个问题被划分为多个单天的子问题。每一天的决策问题需要先通过预处理过程,生成当前要安排的全部航班(所有航班不一定都属于同一天,可能存在过夜航班或过夜接续)构成的所有可行任务。见表 9-33,任务生成的预处理阶段所消耗的时间非常短,总耗时仅 136.61 ms。

表 9-33 每天航班分布情况及任务生成耗时

天	出发航班数	生成任务数	生成任务耗时/ms
1	2	7	0.07
2	106	796	17.15
3	116	745	17.51
4	112	708	16.38
5	115	740	18.21
6	116	729	17.05
7	118	774	17.56
8	117	731	17.60
9	114	734	15.08

在预处理阶段之后,运用列生成算法求解任务和机组的匹配问题,计算结果见表 9-34。总求解耗时不到 5 min,航班覆盖率达到 97.5%,搭机总数量仅为 15 次,可见解的质量良好。

表 9-34 优化计算结果统计

指标名称	值
总求解时间/s	255.35
未覆盖航班总数	23
覆盖率/(%)	97.5
任务总数	475

续 表

指标名称	值
搭机总数	15
级别 A 飞时标准差/min	356.35
级别 B 飞时标准差/min	168.48

表 9-35 统计了每一天决策问题的列池规模和目标函数值。可以看出，在每天的问题中，整数解的目标函数值与其线性松弛解的目标函数值基本相等，说明得到的解为当前列池的最优解。

表 9-35 目标函数统计表

天	列池规模/列	线性松弛解	整数解
1	1 000	10 913	10 913
2	79 000	965 814	965 814
3	69 674	655 489	655 489
4	14 060	2 361 252	2 361 252
5	16 377	1 041 747	1 041 748
6	13 895	2 007 183	2 007 183
7	12 957	1 063 826	1 063 826
8	11 646	2 212 165	2 212 188
9	13 556	1 195 921	1 196 040

由表 9-34 可知，机长和副驾驶的总飞行时间的标准差分别为 356.35 min 和 168.48 min，即 5.9 h 和 2.8 h，考虑到整个计划周期时间跨度并不长，该结果已经十分均衡。

另外，为了验证本书提出的加速策略，分别在采用加速策略和不采用加速策略运行多次，计算时间统计见表 9-36。其中，最后一列"加速比例"的值等于不采用加速策略的求解时间除以采用加速策略的求解时间。显然，本书提出的"基于下界估值"的剪枝和"多线程并发计算"的加速策略可极大地缩短求解时间，明显提升算法的求解效率。

表 9-36 应用加速策略的计算时间比较

加速策略	求解时间/s	加速比例
不采用	780~1 200	1.00
下界估值剪枝	320~380	2.44~3.16
下界估值剪枝＋多线程并行	255~290	3.06~4.44

9.9 航班不正常问题

9.9.1 不正常航班的概念

当航班计划由于天气、旅客、航空管制、机务维修及航空公司自身原因而无法按原计划执行时,称为航班计划扰动或不正常航班。当发生不正常航班时,航空公司一般会采取一系列临时举措,如延误航班、取消航班、更换飞机、调机甚至改变航线等,使航班运营尽快恢复正常,将其损失尽可能降到最低,称为不正常航班恢复。

9.9.2 不正常航班的类型

根据美国不正常航班的统计和分析,航班不正常的主要扰动类型有:
1) 天气:风、雾、雷暴、低云等;
2) 设备故障:飞机故障,空中交通雷达/计算机故障等;
3) 跑道:跑道场面维修或其他施工导致无法使用;
4) 容量:当飞机流量超过了机场一定时间内的容量;
5) 其他:除以上原因外的扰动。

其中,枢纽机场93%的航班延误是由恶劣天气和流量控制引起的。由此可见,国内外的航空公司面临的不正常航班扰动因素相类似,航空公司自身原因、恶劣天气和流量控制是这些扰动因素中最严重的、最亟待解决的问题。

9.9.3 不正常航班恢复流程

不正常航班恢复一般是按阶段进行的。飞机作为一种昂贵资源,当不正常航班发生时,首先,根据航班时刻表、航班延误原因、所在机场等,采用延误航班、取消航班、调机、交换飞机等手段对飞机路线进行恢复。其次,根据新的飞机路线,结合飞行员的工作安排、飞行任务等采用加机组、机组交换等策略进行机组恢复。最后,根据旅客的行程安排、旅客的需求与倾向等制订新的航班计划,从而将不正常航班造成的损失降到最低,提高旅客的满意度。不正常航班恢复流程如图9.55所示。

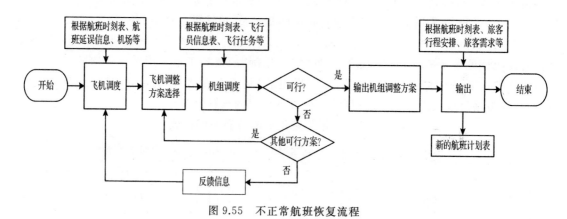

图9.55 不正常航班恢复流程

9.9.4 不正常航班问题的组成

根据航班恢复的业务流程,在不正常航班发生后,通常航空公司会对飞机路线、机组排班、旅客行程等进行调整,尽快使航班计划恢复到正常的状态。因此,航空公司的不正常航班恢复问题可以划分为以下4个子问题:

1)航班恢复问题(Schedule Recovery Problem,SRP)。通过延误(Delay)、取消(Cancellation)、合并(Combination)、备降(Divert)航班来修复航班时刻表,因此也被称为航班时刻表恢复问题,是其他三个子问题的基础。

2)飞机计划恢复问题(Aircraft Recovery Problem,ARP)。该问题又称飞机路线恢复问题,是在 SRP 解的基础上,为修复后的航班时刻表重新指派飞机,需要满足维修要求、飞机流平衡等约束。飞机是航空公司最宝贵的资源,因此 APR 也是不正常航班恢复问题中最重要的问题。飞机恢复的主要策略有飞机交换(Aircraft Swap)、机型替换(Fleet Substitution)、调机(Ferry)等。

3)机组路线恢复问题(Crew Recovery Problem,CRP)。该问题是指为修复后的航班时刻表指派具体的机组。机组由于复杂的合法性规定等约束,常常成为不正常航班恢复问题中的瓶颈。机组的恢复策略有机组交换(Crew Swap)、加机组(Deadhead)、坐等机组(Sit Crew)、备份机组(Reserve Crew)等。

4)旅客行程恢复问题(Passenger Recovery Problem,PRP)。该问题是指为受扰旅客安排新的行程,尽快将其运抵目的地。旅客是航空公司的服务对象,PRP 对航空公司服务质量的提升非常重要。

这四个子问题紧密相连,互相依赖,但是由于各问题涉及不同的资源和要求,有其独特的结构和规则,且求解都非常困难。因此,在航空公司的实际运行中,通常将这四个问题独立开来,在 SRP 的基础上,依次进行分阶段的不正常航班恢复,如图 9.56 所示。

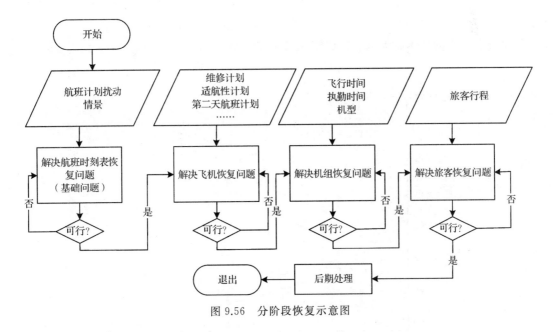

图 9.56 分阶段恢复示意图

9.9.5 不正常航班的多机型恢复模型

尽管通过交换不同类型的飞机,为重新安排飞机路线、解决航班恢复问题带来了更大的灵活性,但随之也面临着一些挑战:①不同类型的飞机有不同的燃料燃烧指数,并且航班延误和巡航速度也取决于飞机的飞行路线选择,这就给模型的建立与求解带来一定难度;②如果将大飞机更换成小飞机,因座位数的减少,将会导致部分乘客的溢出,造成一定程度的溢出成本,乘客也会因为耽误行程而对航空公司的满意度下降,这些都会给航空公司带来负面影响和收益损失。

(1)问题描述与分析

本模型以航空公司总恢复成本(包括延误成本、取消成本和多余的燃油成本)最小化为目标,从旅客角度出发,将旅客对待航班延误问题的失望程度作为一个新约束,进而使模型更加符合实际。为了便于理解多机型航班恢复模型,下面介绍两个概念。

1)旅客溢出成本。

因为飞机类型的不同,所以要考虑机型与航班的匹配问题。若将小飞机分配给乘客需求量比较多的航班,或者将飞机交换后,原飞机的部分旅客没有分配到座位,则会产生旅客溢出。溢出就是超出飞机运力以外的市场需求分布,旅客溢出会产生溢出成本,造成航空公司收入损失。

溢出成本的计算公式为

$$\mathrm{Pr}_a = \mathrm{pn}_a \times \mathrm{RASM} \times d \tag{9.76}$$

式中:pn_a 表示旅客溢出人数;RASM 表示每一个可用座位的英里(1 英里=1.609 344 km)收入;d 表示飞行距离。

旅客溢出人数为

$$\mathrm{pn}_a = \int_c^\infty (x - c_a) f(x) \, \mathrm{d}x \tag{9.77}$$

式中:c_a 是飞机 a 的座位数;$f(x)$ 为需求概率分布函数,呈正态分布。

溢出成本产生的具体原因可以参照图 9.57 进行说明。

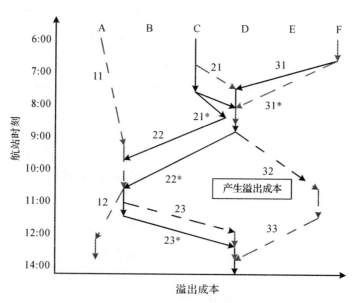

图 9.57 溢出成本示意图

从图 9.57 中可以看出,当航班 21 延误时,根据恢复策略,可以通过增加航班 31 的巡航速度,提前到达目的地 D。若按原计划,飞机 3 接下来应该执行航班 32,此时充分利用资源,考虑飞机交换。让飞机 3 执行航班 22,飞机 2 到达后执行航班 32。由于飞机 2 与飞机 3 的机型不同,交换飞机后,极大可能产生溢出旅客,导致溢出成本。这就说明,对于多机型航班恢复决策问题,需要考虑机型不同带来的旅客溢出造成的相应成本。

2)旅客失望率。

旅客失望率指由于不正常航班的发生,导致旅客不能按照原定时间到达目的地,因而对航空公司抱有消极态度,导致在下一次出行时放弃该公司而选择其他公司或选择其他交通方式的概率。该数介于 0~1,反映航班延误时间与旅客失望溢出之间的关系。

旅客失望率是将旅客失望成本作为恢复成本的一部分,纳入飞机路线恢复模型的目标函数中。从旅客角度出发,把旅客失望率降到最低作为目标函数,将旅客失望率作为不正常航班恢复模型的一个约束条件,一方面考虑了旅客满意度问题,另一方面,也能得到一个更有利于公司运营的恢复方案。

旅客失望率的数学表达式为

$$u = 1/11kt + 0.4 \tag{9.78}$$

式中:k 表示该航空公司上一年的航班正常率;t 是总延误时间。

u 越大,表示旅客下次选择该航班的机会越小,公司的收益相应也就越少。

(2)模型构建

为了更好地建立多机型航班恢复模型,因飞机类型不同,添加一些重新定义的参数和决策变量。

1)变量参数说明与含义。

i,j:结点指标;

k:航班指标;

F:航班集合;

$G(i)$:从航站时间结点 i 始发的航班集合;

$H(k,i)$:从航站时间结点 i 始发的航班 k 的目的地点集合;

I:航站时间结点集合;

J:航站沉落结点集合;

$L(i)$:终止于结点 i 的航班集合;

$M(k,i)$:在结点 i 结束的航班 k 第一次出发的时间结点集合;

$P(k)$:航班 k 始发的航站时间结点集合;

$Q(i)$:在包含航站沉落点 i 的机场,航站时间结点集合;

$d_{i,j}^{k,a}$:由结点 i 到结点 j 的飞机类型为 a 的航班 k 的延误成本;

c_{ka}:取消航班 k 的成本;

f_{ka}:加速后飞机类型为 a 的航班 k 的燃油成本变化;

sp_k:航班 k 中每位旅客的溢出成本;

a_i:航站时间结点 i 上可用飞机的数目;

h_j:需要在结点 j 停止飞行的飞机数目;

u_i:在时间结点 i 停止飞行且转移到沉落点的飞机数目;

$pass_k$:在初始计划中航班 k 的旅客人数;

b_a:飞机类型为 a 的座位数;

$x_{i,j}^{ka}$:0-1 变量,如果飞机类型为 a 的航班 k 是从航站时间结点 i 到结点 j,则 $x_{i,j}^{ka}$ 为 1,

否则为 0;

y_{ka}:0-1 变量,如果飞机类型为 a 的航班 k 被取消,则 y_{ka} 为 1,否则为 0;

z_{ka}:连续变量,飞机类型为 a 的航班 k 的巡航速度;

s_k:调整计划后航班 k 的溢出旅客数;

φ_{ka}:如果飞机类型 a 指派给航班 k,则 φ_{ka} 为 1,否则为 0。

2) 多机型航班恢复模型。

$$\min\left\{\sum_{k\in F, a\in A}\sum_{i\in P(k)}\sum_{j\in H(k,j)} d_{i,j}^{ka} x_{i,j}^{ka} + \sum_{k\in F, a\in A} f_{ka}(z_{ka}) + \sum_{k\in F} sp_k s_k\right\} \quad (9.79)$$

$$\text{s.t.} \sum_{i\in P(k)}\sum_{j\in H(k,i)} x_{i,j}^{ka} + y_{ka} + z_{ka} w_{ka} = \begin{cases} \sum_{i\in P(k)}\sum_{j\in H(k,i)} x_{i,j}^{ka} + y_{ka} = 1, \text{if } w_{ka}=0 \\ z_{ka}, \quad \text{if } w_{ka}=1 \end{cases} \quad (9.80)$$

$$\sum_{k\in G(i)}\sum_{j\in H(k,i)} x_{i,j}^{ka} - \sum_{k\in L(i)}\sum_{j\in M(k,i)} xka_{j,i} + u_i = a_i, \forall i\in I, \forall a\in A \quad (9.81)$$

$$\sum_{k\in L(i)}\sum_{j\in M(k,i)} xka_{j,i} + u_i = h_i, \forall i\in I, \forall a\in A \quad (9.82)$$

$$F(z_{ka}) = \begin{cases} D_t^c\left(m_{a1} z_{ka}^2 + m_{a2} z_{ka} + \dfrac{m_{a3}}{z_{ka}^2} + \dfrac{m_{a4}}{z_{ka}^3}\right), \text{if } \varphi_{ka}=1 \\ 0, \quad \text{if } \varphi_{ka}=0 \end{cases} \quad (9.83)$$

$$f_{ka}(z_{ka}) = p_{fa}(F(z_{ka}) - F(z_{ka}^0)), \forall k\in F, \forall a\in A \quad (9.84)$$

$$D_t^c \varphi_{ka} = z_{ka} t_{ka}, \forall k\in F, \forall a\in A \quad (9.85)$$

$$s_k \leqslant \text{pass}_k - \sum_{a\in A} b_a \varphi_{ka}, \forall k\in F, \forall a\in A \quad (9.86)$$

$$\sum_{a\in F} \varphi_{ka} = 1, \forall k\in F, \forall a\in A \quad (9.87)$$

$$H(t_{ka}) = \begin{cases} 0, t_{ka}=0 \\ 1/11kt + 0.4 \in (0, H_{ka}^{\max}], 0 < t_{ka} < t_0 \\ 1, t_{ka} \geqslant t_0 \end{cases} \quad (9.88)$$

$$x_{i,j}^{ka} \in \{0,1\}, \forall k\in F, \forall a\in A, \forall i\in P(i), \forall j\in H(k,i) \quad (9.89)$$

$$y_{ka} \in \{0,1\}, \forall k\in F, \forall a\in A \quad (9.90)$$

$$z_{ka} \in [V\min_{ka}, V\max_{ka}], z_{ka} \geqslant 0, \forall k\in F, \forall a\in A \quad (9.91)$$

$$w_{ka} \in \{0,1\}, \forall k\in F, \forall a\in A \quad (9.92)$$

$$u_i \in Z^+ = \{0,1,2,\cdots\}, \forall i\in J \quad (9.93)$$

$$\varphi_{ka} \in \{0,1\}, \forall k\in F, \forall a\in A \quad (9.94)$$

$$s_k \geqslant 0, \forall k\in F, \forall a\in A \quad (9.95)$$

式(9.79)为目标函数,因飞机类型不同,所以多了一项溢出成本。其中,sp_k 表示航班 k 中每位旅客的溢出成本,s_k 是调整计划后航班 k 的溢出旅客数。目标函数第四项就是总的溢出成本,目标是使航班延误、航班取消、巡航速度改变后多出的燃油成本和总溢出成本之和最小。式(9.83)表示如果飞机类型 a 的飞机执行航班 k,则燃油消耗费用计算方法不变。若飞机 a 没有执行航班 k,则 $F(z_{ka})$ 为 0。式(9.85)说明当飞机 a 执行航班 k 时,速度与时间成反比,否则为 0。式(9.86)说明溢出旅客数的上界,并且由式(9.95)知该数是非负数。式(9.87)说明每架飞机只能指派给一个航班。式(9.88)是旅客失望率约束,表示旅客失望率必须不高于航空公司设定的上限,也就是航班延误时间的最大可接受度,否则取消航班。其他约束条件在此不再一一赘述。

(3)多机型航班恢复模型求解

从上一节可以看出,构建的不正常航班恢复决策模型属于 MINLP。MINLP 是一类同时包含连续变量和离散变量的非线性规划,属于 NP-hard 问题,直接求解难度较大。所以同样利用模型重构原理将其进行转化,并利用启发式算法进行求解。多机型不正常航班恢复流程见图 9.58,具体求解过程如下。

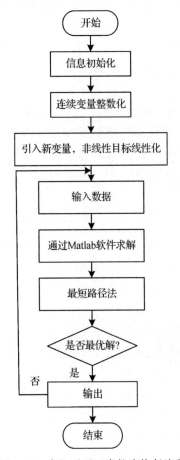

图 9.58 多机型不正常航班恢复流程

步骤 1:根据延误信息,得到航班时刻表;

步骤 2:采取连续变量整数化的方法,用整数变量表示出速度这一连续变量;

步骤 3:引入新变量,将非线性目标函数线性化,并将其转化为约束条件的一部分;

步骤 4:输入航班时刻表、飞机数据、机场数据等信息。利用相应算法,生成时间带近似网络;

步骤 5:从时间带近似网络出发,生成一组约束;

步骤 6:输入延误时间、巡航速度、旅客失望率等数据,利用 Matlab 计算延误成本、取消成本、多余的燃油成本和交换成本;

步骤 7：把延误的航班当作不同城市，把不同类型的飞机当作不同路径，按顺序将满足约束条件的飞机为航班配对，并计算总恢复成本；

步骤 8：比较由步骤 6 计算的总恢复成本，选出最少恢复成本所对应的飞机；

步骤 9：更新由步骤 7 选出的飞机信息，形成新的飞机飞行路径；

步骤 10：针对下一航班，重复步骤 5 到步骤 8，最终求出最优解并进行记录。

因为在 MINLP 中，决策变量既有连续变量又有整数变量，一方面会导致无法判断出当前的解是否是最优解，另一方面会导致求解非线性规划的算法无法用来求解混合整数非线性规划。所以本书由模型的结构特点与航班实际运营情况，将其连续变量转化成整数变量，使其转化为非线性规划。然后利用求解非线性规划的算法，引入新的变量，将非线性线性化，并将目标函数转化为约束条件的一部分进行求解。最后，对于由 Matlab 计算得到的延误成本、取消成本、燃油成本、交换成本等，采用最短路径算法，得到最优解。

(4) 算例与结果分析

假设某航空公司有 4 架不同类型的飞机、5 个机场、16 个航班，每个飞机最初分配 4 个航班。原始航班计划见表 9-37，但是由于飞机类型发生改变，所以取消费用也发生变化。同样，巡航阶段的燃油成本也发生了变化，见表 9-38。每种飞机类型的参数已在表 9-39、表 9-40 中列出。突发状况是飞机 1 和飞机 2 故障，必须在 DAB 机场延误 4 h 内进行维修，飞机 3 和飞机 4 全天正常飞行。

表 9-37 原始航班计划

飞机类型	航班	出发地	到达地	出发时间	到达时间	取消成本/美元
飞机 1	11	DAB	PBI	14:20	15:35	8 243
	12	PBI	DAB	16:15	17:05	11 239
	13	DAB	PBI	17:45	18:45	8 742
	14	PBI	DAB	19:25	20:35	5 420
飞机 2	21	DAB	ORF	14:10	15:20	10 350
	22	ORF	IAD	16:05	17:00	10 231
	23	IAD	ORF	17:40	18:40	7 473
	24	ORF	DAB	19:20	20:35	14 191
飞机 3	31	ORF	DAB	15:45	17:00	12 987
	32	DAB	ORF	17:40	18:50	10 460
	33	ORF	IAD	19:30	20:30	8 310
	34	IAD	ORF	21:15	22:15	9 780
飞机 4	41	IAD	ATL	15:15	16:20	13 016
	42	ATL	IAD	17:30	18:30	10 016
	43	IAD	ATL	19:10	20:20	7 815
	44	ATL	IAD	21:00	22:05	5 200

表 9-38 原始计划中的燃油成本

飞机类型	航班	计划飞行时间/min	巡航时间/min	巡航路程/km	燃油消耗量/kg	燃油成本/美元
飞机1	11	70	50	723	2 362.96	21 976
	12	45	25	362	1 183.11	11 003
	13	60	40	587	1 918.47	17 842
	14	65	45	651	2 127.64	19 787
飞机2	21	75	55	788	1 578.99	14 685
	22	75	55	788	1 578.99	14 685
	23	65	45	644	1 288.00	11 978
	24	65	45	644	1 288.00	11 978
飞机3	31	80	60	880	3 358.87	31 237
	32	75	55	806	3 076.42	28 611
	33	65	45	660	2 519.15	23 428
	34	65	45	660	2 519.15	23 428
飞机4	41	70	50	724	2 196.21	20 425
	42	65	45	652	1 977.78	18 393
	43	65	45	652	1 977.78	18 393
	44	70	50	724	2 196.21	20 425

方案一是直接取消飞机1和飞机2在13:00~17:00之间的所有航班,即航班11,航班12,航班21和航班22,由表9-37可以计算出,总取消成本为40 063美元。

表 9-39 飞机座位数与旅客数

飞机类型	航班	出发机场	到达机场	座位数	旅客数
飞机1	11	DAB	PBI	134	123
	12	PBI	DAB	134	131
	13	DAB	PBI	134	124
	14	PBI	DAB	134	130
飞机2	21	DAB	ORF	122	120
	22	ORF	IAD	122	99
	23	IAD	ORF	122	101
	24	ORF	DAB	122	113
飞机3	31	ORF	DAB	181	169
	32	DAB	ORF	181	172
	33	ORF	IAD	181	180
	34	IAD	ORF	181	180

续 表

飞机类型	航班	出发机场	到达机场	座位数	旅客数
飞机 4	41	IAD	ATL	180	159
	42	ATL	IAD	180	177
	43	IAD	ATL	180	170
	44	ATL	IAD	180	165

表 9-40 4 种飞机类型相关参数

飞机类型	巡航阶段燃油相关参数				最大巡航速度/(km·min^{-1})	座位数
	m_{a1}	m_{a2}	m_{a3}	m_{a4}		
1	0.004 68	0.076 10	115.854	1 923.55	14.46	134
2	0.002 76	0.049 70	65.547 9	1 179.86	14.32	122
3	0.006 07	0.069 88	178.995	2 062.02	14.66	181
4	0.000 02	0.154 73	0.379 12	2 274.70	14.48	180

方案二是依据传统的时间离散近似模型得到的航班恢复方案。从表 9-41 中可以看出，延误航班有 5 个，即航班 12、21、22、23、24，取消航班 11、14。总延误成本为 34 263 美元。

表 9-41 优化方案二

飞机	航班	出发地	到达地	延误成本/美元	取消成本/美元
飞机 1	11	DAB	PBI	—	8 243
	12	PBI	DAB	3 800	—
	13	DAB	PBI		
	14	PBI	DAB	—	5 420
飞机 2	21	DAB	ORF	5 250	—
	22	ORF	IAD	4 875	
	23	IAD	ORF	1 800	
	24	ORF	DAB	4 875	
飞机 3	31	ORF	DAB	—	
	32	DAB	ORF		
	33	ORF	IAD		
	34	IAD	ORF		
飞机 4	41	IAD	ATL	—	
	42	ATL	IAD		
	43	IAD	ATL		
	44	ATL	IAD		

表 9-42 优化方案三

飞机	航班	出发地	到达地	延误成本/美元	取消成本/美元	燃油成本变化/美元	溢出成本/美元
飞机 1	11	DAB	PBI	4 100	—	—	—
	12	PBI	DAB	8 000	—	—	—
	13	DAB	PBI	4 200	—	—	—
	14	PBI	DAB	—	—	—	1 800
飞机 2	21	DAB	ORF	4 200	—	—	—
	22	ORF	IAD	—	—	—	—
	23	IAD	ATL	—	—	—	—
	24	ATL	IAD	—	—	—	—
飞机 3	31	ORF	DAB	—	—	2 254	2 040
	32	DAB	ORF	—	—	2 030	—
	33	ORF	IAD	—	—	—	2 300
	34	IAD	ORF	—	—	—	—
飞机 4	41	IAD	ATL	—	—	—	—
	42	ATL	IAD	—	—	—	—
	43	IAD	ATL	—	—	—	—
	44	ATL	IAD	—	—	—	—

根据构建的多机型不正常航班恢复决策模型与算法,三种恢复方案的具体结果见表 9-43。从表 9-43 中可以看出,新模型产生的总恢复成本为 32 904 美元,该成本由三部分构成,一是飞机的延误成本,二是巡航速度改变成本,三是通过飞机交换的溢出成本,比方案二下降了 11.9%,说明新方案对于解决多机型不正常航班恢复决策问题具有较好的效果。

表 9-43 三种方案的恢复成本对比

	方案一	方案二	方案三
取消成本/美元	40 063	—	—
延误成本/美元	—	39 156	20 500
增加的燃油成本/美元	—	—	4 284
旅客溢出成本/美元	—	—	8 120
总恢复成本/美元	40 063	39 156	32 904

9.10 本章小结

本章主要针对交通运输规划专业中涉及的机场、地面和空乘服务的常见问题,例如机场规划、空域扇区结构规划、航线网络、机组排班以及不正常航班等概念、原理、流程、模型建立、案例仿真等,进行了系统的分析和描述,为交通运输类专业的本科论文选题、建模和优化计算等提供了参考。

9.11 思考与练习题

1. 航空运输系统规划的主要内容和特点有哪些？
2. 机场运行规划的主要问题有哪些？
3. 动态空域块算法的基本原理和流程是什么？
4. 机队规划的数学模型如何求解计算？
5. 简述机队配置规划的基本原则。
6. 简述航线网络的类型和特点。
7. 简述航班计划编制的基本流程。
8. 简述机组排班一体化的优化过程。
9. 简述不正常航班分阶段的恢复流程。

第10章 毕业论文中的高维多目标问题案例应用

10.1 高维多目标最优化概述

10.1.1 高维多目标最优化的概念

(1)最优化问题的定义

在工业、农业、交通运输、商业、国防、建筑、通信、政府机关等各部门各领域的实际工作中，经常会遇到求函数的极值或最大值最小值问题，这一类问题称为最优化问题。求解最优化问题的数学方法称为最优化方法，它主要解决最优生产计划、最优分配、最佳设计、最优决策、最优管理等求函数最大值最小值问题。

最优化问题的目的有两个：①求出满足一定条件时，函数的极值或最大值最小值；②求出取得极值时变量的取值。

最优化问题所涉及的内容种类繁多，有的十分复杂，但是它们都有共同的关键因素：变量、约束条件以及目标函数。

1)变量。

变量是指最优化问题中所涉及的与约束条件和目标函数有关的待确定的量。一般来说，它们都有一些限制条件(约束条件)，与目标函数紧密关联。

2)目标函数。

在最优化问题中，与变量有关的待求其极值(或最大值最小值)的函数称为目标函数，常用 $f(x)=f(x_1,x_2,\cdots,x_n)$ 表示。当目标函数为某问题的效益函数时，问题即为求极大值；当目标函数为某问题的费用函数时，问题即为求极小值；等等。

求极大值和极小值问题实际上没有原则上的区别，因为求 $f(x)$ 的极小值，也就是要求 $f(x)$ 的极大值，两者的最优值在同一点取到。

3)约束条件。

在最优化问题中，求目标函数的极值时，变量必须满足的限制称为约束条件。例如，许多实际问题变量要求必须非负，这是一种限制，必须用数学表达式准确地描述它们。用数学语言描述约束条件一般来说有两种：

等式约束条件为

$$g_i(x)=0, i=1,2,\cdots,m \tag{10.1}$$

不等式约束条件为

$$\left.\begin{array}{l}h_i(x) \geqslant 0, i=1,2,\cdots,r \\ h_i(x) \leqslant 0, i=1,2,\cdots,r\end{array}\right\} \tag{10.2}$$

10.1.2 高维多目标最优化问题描述

(1) 多目标优化问题的解

多目标优化问题解的存在性极其复杂,这是由多目标优化问题的目标函数多个性和目标函数相互之间的复杂性质决定的。由于目标函数在很多情况下不可能同时达到最大值或最小值,因此,多目标最优化问题很少有最优解,而实际问题又要求做出决策,求得一个比较好的解。什么样的解才是需要的解呢?

对于同一个问题,不同的要求导致不同的求解标准,从而就会得到不同的求解结果。为此,给出多目标最优化问题的条件最优解概念。

最优解:满足约束条件且使所有目标函数达到要求的最大值或最小值的解称为多目标优化问题的最优解。

可行解:满足多目标优化问题的约束条件的解称为可行解。

条件最优解:满足多目标优化问题的约束条件且满足根据需要设定条件的可行解称为条件最优解。

对于一个多目标优化问题,即使最优解存在,要求解它也是十分困难的,特殊情况下,也只好用搜索法求解。更何况它常常还不存在最优解,因此必须寻找求解条件最优解的方法。

为了求得满足要求的解,常常不得不设定一些新的条件,从而求得条件最优解。设定新条件的方法是求解多目标优化问题的基本方法。单目标化方法、多重目标函数方法和目标关联函数方法 都是针对目标函数设定新条件的方法。

(2) 最优化问题分类

最优化问题种类繁多,因此分类的方法也有许多。可以按变量的性质分类,按有无约束条件分类,按目标函数的个数分类。

一般来说,变量可以分为确定性变量,随机变量和系统变量等,相对应的最优化问题分别称为普通最优化问题,统计最优化问题和系统最优化问题。

按有无约束条件分类:无约束最优化问题,有约束最优化问题。

按目标函数的个数分类:单目标最优化问题,多目标最优化问题。

按约束条件和目标函数是否是线性函数分类:线性最优化问题(线性规划),非线性最优化问题(非线性规划)。

按约束条件和目标函数是否是时间的函数分类:静态最优化问题和动态最优化问题(动态规划)。

按最优化问题求解方法分类:

1) 解析法(间接法)分为无约束和有约束,其中无约束包括古典微分法和古典变分法,有约束包括极大值原理和库恩-图克定理。

2) 数值算法(直接法)分为一维搜索法和多维搜索法。其中:一维搜索法包括斐波那西法、黄金分割法和插值法;多维搜索法包括坐标轮换法、步长加速法、方向加速法、单纯形法、随机搜索法。

3) 数值算法(梯度法)分为无约束梯度法、有约束梯度法和化有约束为无约束法。其中:无约束梯度法包括最速下降法、拟牛顿法、共轭梯度法、变尺度法;有约束梯度法包括可行方向法和梯度投影法;化有约束为无约束法包括 SUMT 法、SWIFT 法和复形法。

4)多目标优化方法分为单目标化方法、多重目标化方法和目标关联函数法。

(3)最优化问题数学模型

最优化问题的求解与其数学模型的类型密切相关,因此有必要对最优化问题的数学模型有所掌握。一般来说,最优化问题的常见数学模型有以下几种。

1)无约束最优化问题数学模型。

由某实际问题设立变量,建立一个目标函数且无约束条件,这样的求函数极值或最大值最小值问题,称为无约束最优化问题。其数学模型为

$$\min f(x_1, x_2, \cdots, x_n) \tag{10.3}$$

例如:求一元函数 $y=f(x)$ 和二元函数 $z=f(x,y)$ 的极值;求函数 $f(x_1,x_2,x_3)=3x_1^2+6x_2^2+2x_1x_2-4x_1x_3-2x_2x_3$ 的极值和取得极值的点。

2)有约束最优化问题数学模型。

由某实际问题设立变量,建立一个目标函数和若干个约束条件(等式或不等式),这样的求函数极值或最大值最小值问题,称为有约束最优化问题。其数学模型为

目标函数为

$$\min f(x_1, x_2, \cdots, x_n) \tag{10.4}$$

约束条件为

$$g_i(x)=0, i=1,2,\cdots,m \tag{10.5}$$

3)线性规划问题数学模型。

由某实际问题设立变量,建立一个目标函数和若干个约束条件,目标函数和约束条件都是变量的线性函数,而且变量是非负的,这样的求函数最大值最小值问题,称为线性最优化问题,简称为线性规划问题。其标准数学模型为

目标函数为

$$\min f(x_1,x_2,\cdots,x_n)=c_1x_1+c_2x_2+\cdots+c_nx_n \tag{10.6}$$

约束条件为

$$a_{i1}x_1+a_{i2}x_2+\cdots+a_{im}x_n=b_i, i=1,2,\cdots,m \tag{10.7}$$

在线性规划问题中,关于约束条件必须注意以下几个问题:

注1:非负约束条件 $x_i \geqslant 0, i=1,2,\cdots,n$,一般来说这是实际问题要求的需要。如果约束条件为 $x_i \geqslant d_i$,作变量替换 $z_i=x_i-d_i \geqslant 0$;如果约束条件为 $x_i \leqslant d_i$,作变量替换 $z_i=x_i-d_i \leqslant 0$。

注2:在线性规划的标准数学模型中,约束条件为等式。如果约束条件不是等式,引入松弛变量,化不等式约束条件为等式约束条件。

情况1:若约束条件为 $a_{i1}x_1+a_{i2}x_2+\cdots+a_{im}x_n \geqslant b_i, i=1,2,\cdots,m$,引入松弛变量,原约束条件变为 $a_{i1}x_1+a_{i2}x_2+\cdots+a_{im}x_n-z_i=b_i, i=1,2,\cdots,m$。

情况2:若约束条件为 $a_{i1}x_1+a_{i2}x_2+\cdots+a_{im}x_n \leqslant b_i, i=1,2,\cdots,m$,引入松弛变量,原约束条件变为 $a_{i1}x_1+a_{i2}x_2+\cdots+a_{im}x_n+z_i=b_i, i=1,2,\cdots,m$。

在其他最优化问题中,也常常采取上述方法化不等式约束条件为等式约束条件。

在实际问题中,经常遇到两类特殊的线性规划问题:一类是所求变量要求是非负整数,称

为整数规划问题;另一类是所求变量要求只取 0 或 1,称为 0-1 规划问题。

4)非线性规划问题数学模型。

由某实际问题设立变量,建立一个目标函数和若干个约束条件,如果目标函数或约束条件表达式中有变量的非线性函数,那么,这样的求函数最大值最小值问题,称为非线性规划最优化问题,简称非线性规划问题。其数学模型为

目标函数为

$$\min f(x_1, x_2, \cdots, x_n) \tag{10.8}$$

约束条件为

$$g_i(x_1, x_2, \cdots, x_n) = 0, i = 1, 2, \cdots, m \tag{10.9}$$

5)多目标最优化问题数学模型。

由某实际问题设立变量,建立两个或多个目标函数和若干个约束条件,且目标函数或约束条件是变量的函数,这样的求函数最大值最小值问题,称为多目标最优化问题。其数学模型为

目标函数为

$$\min f(x_1, x_2, \cdots, x_n), i = 1, 2, \cdots, s \tag{10.10}$$

约束条件为

$$g_i(x_1, x_2, \cdots, x_n) = 0, i = 1, 2, \cdots, m \tag{10.11}$$

上述模型中有 s 个目标函数,m 个等式约束条件。

(4)最优化问题的求解步骤

最优化问题的求解涉及应用数学、计算机科学以及各专业领域,等等,是一个十分复杂的问题,然而它是我们需要重点关心的问题之一。怎样研究、分析、求解这类问题呢?其中最关键的是建立数学模型和求解数学模型。一般来说,应用最优化方法解决实际问题可分为四个步骤进行。

步骤 1:建立模型。

提出最优化问题,变量是什么?约束条件有那些?目标函数是什么?建立最优化问题数学模型:确定变量,建立目标函数,列出约束条件——建立模型。

步骤 2:确定求解方法。

分析模型,根据数学模型的性质,选择优化求解方法——确定求解方法。

步骤 3:计算机求解。

编程序(或使用数学计算软件),应用计算机求最优解——计算机求解。

步骤 4:结果分析。

对算法的可行性、收敛性、通用性、时效性、稳定性、灵敏性和误差等作出评价——结果分析。

10.2 机队多目标优化配置模型

10.2.1 问题的描述

根据基本的机队规划配置模型,在构建多目标模型时,假定旅客需求量已知,并且在进行

模型计算求解时,为了方便计算,模型中使用的参数 D_j 为一个已知的固定值,并且假设所有机型的客座率 $\eta_{ij}=0.8$。然而在通常情况下,航线的旅客量每天都在发生变化,为了使优化更加可靠准确,讨论由于旅客量的波动造成的旅客溢出,并分析对航空公司产生的运营成本造成的影响。

10.2.2 航线旅客量需求分布

在不同航线上,旅客量的需求在时间和数量上的分布具有一定的离散性,即使是同一条航线的同一航班,每天的需求量也不尽相同。因此,在对航空公司进行运量预测时,人们一般希望得到除了航空公司未来一段时期的平均运量需求,更希望得到航线运量需求的分布情况,进而在平均需求的基础上,根据旅客需求分布的离散程度,合理地投放运力。

航线旅客市场需求分布需要在航空公司历史统计的航线运输数据基础上,结合当前航空市场发展前景进行预测。这就需要航空公司市场统计部门提供各条航线上单个方向的数据(包括去程数据、回程数据)、季节性数据(包括每个月、每个季度的数据)及每周和每天的数据,尤其是每周旅客出行高峰期的相关数据。表 10-1 是某航空公司运营的某条航线每周周一、周二、周三某机型实际承运旅客的数据。

表 10-1 航班旅客数据　　　　单位:人

周 期	周一	周二	周三	周 期	周一	周二	周三
1	68	95	36	10	82	37	88
2	54	45	48	11	55	39	78
3	59	60	41	12	75	100	69
4	68	86	70	13	62	48	66
5	46	100	46	14	84	69	82
6	97	77	57	15	41	39	94
7	76	55	80	16	111	65	61
8	33	73	82	17	106	77	86
9	53	93	81	18	98	69	82

由表 10-1 中数据可以知道:周一最小承运旅客数为 33 人,最大承运旅客数为 111 人,平均承运旅客数为 69 人;周二最小承运旅客数为 37 人,最大承运旅客数为 100 人,平均承运旅客数为 69 人;周三最小承运旅客数为 36 人,最大承运旅客数为 94 人,平均承运旅客数为 70 人(平均人数均取整数)。从这 3 个平均数字可看出,该航线周一、周二、周三这 3 天的平均承运旅客人数近似相等,而每天的承运人数浮动情况也在某一区域范围内。

根据对以往的大量数据研究可知,各条航线旅客的需求分布遵循正态分布。可以用两个参数详细说明:平均数(或平均值)μ 和标准差 δ。平均值 μ 在航线旅客需求分布中反映的是该航线上一段时期内每天旅客需求的集中趋势。标准差 δ 反映的是在这段时期内,航线上旅客需求分布的离散程度,δ 越小,分布越集中在 μ 附近,μ 越大,分布越离散。

10.2.3 旅客溢出

航线旅客需求量的离散分布必然会产生航线旅客需求量大于实际航班座位投放的可能,

这种供不应求的现象,称为旅客溢出。不同航线上航班旅客的溢出情况及溢出量取决于该航线上旅客需求分布的离散程度。旅客需求分布的离散程度越大,即 δ 越大,旅客溢出的可能性就越大、溢出量越多。

航线上存在旅客溢出表示航空公司由于运力的安排不恰当而损失了部分潜在客户,不仅影响了航空公司的市场形象,同时也意味着增加了航空公司的机会成本,也称为溢出成本。旅客溢出成本的计算则是根据当前票价和溢出量相乘得到的。由于旅客的溢出是航空公司分配到航线上的航班频率过低或分配的机型座位数无法满足需求造成的,因此,在进行机队经济性优化配置时应当将旅客溢出成本也考虑在内。

航空公司航班管理部门的任务就是合理安排运力,在减少旅客溢出的同时,为公司带来更多的经济效益。

10.2.4 问题的提出

各条航线上机型的选择以及航班频率安排的一个基本原则就是:既要最大限度地满足社会需求,又要尽可能地降低航空公司的运营成本。当旅客流量较大、溢出情况较严重时,航班频率、机型越大越好,既满足了旅客需求,赢得更多潜在客户,同时也降低了溢出成本;当市场需求一定或波动幅度不大时,过大的航班频率和机型会造成客座率下降,既浪费了机队资源,又给航空公司增加了单位运营成本,影响经济效益。

因此,控制航线市场需求和航空公司运营成本之间的平衡,成为目前航空公司机队优化配置的一个新目标。

10.3 多目标优化模型的建立与求解

在 9.5.2 节中,讨论了根据市场需求分布,航空公司在进行机队优化配置时遇到的新问题。本节将根据满足航线市场需求和降低航空公司运营成本这两个需求,从旅客要求和航空公司角度出发,建立多目标的机队优化配置模型,平衡旅客和航空公司之间的需求供应关系。

10.3.1 多目标机队优化配置模型的建立

建立多目标机队优化配置模型的前提假设条件与建立单目标机队优化配置模型设定的假设条件的"航空市场需求"有所不同。在建立和求解单目标机队规划配置模型时,假设每条航线上的旅客市场需求是一个已预测出的固定值 D_j,而根据 10.2.2 节中的描述,航线上旅客量的需求呈正态分布,本节假定各条航线上的旅客需求分布函数已知,即 $D_j = N_j(\mu_j, \delta_j^2)$。此外,需要计算由于旅客溢出造成的溢出成本,设定假设条件"各条航线上的平均票价 P_j 已知"。在航空市场中,各个时段航线上的票价各不相同,为了方便计算和比较,P_j 取值为当前航空公司在短期机队规划内计划的平均票价。

假设航空公司拥有 m 条航线资源,n 种机队机型,$x_{ij}(i=1,2,\cdots,n;j=1,2,\cdots,m)$ 表示第 j 条航线上的航班任务由第 i 种机型执行,以天为时间单位,建立如下多目标机队优化配置模型。

(1) 多目标函数

$$\left.\begin{aligned}\min Z_0 &= \sum_{i=1}^{n}\sum_{j=1}^{m}\left[(\mathrm{CT}_i\,t_{ij}+\mathrm{CF}\times\mathrm{WF}_i\,t_{ij})x_{ij}\,q_j+q_j\,P_j\,\mathrm{spill}_{ij}\,x_{ij}\right]\\ \min Z_j &= \sum_{i=1}^{n}s_i\,x_{ij}\,q_j-\mu_j\end{aligned}\right\} \tag{10.12}$$

式中：P_j 表示第 j 条航线上的平均票价，与机型 i 无关；spill_{ij} 表示第 i 种机型执行第 j 条航线航班任务时的旅客溢出量；μ_j 表示第 j 条航线上旅客需求量的平均值。

式(10.12)表示航空公司制定此次机队优化配置模型的一个目的是降低由机队执行飞行任务时产生的成本，包括时间成本、燃油成本和溢出成本，要使成本目标函数 Z_0 越小，旅客溢出成本越小越好，而当旅客溢出成本最小时，必然会将大飞机分配给市场需求量低的航线，导致飞机利用率和客座率降低，因此，式(10.12)表示此次机队优化的另一个目标就是追求每条航线上航班 j 的客座率达到最大化，尽可能地减少飞机座位的空余。

(2) 约束条件

约束条件为

$$\mathrm{s.t.}\left\{\begin{aligned}&\sum_{i=1}^{n}x_{ij}=1\\ &\sum_{i=1}^{n}s_i\,x_{ij}\,q_j\geqslant\mu_j\\ &\sum_{j=1}^{m}t_{ij}\,x_{ij}\,q_j\leqslant\mathrm{TM}_i\\ &x_{ij}=x_{ij^*}\text{（若第}j\text{个航班和第}j^*\text{个航班为连续航段）}\\ &x_{ij}=\begin{cases}1,\text{如果机型}i\text{执行第}j\text{个航班任务}\\ 0,\text{其他}\end{cases}\\ &i\in N,j\in M\end{aligned}\right. \tag{10.13}$$

多目标机队优化配置模型在建立时所受的影响因素限制与建立单目标机队优化配置模型时一样。

10.3.2 多目标函数求解方法

随着社会经济的发展，各种产业在生产规划中面临的系统决策问题逐渐由单目标问题转变为多目标问题。例如，工厂在研究生产过程的组织决策时，既要考虑到生产系统的产量最大，又要求产品质量达到高标准，工人加班时间少，等等。为了解决这些多个目标之间的相互作用和矛盾关系，各界研究学者开始研究各种多目标决策方法，并将这些决策方法广泛应用于各种领域。

求解多目标问题主要有以下几种方法：

1) 化多为少法：将多目标问题转化为比较容易求解的单目标或双目标问题，然后用一些简单的决策方法进行求解。最常用的是主要目标法、线性加权法、平方和加权法、理想点法。这类方法需要求出各个目标之间的权值比重关系。

2) 分层序列法：将所有目标按照其重要程度由大到小依次排序，先求出一级目标的最优解，然后在一级目标的最优解集内求解下一级目标的最优解，一直求到最后一个目标为止。这类方法的一个缺陷是当某一级的最优解集缩小到一个有限集合甚至一点时,下一级目标的优化范围必然会受到限制,因此,经常采用其改进形式——有宽容度的分层序列法。目标函数的重要性程度排列顺序和宽容度的选取需要由决策者来决定。

3) 直接求非劣解法:先求出对目标决策问题的非劣解,如果非劣解只有一个,就可以确定为最优方案。如果非劣解不止一个,则该多目标决策问题就无最优解,需要在满足系统一定约束条件下,从这些非劣解中选出一个与目标期望值最近的解作为这个多目标决策问题的最优解,也可称之为目标规划法。

4) 重排序法:在直接求非劣解的基础上,把不好比较的非劣解通过其他办法,将其按优劣次序排列,进而选出最优解。

5) 多属性效用法:也称为有限方案多目标决策法,是指在考虑多个属性的情况下,将各个目标用表示效用程度大小的效用函数表示,通过效用函数构成多目标的综合效用函数,以此来评价各个可行方案的优劣。

6) 层次分析法:指把多目标体系结构予以展开,依据某一准则,求得目标与决策方案的计量关系。层次分析法不仅适用于存在不确定性和主观信息的情况,还允许以符合逻辑的方式与决策者的经验、洞察力和直觉相结合。

7) 多目标群决策和多目标模糊决策:将线性规划中的目标函数模糊化,引入隶属度函数,从而导出基于相对隶属度的模糊优选模型,进而求解出有限方案的相对最优隶属度值。

10.3.3 引入隶属度的多目标规划求解算法

一般来讲,要使多个目标函数同时取得各自的最优值往往很困难,需要采用折中的方法来处理,使各目标函数值达到相对"极大值"。本文采取多目标群决策多目标模糊决策法。

在设定隶属度函数之前,先了解以下几个定义。

定义 1 假设多目标线性规划问题中有 r 个目标、m 个决策变量、n 个约束条件,其一般数学模型描述为

$$\left. \begin{array}{l} \max \mathbf{Z} = \mathbf{C}\mathbf{x} \\ \text{s.t.} \begin{cases} \mathbf{A}\mathbf{x} \leqslant \mathbf{b} \\ \mathbf{x} \geqslant 0 \end{cases} \end{array} \right\} \quad (10.14)$$

式中:$\mathbf{Z} = (Z_1, Z_2, \cdots, Z_r)^\mathrm{T}$,$Z_i = c_{i1} x_1 + c_{i2} x_2 + \cdots + c_{im} x_m, (i = 1, 2, \cdots, r)$

$$\mathbf{A} = \begin{bmatrix} a_{11} & a_{12} & \cdots & a_{1m} \\ a_{21} & a_{22} & \cdots & a_{2m} \\ \vdots & \vdots & & \vdots \\ a_{n1} & a_{n2} & \cdots & a_{nm} \end{bmatrix}, \mathbf{b} = (b_1, b_2, \cdots, b_n)^\mathrm{T}, \mathbf{x} = (x_1, x_2, \cdots, x_m)^\mathrm{T}$$

定义 2 单个目标函数 Z_i 在一般多目标数学模型约束条件下的最优解。

$$Z_i^* = \max \left\{ Z_i \mid Z_i = \sum_{j=1}^{m} c_{ij} x_j, \mathbf{A}\mathbf{x} \leqslant \mathbf{b} \right\}, (i = 1, 2, \cdots, r) 。$$

定义 3 设 U 是论域,若对于 $\forall x \in U$,都有一个数 $A(x) \in [0, 1]$ 与之对应,则称 A 为 U 上的模糊集。$A(x)$ 称为 x 对 A 的隶属度。当 x 在 U 中变动时,$A(x)$ 就是一个函数,称为 A 的隶属函数。取值于区间 $[0, 1]$ 的隶属函数 $A(x)$ 表征 x 属于 A 的程度。隶属度属于模糊评价函数中的概念,模糊综合评价是对受多种因素影响的事物做出全面评价的一种十分

有效的多因素决策方法,其特点是评价结果不是绝对地肯定或否定,而是以一个模糊集合来表示的。隶属度函数是模糊控制的应用基础,正确地构造隶属度函数是模糊控制的关键。

隶属度函数的确立目前还没有一套成熟有效的方法,大多数系统的确立方法还停留在经验和实验的基础上。对于同一个模糊概念,不同的人会建立不完全相同的隶属度函数,尽管形式不完全相同,但只要能反映同一模糊概念,在解决和处理实际模糊信息的问题时就仍然殊途同归。本节定义的隶属函数如下。

定义 4 若对每个最优值 Z_i^* $(i=1,2,\cdots,r)$,给出一个收缩性指标 $\theta_i(\theta_i \geqslant 0)$,确定多目标隶属函数 $F_i(x)$ 为

$$F_i(x) = g_i\left(\sum_{j=1}^{m} c_{ij} x_j\right) = \begin{cases} 0, & \sum_{j=1}^{m} c_{ij} x_j < Z_i^* - \theta_i \\ 1 - \dfrac{1}{\theta_i}\left(Z_i - \sum_{j=1}^{m} c_{ij} x_j\right), & Z_i^* - \theta_i \leqslant \sum_{j=1}^{m} c_{ij} x_j < Z_i^* \\ 1, & \sum_{j=1}^{m} c_{ij} x_j \geqslant Z_i^* \end{cases}$$

(10.15)

式中:θ_i 是描述目标重要性程度的指标,θ_i 越小,表示目标函数 Z_i 越重要。根据式(10.15)可知,$F_i(x)$ 的值越接近于 1,表示 x 属于 F_i 的程度越高;相反地,$F_i(x)$ 的值越接近于 0,表示 x 属于 F_i 的程度越低。因此,隶属度函数 $F_i(x) \in [0,1]$ $(i=1,2,\cdots,r)$ 可以表征 x 属于 F_i 的程度。通过引入隶属函数,可以将线性规划问题中的多个目标模糊化。

关于隶属度 λ 的定义:

定义 5 令 $F = F_1 \cap F_2 \cap \cdots \cap F_r$,隶属度 $\lambda = F_1(x) \wedge F_2(x) \wedge \cdots F_r(x)$。其中 F 是对应于多目标函数 $Z = Cx$ 模糊化后的模糊目标集,λ 是 x 属于 F 的隶属度。

此外,本节求解多目标规划的其他有关模糊函数的定下如下:

定义 6 设 U 是论域,$A \subseteq U$,$f: A \to \mathbf{R}$ 为 U 上的一个有界实值函数,令

$$M = \{x^* \mid f(x^*) = \max_{x \in A} f(x)\}$$

(10.16)

式(10.16)称 M 为 f 在 A 上的条件优越集,并称 $y^* = f(x^*)$,$x^* \in M$,为 f 在 A 上的条件极大值。而当 A 是模糊集时,引入 f 的模糊极大值定义。

模糊极大值的定义为:

定义 7 设 $f: U \to \mathbf{R}$ 为论域 U 的一个实值函数,引入 $M_f \in F(U)$,且

$$M_f(x) = \frac{f(x) - \min\limits_{y \in U} f(y)}{\max\limits_{y \in U} f(y) - \min\limits_{y \in U} f(y)}, \forall x \in U$$

(10.17)

称 M_f 为 f 的无条件模糊优越集,并称 $f(M_f) \in F(R)$ 为 f 的无条件模糊极大值,记为

$$f(M_f)(y) = \sup_{f(x) = y} M_f(x), \forall y \in \mathbf{R}$$

(10.18)

$f(M_f)(y)$ 反映的是在模糊意义下 y 对 f 的模糊极大值的隶属程度,根据模糊理论的最大隶属度原则,若能求得 x^*,使 $F(x^*) = \sup\limits_{x \in U} F(x)$,那么 x^* 的值就是目标函数在模糊约束条件下的最优解,而 $\mathbf{Z}^{**} = C\mathbf{x}^*$ 就是目标函数的最优值。因此,根据定义 4 和定义 5 可知,定义 1 中的多目标线性一般规划模型可以转化为如下数学模型:

$$\left.\begin{array}{l}\max(\lambda)\\ 1-\dfrac{1}{\theta_i}\left(Z_i^* - \sum_{j=1}^m c_{ij} x_{ij}\right) \geqslant \lambda, (i=1,2,\cdots,r)\\ \sum_{j=1}^m c_{kj} x_j \leqslant b_k, (k=1,2,\cdots,m)\\ \lambda \geqslant 0, x_j \geqslant 0, (j=1,2,\cdots,m)\end{array}\right\} \quad (10.19)$$

模型在最大隶属度下的最优解 $\boldsymbol{x}^*$ 和 $\boldsymbol{Z}^{**}$

$$\boldsymbol{x}^* = (x_1, x_2, \cdots, x_m)^{\mathrm{T}}$$
$$\boldsymbol{Z}^{**} = C\boldsymbol{x}^* = \left(\sum_{j=1}^m c_{1j} x_j^*, \sum_{j=1}^m c_{2j} x_j^*, \cdots, \sum_{j=1}^m c_{mj} x_j^*\right)^{\mathrm{T}} \quad (10.20)$$

10.4 基于隶属度的多目标优化模型实例求解

根据上一节讨论的多目标函数的求解方法,将上节中建立的多目标机队优化配置模型转换为关于隶属度 λ 的单目标模糊规划模型,并运用某航空公司的机队资源进行案例分析。

10.4.1 航空公司数据

本节仍然选取某航空公司的数据资源进行实例分析,根据10.3.3节对建立多目标机队规划问题的讨论,航空公司航线资源数据中的旅客需求是一组已知的正态分布,新的航线数据见表10-2。

表10-2 航线数据及机型溢出量

航线 j	航班频率 q_j	票价/元 P_j	平均值 u_j	标准差 δ_j	A320(152) Spill$_{1j}$	ERJ190(106) Spill$_{2j}$	ERJ145(50) Spill$_{3j}$
1	2	500	200	40	1	5	50
2	2	460	180	30	0	2	40
3	1	1 435	100	20	1	5	50
4	1	425	120	25	2	19	72
5	1	320	100	20	1	5	50
6	1	520	110	22	1	11	60
7	2	540	160	32	0	1	31
8	2	303	150	30	0	1	26
9	2	579	120	25	0	0	11
10	1	359	80	10	0	0	31
11	1	350	100	20	1	5	50
12	1	3 429	80	10	0	0	31
13	1	2 276	110	22	1	11	60

续 表

航线 j	航班频率 q_j	票价/元 P_j	平均值 u_j	标准差 δ_j	A320(152) Spill$_{1j}$	ERJ190(106) Spill$_{2j}$	ERJ145(50) Spill$_{3j}$
14	1	1 116	90	15	0	2	40
15	1	872	80	10	0	0	31
16	1	1 821	90	15	0	2	60
17	1	2 347	95	18	0	2	40
18	1	300	80	10	0	0	31
19	1	210	75	8	0	0	25
20	1	320	70	6	0	0	20
21	1	370	75	8	0	0	25
22	1	110	80	10	0	0	31
23	1	540	75	8	0	0	25
24	2	230	110	25	0	0	7
25	1	240	60	5	0	0	5
26	1	428	70	6	0	0	20
27	1	250	70	6	0	0	20
28	1	749	60	5	0	0	5
29	2	280	90	15	0	0	6
30	1	269	35	4	0	0	0
31	1	250	40	2	0	0	0
32	1	260	40	3	0	0	0
33	1	489	40	5	0	0	1
34	1	120	35	2	0	0	0
35	1	510	35	3	0	0	0
36	1	140	30	3	0	0	0
37	1	136	35	4	0	0	0
38	1	489	35	3	0	0	0
39	1	348	30	3	0	0	0

表10-2中各条航线上的票价和机型没有关系，票价 P_j 的取值则是基于该航空公司统计的近年来在夏秋季出售票价的平均值确定的。

表中三类机型飞各条航线的旅客溢出量 spill$_{ij}$ 已根据各条航线上旅客需求分布的平均值 u_j 和标准差 δ_j 计算得出。旅客的溢出人数可表示为

$$\text{spill}_{ij} = \int_{s_i}^{\infty} (D_j - s_i) f(D_j) \, \mathrm{d} D_j \tag{10.21}$$

式中，$f(D_j)$ 是航班 j 上旅客需求的概率分布函数，是关于平均值为 u_j、标准差为 δ_j 的正态分布。上述积分函数可用专业数学软件或计算器求出，也可用Excel模拟计算出该积分函数值，而且更加方便明了。以152座的A320执行第3条航线（天津—成都）航班任务为例，示范如何使用Excel计算旅客溢出情况。

步骤 1：根据表 10-2 中航线旅客分布的平均值和方差，分别在单元 A1、B1 中输入如下函数：

单元 A1：NORMINV(RAND( ),100,20)
单元 B1：IF(A1>152,A1-152,0)

单元 A1 中的 NORMINV 函数使平均值为 100、标准差为 20 的正态分布产生一个随机市场需求值，单元 B1 中 IF 的函数则是用来检查单元 A1 产生的需求值是否超过 152 座，如果超过，则将 A1 和 152 座的差值放在 B1（即旅客溢出量），否则旅客溢出量为 0。

步骤 2：将上述两个单元向下复制多次，以获得大量的随机分布值，并以 AVERAGE(B:B) 函数计算出 B 列的平均值，即预计的旅客溢出量。本节计算溢出值平均值时使用了 500 个随机参数，Excel 计算溢出值界面如图 10.1 所示。

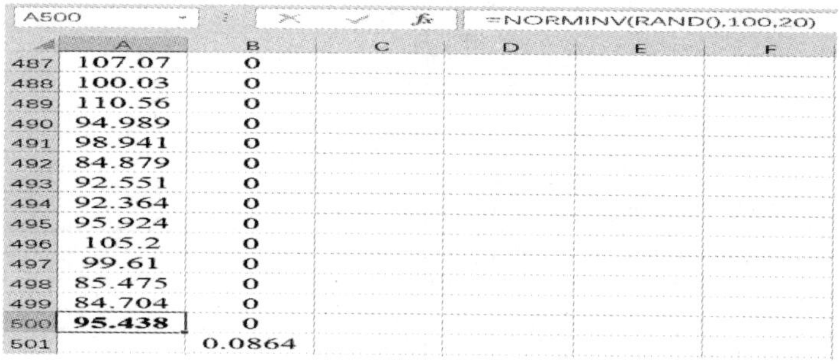

图 10.1　Excel 计算溢出值界面

从图 10.1 中可看出，152 座的 A320 的预计旅客溢出量为 0.086 4。同理可求 106 座的 ERJ190 在此航班上的旅客溢出值为 5，50 座的 ERJ145 溢出量高达 50，显然不符合此次航班旅客量的要求。

依照此方法，依次模拟计算出 A320、ERJ190、ERJ145 这三种机型分别执行 39 条航线航班任务时的旅客溢出情况，最终计算出的数据见表 10-2。

10.4.2　模型求解

根据 10.3.3 节中对引入隶属函数的多目标规划模糊线优化算法的介绍，本节将借用该种算法解决 10.3.1 中航空运输规划中产生的多目标规划问题。模型的求解按以下步骤进行：

步骤 1：将 10.3.1 中多目标优化分配模型中求最小值的目标函数转换成求最大值的目标函数

$$\max \begin{cases} Z'_0 = -Z_0 = -\sum_{i=1}^{n}\sum_{j=1}^{m}[(CT_i t_{ij} + CF \times WF_i t_{ij})x_{ij}q_j + p_j \text{spill}_{ij} x_{ij}] \\ Z'_j = -Z_j = -\sum_{i=1}^{n} s_i x_{ij} q_j - u_j \end{cases} \quad (10.22)$$

步骤 2：求出在约束条件[见式(10.13)]的限制下，每个目标函数的最优值 Z_0^*，Z_j^* ($j=1,2,\cdots,m$)。单个目标函数的求解方法和求解单目标机队规划时的方法一样，分别在 LINGO11.0 中输入模型并求解，目标 Z'_0 的求解过程截图和最优值如图 10.2、图 10.3 所示。

第10章 毕业论文中的高维多目标问题案例应用

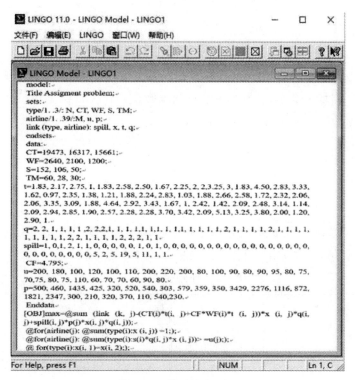

图 10.2 模型输入界面

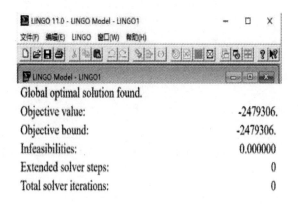

图 10.3 模型求解输出截图

求解得出单个目标 Z'_0 的最优解 $Z_0^* = -2\,479\,306$。同样,求出单个目标 Z'_j 的最优解为集合 $Z_j^* = \begin{pmatrix} -12, -32, -6, -32, -6, -42, -52, -62, -92, -6, -26, -42, -16, -26, -16, -11, -26, -31, -36, \\ -31, -26, -31, -102, -46, -36, -36, -46, -16, -15, -10, -10, -10, -15, -15, -20, -15, -15, -20 \end{pmatrix}$。

步骤 3:对每个最优值 Z_0^*、Z_j^* ($j=1,2,\cdots,m$),设定一个反映单个目标重要程度的伸缩

指标 $\theta_r(r=0,\cdots,m)$。在设定 θ_j 之前,要对步骤 2 中求解出的各个单目标函数最优值做进一步的处理:当求得第一个单目标 Z'_0 最优时,将最优值 Z_0^* 对应的最优解集 $X(i,j)$ 分别代入其他 j 个目标函数中,计算出此时各单目标的函数值,记为 $(Z_{01},Z_{02},Z_{03},\cdots,Z_{0j})$,同理,当求得第 $r(r=0,2,\cdots,m)$ 个单目标最优解时,将 Z_r^* 对应的最优解集分别带入 $Z'_0,Z'_1,\cdots,Z'_{r-1},Z'_{r+1},\cdots,Z'_m$ 目标函数中,计算出其各自的函数值。在多目标模型(10.12)中有 40 个单个目标函数 $Z'_0,Z'_1,\cdots,Z'_r$,因此经过上述计算,生成一个 40×40 的矩阵:

$$Z_{(m+1)\times(m+1)} = \begin{bmatrix} Z_{001} & Z_{002} & \cdots & Z_{039} \\ Z_{101} & Z_{102} & \cdots & Z_{139} \\ \cdots & \cdots & \cdots & \cdots \\ Z_{3901} & Z_{3902} & \cdots & Z_{3939} \end{bmatrix} \quad (10.23)$$

根据对伸缩性指标 θ_r 的定义,θ_r 的值为以上 40×40 矩阵中第 r 列最大值与最小值的绝对差。在本节的算例中,求得 40 组伸缩性指标 θ_r 的值,见表 10-3。

表 10-3 伸缩性指标 θ_r 的值

序 号	绝对值	序 号	绝对值	序 号	绝对值	序 号	绝对值
θ_1	2484501	θ_{11}	2484537	θ_{21}	2484540	θ_{31}	2484543
θ_2	2484533	θ_{12}	2484540	θ_{22}	2484526	θ_{32}	2484524
θ_3	2484534	θ_{13}	2484527	θ_{23}	2484529	θ_{33}	2484533
θ_4	2484542	θ_{14}	2484536	θ_{24}	2484532	θ_{34}	2484527
θ_5	2484536	θ_{15}	2484538	θ_{25}	2484519	θ_{35}	2484535
θ_6	2484532	θ_{16}	2484541	θ_{26}	2484528	θ_{36}	2484539
θ_7	2484524	θ_{17}	2484536	θ_{27}	2484510	θ_{37}	2484540
θ_8	2484532	θ_{18}	2484537	θ_{28}	2484506	θ_{38}	2484535
θ_9	2484541	θ_{19}	2484529	θ_{29}	2484526	θ_{39}	2484524
θ_{10}	2484535	θ_{20}	2484542	θ_{30}	2484535	θ_{40}	2484518

步骤 4:求出伸缩性指标 θ_r 的值后,根据定义 4 可得到一个对应的模糊目标集为

$$F_0(x) = \begin{cases} 0, & -\sum_{i=1}^{n}\sum_{j=1}^{m}[(\mathrm{CT}_i t_{ij} + \mathrm{CF}\times\mathrm{WF}_i t_{ij})x_{ij} + p_j\,\mathrm{spill}_{ij}\,x_{ij}] < z_0^* - d_0 \\ 1 - \dfrac{1}{d_0}(z_0 + -\sum_{i=1}^{n}\sum_{j=1}^{m}[(\mathrm{CT}_i t_{ij} + \mathrm{CF}\times\mathrm{WF}_i t_{ij})x_{ij} + p_j\,\mathrm{spill}_{ij}\,x_{ij}]) \\ 1, & -- \sum_{i=1}^{n}\sum_{j=1}^{m}[(\mathrm{CT}_i t_{ij} + \mathrm{CF}\times\mathrm{WF}_i t_{ij})x_{ij} + p_j\,\mathrm{spill}_{ij}\,x_{ij}] > z_0^* \end{cases}$$

(10.24)

$$F_j(x) = \begin{cases} 0, & -\sum_{i=1}^{n} s_i x_{ij} - u_j < z_j^* - d_j \\ 1 - \frac{1}{d_j}\left(z_j + \sum_{i=1}^{n} s_i x_{ij} - D_j\right), & z_j^* - d_j \leqslant -\sum_{i=1}^{n} s_i x_{ij} - D_j \leqslant z_j^* \\ 1, & -\sum_{i=1}^{n} s_i x_{ij} - u_j \geqslant z_j^* \end{cases} \quad (10.25)$$

根据定义 5 设置隶属度 λ 。

步骤 5：按照式(10.19)的结构将多目标函数[见式(10.22)]及约束条件[见式(10.12)]转换成新的数学模型为

$$\begin{cases} \max(\lambda) \\ 1 - \frac{1}{\theta_0}\left(z_j + \sum_{i=1}^{n} s_i x_{ij} - u_j\right) \geqslant \lambda \\ \sum_{i=1}^{n} x_{ij} = 1 \\ \sum_{i=1}^{n} s_i x_{ij} q_j \geqslant u_j \\ \sum_{i=1}^{n} t_{ij} x_{ij} q_j \leqslant \mathrm{TM}_i \\ x_{ij} = x_{ij*} \\ x_{ij} = \begin{cases} 1, \text{if } i = j \\ 0, \text{otherwise} \end{cases} \\ i \in N, j \in M, \lambda \geqslant 0 \end{cases} \quad (10.26)$$

步骤 6：求解式(10.24)。根据 10.2.3 小节中的论述可知，当求出式(10.24)中的最优解 λ^* 时，所对应的矩阵：

$$\boldsymbol{X}_{ij}^* = \begin{bmatrix} X_{11}^* & X_{12}^* & \cdots & X_{1m}^* \\ X_{21}^* & X_{22}^* & \cdots & X_{2m}^* \\ \cdots & \cdots & \cdots & \cdots \\ X_{n1}^* & X_{n2}^* & \cdots & X_{nm}^* \end{bmatrix} \quad (10.27)$$

即为多目标机队优化配置函数[见式(10.11)、式(10.12)]在约束条件[式(10.13)]下的最优解。

10.4.3　多目标优化结果分析

式(10.24)中的数学模型仍然可以借用 LINGO 软件进行求解，得到最大隶属度 $\lambda^* = 0.965$，对应的多目标的机队优化配置模型的最优解为 $Z_0^{**} = 2\,504\,671$，$\boldsymbol{Z}_j^{**} = \begin{bmatrix} 12,23,52,32,52,42,52,62,84,26,52,26,42,62,26,62,57,26,31, \\ 36,31,26,31,42,46,36,36,46,32,15,10,10,10,15,15,20,15,15,20 \end{bmatrix}$。优化后和优化前的方案对比见表 10-4。

表10-4 多目标优化方案对比

航线 j	航班频率 q_j	A320		ERJ190		ERJ145	
		原分配方案	优化后	原分配方案	优化后	原分配方案	优化后
1	2	1	0	0	1	0	0
2	2	1	0	0	1	0	0
3	1	1	1	0	0	0	0
4	1	1	1	0	0	0	0
5	1	1	1	0	0	0	0
6	1	1	1	0	0	0	0
7	2	1	0	0	1	0	0
8	2	1	0	0	1	0	0
9	2	1	1	0	0	0	0
10	1	1	0	0	1	0	0
11	1	1	0	0	1	0	0
12	1	1	0	0	1	0	0
13	1	1	1	0	0	0	0
14	1	1	1	0	0	0	0
15	1	1	0	0	1	0	0
16	1	1	1	0	0	0	0
17	1	1	1	0	0	0	0
18	1	0	0	1	1	0	0
19	1	0	0	1	1	0	0
20	1	0	1	1	0	0	0
21	1	0	0	1	1	0	0
22	1	0	0	1	1	0	0
23	1	0	0	1	1	0	0
24	2	0	1	1	0	0	0
25	1	0	0	1	1	0	0
26	1	0	0	1	1	0	0
27	1	0	0	1	1	0	0
28	1	0	0	1	1	0	0
29	2	0	0	0	0	1	1
30	1	0	0	0	0	1	1
31	1	0	0	0	0	1	1
32	1	0	0	0	0	1	1
33	1	0	0	0	0	1	1
34	1	0	0	0	0	1	1
35	1	0	0	0	0	1	1
36	1	0	0	0	0	1	1
37	1	0	0	0	0	1	1
38	1	0	0	0	0	1	1
39	1	0	0	0	0	1	1

根据表 10-4 的原分配方案,式(10.22)中的原运营成本 $Z_0 = 2\ 554\ 012$ 元,引入隶属度进行多目标模糊优化后,式(10.22)的成本降低至 $2\ 504\ 671$ 元,机队每天可节约成本 49 341 元,节约率为 1.93%。作为公共交通运输业的成员,航空企业每天都要执行航班任务以满足人们的出行需求,每天机队节省的开支日积月累也将是一笔巨大的资金。

此外,根据表 10-2 中旅客平均需求量和表 10-4 中不同座级机型的分配,可计算出 A320、ERJ190、ERJ145 在原分配方案和在优化后的方案中的平均客座率,计算结果见表 10-5。

表 10-5 机型平均客座率 单位:%

	A320	ERJ190	ERJ145
原分配方案	60.371 5	66.037 7	72.727 3
优化后方案	68.254 4	67.385 4	72.727 3

表 10-5 中 3 种机型的平均客座率优化结果非常明显,经过模糊函数优化后,A320 和 ERJ190 的客座率均得到了提高,由于 ERJ145 提供的座位数和 A320、ERJ190 的座位级相差较大,并且数量少,因此 ERJ145 可满足的航线市场相对较窄,但在一些旅客量相对较少的航线,ERJ145 执行该任务时能为机队节省成本。

10.5 本章小结

本章根据高维多目标问题、优化方法和模型建立等相关理论,对多目标优化问题的求解方法、求解步骤等进行了系统地描述,并以机队配置模型的建立和求解方法为实例,为交通运输专业本科毕业论文的问题提出、方法介绍、过程应用以及结果分析提供了明确的方向。

10.6 思考与练习题

1. 多目标优化模型的类型有哪些?
2. 简述最优化问题的求解过程。
3. 机队多目标优化配置的约束条件还可以增加哪些?
4. 多目标优化模型的最优解是什么?

第 11 章　相关规范要求

11.1　高等学校科学技术学术规范指南

11.1.1　基本准则

(1) 遵纪守法，弘扬科学精神

科技工作者应是先进生产力的开拓者，是科技知识和现代文明的传播者，科技工作者的言行在社会上具有较大的影响。科技工作者应当模范遵守我国的法律、法规，不得有任何危害国家安全和社会稳定、损害国家荣誉和利益的行为；应积极弘扬科学精神、传播科学思想和科学方法；正确对待各种自然现象，不得参与、支持任何形式的伪科学。

(2) 严谨治学，反对浮躁作风

科技工作者应坚持严肃、严格、严密的科学态度，要忠于真理、探求真知，自觉维护学术尊严和学者的声誉，不得虚报教学科研成果，反对投机取巧、粗制滥造、低水平重复等盲目追求数量不顾质量的浮躁作风和行为。在项目设计、数据资料采集分析、公布科研成果，以及确认同事、合作者和其他人员对科研工作的直接或间接贡献等方面，必须实事求是。研究人员有责任保证所搜集和发表数据的有效性和准确性。

科技工作者不应参加与本人专业领域不相干的成果鉴定、论文评阅或学位论文答辩等活动。

(3) 公开、公正，开展公平竞争

在保守国家秘密和保护知识产权的前提下，应公开科研过程和结果相关信息，追求科研活动社会效益最大化。开展公平竞争，对竞争者和合作者做出的贡献，应给予恰当认同和评价。在评议评价他人贡献时，必须坚持客观标准，避免主观随意。不得以各种不道德和非法手段阻碍竞争对手的科研工作，包括毁坏竞争对手的研究设备或实验结果，故意延误考察和评审时间，利用职权将未公开的科研成果和信息转告他人等。

(4) 相互尊重，发扬学术民主

尊重他人的知识产权，通过引证承认和尊重他人的研究成果和优先权，反对不属实的署名和侵占他人成果；尊重他人对自己科研假说的证实和辩驳，对他人的质疑采取开诚布公和不偏不倚的态度；要求合作者之间承担彼此尊重的义务，尊重合作者的能力、贡献和价值取向。

在各种学术评价活动中，要认真履行职责，发扬学术民主，实事求是，客观公正、不循私情，自觉抵制不良社会风气的影响，杜绝权学、钱学交易等腐败行为。

(5)以身作则,恪守学术规范

教师和科技工作者要向青年和学生积极倡导求真务实的学术作风,传播科学方法。要以德修身、率先垂范,用自己高尚的品德和人格力量教育和感染学生,引导学生树立良好的学术道德,帮助学生养成恪守学术规范的习惯。

学术规范既有普适性又有学科的特殊性。科技工作者应遵循相应学科的不同要求和学术共同体约定俗成的专业惯例。

11.1.2 查新和项目申请规范

(1)查新

任何研究工作都是在前人研究成果的基础上展开的,科技工作者有责任查阅前人已有的、已发表的研究成果。查新是科学研究工作的重要一环,通过它可以及时了解国内外相关同行的研究进展情况,有利于研究工作的优化,可以节省资源,避免低水平重复和少走弯路。同时,查新也是对前人研究成果和贡献的尊重。

查新要求做到对相关研究领域有全面充分的了解,知道已有研究的广度和深度以及存在的问题。通过查新进一步明确自己的研究目标和研究内容的价值,及时调整优化自己的研究工作。

问题与讨论:在课题立项或是成果鉴定时都要求有"查新",并以查新结果作为该课题或成果是否具有新颖性或创新性的重要依据。但现在的问题是:查新或检索的期刊、图书资料有一定的时限性,如 20 年。那么在 20 年以前就已经研究过的甚至已经解决的问题,就检索不到,还当成新的课题来立项研究或被鉴定成新的成果。查新的结论与所提供的检索词或检索式有很大关系,如加上一个地区或物种的限定,很可能使一项并不新颖的研究,被鉴定为创新性成果。你对这两个问题有什么看法?应当怎样解决?

(2)项目申请

科技工作者在科研项目(或课题,下同)申报或者接受委托时,必须对项目进行认真的调查研究和充分的可行性论证。选题应符合社会实践或学科本身发展的需要。在科研立项的有关材料中,应当对该项目国内外的研究现状、研究人员的科研水平和能力、项目的创新性、完成项目(课题)的学术价值,可能存在的问题和解决办法,预期经济效益或者项目目标、所需科研经费及有关技术指标等作出客观、真实的反映。在做好以上论证的基础上,写出明确具体的研究方案。不得故意隐瞒可能存在的重大问题。禁止故意夸大项目的学术价值和经济效益,禁止通过弄虚作假等不正当手段骗取项目。不得在资助申请书中伪造推荐人或合作者的签名,不得在任何场合以任何理由或方式为自己或他人提供职称、简历、获奖证明以及研究基础等方面的虚假信息,不得违反项目资助单位或管理单位的相关规定。

11.1.3 项目实施规范

(1)遵守项目下达(或资助)单位的有关规定

应按照项目计划书开展研究,不得擅自变更研究内容或者研究计划,对项目人员变动和研究计划、方案等重大修改,须事先征得项目资助单位的书面同意意见。需按项目资助单位的规定及时提交项目年度进展报告、结题报告或者研究成果报告等书面材料,不得提交弄虚作假的报告、伪造的原始记录或者相关材料;不得侵占、挪用项目资助经费;不得泄露国家秘密;不得滥用科研资源,不得用科研资源谋取不当利益和严重浪费科研资源。

(2)实施过程中坚持实事求是

科技工作者要忠实于观察、记录实验中所获得的原始数据,禁止随意对原始数据进行删裁取舍;不得为得出某种主观期望的结论而捏造、篡改、拼凑引用资料、研究结果或者实验数据,也不得投机取巧、断章取义,片面给出与客观事实不符的研究结论。利用统计学方法分析、规整和表述数据时,不得为夸大研究结果的重要性而滥用统计方法;不得有抄袭他人作品,剽窃他人的学术观点、学术思想或实验数据、调查结果等行为。

(3)科研协作与学术民主

开展科研协作有利于资源整合,提高研究效率。科技工作者应在平等自愿的基础上积极开展科研协作。在协作研究中,要互相谦让,互相帮助,要顾大局,讲团结,正确对待个人利益的得失。学术交流活动是科技工作者交流思想,启迪智慧的有效途径。在保密和保护知识产权的前提下,科技工作者应遵照数据共享、思想共享、理论共享和成果共享的科学公开原则,积极开展学术交流与讨论,接受学术界的检验。在学术交流活动中要发扬学术民主,尊重和包容不同的学术观点,要谦虚谨慎,据理说明,以理服人,反对学术霸权。

11.1.4 引文和注释规范

(1)引文

引用他人作品的,应当指明作者姓名、作品名称、作品来源;当事人另有约定或者由于作品使用方式的特性无法指明的除外。学术论文中所使用的他人研究成果,包括观点、结论、数据、公式、表格、图件、程序等必须在正文中标明并在注释或文后参考文献中注明文献出处;引文原则上应使用原始文献和第一手资料,凡转引他人成果,应注明转引出处;不得将未查阅过的文献转抄入自己的引文目录或参考文献目录中,不得为增加引证率而将自己(或他人)与本论题不相干的文献列入引文目录。在引用文献前应仔细阅读文献内容,了解清楚文献作者的研究方法、研究结果和结论以及这些结果结论与自己研究工作的关系,保证引用准确。引用时应尊重文献的原意,不可断章取义。直接引用需使用引号,间接引用应使用自己的语言来表述引文中的相关内容并加以标注。如直接引用超过一定篇幅,可采用改变排版方式等办法来更为清晰地加以区分。

引用他人成果应适度,引用的成果不应构成本人研究成果的主要部分或核心内容。不论以何种方式将别人成果作为自己研究成果的组成部分均将构成抄袭或剽窃。

(2)注释规范

注释是对论著正文中某一特定内容的进一步解释或补充说明,一般排印在该页地脚(脚注),注释用数字加圆圈标注(如①、②……),与正文对应;也可在正文中加括号,写明注文(夹注);还可以把注释集中于全文或全书末尾(尾注)。

11.1.5 学术成果的发表与后续工作规范

(1)发表

1)不得代写论文或成果造假。

由他人代写学术论文是学术不端行为。学术论文应该是作者亲自进行深入研究、周密思考、精心写作、反复核查后获得的创新性知识成果。如将由他人代写的学术论文用于发表、评奖、毕业和职称评定等活动将构成欺诈。科研成果应是科学研究的真实结果，不得造假或夸大。

2）不得一稿多投。

学术成果的发表应严格遵守《中华人民共和国著作权法》等法律法规，不得将同一研究成果提交多个出版机构出版或提交多个出版物同时评审和重复发表。不得将本质上相同的研究成果改头换面发表。

在未经正式出版的学术会议论文集上刊登的稿件，可以在正式刊物上发表。论文公开发表后收入论文集的，应注明论文的发表出处。

3）成果署名。

研究成果发表时，只有对研究成果做出实质性贡献（在从选题、设计、实验、计算到得出必要结论的全过程中完成重要工作）者，才有资格在论文上署名。对研究有帮助但无实质性贡献的人员和单位可在出版物中表示感谢，不应列入作者名单。对于确实在可署名成果（含专利）中做出重大贡献者，除应本人要求或保密需要外，不得以任何理由剥夺其署名权。对于合作研究的成果，应按照对研究成果的贡献大小，或根据学科署名的惯例或约定，确定合作成果完成单位和作者（专利发表人、成果完成人）署名顺序。署名人应对本人做出贡献的部分负责，发表前应由本人审阅并署名。反对不属实的署名和侵占他人成果。署名要用真实姓名，并附上真实的工作单位，以示文责自负。

4）申请专利。

申请专利要严格遵循《中华人民共和国专利法》《中华人民共和国专利法实施细则》和专利行政部门的相关规定。

在科研工作进行过程中或完成后，对有必要申请专利的内容，应按相关规定及时申请专利，在申请专利前不得发表导致有关技术内容公开的论文或进行成果鉴定。

科技工作者在履行本单位交付的任务中完成的或主要是利用本单位物质条件或名义完成的发明创造，属职务发明创造，申请专利的权利归所属法人单位。申请被批准后，专利权归所属的法人单位所有。

与他人合作或者接受他人委托完成的发明创造，申请专利的权利根据合同的约定确定，该合同必须事先经单位主管部门审核。

5）致谢。

在论文的末尾，应对成果完成过程中给予帮助的集体和个人表示感谢。致谢前应征得被致谢人的同意，致谢时应指出被致谢人的具体贡献。成果正式发表时应说明成果的资助背景。

（2）后续工作

1）纠正错误。

成果表述应客观。一旦发现作品（印刷中或已公开出版）中有疏漏或错误，作者有义务及时向相关人员和机构报告，根据错误性质实施有效补救措施（如勘误、补遗或撤回论文）。

2）反对炒作。

提出重大创新理论须提供确凿的事实根据和理论论证；对可能造成重大社会或环境影响的应用研究，必须进行科学和伦理两方面论证。未经严格科学验证或同行评议的研究结果，不得在公众媒体炒作，也不得草率地推广应用，以免造成科学资源的浪费和破坏性的社会后果。不得为未经严格科学检验的不成熟的科研成果做商业广告，误导消费，损害公众利益。

3)遵守有利后续研发原则。

在所承担的国家和单位科研课题或者科技项目完成后,不得故意隐瞒关键技术或者资料,故意妨碍后续研究与开发。技术成果的完成人应当保证单位能够充分、有效地使用该成果,禁止将研究成果(含专利)非法据为己有。

4)遵守保密原则。

科技工作者要做保守国家秘密的模范。在对内、对外的科技合作与交流及其他各种社会、经济活动中,要切实保守国家秘密和单位的技术秘密。

11.1.6 学术评价规范

(1)同行评议

同行评议是由同一学术共同体的专家学者来评定某特定学术工作的价值和重要性的一种评估方法,通常为一项有益于学术发展的公益服务,相关专家有义务参加同行评议活动。

(2)坚持客观、公正原则

科技工作者和有关科技管理机构在科研立项、科技成果的评审、鉴定、验收和奖励等活动中,应当本着对社会负责的科学态度,遵循客观、公正、准确的原则,给出详实的反馈意见,不可敷衍了事,更不可心存偏见。相关的评价结论要建立在充分的国内外对比数据或者检索证明材料基础上,对评价对象的科学、技术和经济内涵进行全面、实事求是的分析,不得滥用"国内先进""国内首创""国际先进""国际领先""填补空白"等抽象的用语。对未经规定程序进行验证或者鉴定的研究成果,不得随意冠以"重大科学发现""重大技术发明"或者"重大科技成果"等夸大性用语进行宣传、推广。对用不正当手段拔高或者贬低他人成果水平以及不认真负责、不实事求是、在评价活动及其结论中弄虚作假等行为,应当坚决制止。

科技工作者在技术开发、转让、咨询、服务等技术交易活动中,应当尊重诚实守信和互利的原则,遵循社会主义市场经济规则,如实反映项目的技术状况及相关内容,不得故意夸大技术价值,隐瞒技术风险。要严格履行技术合同的有关约定,保证科技成果转化的质量和应用的效益。

科技工作者不应担任不熟悉学科的评议专家。长期脱离本学科领域前沿而不能掌握最新趋势和进展的人员,不宜担任评议专家。

为保证评审的公正性,评议专家不得绕过评议组织机构而与评议对象直接接触,不得收取评议对象赠予的有碍公正评议的礼物或其他馈赠。

(3)执行回避和保密制度

评议专家与评议对象存在利益关系时,为保证评审的公正性,评议专家应遵守评审机构的相关规定采取回避或及时向评审组织机构申明利益关系,由评审机构决定是否应予以回避。

评议专家有责任保守评议材料秘密,不得擅自复制、泄露或以任何形式剽窃申请者的研究内容,不得泄露评议、评审过程中的情况和未经批准的评审结果。

11.1.7 学术批评规范

(1)实事求是,以理服人

学术批评前应仔细研读相应论文,熟知该论文的研究过程,并对其中的观点、方法做过深入的研究和思考,在有理有据的条件下提出学术批评,不得夸大歪曲事实或以偏概全。学术批评时应以学术为中心,以文本为依据,要以理服人,不得"上纲上线"或进行人身攻击。

(2)鼓励争鸣,促进繁荣

学术批评要讲民主,反对以势欺人和学术霸权,反对学术报复。要坚持"百花齐放、百家争鸣"的方针,提倡批评与反批评,促进学科发展。

11.1.8 附则

1)高等学校在调查和处理学术不端行为过程中,要查清事实,掌握证据,明辨是非,规范程序,正确把握政策界限。对举报人要提供必要的保护;对被调查人要维护其人格尊严和正当合法权益;对举报不实、受到不当指控的单位和个人要及时澄清并予以保护。

2)高等学校要将学术道德和学风建设作为深入贯彻落实科学发展观活动的重要内容,广泛开展学风建设的专题讨论,切实提高广大师生的学术自律意识。要把学术道德和学术规范作为教师培训尤其是新教师岗前培训的必修内容,并纳入本专科学生和研究生教育教学之中,把学风表现作为教师考评的重要内容,把学风建设绩效作为高校各级领导干部考核的重要方面,形成学术道德和学术规范教育的长效机制。

3)高等学校要通过校内报刊、电台、电视台、网络、宣传橱窗等各种有效途径和形式,广泛深入地开展学术道德宣传教育活动,发挥学术楷模的示范表率作用和学术不端行为典型案例的教育警示作用,努力营造以遵守学术道德为荣、以违反学术道德为耻的良好氛围。

4)各高校主管部门要认真履行职责,切实加强对所属高校学术不端行为处理工作的领导,制定必要的规章制度,推进高校学风建设工作。各省级教育行政部门对本行政区域内所有高校(含民办高校)学风建设工作进行指导和协调。

11.2 学位论文作假行为处理办法

第一条 为规范学位论文管理,推进建立良好学风,提高人才培养质量,严肃处理学位论文作假行为,根据《中华人民共和国学位条例》《中华人民共和国高等教育法》,制定本办法。

第二条 向学位授予单位申请博士、硕士、学士学位所提交的博士学位论文、硕士学位论文和本科学生毕业论文(毕业设计或其他毕业实践环节)(统称为学位论文),出现本办法所列作假情形的,依照本办法的规定处理。

第三条 本办法所称学位论文作假行为包括下列情形:

(一)购买、出售学位论文或者组织学位论文买卖的;

(二)由他人代写、为他人代写学位论文或者组织学位论文代写的;

(三)剽窃他人作品和学术成果的;

(四)伪造数据的;

(五)有其他严重学位论文作假行为的。

第四条 学位申请人员应当恪守学术道德和学术规范,在指导教师指导下独立完成学位论文。

第五条 指导教师应当对学位申请人员进行学术道德、学术规范教育,对其学位论文研究和撰写过程予以指导,对学位论文是否由其独立完成进行审查。

第六条 学位授予单位应当加强学术诚信建设,健全学位论文审查制度,明确责任、规范程序,审核学位论文的真实性、原创性。

第七条　学位申请人员的学位论文出现购买、由他人代写、剽窃或者伪造数据等作假情形的,学位授予单位可以取消其学位申请资格;已经获得学位的,学位授予单位可以依法撤销其学位,并注销学位证书。取消学位申请资格或者撤销学位的处理决定应当向社会公布。从做出处理决定之日起至少3年内,各学位授予单位不得再接受其学位申请。前款规定的学位申请人员为在读学生的,其所在学校或者学位授予单位可以给予开除学籍处分;为在职人员的,学位授予单位除给予纪律处分外,还应当通报其所在单位。

第八条　为他人代写学位论文、出售学位论文或者组织学位论文买卖、代写的人员,属于在读学生的,其所在学校或者学位授予单位可以给予开除学籍处分;属于学校或者学位授予单位的教师和其他工作人员的,其所在学校或者学位授予单位可以给予开除处分或者解除聘任合同。

第九条　指导教师未履行学术道德和学术规范教育、论文指导和审查把关等职责,其指导的学位论文存在作假情形的,学位授予单位可以给予警告、记过处分;情节严重的,可以降低岗位等级直至给予开除处分或者解除聘任合同。

第十条　学位授予单位应当将学位论文审查情况纳入对学院(系)等学生培养部门的年度考核内容。多次出现学位论文作假或者学位论文作假行为影响恶劣的,学位授予单位应当对该学院(系)等学生培养部门予以通报批评,并可以给予该学院(系)负责人相应的处分。

第十一条　学位授予单位制度不健全、管理混乱,多次出现学位论文作假或者学位论文作假行为影响恶劣的,国务院学位委员会或者省、自治区、直辖市人民政府学位委员会可以暂停或者撤销其相应学科、专业授予学位的资格;国务院教育行政部门或者省、自治区、直辖市人民政府教育行政部门可以核减其招生计划;并由有关主管部门按照国家有关规定对负有直接管理责任的学位授予单位负责人进行问责。

第十二条　发现学位论文有作假嫌疑的,学位授予单位应当确定学术委员会或者其他负有相应职责的机构,必要时可以委托专家组成的专门机构,对其进行调查认定。

第十三条　对学位申请人员、指导教师及其他有关人员做出处理决定前,应当告知并听取当事人的陈述和申辩。当事人对处理决定不服的,可以依法提出申诉、申请行政复议或者提起行政诉讼。

第十四条　社会中介组织、互联网站和个人,组织或者参与学位论文买卖、代写的,由有关主管机关依法查处。学位论文作假行为违反有关法律法规规定的,依照有关法律法规的规定追究法律责任。

第十五条　学位授予单位应当依据本办法,制定、完善本单位的相关管理规定。

第十六条　本办法自2013年1月1日起施行。

11.3　高等学校预防与处理学术不端行为办法

11.3.1　总则

第一条　为有效预防和严肃查处高等学校发生的学术不端行为,维护学术诚信,促进学术创新和发展,根据《中华人民共和国高等教育法》《中华人民共和国科学技术进步法》《中华人民共和国学位条例》等法律法规,制定本办法。

第二条　本办法所称学术不端行为是指高等学校及其教学科研人员、管理人员和学生,在科学研究及相关活动中发生的违反公认的学术准则、违背学术诚信的行为。

第三条　高等学校预防与处理学术不端行为应坚持预防为主、教育与惩戒结合的原则。

第四条　教育部、国务院有关部门和省级教育部门负责制定高等学校学风建设的宏观政策,指导和监督高等学校学风建设工作,建立健全对所主管高等学校重大学术不端行为的处理机制,建立高校学术不端行为的通报与相关信息公开制度。

第五条　高等学校是学术不端行为预防与处理的主体。高等学校应当建设集教育、预防、监督、惩治于一体的学术诚信体系,建立由主要负责人领导的学风建设工作机制,明确职责分工;依据本办法完善本校学术不端行为预防与处理的规则与程序。高等学校应当充分发挥学术委员会在学风建设方面的作用,支持和保障学术委员会依法履行职责,调查、认定学术不端行为。

11.3.2　教育与预防

第六条　高等学校应当完善学术治理体系,建立科学公正的学术评价和学术发展制度,营造鼓励创新、宽容失败、不骄不躁、风清气正的学术环境。

高等学校教学科研人员、管理人员、学生在科研活动中应当遵循实事求是的科学精神和严谨认真的治学态度,恪守学术诚信,遵循学术准则,尊重和保护他人知识产权等合法权益。

第七条　高等学校应当将学术规范和学术诚信教育,作为教师培训和学生教育的必要内容,以多种形式开展教育、培训。教师对其指导的学生应当进行学术规范、学术诚信教育和指导,对学生公开发表论文、研究和撰写学位论文是否符合学术规范、学术诚信要求,进行必要的检查与审核。

第八条　高等学校应当利用信息技术等手段,建立对学术成果、学位论文所涉及内容的知识产权查询制度,健全学术规范监督机制。

第九条　高等学校应当建立健全科研管理制度,在合理期限内保存研究的原始数据和资料,保证科研档案和数据的真实性、完整性。高等学校应当完善科研项目评审、学术成果鉴定程序,结合学科特点,对非涉密的科研项目申报材料、学术成果的基本信息以适当方式进行公开。

第十条　高等学校应当遵循学术研究规律,建立科学的学术水平考核评价标准、办法,引导教学科研人员和学生潜心研究,形成具有创新性、独创性的研究成果。

第十一条　高等学校应当建立教学科研人员学术诚信记录,在年度考核、职称评定、岗位聘用、课题立项、人才计划、评优奖励中强化学术诚信考核。

11.3.3　受理与调查

第十二条　高等学校应当明确具体部门,负责受理社会组织、个人对本校教学科研人员、管理人员及学生学术不端行为的举报;有条件的,可以设立专门岗位或者指定专人,负责学术诚信和不端行为举报相关事宜的咨询、受理、调查等工作。

第十三条　对学术不端行为的举报,一般应当以书面方式实名提出,并符合下列条件:

(一)有明确的举报对象;

(二)有实施学术不端行为的事实;

(三)有客观的证据材料或者查证线索;

以匿名方式举报,但事实清楚、证据充分或者线索明确的,高等学校应当视情况予以受理。

第十四条 高等学校对媒体公开报道、其他学术机构或者社会组织主动披露的涉及本校人员的学术不端行为,应当依据职权,主动进行调查处理。

第十五条 高等学校受理机构认为举报材料符合条件的,应当及时做出受理决定,并通知举报人。不予受理的,应当书面说明理由。

第十六条 学术不端行为举报受理后,应当交由学校学术委员会按照相关程序组织开展调查。学术委员会可委托有关专家就举报内容的合理性、调查的可能性等进行初步审查,并做出是否进入正式调查的决定。决定不进入正式调查的,应当告知举报人。举报人如有新的证据,可以提出异议。异议成立的,应当进入正式调查。

第十七条 高等学校学术委员会决定进入正式调查的,应当通知被举报人。被调查行为涉及资助项目的,可以同时通知项目资助方。

第十八条 高等学校学术委员会应当组成调查组,负责对被举报行为进行调查;但对事实清楚、证据确凿、情节简单的被举报行为,也可以采用简易调查程序,具体办法由学术委员会确定。调查组应当不少于3人,必要时应当包括学校纪检、监察机构指派的工作人员,可以邀请同行专家参与调查或者以咨询等方式提供学术判断。被调查行为涉及资助项目的,可以邀请项目资助方委派相关专业人员参与调查组。

第十九条 调查组的组成人员与举报人或者被举报人有合作研究、亲属或者导师学生等直接利害关系的,应当回避。

第二十条 调查可通过查询资料、现场查看、实验检验、询问证人、询问举报人和被举报人等方式进行。调查组认为有必要的,可以委托无利害关系的专家或者第三方专业机构就有关事项进行独立调查或者验证。

第二十一条 调查组在调查过程中,应当认真听取被举报人的陈述、申辩,对有关事实、理由和证据进行核实;认为必要的,可以采取听证方式。

第二十二条 有关单位和个人应当为调查组开展工作提供必要的便利和协助。举报人、被举报人、证人及其他有关人员应当如实回答询问,配合调查,提供相关证据材料,不得隐瞒或者提供虚假信息。

第二十三条 调查过程中,出现知识产权等争议引发的法律纠纷的,且该争议可能影响行为定性的,应当中止调查,待争议解决后重启调查。

第二十四条 调查组应当在查清事实的基础上形成调查报告。调查报告应当包括学术不端行为责任人的确认、调查过程、事实认定及理由、调查结论等。学术不端行为由多人集体做出的,调查报告中应当区别各责任人在行为中所发挥的作用。

第二十五条 接触举报材料和参与调查处理的人员,不得向无关人员透露举报人、被举报人个人信息及调查情况。

(四)认定。

第二十六条 高等学校学术委员会应当对调查组提交的调查报告进行审查;必要的,应当听取调查组的汇报。学术委员会可以召开全体会议或者授权专门委员会对被调查行为是否构成学术不端行为以及行为的性质、情节等作出认定结论,并依职权作出处理或建议学校作出相应处理。

第二十七条　经调查,确认被举报人在科学研究及相关活动中有下列行为之一的,应当认定为构成学术不端行为:

(一)剽窃、抄袭、侵占他人学术成果;

(二)篡改他人研究成果;

(三)伪造科研数据、资料、文献、注释,或者捏造事实、编造虚假研究成果;

(四)未参加研究或创作而在研究成果、学术论文上署名,未经他人许可而不当使用他人署名,虚构合作者共同署名,或者多人共同完成研究而在成果中未注明他人工作、贡献;

(五)在申报课题、成果、奖励和职务评审评定、申请学位等过程中提供虚假学术信息;

(六)买卖论文、由他人代写或者为他人代写论文;

(七)其他根据高等学校或者有关学术组织、相关科研管理机构制定的规则,属于学术不端的行为。

第二十八条　有学术不端行为且有下列情形之一的,应当认定为情节严重:

(一)造成恶劣影响的;

(二)存在利益输送或者利益交换的;

(三)对举报人进行打击报复的;

(四)有组织实施学术不端行为的;

(五)多次实施学术不端行为的;

(六)其他造成严重后果或者恶劣影响的。

11.3.4　学术不端处理

第二十九条　高等学校应当根据学术委员会的认定结论和处理建议,结合行为性质和情节轻重,依职权和规定程序对学术不端行为责任人作出如下处理:

(一)通报批评;

(二)终止或者撤销相关的科研项目,并在一定期限内取消申请资格;

(三)撤销学术奖励或者荣誉称号;

(四)辞退或解聘;

(五)法律、法规及规章规定的其他处理措施。同时,可以依照有关规定,给予警告、记过、降低岗位等级或者撤职、开除等处分。学术不端行为责任人获得有关部门、机构设立的科研项目、学术奖励或者荣誉称号等利益的,学校应当同时向有关主管部门提出处理建议。学生有学术不端行为的,还应当按照学生管理的相关规定,给予相应的学籍处分。学术不端行为与获得学位有直接关联的,由学位授予单位作暂缓授予学位、不授予学位或者依法撤销学位等处理。

第三十条　高等学校对学术不端行为作出处理决定,应当制作处理决定书,载明以下内容:

(一)责任人的基本情况;

(二)经查证的学术不端行为事实;

(三)处理意见和依据;

(四)救济途径和期限;

(五)其他必要内容。

第三十一条　经调查认定,不构成学术不端行为的,根据被举报人申请,高等学校应当通过一定方式为其消除影响、恢复名誉等。

调查处理过程中,发现举报人存在捏造事实、诬告陷害等行为的,应当认定为举报不实或者虚假举报,举报人应当承担相应责任。属于本单位人员的,高等学校应当按照有关规定给予处理;不属于本单位人员的,应通报其所在单位,并提出处理建议。

第三十二条　参与举报受理、调查和处理的人员违反保密等规定,造成不良影响的,按照有关规定给予处分或其他处理。

11.3.5　复核

第三十三条　举报人或者学术不端行为责任人对处理决定不服的,可以在收到处理决定之日起30日内,以书面形式向高等学校提出异议或者复核申请。异议和复核不影响处理决定的执行。

第三十四条　高等学校收到异议或者复核申请后,应当交由学术委员会组织讨论,并于15日内做出是否受理的决定。决定受理的,学校或者学术委员会可以另行组织调查组或者委托第三方机构进行调查;决定不予受理的,应当书面通知当事人。

第三十五条　当事人对复核决定不服,仍以同一事实和理由提出异议或者申请复核的,不予受理;向有关主管部门提出申诉的,按照相关规定执行。

11.3.6　监督

第三十六条　高等学校应当按年度发布学风建设工作报告,并向社会公开,接受社会监督。

第三十七条　高等学校处理学术不端行为推诿塞责、隐瞒包庇、查处不力的,主管部门可以直接组织或者委托相关机构查处。

第三十八条　高等学校对本校发生的学术不端行为,未能及时查处并做出公正结论,造成恶劣影响的,主管部门应当追究相关领导的责任,并进行通报。

高等学校为获得相关利益,有组织实施学术不端行为的,主管部门调查确认后,应当撤销高等学校由此获得的相关权利、项目以及其他利益,并追究学校主要负责人、直接负责人的责任。

11.3.7　附则

第三十九条　高等学校应当根据本办法,结合学校实际和学科特点,制定本校学术不端行为查处规则及处理办法,明确各类学术不端行为的惩处标准。有关规则应当经学校学术委员会和教职工代表大会讨论通过。

第四十条　高等学校主管部门对直接受理的学术不端案件,可自行组织调查组或者指定、委托高等学校、有关机构组织调查、认定。对学术不端行为责任人的处理,根据本办法及国家有关规定执行。

教育系统所属科研机构及其他单位有关人员学术不端行为的调查与处理,可参照本办法执行。

第四十一条　本办法自2016年9月1日起施行。

教育部此前发布的有关规章、文件中的相关规定与本办法不一致的,以本办法为准。

11.4 中华人民共和国国家标准学位论文编写规则

1. 范围

本标准规定了学位论文的撰写格式和要求,以利于学位论文的收集、存储、处理、加工、检索、传播。

本标准适用于手稿、印刷本、缩微复制品、文本型、电子版等形式的学位论文。

2. 规范性引用文件

下列文件中的条款通过本标准的引用而成为本标准的条款。凡是注日期的引用文件,其随后所有的修改单(不包括勘误的内容)或修订版均不适用于本标准,然而,鼓励根据本标准达成协议的各方研究是否可使用这些文件的最新版本。凡是不注日期的引用文件,其最新版本适用于本标准。

GB/T 788　图书杂志开本及其幅面尺寸

GB/T 2260　中华人民共和国行政区划代码

GB 3100　国际单位制及其应用

GB 3101　有关量、单位和符号的一般原则

GB 3102.1　空间和时间的量和单位

GB 3102.2　周期及其有关现象的量和单位

GB 3102.3　力学的量和单位

GB 3102.4　热学的量和单位

GB 3102.5　电学和磁学的量和单位

GB 3102.6　光及有关电磁辐射的量和单位

GB 3102.7　声学的量和单位

GB 3102.8　物理化学和分子物理学的量和单位

GB 3102.9　原子物理学和核物理学的量和单位

GB 3102.10　核反应和电离辐射的量和单位

GB 3102.11　物理科学和技术中使用的数学符合

GB 3102.12　特征数

GB 3102.13　固体物理学的量和单位

GB/T 3469　文献类型与文献载体代码

GB/T 3793　检索期刊文献条目著录规则

GB/T 4480　语种名称代码

GB 6447　文摘编写规则

GB 6864　中华人民共和国学位代码

GB/T 7156　文献保密等级代码与标识

GB/T 7408　日期和时间表示法

GB/T 7714　文后参考文献著录规则

GB 12450　图书书名页
GB 12451　图书在版编目数据
GB/T 13417　科学技术期刊目次表
GB/T 13745　学科分类与代码
GB/T 14706　校对符号及其用法
GB/T 15416　中国科学技术报告编号

3. 术语和定义

下列术语和定义适用于本标准。

(1) 学位论文 Dissertation

学位论文是标明作者从事科学研究取得的创造性成果和创新见解，并以此为内容撰写的、作为提出申请授予相应的学位评审用的学术论文。

注1：学士论文表明作者较好地掌握了本门学科的基础理论、专门知识和基础技能，并具有从事科学研究工作或承担专门技术工作的初步能力。

注2：硕士论文表明作者在本门学科上掌握了坚实的基础理论和系统的专门知识，对所研究课题有新的见解，并具有从事科学研究工作或独立承担专门技术工作的能力。

注3：博士论文表明作者在本门学科上掌握了坚实宽广的基础理论和系统深入的专门知识，在科学和专门技术上做出了创造性的成果，并具有独立从事科学研究工作的能力。

(2) 封面 Cover

封面是论文的外表面，提供应有的信息，并起保护作用。

(3) 题名页 Title Page

题名页是论文的内封面，置于封二或衬页之后，正文之前。著录内容包括封面内容外的其他数据，内容比封面更为详细。

(4) 摘要 Abstract

摘要，也称提要。是以第三人称的，提供论文内容梗概为目的，不加评论和补充的解释，简明扼要记述论文重要内容的短文。

(5) 文摘页 Abstract Page

文摘页是题录（包括关键词、分类号）和论文摘要的总和，单独编页。为便于国际交流，摘要包括中英文。

(6) 目次页 Content Page

目次页是论文中内容标题的集合。包括引言（前言）、内容、小结、引文参考文献、参考文献、注释、索引等。

(7) 参考文献 Reference

参考文献是为撰写或编辑论文而引用的有关文献信息资源。有具体的文献来源。

(8) 注释 Note

注释是为论文中的字、词或短语作进一步说明的文字，没有具体的文献来源。一般放在该页下的"脚注"处，或集中放在参考文献之后。

(9) 文献类型 Document Type

文献类型是传统文献的分类。学位论文的代码为"D"。

(10) 文献载体 Document Carrier

文献载体是指纪录文字、图像的不同材质。纸制的载体为"P"。

4. 一般要求

1）学位论文的内容应完整、准确；

2）学位论文应采用国家正式公布实施的简化汉字和法定的计量单位。

3）学位论文中采用的术语、符号、代号全文必须统一，并符合规范化的要求。论文中使用新的专业术语、缩略语、习惯用语，应加以注释。国外新的专业术语、缩略语，必须在译文后用圆括号注明原文。

4）学位论文中文稿必须用白色稿纸撰写或打字，外文稿必须用打字。论文宜用 A4 纸（210 mm×197 mm）标准大小的白纸，应便于阅读、复制和拍摄缩微制品。

5）学位论文稿纸四周应留足空白边缘，以便装订、复制和读者批注。每一面的上方（天头）和左侧（订口）应分别留边 25 mm 以上，下方（地脚）和右侧（切口）应分别留边 20 mm 以上。

6）学位论文的插图、照片必须确保能复制或缩微。

7）学位论文的页码，从"绪论"数起（包括绪论、正文、参考文献、附录、致谢等），用阿拉伯数字编连续码；文摘页、目次页、插图和附表清单、符号和缩略词说明等用阿拉伯数字单独编连续码。

5. 要素

(1) 前置部分

1）封面。

a. 学位论文应有封面

b. 学位论文封面包括以下要素

——分类号

根据论文中主题内容，对照分类法选取中图分类号、学科分类号、国际十字分类号（UDC），著录在左上角。中图分类号一般选取 1~2 个，学科分类号标注 1 个。中图分类号参照《中国图书资料分类法》《中国图书馆分类法》，学科分类号参照《学科分类与代码》(GB/T 13745)。

示例：中图分类号 G250.7 学科分类号 870.3055

——论文编号

由单位代码和年份（后两位）及四位序号组成。

示例：ISTIC 03－0034（中国科学技术信息研究所 2003 年第 0034 号学位论文）

——密级

按国家规定的保密等级及代码，在右上角论文编号下注明。（参见 GB 7156）

——学位授予单位

指授予学位的机构。

——学位论文名称

按照《中华人民共和国学位条例暂行实施办法》的规定进行标注。如：学士学位论文、硕士学位论文、博士学位论文等。

——题名

标注在学位论文名称下明显位置。题名以简明的词语反映论文最重要的特定内容（不超过20字),应避免使用不常用缩略词、首字母缩写字、字符、代号和公式等。

题名用词必须考虑有助于选定关键词和编制题录、文摘等二次文献,可以提供检索用的特定实用信息。

在整篇学位论文中的不同地方出现时,题名应完全相同。学位论文如是基金资助项目,应将基金注释在题名所在页下"地脚"位置。

——责任者姓名

责任者包括论文的作者、作者的导师、评阅人、答辩会主席等。必要时可注明个人责任者的姓名、职称、学位、学习工作单位、地址与邮编。

如责任者姓名有必要附注汉语拼音时,必须遵照国家规定,即姓在名前,名连成一词,不加连字符,不缩写。

——工作完成日期

包括论文提交日期,学位论文答辩日期,学位授予日期,出版部门收到日期(必要时)等。

——出版项

出版地及出版者名称,出版年、月、日(必要时)等。

2) 封二。

学位论文的封二可作为封面标识项目的延续,如版权规定,其他应注明项目等。

3) 题名页。

题名页是对学位论文进行著录的依据。

题名页置于封二和衬页之后,另页起。

题名页著录内容除包括封面上的中图分类号＊、学科分类号＊、论文编号、密级＊、授予学位单位＊、学位论文名称＊、论文题名＊、作者姓名＊、导师姓名＊、出版单位＊、出版印刷日期＊数据外,还包括关键词＊、资助基金项目＊、学习单位＊、学科名称＊、研究方向＊、学制＊、论文提交日期＊、申请学位级别＊、导师职称＊、授予学位名称＊、工作单位＊ 等数据。

a. 关键词。

关键词是为用户查找文献,从文中选取出来用以揭示全文主题内容的一组语词或术语。每篇论文可选3~8个关键词。关键词排在出版单位的左上方,应尽量采用词表中的规范词。

b. 资助基金项目。

指论文产生的资助背景,属于论文题名注释,可著录在题名所在页下的"地脚"位置。

示例:国家自然科学基金资助项目(59637050)

c. 培养单位。

指培养学位申请人的单位或学校。

d. 学科名称。

指学位申请人主修学科的名称,参照国务院学位委员会办公室、教育部颁布的《授予博士、硕士学位和培养研究生的学科目录》。

e. 研究方向。

指学位申请人学习时研究的课题。

f. 申请学位级别。

指按《中华人民共和国学位条例暂行实施办法》规定的名称进行申请的学位级别。如文学学士、医学硕士、工学博士等。(参照GB 6864)

g. 授予学位名称。

指答辩委员会通过，并经有关部门批准的学位。（参照 GB 6864）

4）序或前言。

序或前言并非必要。学位论文的序，一般是作者或他人对本篇论文基本特征的简介，如说明研究工作缘起、背景、主旨、目的、意义、编写体例，以及资助、支持、协作经过等；也可以评述和对相关问题发表意见。这些内容也可以在正文引言中说明。

5）摘要。

a. 摘要是学位论文的内容不加注释和评论的简短陈述。一般另页置于题名页之后。

b. 学位论文应有摘要，为了国际交流，还应有外文（多用英文）摘要。

c. 摘要应具有独立性和自含性，即不阅读论文的全文，就能获得必要的信息。摘要中有数据、有结论，是一篇完整的短文，可以独立使用，可以引用。摘要的内容应包含与报告、论文等同量的主要信息，供读者确定有无必要阅读全文，也可供二次文献（文摘等）采用。摘要一般应说明研究工作目的、实验方法、结果和最终结论等，重点是结果和结论。

d. 中文摘要一般不宜超过 200~300 字，外文摘要不宜超 250 个实词。如遇特殊需要字数可以略多。

e. 除了实在无变通办法可用以外，摘要中不用图、表、化学结构式、非公知公用的符号和术语。

6）关键词。

关键词是为了文献标引而从学位论文中选取出来的用以表示全文主题内容信息款目的单词或术语。每篇论文选取 3~8 个关键词，用显著的字符另起一行，排在摘要的左下方。如有可能，尽量采用《汉语主题词表》等词表提供的规范词。

7）目次页。

学位论文应有目次页，排在序和前言之后，另起页。

目次页每行均由标题名称和页码组成，包括引言（或前言），主要内容的篇、章、条、款、项序号和标题，小结，（引文）参考文献、注释、附录，可供参考的文献题录、索引等。

8）图和附表清单。

论文中如图表较多，可以分别列出清单置于目次页之后。图的清单应有序号、图题和页码。表的清单应有序号、表题和页码。

9）符号、标志、缩略词、首字母缩写、计量单位、名词、术语等的注释表符号、标志、缩略词、首字母缩写、计量单位、名词、术语等的注释说明，如需汇集，可集中置于图表清单之后。

10）为了国际交流，摘要、关键词、分类号和目次页，均应有与中文对应的英文译文。

(2) 主体部分

1）引言（或绪论）。

引言（或绪论）简要说明研究工作的目的、范围、相关领域的前人工作和知识空白、理论基础和分析、研究设想、研究方法和实验设计、预期结果和意义等。应言简意赅，不要与摘要雷同，不要成为摘要的注释。一般教科书中有的知识，在引言中不必赘述。

学位论文为了需要反映出作者确已掌握了坚实的基础理论和系统的专门知识，具有开阔的科学视野，对研究方案作了充分论证，因此，有关历史回顾和前人工作的综合评述，以及理论分析等，可以单独成章，用足够的文字叙述。

2)正文。

正文是学位论文的核心部分,占主要篇幅,可以包括:调查对象、实验和观测方法、仪器设备、材料原料、实验和观测结果、计算方法和编程原理、数据资料、经过加工整理的图表、形成的论点和导出的结论等。

由于研究工作涉及的学科、选题、研究方法、工作进程、结果表达方式等有很大的差异,对正文内容不能作统一的规定。但是,必须实事求是,客观真切,准确完备,合乎逻辑,层次分明,简练可读。

3)图。

图包括曲线图、构造图、示意图、图解、框图、流程图、纪录图、布置图、地图、照片、图版等。图应具有"自明性",即只看图、图题和图例,不阅读正文,就可理解图意。图应有编号。

图的编号由"图"和从1开始的阿拉伯数字组成,例如"图1""图2"等。图的编号应一直连续到附录之前,并与章、条和表的编号无关。只有一幅图时,仍应标为"图1"。

图宜有图题,并置于图的编号之后,图的编号和图题应置于图下方的居中位置。

曲线图的纵横坐标必须标注"量、标准规定符号、单位"。此三者只有在不必要标明(如无量纲等)的情况下方可省略。坐标上标注的量的符号和缩略词必须与正文中一致。

照片图要求主题和主要显示部分的轮廓鲜明,便于制版。如用放大缩小的复制品,必须清晰,反差适中。照片上应有表示目的物尺寸的标度。

4)表。

表的编排,一般是内容和测试项目由左至右横读,数据依序竖读。表应有自明性。

表应有编号,表的编号由"表"和从1开始的阿拉伯数字组成,例如"表1""表2"等。表的编号应一直连续到附录之前,并与章、条和图的编号无关。只有一个表时,仍应标为"表1"。

表宜有表题,表题即表的名称,置于表的编号之后。

表的编号和表题应置于表上方的居中位置。

如某个表需要转页接排,在随后的各页上应重复表的编号。编号后跟表题(可省略)和"(续)",如下所示:表1(续),续表均应重复表头和关于单位的陈述。

5)结论。

论文的结论是最终的、总体的结论,不是正文中各段的小结的简单重复。结论应该准确、完整、明确、精练。

如果不可能导出应有的结论,也可以没有结论而进行必要的讨论。可以在结论或讨论中提出建议、研究设想、仪器设备改进意见、尚待解决的问题等。

6)参考文献。

参考文献是文中引用的有具体文字来源的文献集合。按照 GB 7714《文后参考文献著录规则》的规定执行。

7)注释。

注释可作为脚注在页下分散著录,但切忌在文中注释。

8)附录。

a. 附录是作为论文主体的补充项目,并不是必须的。

b. 下列内容可以作为附录编于论文后:

——为了整篇论文材料的完整,但编入正文又有损于编排的条理和逻辑性,这一材料包括比正文更为详尽的信息、研究方法和技术更深入的叙述,建议可以阅读的参考文献题录,对了解正文内容有用的补充信息等。

——由于篇幅过大或取材于复制品而不便于编入正文的材料。

——不便于编入正文的罕见珍贵资料。

——对一般读者并非必要阅读,但对本专业同行有参考价值的资料。

——某些重要的原始数据、数学推导、计算程序、框图、结构图、注释、统计表、计算机打印输出件等。

(3)结尾部分(必要时)

1)可供参考的文献题录,也可作为附录处理。

2)可以编排分类索引、著者索引、关键词索引等。

3)后记、致谢。

一般在正文之后,包括内容如下:

——对国家科学基金、资助研究工作的奖学金基金、合同单位、资助或支持的企业、组织或个人。

——对协助完成研究工作和提供便利条件的组织或个人。

——对在研究工作中提出建议和提供帮助的人。

——对给予转载和引用权的资料、图片、文献、研究思想和设想的所有者。

——对其他应感谢的组织和个人。

4)导师简介。

包括姓名、性别、出生年月日、民族、出生地;学位、职称;学历、工作经历(职务);著作与成就;联系方式等。

5)作者简介。

包括姓名、性别、出生年月日、民族、出生地;学位、职称;学历、工作经历(职务);著作与成就;联系方式等。

(4)学位论文数据集

相当于版权页,由反映学位论文主要内容的数据组成,共37项:

A1 关键词*,A2 受控主题词*,A3 中图分类号*,A4 学科分类号*,A5 论文编号*,A6 密级*,A7 资助基金项目;

B1 学位授予单位*,B2 申请学位级别*,B3 论文题名*,B4 交替题名*,B5 论文语种*;

C1 资源形式*,C2 资源标识*;

D1 作者姓名*,D2 培养单位(或机构)名称*,D3 培养单位(或机构)代码*;

E1 专业名称*,E2 研究方向*,E3 学制*,E4 论文提交日期,E5 著者声明;

F1 导师*,F2 职称*,F3 导师所属学校(或机构)*;

G1 地址,G2 邮编;

H1 答辩会主席,H2 评阅人,H3 答辩会成员,H4 答辩日期;

I1 电子版论文出版(发布)者,I2 电子版论文出版(发布)地;

J1 授予学位名称*,J2 授予年*,J3 论文总页数,J4 开本。

注:有星号*者为必选项,共24项。

6.编排格式

(1)目次

目次中章、条的编号和绪论、附录等均顶格排。章、条的标题及附录等的标题与前面的内容之间空一个字的间隙。前言、章、条等与页码之间用"……"连接,页码不用括号。目次所列内容回行时顶格排。

(2)章、条、段

章、条的编号顶格排,编号与标题或文字之间空一个字的间隙。章的标题占两行。段的文字空两个字起排,回行时顶格排。

(3)公式

论文中的公式应另起一行居中排,较长的公式尽可能在等号处回行,或者在"＋""－"等符号处回行。公式中分数线的横线,长短要分清,主要的横线应与等号取平。

公式的编号右端对齐,公式与编号之间用"……"连接,公式下面的"式中:"空两个字起排,单独占一行。公式中所要解释的符号按先左后右,先上后下的顺序分行空两个字排,再用破折号与释文连接,回行时与上一行释文对齐。上下行的破折号对齐。

(4)附录

附录编号、附录标题各占一行,置于附录条文之上居中位置。

每一个附录应另起一面,以后各个附录通常另起一面,如果有多个较短的附录,也可接排。

(5)参考文献

参考文献应另起一页,参考文献中所列文件均空两个字起排,回行时顶格排,每个文件之后不加标点符号。

(6)幅面

文本型学位论文宜采用 GB/T 788 规定的 A 系列规格纸张的 A4 幅面(210 mm× 297 mm)。在特殊情况下(如图样、表不能缩小时),论文幅面允许根据实际需要延长和加宽。

11.5 毕业论文中不同标点符号的用法

1)小圆点儿的句号(.)与小圆圈的句号(。)有什么不同?

小圆点的句号与小圆圈的句号都能用来表示陈述句末尾的停顿,但小圆圈的句号是句号的基本形式,小圆点的句号只是句号的补充形式。小圆点的句号主要用在科技文献及外语文献中,以避免句号同字母 o 及数字 0 混淆。

2)"但是"之前可否用句号?

用于"虽然…… 但是……""只管…… 但是…… "两种句式中的时候,"但是"之前不能用句号。其他情况下,可以用句号,也可以不用句号,视具体情况而定。

3)选择问句怎样用问号?

一般的情况是,选择项之间用逗号,问号用在最后一个选择项之后。

如果要强调每个选择项的独立性,可以在每个选择项后都用问号,这时这几个选择项构成一个句群。

4)用问号应该注意什么?

有疑问词的句子不一定都用问号。疑问词也可以用在非疑问句中,所以不能单凭有无疑问词来判断一个句子是不是疑问句,该不该用问号。

倒装句中,问号应该放在全句的末尾。

5) 问号和叹号是否可以并用?

问号和叹号是两种不同的标点,问号表示疑问,叹号表示感叹,各有各的作用,从原则上说不宜并用。但语言中的疑问和感叹有时有交叉,于是就产生了问号和叹号的并用。疑问和感叹两种语气的交叉主要出现在两种情况中:①带有强烈感情的反问句;②带有惊异语气的疑问句。超出这两种情况,就不宜并用问号和叹号。

问号和叹号的并用式有人写做"?!",也有人写做"!?"。从规范化的角度说,最好能统一起来。因为这种并用出现在反问句和疑问句的末尾,问多于叹,所以专家建议采用"?!"式。这种由两个符号组成的并用式是一个整体,所以在书面上只能占一个字的位置,而不能占两个字的位置。

6) 标题的末尾该不该用句末点号?

标题位于文章之首,或段落的前面,一般只有一句话,它并不处在句群中,不存在句与句之间的停顿问题,所以,单纯从停顿的角度看,标题的末尾完全可以不用句末点号。但如果这个句末点号与语义的表达息息相关,不用句末点号就会产生歧义,妨碍读者理解,就得用上句末点号。

7) 公式、表格的末尾用不用句末点号?

标点符号是帮助文字记录语言的一套符号,在数理化等自然科学中,遇到公式时,如果这个公式可以用语言读出来,我们就可以按照《标点符号用法》的规定使用标点符号,不同的是常常选用小圆点的句号。

在表格中,如果只有数字、单词,末尾不用标点;如果有句子,就应该和一般文句一样使用标点。

8) 并列的引语之间要不要用顿号?

从理论上说,并列的引语之间有停顿,应该用顿号,但是由于各引语已经加了引号,看起来很醒目,不会造成混淆,所以,可以不用顿号。有人愿意用,不能算错,但是以不用为好。并列的括号之间也最好不用顿号。

9) 连词前面可否用顿号?

用连词连接的词语,中间无停顿时不用点号分隔。有停顿时,一般用逗号而不用顿号。

10) 并列词语之间用逗号还是用顿号?

并列词语间如果没有停顿,就既不用逗号,也不用顿号。例如"他的父母很爱他","父""母"之间就不必用顿号或逗号。类似的例子还有"(公安)干警""中小(学生)""(解放军)指战(员)"如果并列词语之间有停顿,一般用顿号表示,有时也可以用逗号表示。如果停顿比较长,就用逗号,停顿比较短,则用顿号。停顿的长短写文章的人可以自由选择。一般地说,并列词语作主语和宾语时,中间用顿号或逗号的都很常见;作定语时,中间用顿号的多一些;作状语时,中间用顿号,很少用逗号。

如果并列短语是多层次的,就要用顿号表示较低层次的停顿,用逗号表示较高层次的停顿。

11) 分项列举时,各项之间为什么有时用逗号,有时用分号,有时用句号?

分项列举时,如果各项结构都较为简单,各项之间的停顿比较短,那么各项之间可以用逗号。

如果要使各分项的性质显得突出，或者各项结构比较复杂，需要用不同的标点符号区分结构，那么各项之间可以用分号。但如果要强调各分项的相对独立性，那么每一项也可以视为一个独立的句子，这时各项之间可以用句号。

12）句中能不能不用逗号径直用分号？

逗号、分号虽同为句内点号，但停顿的时间有长短之分，一般情况下，应该先用停顿时间短的逗号，再用停顿时间长的分号，不能乱了秩序。只有当分项列举时，为使列举的各项突出，才用分号。

13）冒号的提示范围有多大？

一般说来，冒号用在句子内部，它的提示范围到一个句子完了为止。但是，它的提示范围有时也可以超出一个句子，管到几个句子，甚至是几个段落或成篇的文字。如人们写信时在开头收信人的称呼后用的冒号。

14）同一个句子中能否有两个冒号？

在同一个句子中，一般只能用一个冒号，不能用两个，否则便会面目不清。

15）在"某某说"的后面如何使用点号？

这要根据"某某说"的位置而定。

如果"某某说"在引语前，它后面一般用冒号，也有人用逗号。

如果"某某说"在引语后，它后面要用句号。

如果"某某说"在引语中间，它前后的引语是一个人的话，它后面要用逗号。

如果"某某说"后面不是直接引语，而是转述"某某"话的大意，"某某说"的后面一般用逗号。

16）直接引语与间接引语混合使用时，如何使用引号？

直接引语是直接引用的话，也就是把别人的话或现成的语句照原样录下来。为了跟作者本人的话区别开来，直接引语要加引号。间接引语是把别人的观点用自己的话转述出来，仍是作者本人的话语，所以不必用引号。当我们引用别人的话，一半是直接引用，一半是间接引用的时候，仍是直接引用的部分用引号，间接引用的部分不用引号。

17）连续引用一篇文章的几个段落时，如何使用引号？

连续引用一篇文章的几个段落时，一般要在引文的每个自然段的开头加上前引号，而只在引文的最后一个自然段的结尾才使用后引号。

18）引文末尾的标点放在引号之内，还是放在引号之外？

如果引者是把引语作为完整独立的话来用，那么为了保持引语的完整独立性，末尾的标点应该放在引号之内。

如果引者只是把引语作为自己的话的一个组成部分，那么末尾不能有标点，标点必须放在引号外面。引语末尾的标点如果是问号或叹号，那么即使作为作者的话的一部分，一般也要予以保留。

19）什么是句内括号，什么是句外括号？

句内括号只是注释句子里的某些词语的，必须紧贴着所注释的词语；句外括号是注释整个句子的，要放在整个句子之外，位于句末点号之后。

20）括号内部如何使用标点？

就句内括号来说,语句内部可以使用各种标点符号,但是语句末尾不能有句号(问号、叹号例外),哪怕它已经是一个完整的句子。

就句外括号来说,它的内部如果是完整的句子,那么句子末尾可以用句号或问号、叹号。

21)标明补充说明的语句用括号还是破折号?

破折号和括号都有标明补充说明的语句的作用,但是破折号标明的补充说明性语句是正文的一部分,比较重要,需要读出来,而括号标明的补充说明性语句不是正文,一般可以不读出来。作者可以根据表达的需要选择用破折号还是用括号。

22)破折号的前后需不需用标点符号?

在表示话题或谈话对象突然转变,或语意有所跃进的时候,破折号的前面常常用个句末点号,用以表示破折号前面的话语和意思的完整性与独立性。

表示注释性话语的时候,破折号的前面一般不用标点符号,因为它把注释语和被注释语分成两部分,人们在读到破折号的时候,自然会停顿一下,前面不用标点也不会妨碍阅读理解。破折号的后面不用标点符号。

23)省略号到底是几个小圆点儿?

按照《标点符号用法》,省略号是6个小圆点,占2个字的位置。但是在科技文献中,也有人用3个小圆点,占1个字的位置,这是受了西方语文省略号的影响。还有人用12个小圆点,占4个字的位置,表示整段文字的省略。虽然不能说这两种写法不对,但可以说它们是不规范的,不应提倡。

24)省略号的前后需不需用标点符号?

如果省略号的前面是一个完整的句子,应该在句子的末尾加上句末点号。

如果省略号前面的句子不是一个完整的句子,原则上不加标点符号。

省略号的后面一般不用标点符号,因为连文字都被省略了,再加标点也就没有什么意义了。但如果省略号面还有文字,为了表示这些文字跟省略号及省略号之前的文字关系较远,可以在省略号后面加上句末点号。

25)省略号和"等""等等"能否同时使用?

在表示列举省略时,可以用省略号,也可以用"等""等等",但不能同时使用省略号和"等""等等"。

"等""等等"是语言里的词语,可以说出来、读出来,而省略号只是书面上的东西,只能看,读不出来,所以,在需要读出来的地方要用"等""等等",不用省略号。

26)连接号应该怎样读?

连接号有些是不需要读出来的,有些读时需稍加停顿。

27)外国人名的缩写字母和中文翻译并用时,缩写字母后面的间隔号是中间点还是下脚点?

外国人名的缩写字母和中文译名并用时,缩写字母后的间隔号是下脚点。

在有的外国人名里,下脚点的间隔号和中间点的间隔号都会用到。

28)电影电视剧名能否用书名号?

《标点符号用法》规定,书名号用于书名、篇名、报纸名、刊物名等。但实际使用中,书名号已大大超出了这个范围,电影名、电视剧名就常常用书名号,这种用法已得到人们的普遍认同。此外,戏剧、歌曲、乐曲、绘画、雕塑、摄影等的作品名称也可以用书名号标示。书名号的作用已扩大到标示各类作品(包括用文字、声音、图像、动作等表现的作品等)的名称。但我们不能因此而随意扩大书名号的使用范围如将书名号用于产品名、奖品名、单位名、活动名、课程名、会议名等。

29)书名或篇名的简称是不是可以用书名号？

书名或篇名的简称也可以用书名号，因为它们也是书名篇名，在人们心目中，它们和全称是等价的。

书名号的作用是区分书名与非书名，以避免产生误解。有人不用书名号，而用引号，这样一来，引号的负担就太重了。从当前的实际使用情况来看，绝大多数出版物对书名或篇名的简称是加书名号的。

30)书报的版本、版别放在书名号之内，还是书名号之外？

书报的版本、版别，如书的"英文版""修订版""重排本"，报纸的"海外版"等，一般不是书报名称本身而只是一个注释说明，因此应该把它们放在书名号之外。通常的做法是用括号把它们括起来，紧放在书名号之后；也可以不用括号，直接跟在书名号后面，或在书名之前事先说明。

法令、规定、方案、条例等的草案、试用稿等，因与书名结合紧密，往往用括号括起来放在书名号里面。

31)在中文文章中使用外文，如何使用标点符号？

如果仅仅夹用一些外文单词、短语，整个句子仍为中文，那么要按中文的规定使用标点符号。

如果是整句整段地引用外文，引用部分要按有关文种的规定使用标点符号。

32)引用历史文献时如何使用标点符号？

引用历史文献时，为了便于阅读，应该按现代的标点符号用法加上标点。不同的作者标点同一段古书，结果可能会有出入，这是允许的，因为不同的人有不同的理解。但是，如果是从别人的著作里间接地引用历史文献，就要照录别人的标点，不得改动。如果引用的文献原来就有标点，引用时也应照录，不得改动。

33)数词表示历史事件名称时该怎样标点？

应该在数词外加引号，数词间加间隔号。例如："一二·九"运动、"九·一八"事变。加引号是因为这些数词具有特殊含义，它们是某月某日的省略写法，指的是特定的日子。使用间隔号是为了避免误解，如"一二九"，如果不用间隔号，也可以理解为1月29日。如果事件比较有名，不加引号或省略号也不会妨碍理解，也可以不用引号或省略号，如：五一劳动节、六一儿童节、五四运动。

34)所有的历史事件的名称都要用引号吗？

由月日数字命名的事件名称一般要在数字外用引号，以旧历年号和地名命名的历史事件的名称，使用时一般无须加引号，因为它们是历史事件命名的通例，人们并不把它们视为具有特殊含义的词语。但是，如果前面有"叫作""称为""发动了""制造了"等词语，该事件成为"着重论述的对象"，就要在它们外面加上引号。

35)序次语后面如何使用标点符号？

"首先""其次""最后""第一""第二"等的后面，用逗号。

"一""二""三"等的后面，用顿号。

"1""2""3"等的后面用小圆点。

数字外面如果有括号或圆圈,后面就不再加标点。

拉丁字母的后面用小圆点或空一格。

表示结构层次的序数,可以只用阿拉伯数字,在不同的层次间用小圆点隔开。

在只有两层时,中间也可以是短横。

36)怎样使用示亡号?

示亡号是一个长方框,套在已经去世的人的名字的外面,表示这个人已经去世。

示亡号多用在书籍的封面、内封、目录、标题等处涉及作者、编者姓名的地方,正文中涉及已经去世的人,一般不用示亡号。去世已久的人,读者都知道,不说也不会引起误解的,也不加示亡号。

37)缩写号是怎么来的?

英文中常用缩写号,中文的缩写号由此借来,由于在中文中,它多用于标示年份的省写,人们又叫它省年号。用了缩写号后,后面可以不再写"年"。缩写号是一个逗点,写在紧靠十位数字前的左上。

38)标点符号应该放在哪儿?

句号、问号、叹号、逗号、顿号、分号、冒号等点号可以放在一行的末尾,但不能放在一行的开头。

引号、括号、书名号的前半个不能放在一行的末尾,后半个不能放在另一行的开头。省略号和破折号各占两个字的位置,不应分作两截分放在上行的末尾和下行的开头。

39)竖排文稿怎样用标点符号?

竖排文稿时,句号、问号、叹号、逗号、顿号、分号、冒号要放在字下偏右;破折号、省略号、连接号、间隔号要放在字下居中;双引号改用「」,单引号改用「」;着重号标在字的右侧,专名号、浪纹线书名号标在字的左侧。

11.6 毕业论文中的物理量名称、单位和符号说明

毕业设计(论文)中计量单位必须采用1984年2月国务院发布的《中华人民共和国法定计量单位》,并遵照《中华人民共和国法定计量单位使用方法》执行。使用各种量、单位和符号,应遵循国家标准的规定执行。单位名称和符号的书定方式一律采用国际通用符号。

符号和缩略词应遵循国家标准的有关规定执行,如无标准可循,可采纳本学科或本专业的权威性机构或学术团体所公布的规定;也可以采用全国自然科学名词审定委员会编制的各学科词汇的用词。如不得不引用某些不是公知公用的、且又不易为同行读者所理解的,或系作者自定的符号、记号、缩略词、首字母缩写字等时,均应在第一次出现时一一加以说明,给以明确的定义。

11.6.1 中华人民共和国法定计量单位

我国的法定计量单位(以下简称法定单位)包括:

1)国际单位制的基本单位(见表 11-1);

2)国际单位制的辅助单位(见表 11-2);

3)国际单位制中具有专门名称的导出单位(见表11-3);
4)国家选定的非国际单位制单位;
5)有以上单位构成的组合形式的单位;
6)用于构成十进倍数和分数单位的词头。
法定单位的定义、使用方法等,由国家计量局另行规定。
注释:
1)周、月、年(年的符号为 a)为一般常用时间单位。
2)[ ]内的字,是在不致混淆的情况下,可以省略的字。
3)( )内的字为前者的同义词。
4)角度单位度分秒的符号不处于数字后时,用括弧。
5)在升的符号中,小写字母 l 为备用符号。
6)r 为"转"的符号。
7)在人民生活和贸易中,质量习惯称为重量。
8)公里为千米的俗称,符号为 km。
9)10^4 称为万,10^8 称为亿,10^{12} 称为万亿,这类数词的使用不受词头名称的影响,但不应与词头混淆。

表 11-1 国际单位制的基本单位

量的名称	单位名称	单位符号
长度	米	m
质量	千克(公斤)	kg
时间	秒	s
电流	安[培]	A
热力学温度	开[尔文]	K
物质的量	摩[尔]	mol
发光强度	坎[德拉]	cd

表 11-2 国际单位制的辅助单位

量的名称	单位名称	单位符号
平面角	弧度	rad
立体角	球面度	sr

表 11-3 国际单位制中具有专门名称的导出单位

量的名称	单位名称	单位符号	其他表示示例
频率	赫[兹]	Hz	s^{-1}
力;重力	牛[顿]	N	$kg \cdot m/s^2$
压力;压强;应力	帕[斯卡]	Pa	N/m^2
能量;功;热焦	焦[耳]	J	$N \cdot m$

续 表

量的名称	单位名称	单位符号	其他表示示例
功率;辐射通量	瓦[特]	W	J/s
电荷量	库[仑]	C	A·s
电位;电压;电动势	伏[特]	V	W/A
电容	法[拉]	F	C/V
电阻	欧[姆]	Ω	V/A
电导	西[门子]	S	A/V
磁通量	韦[伯]	Wb	V·s
磁通量密度;磁感应强度	特[斯拉]	T	Wb/m^2
电感	亨[利]	H	Wb/A
摄氏温度	摄氏度	℃	
光通量	流明	lm	cd·sr
光照度	勒[克斯]	lx	lm/m^2
放射性活度	贝可[勒尔]	Bq	s^{-1}
吸收剂量	戈[瑞]	Gy	J/kg
剂量当量	希[沃特]	Sv	J/kg

11.6.2 中华人民共和国法定计量单位使用方法

(1) 总则

1) 中华人民共和国法定计量单位(简称"法定单位")是以国际单位制单位为基础,同时选用了一些非国际单位制的单位构成的。

法定单位的使用方法以本文件为准。

2) 国际单位制是在米制基础上发展起来的单位制。其国际简称为 SI。国际单位制包括 SI 单位、SI 词头和 SI 单位的十进倍数与分数单位三部分。

按国际上的规定,国际单位制的基本单位、辅助单位、具有专门名称的导出单位以及直接由以上单位构成的组合形式的单位(系数为1)都称之为 SI 单位。它们有主单位的含义,并构成一贯单位制。

3) 国际上规定的表示倍数和分数单位的 16 个词头,称为 SI 词头。它们用于构成 SI 单位的十进倍数和分数单位,但不得单独使用。质量的十进倍数和分数单位由 SI 词头加在"克"前构成。

4) 本文件涉及的法定单位符号(简称"符号"),系指国务院 1984 年 2 月 27 日命令中规定的符号,适用于我国各民族文字。

5) 把法定单位名称中方括号里的字省略即成为其简称。没有方括号的名称,全称与简称相同。简称可在不致引起混淆的场合下使用。

(2) 法定单位的名称

1) 组合单位的中文名称与其符号表示的顺序一致。符号中的乘号没有对应的名称,除号的对应名称为"每"字,无论分母中有几个单位,"每"字只出现一次。

2) 乘方形式的单位名称,其顺序应是指数名称在前,单位名称在后。相应的指数名称由数字加"次方"二字而成。

3) 如果长度的 2 次和 3 次幂是表示面积和体积,则相应的指数名称为"平方"和"立方",并置于长度单位之前,否则应称为"二次方"和"三次方"。

4) 书写单位名称时不加任何表示乘或除的符号或其他符号。

(3) 法定单位和词头的符号

1) 在初中、小学课本和普通书刊中有必要时,可将单位的简称(包括带有词头的单位简称)作为符号使用,这样的符号称为"中文符号"。

2) 法定单位和词头的符号,不论拉丁字母或希腊字母,一律用正体,不附省略点,且无复数形式。

3) 单位符号的字母一般用小写体,若单位名称来源于人名,则其符号的第一个字母用大写体。

4) 词头符号的字母当其所表示的因数小于 10^6 时,一律用小写体,大于或等于 10^6 时用大写体。

5) 由两个以上单位相乘构成的组合单位,其符号有下列两种形式:N·m;Nm。若组合单位符号中某单位的符号同时又是某词头的符号,并有可能发生混淆时,则应尽量将它置于右侧。

6) 由两个以上单位相乘所构成的组合单位,其中文符号只用一种形式,即用居中圆点代表乘号。

7) 由两个以上单位相除所构成的组合单位,其符号可用下列三种形式之一:kg/m^3;$kg·m^{-3}$;kgm^{-3}。

当可能发生误解时,应尽量用居中圆点或斜线(/)的形式。

8) 由两个以上单位相除所构成的组合单位,其中文符号可采用以下两种形式之一:千克/米³;千克·米⁻³。

9) 在进行运算时,组合单位中的除号可用水平横线表示。

例如:速度单位可以写成 m/s 或米/秒。

10) 分子无量纲而分母有量纲的组合单位即分子为 1 的组合单位的符号,一般不用分式而用负数幂的形式。

例如:波数单位的符号是 m^{-1},一般不用 1/m。

11) 在用斜线表示相除时,单位符号的分子和分母都与斜线处于同一行内。当分母中包含两个以上单位符号时,整个分母一般应加圆括号。在一个组合单位的符号中,除加括号避免混淆外,斜线不得多于一条。

12) 词头的符号和单位的符号之间不得有间隙,也不加表示相乘的任何符号。

13) 单位和词头的符号应按其名称或者简称读音,而不得按字母读音。

14) 摄氏温度的单位"摄氏度"的符号℃,可作为中文符号使用,可与其他中文符号构成组合形式的单位。

15) 非物理量的单位(如:件、台、人、圆等)可用汉字与符号构成组合形式的单位。

(4)法定单位和词头的使用规则

1)单位与词头的名称,一般只宜在叙述性文字中使用。单位和词头的符号,在公式、数据表、曲线图、刻度盘和产品铭牌等需要简单明了表示的地方使用,也可用于叙述性文字中。应优先采用符号。

2)单位的名称或符号必须作为一个整体使用,不得拆开。

3)选用 SI 单位的倍数单位或分数单位,一般应使量的数值处于 0.1~1 000 范围内。

在同一个量的数值表中或叙述同一个量的文章中,为对照方便而使用相同的单位时,数值不受限制。

词头 h,da,d,c(百、十、分、厘),一般用于某些长度、面积和体积的单位中,但根据习惯和方便也可用于其他场合。

4)有些非法定单位,可以按习惯用 SI 词头构成倍数单位或分数单位。

法定单位中的摄氏度以及非十进制的单位,如平面角单位"度""[角]分""[角]秒"与时间单位"分""时""日"等,不得用 SI 词头构成倍数单位或分数单位。

5)不得使用重叠的词头。

6)亿(10^8)、万(10^4)等是我国习惯用的数词,仍可使用,但不是词头。

7)只是通过相乘构成的组合单位在加词头时,词头通常加在组合单位中的第一个单位之前。

8)只通过相除构成的组合单位或通过乘和除构成的组合单位在加词头时,词头一般应加在分子中的第一个单位之前,分母中一般不用词头。但质量的 SI 单位 kg,这里不作为有词头的单位对待。

9)当组合单位分母是长度、面积和体积单位时,按习惯与方便,分母中可以选用词头构成倍数单位或分数单位。

10)一般不在组合单位的分子分母中同时采用词头,但质量单位 kg 这里不作为有词头对待。

11)倍数单位和分数单位的指数,指包括词头在内的单位的幂。

12)在计算中,建议所有量值都采用 SI 单位表示,词头应以相应的 10 的幂代替(kg 本身是 SI 单位,故不应换成 10^3 g)。

13)将 SI 词头的部分中文名称置于单位名称的简称之前构成中文符号时,应注意避免与中文数词混淆,必要时应使用圆括号。

参 考 文 献

[1] 邢彦辰.毕业论文写作与文献检索[M].北京:北京邮电大学出版社,2010.
[2] 秦德智,刘亚丽.管理研究方法与学位论文写作[M].北京:科学出版社,2019.
[3] DORIGO M, MANIEZZO V, COLORNI A. Ant system: optimization by a colony of cooperating agents[J]. IEEE Transactions on Systems, Man, and Cybernetics, 1996, 26(1): 29 - 41.
[4] 段海滨.蚁群算法原理及其应用[M].北京:科学出版社,2005.
[5] DORIGO M, DI C G, GAMBARDELLA L M. Ant algorithms for discrete optimization[J]. Artificial Life, 1999, 5(2): 137 - 172.
[6] DORRIGO M, GAMBARDELLA L M. Ant Colony system: a cooperative learning approach to the traveling salesman problem[J]. IEEE Transactions on Evolutionary Computation, 1997, 1(1): 53 - 66.
[7] 黄永.改进蚁群算法及其在公交线网优化中的应用[D].上海:华东师范大学,2009.
[8] 邱莉莉.基于改进蚁群算法的机器人路径规划[D].上海:东华大学,2015.
[9] 刘艳,方庆伟,隋虹,等.论文中常见统计学问题的分析:定量资料的一般性统计分析[J].中国地方病学杂志,2004(4):94 - 96.
[10] 张建军.科技论文中的统计问题[J].中国比较医学杂志,2008(11):77 - 79.
[11] OZTURK A. Accuracy improvement in air - quality forecasting using regressor combination with missing data imputation[J]. Computational Intelligence, 2021, 37(1): 226 - 252.
[12] 金勇迪.缺失数据的插补调整[J].数理统计与管理,2001,20(6):47 - 53.
[13] 金勇迪.调查中的数据缺失及处理:Ⅰ: 缺失数据及其影响[J].数理统计与管理,2001,20(1):59 - 62.
[14] HUGHES R A, HERON J, STERNE J A C, et al. Accounting for missing data in statistical analyses: multiple imputation is not always the answer[J]. International Journal of Epidemiology, 2019, 48(4): 1294 - 1304.
[15] MURRAY J S. Multiple imputation: a review of practical and theoretical findings[J]. Statistical Science, 2018, 33(2):142 - 159.
[16] VAN GINKEL J R, LINTING M, RIPPE R C A, et al. Rebutting existing misconceptions about multiple imputation as a method for handling missing data[J]. Journal of Personality Assessment, 2020, 102(3): 297 - 308.
[17] YE C, WANG H, LU W, et al. Effective bayesian - network - based missing value imputation enhanced by crowdsourcing[J]. Knowledge - Based Systems, 2020, 190: 105199.
[18] 张文修,吴伟志.粗糙集理论介绍和研究综述[J].模糊系统与数学,2000,14(4):1 - 12.

[19] SUJATHA M, DEVI G L, RAO K S, et al. Rough set theory based missing value imputation[M]. Berlin:Springer, 2018.

[20] PRIETO-CUBIDES J, ARGOTY C. Dealing with missing data using a selection algorithm on rough sets[J]. International Journal of Computational Intelligence Systems, 2018, 11(1): 1307-1321.

[21] DEB K, PRATAP A, AGARWAL S, et al. A fast and elitist multi-objective genetic algorithm: NSGA-II [J]. IEEE Transactions on Evolutionary Computation, 2002, 6(2):182-197.

[22] DEB K, THIELE L, LAUMANNS M. Scalable test problems for evolutionary multi-objective optimization [M]. Berlin: Springer, 2005.

[23] DEB K. Multi-objective genetic algorithms: problem difficulties and construction of test problems [J]. Evolutionary Computation, 1999, 7(3):205-230.

[24] ZITZLER E, THIELE L. Multi-objective evolutionary algorithms: a comparative case study and the strength pareto approach[J]. IEEE Transactions on Evolutionary Computation, 1999, 3(4): 257-271.

[25] ZITZLER E, THIELE L, LAUMANNS M, et al. Performance assessment of multi-objective optimizers: an analysis and review[J]. IEEE Transactions on Evolutionary Computation, 2003, 7(2): 117-132.

[26] ZITZLER E, DEB K, THIELE L. Comparison of multiobjective evolutionary algorithms: empirical results[J]. Evolutionary Computation, 2000, 8(2): 173-195.

[27] ZHANG Q, ZHOU A, ZHAO S, et al. Multiobjective optimization test instances for the CEC 2009 special session and competition[J]. Mechanical Engineering, 2008:264.

[28] DEB K, MOHAN M, MISHRA S. Evaluating the ε-domination based multi-objective evolutionary algorithm for a quick computation of pareto-optimal solutions [J]. Evolutionary Computation, 2005, 13(4): 501-525.

[29] YANG S, LI M, LIU X, et al. A grid-based evolutionary algorithm for many-objective optimization[J]. IEEE Transactions on Evolutionary Computation, 2013, 17(5): 721-736.

[30] HU W, YEN G G, LUO G. Many-objective particle swarm optimization using two-stage strategy and parallel cell coordinate system[J]. IEEE Transactions on Cybernetics, 2016, 47(6): 1446-1459.

[31] DEB K, PRATAP A, AGARWAL S, et al. A fast and elitist multiobjective genetic algorithm: NSGA-II[J]. IEEE Transactions on Evolutionary Computation, 2002, 6(2): 182-197.

[32] AGRAWAL R B, DEB K, AGRAWAL R B. Simulated binary crossover for continuous search space[J]. Complex Systems, 1995, 9(2): 115-148.

[33] ISHIBUCHI H, AKEDO N, NOJIMA Y. Behavior of multiobjective evolutionary algorithms on many-objective knapsack problems[J]. IEEE Transactions on Evolutionary Computation, 2014, 19(2): 264-283.

[34] 郑阿奇,曹弋,赵阳.MATLAB实用教程[M].北京:电子工业出版社,2005.
[35] 尹泽明,丁春利.精通 MATLAB 6[M].北京:清华大学出版社,2002.
[36] 曹卫华,郭正.最优化技术方法及 MATLAB 的实现[M].北京:化学工业出版社,2005.
[37] 吴东华,夏洪山,范永俊.多目标飞机航线调配模型的模糊优化算法[J].系统工程理论与实践,2014,4:1011-1017.